"十三五"职业教育国家规划教材

"新商科"电子商务系列教材

网络创业

◎主　编　李丛伟　王　丹
◎副主编　张　函　章玲玲　姚　慧
◎主　审　商　玮

电子工业出版社.

Publishing House of Electronics Industry

北京·BEIJING

内 容 简 介

本书以网络创业的过程为逻辑主线，分为准备篇、创业篇、管理篇 3 部分内容。准备篇主要包括网络创业概述、网络创业扶持政策解读、网络创业准备、企业和公司申请与注册 4 个项目；创业篇按照创业平台的类型展开，主要包括企业网站平台创业、淘宝电商平台创业、移动电商平台创业、跨境电商平台创业 4 个项目；管理篇主要包括团队管理、客户管理、财务管理 3 个项目。

本书既可以作为本科、高职院校创新创业课程的教材，也可作为商贸类专业学生的教学用书，还可作为社会创业者的科普用书。

图书在版编目（CIP）数据

网络创业/李丛伟，王丹主编. —北京：电子工业出版社，2018.3

ISBN 978-7-121-32752-0

Ⅰ. ①网…　Ⅱ. ①李…　②王…　Ⅲ. ①电子商务—高等学校—教材　Ⅳ. ①F713.36

中国版本图书馆 CIP 数据核字（2017）第 232093 号

策划编辑：张云怡

责任编辑：靳　平

印　　刷：北京天宇星印刷厂

装　　订：北京天宇星印刷厂

出版发行：电子工业出版社

　　　　　北京市海淀区万寿路 173 信箱　邮编　100036

开　　本：787×1 092　1/16　印张：19.75　字数：506 千字

版　　次：2018 年 3 月第 1 版

印　　次：2025 年 7 月第 18 次印刷

定　　价：44.80 元

凡所购买电子工业出版社图书有缺损问题，请向购买书店调换。若书店售缺，请与本社发行部联系，联系及邮购电话：(010) 88254888；88258888。

质量投诉请发邮件至 zlts@phei.com.cn，盗版侵权举报请发邮件至 dbqq@phei.com.cn。

本书咨询联系方式：(010) 88254573，zyy@phei.com.cn。

序 言

2017 年 5 月 19 日至 20 日，全国电子商务职业教育教学指导委员会在常州市召开高等职业教育电子商务类专业教学改革研讨会。来自全国高职院校的近 400 位院校负责人和专业负责人参加会议。为在经济全球化的时代背景下，适应商业、技术和人文越发深层次融合的新商业时代特征需求，会议提出了高职"新商科"人才培养的理念和倡议。

"新商科"人才培养理念体现新的商业思维。在商业、技术和人文越发深层次融合的新商业时代，商业人才需要逐步构建起"计算思维"、"数据思维"、"交互思维"、"哲学思维"、"伦理思维"和"美学思维"，这些思维的交叉融合是商业创新的动力源泉。

"新商科"人才培养理念探索新的商业规律。新的基础设施、新的商业模式、新的商业组织、新的价值观正在悄然地以"非中心化"的模式构建起新的社会生活，也产生了新的商业规律，如信用成为资产、数据成为生产资料等。这些新的规律逐渐形成并产生广泛而深刻的创新。

"新商科"人才培养理念融合新的知识与技能。对于经济学、管理学、传播学、计算机科学技术、智能科学、数据科学等在新商业中的交叉融合应用，以及新的劳动工具使用所产生的新的技术技能积累，都需要我们对财经商贸专业大类中绝大多数专业内涵与外延进行再思考。

"新商科"人才培养理念推动新的教育教学模式。基于新商业特征的新商科人才培养，要实事求是地调整人才培养结构，重构专业内涵与外延，反思培养规律与培养方法，创新培养内容与培养载体，探索跨专业的专业群建设模式和教学研究方法。

"新商科"人才培养理念提出后，得到了各界的积极响应。2017 年 9 月 11 日至 12 日，在全国电子商务职业教育教学指导委员会的倡议下，来自联合国教科文组织等 22 个国际组织和国家的负责人在广西壮族自治区共同发起成立"新商科国际职教联盟"。中国商业经济学会职业教育分会设立了 32 项新商科应用人才培养专项研究课题。电子工业出版社率先组织编写了这套融入"新商科"人才培养理念的系列教材。

"新商科"教育是新商业时代的客观需要和必然趋势。高等职业教育要把握时代机遇，主动拥抱新商业时代！

陆春阳

全国电子商务职业教育教学指导委员会副主任

"新商科"电子商务系列规划教材编委会名单

主　任：沈凤池

总主编：胡华江

副主任：（按拼音顺序）

　　　　陈　明

　　　　嵇美华

　　　　李玉清

　　　　商　玮

　　　　谈黎虹

　　　　杨泳波

在"大众创业、万众创新"国家战略实施的背景下，开展网络创业已成为社会经济与科技发展的必然要求。2015 年 5 月，国务院办公厅印发《关于深化高等学校创新创业教育改革的实施意见》，提出深化高校创新创业教育改革工作是全面深化高等教育改革的重要举措。在此背景下，全国高等学校纷纷加大力度推进创新创业教育，部分省市要求各高校普遍成立创业学院，把创业学院作为学生开展创新创业教育的重要载体和实践平台，全面、系统地开展创新创业教育、创业培训和创业实践，为大学生创业营造浓厚的环境和氛围，以创业带动就业，通过创业确保就业率持续保持稳定。

目前，国内各大高校数量众多的大学生纷纷响应"大众创业、万众创新"的号召，积极投身创新创业活动，大学生群体已经逐渐成为社会创业的生力军。然而，调查结果显示，89.8%的在校大学生曾考虑过创业，真正开展创业实践的比率却不高，2015 届毕业生的自主创业比例是 3.0%。因此，在高校开展网络创业主题教育显得尤为重要。

《网络创业》是一本基于工作过程的项目化教材，通过理论与实践相结合，采用最贴切、最真实、最新鲜的案例，全面阐述网络创业的流程、方法。与其他相关书籍相比，本书具有以下特色。

（1）内容理实一体。不仅阐述网络创业的"道"，更重视讲述从零开始创业所需的"术"层面的工具和方法。

（2）实用性和可操作性强。本书不仅图文并茂、可读性强，而且针对项目内容，每个项目设置了 1～3 个实训任务，提供翔实具体的操作实验，切实提高学生的网络创业技能。

（3）内容新颖，紧跟发展前沿。相比其他教材仅仅围绕淘宝平台的创业内容，本书将创业平台由淘宝平台拓展为淘宝电商平台、企业网站平台、移动电商平台、跨境电商平台，适应了国内外电商行业的发展前沿。

本书以网络创业的工作过程为逻辑主线，分为准备篇、创业篇、管理篇 3 部分内容。准备篇主要包括网络创业概述、网络创业扶持政策解读、网络创业准备、企业和公司申请与注册 4 个项目；创业篇按照创业平台的类型展开，主要包括企业网站平台创业、淘宝电商平台创业、移动电商平台创业、跨境电商平台创业 4 个项目；管理篇主要包括团队管理、客户管理、财务管理 3 个项目。

本书由海南经贸职业技术学院、金华职业技术学院、浙江特殊教育职业学院联合编写。其中，李丛伟负责整体策划和统稿，并参与了项目一、项目二的编写，王丹参与了项目三、项目九的编写，张函参与了项目四、项目八的编写，章琤琤参与了项目六、项目七、项目十的编写，姚慧参与了项目五、项目十一的编写，王丽参与了项目九的编写。商玮担任主审。

中国电子商务研究中心特约研究员、深圳东道主实业有限公司董事长孙栋先生、金华卡璐假发有限公司 CEO 王慧先生参与了本书编写提纲的讨论，并对课程案例的选择及实训指导提出了许多有益建议。本书在编写过程中得到了浙江省高职电子商务教学指导委员会和电子工业出版社的具体指导，参阅并借鉴了国内同类优秀教材和网络资源，在此一并表示感谢！

本书既可以作为本科、高职院校创新创业课程的教材，也可作为商贸类专业学生的教学用书，还可作为社会创业者的科普用书。

由于编者水平有限，书中难免存在不足或不当之处，欢迎广大读者和专家批评指正。

编　者

目　录

创 业 篇

项目五　企业网站平台创业

项目六　淘宝电商平台创业

项目七　移动电商平台创业

项目八　跨境电商平台创业

管　理　篇

项目九　团队管理

项目十　客户管理

准 备 篇

项目一

网络创业概述

本项目知识点

网络创业的概念；网络创业的特点；网络创业的要素；网络创业成功的关键点；网络创业的商业模式；网络创业机会的概念；网络创业机会的过程；网络创业机会的类型；网络创业机会的发现方法；网络创业机会识别的因素；网络创业机会识别的关键点；网络创业机会的评估准则；网络创业机会的评估模型。

本项目技能点

运用蒂蒙斯创业模型评估创业机会；运用自我能力评估表分析自身的优劣势。

知识导图

```
                              ┌── 网络创业的含义
              ┌── 认识网络创业 ──┤
 网络          │                 └── 网络创业的商业模式
 创业 ─────────┤
 概述          │                          ┌── 网络创业机会的识别
              └── 网络创业机会 ──┤
                  的识别与评估    └── 网络创业机会的评估
```

引例

2012 年，小米公司无疑是手机、移动互联网领域最受关注的一颗新星。小米公司 CEO 雷军运用互联网思维，用一年的时间把产品从零卖到一百亿人民币的销售规模，小米的颠覆性创新给业界带来了很多新的东西，强力推动了整个手机行业的快速发展，拉动了中国智能手机的换机大潮，雷军也成为中国新一代网络创业偶像。2013 年年底，雷军与格力电器董事长董明珠同获"2013 中国经济年度人物"。

在颁奖典礼上，雷军向董明珠发起赌约，"小米公司如果 5 年内营业额无法击败格力，自己输给董明珠一块钱。"董明珠也不甘示弱，表示"一块钱不要再提，要赌就赌10个亿。"这也让董明珠迅速成为网红企业家。由于董明珠之前对线下渠道过于自信，所以，在2014年才启动建设自身的电商平台，从其上市公司财报业绩中，就可以看出这种格力"一半靠线下、一半靠电商"的转型。于是，从2015年开始，格力电器开始转而谋求与电子商务渠道深度合作。2015年12月12日，格力电器与京东强强联合，深度合作推出促销返利活动，以优惠的价格、优质的精品和便利的服务为消费者带来福利，品牌影响力和销量都颇为可观。在"互联网+"浪潮的猛烈冲击下，董明珠毫不犹豫地转型网购平台了。

引例分析

　　雷军的二次创业特点明显，运用互联网思维、借用互联网渠道销售手机，成长速度之快，是任何手机厂商所不能比拟的，这表明了网络创业的无穷魅力。另一方面，董明珠在天价赌约的压力下，实现了从传统创业到网络创业的完美转身。她对渠道的态度从一开始只重线下、不信任线上，到后来在线下频繁打价格战，再到这两年与京东紧密合作，全力拥抱线上渠道。体现了传统厂商对网络渠道信任度、依赖度的转变，说明了网络创业浪潮的大势所趋是无法逆转的。

任务一　网络创业的内涵

　　当前，"大众创业，万众创新"的理念正日益深入人心。在2014年9月的夏季达沃斯论坛上，国务院总理李克强提出"大众创业、万众创新"的号召，掀起了"大众创业""草根创业"的新浪潮，形成了"万众创新""人人创新"的新态势。此后，他每到一地考察，几乎都要与当地年轻的"创客"会面，希望激发民族的创业精神和创新基因。2015年李克强总理在政府工作报告中如此表述："推动大众创业、万众创新，既可以扩大就业、增加居民收入，又有利于促进社会纵向流动和公平正义"。在论及创业创新文化时，强调"让人们在创造财富的过程中，更好地实现精神追求和自身价值"。"大众创业，万众创新"成为中国的国家战略之后，国家和地方政府陆续出台多项相关文件促进创业创新。

　　自1994年中国正式接入国际互联网以来，网络创业的浪潮在神州大地日渐兴起，新浪、百度、阿里巴巴、腾讯、京东商城等许多新生代网络企业迅速崛起。互联网的发展经历了PC互联网、移动互联网、再到今天的物联网时代，O2O、智能硬件等创业浪潮一波高过一波。淘宝网、天猫商城、京东商城等电子商务平台为大众提供了低门槛的网上开店机会，促使更多的普通人走向网络创业之路。多家机构的研究报告显示，阿里电商生态为数百万大学生和年轻人提供了创业机会。

网络创业就业统计和大学生
网络创业就业研究报告

一、网络创业的含义

网络创业就是在传统创业的基础上借助互联网技术发展起来的。

1. 创业的定义

创业的原意是"创立基业"。"创业"一词由"创"和"业"组成,所谓"创"就是创造,即创立、创建之意,《辞海》对创业的解释是"创立基业"。古代《孟子·梁惠王》最早提出"创业"一词:"君子创业垂直,可继也。"诸葛亮《出师表》曰:"先帝创业未半,而中道崩殂。"这里所谓的"创业"是广义上的创业,是指"事业的基础、根基",既可以是古代的"帝王之业""霸王之业",也可以是百姓家业、家产和个人事业。关于"业"字,其含义也很多,《现代汉语成语词典》对"业"有如下解释:学业;业务、工作;专业、就业、转业、事业;财产、家业、企业等。可见"业"的内涵极为丰富。同样,"创业"的内涵也极其丰富,有性质、类别、范围和过程阶段等方面的区别与差异。

对于什么是创业,学术界和创业界人士从不同的角度出发有着不同的理解。国内外具有代表性的观点主要有:

(1)李志能认为,创业是一个发现和捕捉机会并由此创造出新颖的产品或服务和实现其潜在价值的过程。

(2)刘常勇认为,创业是一种无中生有的历程,是创业者依自己的想法及努力工作来开创一个新企业,包括新公司的创立、组织中新单位的成立,以及提供新产品或者新服务,以实现创业者的理想。

(3)宋克勤认为,创业是创业者通过发现和识别商业机会,组织各种资源提供产品和服务,用以创造价值的过程。创业包括创业者、商业机会和资源等要素。

(4)雷家辅认为,创业的目的就是为了实现商业利润。创业是发现、创造和利用商业机会,组合生产要素,创立自己的事业,以获得商业成功的过程或活动。

(5)刘建钧认为,创业是一种创建企业的过程,或者说是创建企业的活动,创业需要一个创业的实体,这个实体通常就是企业。他强调创新与创业的区别,指出创业活动必然涉及创新,但创新并不必然是创业活动。

(6)罗天虎主编的《创业学教程》将创业定义为,社会上的个人或群体为了改变现状、造福后人,依靠自己的力量创造财富的艰苦奋斗过程。创业就是一个创造和积累财富的过程,创业活动具有开拓性、自主性和功利性等基本特征。

(7)由美国巴布森商学院和英国伦敦商学院(London Business School)联合发起,加拿大、法国、德国、意大利、日本、丹麦、芬兰、以色列等 10 个国家的研究者应邀参加的"全球创业监测"项目,把创业定义为依靠个人、团队或一个现有企业来建立一个新企业的过程,如自我创业、一个新业务组织的成立或一个现有企业的扩张。

(8)杰弗里·A.蒂蒙斯(Jethy A. Timmons)认为,创业是一种思考、推理和行为方式,这种行为方式是机会驱动、注重方法和领导平衡。创业导致价值的产生、增加、实现和更新,不只是为所有者,也是为所有的参与者和利益相关者。

(9)霍华德·H.斯蒂文森(Howard H. Stevenson)认为,创业是一个人——不管是独立的还是在一个组织内部——追踪和捕获机会的过程,这一过程与其当时控制的资源无关。

另外，有 3 个方面对于创业特别重要，即察觉机会、追逐机会的愿望及获得成功的信心和可能性。

（10）科尔（Cole）认为，创业是发起、维持和发展以利润为导向的企业有目的性的行为。

借鉴以上各种定义，从高等教育的角度出发，"创业"，主要是指以所学知识为基础，以技术、工艺、产品、服务的创新成果为支柱，以风险投资基金为依托，开创性地提供有广阔前景的新技术、新工艺、新产品、新服务，直至孵化出新的高新技术企业甚至新产业部门的一系列活动。

2. 网络创业的定义

网络创业是指创业者在互联网环境中，整合各种资源，寻求机会，努力创新，不断创造价值的过程，网络创业就是通过互联网来创造商机。

由于网络创业的特殊性，要求从业人员要具有一定的网络知识和网络安全意识。例如，熟练使用淘宝的支付宝、百度的百付宝等在线支付手段。

随着网络购物的方便性、直观性，使越来越多的人选择在网络上购物。同时，一种点对点、消费者对消费者之间的网络购物模式已经兴起，以国外的 eBay 和国内的淘宝为代表的个人开店平台，已经吸引了越来越多的个人在网上开店，在线销售商品，引发了一股个人开网店的风潮。

3. 网络创业的特点

网络创业，吸引着无数创业者纷纷投身其中，原因如下。

（1）创业成本低

对网络创业者来说，如果不是开展很大的项目，创业初期所需要的资金并不是很多。"一台计算机+ADSL+虚拟主机+一间小屋"就可以开始创业了，创业者只要有创新性的项目就可以通过互联网去寻找人才、资金等，通过组建专业化团队来大幅降低创业成本。因此，网络绝对是英雄用武最好的地方，只要有能力，就有成功的希望。

（2）创业群体广

随着社交网络扁平化，知识和技术的传播更加迅速，创业主体逐渐多元化——由技术精英逐步拓展到"草根"大众。网络创业是一种时尚、轻便、无拘无束的生活方式和生活态度，无论是谁都可以称自己是网络创业一族。

（3）创新性要求高

互联网创业与最新科技联系紧密，创业者只有通过树立创新意识，培养新的思维方式，生产出创新产品打动消费者，才能享受到高收益，才能在竞争激烈的市场中获取一席之地。通过互联网络，创业者的奇思妙想可以和用户进行直接的接触，满足了用户体验。

4. 网络创业的要素

美国创业学教育和研究的领袖人物之一、美国百森商学院教授杰弗里·蒂蒙斯于 1999 年在《新企业的创建》（New Venture Creation）中提出了创业过程模型。该模型提炼了创业的三大要素，即创业机会、创业资源和创业团队。蒂蒙斯认为，在面对不确定的环境时，如何实现三大要素之间的平衡，是整个创业过程中最为重要的，如图 1-1 所示。该模型的主要内容包括：

（1）创业机会是起点。

有了创业机会的驱动，整个创业过程才得以运转。创业过程始于创业机会，而不是资金、战略、网络、团队或商业计划。在开始创业时，创业机会比资金、团队的能力及资源更重要。创始者或工作团队是创业过程的主导者，是整个模型的支点，而资源是创业成功的必要保证。

（2）创业过程是三大要素匹配和平衡的结果。

在创业过程中，资源与商机间经历着一个适应→差距→适应的动态过程。因此，处于模型底部的创始者或工作团队要善于配置和平衡，以便推进创业过程，包括：理性分析和把握商机，认识和规避风险，最合理地利用和配置资源，分析和认识工作团队。

（3）创业过程是一个连续不断地寻求三大要素平衡的行为组合。

随着外部环境和创业过程的发展，创业过程的三大要素是不断变化的。在三大要素之间绝对的平衡是不存在的，它们之间的关系是动态的、循环的，因此企业要保持发展，必须追求一种动态的平衡。

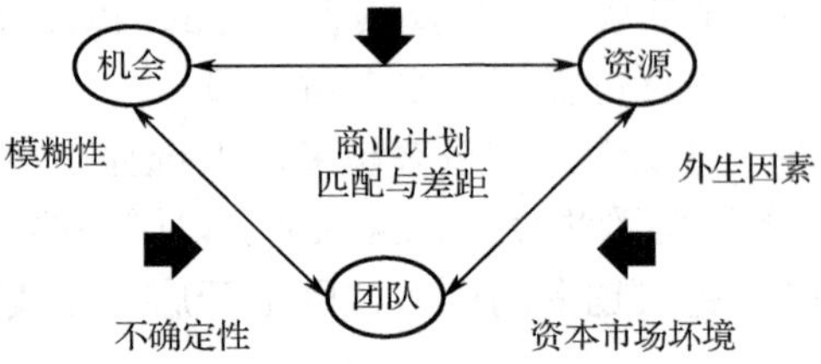

图 1-1　蒂蒙斯模型

5. 网络创业的一些误解

对于"创业"概念的讨论似乎从未停止，创业精神的内容也从未像现在这样宽泛，以下是对创业的 4 种误解：

1）创业者是被孤立的

实际上，单打独斗不是创业的特点。创业与其他商业行为一样，都是一种社会活动。与循规蹈矩的人相比，创业者可能更具备独立精神，但是仍需要商业伙伴和社会网络辅佐以助其成功。纵观高科技创业公司的历史，很多伟大的互联网公司都来自于商业伙伴的合作，例如，史蒂夫·乔布斯和史蒂夫·沃兹尼克在车库里种植"苹果"；比尔·盖茨和保罗·艾伦缔造"微软"；谢尔盖·布林和拉里·佩奇一起创立"Google"。

心怀梦想的创业者聚集在一起，能够营造出一种浓厚的创业氛围，形成独特的创业精神。在美国，硅谷和波士顿吸引了 1/3 的风险资本，在硅谷的咖啡厅里聚集了一批谈论其商业计划的年轻人。由于这些地方的基础设施非常完善，能够明显降低开办一家新企业的成本。

2）创业精神在大公司里不会繁荣

人们普遍认为，新创立的小规模创业公司会比大公司更具有创业精神，因为他们必须精准地切入市场，与大公司激烈竞争，必须时刻爆发出更好的创新能力和竞争意识。

实际上，大公司同样也在竭力促使员工保持创新创业精神。例如，强生为其内部的创业者提供金融支持和营销技巧；杰克·韦尔奇努力使通用电气更加具备创业精神；宝洁公司一半的发明创造来自于自己的实验室以外；微软与全球范围内 7 万多家小型公司合作紧密。很多小规模的初创公司都得到商业巨头的资金和其他支持，这些大公司同样能够在小公司身上看到希望。

3）创业主要靠风险资本来支持和驱动

毋庸置疑，风险资本对于高科技和生物技术领域等资本密集型的行业确实很重要，能有效帮助新创立的公司快速发展。然而，绝大多数风险资本仅仅进入极小的一些领域，包括计算机硬件、软件、通信技术、生物技术。在很多行业中，创业公司的绝大部分资金来自个人借贷和朋友筹资。例如，1995 年，马云从美国归来，和妻子、朋友筹集 2 万元人民币创立了海博网络；1999 年，马云和十八"罗汉"凑够 50 万元人民币创办了阿里巴巴。

4）创业者必须创造出改变世界的产品

很多人对创业的理解就是"创造"，甚至认为创业只能是专利和发明，似乎没有创造出新产品，就不是创业者，创办公司切入市场最好的方法就是提供新的产品和新的工艺技能。欧洲最著名的风险投资公司之一 Apax Partners 的创始人罗纳德·科恩爵士指出，一些最成功的创业者并非专注于创造产品，而是专注于制作方法流程。例如，联邦快递（FedEx）的创始人弗雷德·史密斯通过改善投递包裹的质量，建立了一家全球知名的大公司。

6. 网络创业成功的关键点

在"互联网+"时代进行网络创业，创业者需要把握以下 6 个关键点。

1）选好切入点

创业者在选择创业切入点的时候，要思考这个切入点够不够锋利，一针扎进去用户有没有反应？有多大反应？在茫茫市场中，从哪里切入很关键，切入点选得不好，产品面市之日就可能是挂掉关门之时。那么，如何才能选好切入点呢？对于"互联网+"的创业者来说，必须要围绕服务频次、客单价和市场规模体量 3 个核心指标来考量。

"点到"是北京的一家上门按摩 O2O 创业团队。"点到"CEO 段珂说，在当初自己选择创业时，筛选了很多项目，在考虑了市场前景、效率改进的空间、上门服务的频次、是否方便上门等因素后，最终选择了上门按摩这个品类。

段珂说："在上门服务中，美业和家政类服务都比较火，但我们创业起步比较晚，又没有拿到大额的融资，对比之下，并没有太多的优势跟他们拼。但是相比美业和家政服务，上门按摩也是一个不错的行业。这是一个需求频次高（7～10 天一次）、客单价（128～158 元的服务价）不错、用户也有接受度的行业。"

O2O 服务之上门按摩：垂直市场如何做出花？

2）找到启动点

（1）找到引爆点。

两年前的团购市场拼杀得你死我活，硝烟弥漫，如何才能鹤立鸡群、脱颖而出呢？除了在东家的支持下疯狂烧钱之外，还得讲究策略。那时候，很多团购网站都把用户没消费完的金额当成自己的沉淀收入，这也是大家见怪不怪的玩法。但美团在进行用户分析时发现，用户有团购的需求，但又怕自己充进去的钱，过期没有消费，钱退不回来了。美团看到了用户的这个纠结和痛点，第一个提出了过期退，结果引爆了整个团购市场，抓住了成为行业翘楚的机会。美团由此建立了自己的差异化优势，异军突起，成为了团购大战的最后赢家。

因此，创业者要分析不同行业在不同阶段的不同需求。首先要分析这个行业，目前到什么水平，用户的关注点、痛点在什么地方。然后，要分析自己，结合自己的优势找到产品引爆市场的那个点。当然，有的引爆点不是自己能够承受的，比如免费、补贴之类的。其实引爆点不只是烧钱，而是如何找到四两拨千斤的那个点，找对了就会事半功倍。

（2）发挥极客的传播力量。

创业公司的产品与服务一定都是创新的，这就存在大众的接受能力问题。那么，作为创业者没有大量资金投入广告，也没有很长的时间去教育用户。怎么办？运用极客一族的传播力量是有效推广的捷径。

极客是一群什么样的人呢？有人认为极客是有技术的宅男宅女，或者是一些科学怪人。这些人是技术上的高手，只喜欢好玩的科技产品和极致的体验。他们是一群特别崇尚技术，特别热爱自由的人，有着强烈的好奇心和探索欲，不会人云亦云，因其独到的技术视角与品位，往往会成为创新技术产品与服务的尝鲜者、批评者和意见领袖。

在互联网特别是移动互联网时代，传统、低效、缓慢的传播方式是创业公司所消耗不起的。好在，同样是互联网的巨大威力可以重塑信息传播机制，让典型的极客成为先驱者和早期接受者，成为意见领袖，就可以迅速扩散潮流，提前引爆创新产品在主流群体的流行。在互联网时代，因为极客人群的存在，引爆点可以大幅度前移，从而极大地缩短了新产品、新服务的传播推广时间。

雷军最早发现并运用了极客的传播力量与价值。小米手机最初的口号就是"专为发烧友而生"，主打发烧友群体，是希望借助这一窄众群体对小米手机体验的分享，来进行口碑营销。从小点着力，雷军更关注的是第1台手机、第100台手机是怎么卖出去的。小米手机准确定位种子用户，从100人骨灰级发烧友到100万核心发烧友、1000万刷机发烧友用户和1亿移动互联网上最活跃的用户，这就是小米手机一步步从小到大、从少到多、从默默无闻到引爆流行的品牌传播过程。

3）接地气的地推能力

无论是"互联网+"还是社区O2O，并没有想象中那么"光鲜"。因为"互联网+"与O2O不是线上流量经济，创业者必须把线下上升到战略层面，把线下的执行放得重一点，才是成功之路。

（1）"订牛奶"的地推方式。

地推的优势是顾客转化率更高，目标人群更加精准。依托地推，林茂日均外送客户数量达到300多个，其中不乏银行、500强外企的白领。地推和网络渠道哪个好？林茂认为"产品决定营销模式。"如果两者成本差不多，通过网络推广比较省心，但如果缺乏好的推广方式，面对面的地推则更有效。

（2）摆地摊的地推方式。

海归创业：地推营销卖现榨果汁，月销售额近10万元人民币已获百万元人民币投资

"e袋洗"的CEO陆文勇说："如果说互联网人会有些优越感，是站着在做事，那O2O就是能趴下来，满身沾着泥土去苦干。"2014年夏天，陆文勇带着团队来到柏林爱乐小区，这个在北京东部的大型居住区有四五千户人家，干洗业务养活了小区里的好几家洗衣店。看着匆匆走过的人群，如何才能让小区住户了解"e袋洗"、接触"e袋洗"呢？陆文勇和同事们索性推出了"办洗衣卡送西瓜"的推广活动，这样拼死拼活的一周后，陆文勇和团队卖出了1200张"e袋洗"洗衣卡。

（3）服务内置与资源互换的地推模式。

创业者要具有冷启动的能力，所谓冷启动就是创业者在没有融资、没有商家、没有用户的情况下，如何快速地切入市场，这是每个创业者必须想清楚的问题。

"点秋香"探索出了服务内置与资源互换的推广模式。服务内置就是跟茶楼、4S 店合作，把按摩服务内置到各种情境、各种机构中，通过这个机构本身的人流、口碑传播和公共场所的活动，不断地成为自己产品的粉丝和客户。

"互联网+"创业的关键成功要素

4）服务产品化和标准化

从互联网界进入 O2O 领域的创业者往往会认为，O2O 就是开发互联网产品为线下提供服务，做轻模式就可以了。事实上，如果仅仅是提供一个平台，让手艺人在平台上接活干，而没有线下管理运营体系，最终会因为用户体验不好败下阵来。

商业本质是赢得用户的口碑，服务业就是要看运营能力，尤其是上门服务，对线下的体验要求更高。O2O 不同于电商平台，有流量就有市场，专业和方便，应该是服务类 O2O 留住用户的关键。所以将业务不断地快速迭代，提升服务质量，塑造服务体系，是创业公司的必经之路。

5）用户教育要快

对生活服务 O2O 而言，行业内的人觉得火爆，但是要影响到普通人，还是有一定距离的。如果你拿着"O2O"这 3 个字符去楼下问大叔大婶，念"零二零"、"噢二噢"的人肯定不少。这就像当年 Facebook 局限在常春藤盟校里面，学生们津津乐道，外面的人还不知道他们在干呢。可见，如何快速地进行市场普及教育是所有创业者都必须面对的问题。

在很多情况下，商家的痛点是挖掘出来的，是教育出来的。张旭豪创建"饿了么"的时候，从上海交大所在的闵行校区开始与商户建立关系，当时这些低端餐厅连计算机都没有。最大的困难还是商家对互联网的理解能力，他们对这个市场的理解是需要一个过程的。这些商家有点像淘宝网刚开始的那些小商户，对互联网只是有点懵懂的意识。

移动互联网改造外卖

6）不要惧怕商业巨头

"互联网+"市场潜力巨大，商业巨头当然会跃跃欲试，提前布局。对于小型创业公司，如何抵挡商业巨头在相同领域的竞争，是创业者不得不思考的问题。

（1）创业者要做商业巨头不屑的事。在中国的"互联网+"市场中，是不存在蓝海的，更多的是做而不专的市场。大公司的项目可能有几十个，甚至是几百个，里面覆盖了市面上个林林总总的业务，甚至可以说，几乎一切项目在大公司内部都有雏形，只不过这个领域是不是能达到公司内部的认可，能否成为战略点就这很难说了。

（2）大有大的软肋，小有小的优势。生活服务类的产品，线下标准化更低。对于打车软件之间的 PK，商业巨头要做的只是将线上流量引到线下；而像上门服务、家政服务则不同，从线上引流至线下固然重要，但是更多的时候是线下返流至线上，商业巨头其实并不具备太大优势；而且，大平台的优势在于资金方面，以"58 到家"为例，即便是拥有资金投入、线上高流量、高订单量的优势，对于服务 O2O 来说，这几点虽然重要却并非制胜关键。生活服务 O2O 的核心是提供服务的家政员、手艺人，大牌互联网平台切入后，虽然在线上流量占有优势，但是在落地和团队投入两个方面都会遇到"弯不下腰"的难题。

（3）大公司是拿钱干活，小公司是拿命干活。作为百度系创业者王润认为，"大小公司的执行力是完全不一样的。我们上线 3 个月可以做到数万用户，每天数百单的一个量级，大公司同样的团队是完全做不到的。"此外，王润认为，BAT 在进军传统行业 O2O 领域时还面临强大的人才壁垒。而且，BAT 做不一定能找到传统行业的点，也不一定能找到相关人才来做这个事情。大有大的活法，小有小的出路，创业者自当理直气壮，坚定信心！

✅ 二、网络创业的商业模式

互联网行业经历了这些年的尝试之后，已经摸索出了在互联网思维下的商业模式套路。在产品积累到足够多的用户后，这些现成的商业模式都可以拿来为我所用。目前，网络创业活动已经产生了 5 种商业模式。

1．实物商品的商业模式

如果你的产品是某种物品，受众可以直接持有和使用这个物品，也就是通常意义上的商品/货物，那么你的商业模式就很简单，基本上就是以下 4 个套路。

（1）自己生产、自己销售：自己直接生产、直接销售给用户。

（2）外包生产、自己销售：把生产环节外包出去，自己负责直接销售给用户。

（3）只生产、不销售：自己负责生产，交给分销商销售。

（4）只销售、不生产：自己作为分销商，或者提供销售商品的交易市场。如亚马逊、京东商城等电子商务网站，就是这种商业模式。

2．交易平台模式

（1）实物交易平台：用户在你的平台上进行商品交易，通过平台支付，你从中收取佣金。天猫就是最大的实物交易平台，天猫的佣金是其主要的收入来源。

（2）服务交易平台：用户在你的平台上提供和接受服务，通过平台支付，你从中收取佣金。如威客平台猪八戒就是这样收取佣金的。Uber 的盈利模式也是收取司机车费的佣金。

（3）沉淀资金模式：用户在你的平台上留存资金，你可以用这些沉淀的资金赚取投资收益回报。传统零售业用账期压供应商的货款，就是为了用沉淀资金赚钱。现在这个套路也用到互联网行业了，据说京东就是靠这个沉淀赚钱的。很多互联网金融企业、O2O 企业，也寄希望于这个模式。

3．直接向用户收费模式

除了广告，另外一大类商业模式就是直接向用户收费。当然，如果前期就收费，很可能会吓跑用户。所以，需要借助以下一些巧妙的做法。

（1）定期付费模式：这种商业模式类似于手机话费的月套餐，定期付钱获得一定期限内的服务。相对于一次性付费直接买软件，定期付费的单笔付费金额比较小，所以用户付费的门槛相对较低。比如 QQ 会员，就是按月/按年付费的模式，现在的价格差不多是每个月 10Q 币。

（2）按需付费：按需付费是在用户实际购买服务时，才需要支付相应的费用。例如，在爱奇艺里找到想看的某一部电影，花 5 元人民币，只看这一部，这是按需付费。如果买了爱奇艺的 VIP 用户，在一段时间内所有会员免费的电影都可以看，这就是定期付费模式。

（3）打印机模式：因为日本打印机公司爱普生首先采用这种商业模式，所以就叫打印机模式。先以很便宜的价格卖给消费者一个基础性设备，用户要使用这个设备，就必须以相对较高的价格继续购买其他配件，如耗材等。剃须刀也是采用类似的商业模式，刀架的价格近乎于白送，然后通过卖刀片赚钱。家用游戏机也是，索尼和任天堂以低于成本的价格卖游戏机，然后用很高的价格卖游戏光盘。

4．免费增值商业模式

这种模式就是让一部分用户免费使用产品，而另外一部分用户购买增值服务，通过付费增资服务赚回成本和利润。不过一般采取免费增值模式的产品，可能只有 0.5%～1%的免费用户会转化为付费用户。

（1）限定次数免费使用：这种模式是在一定次数之内，用户可以免费使用产品，超出这个次数就需要付费了。

（2）限定人数免费使用：这种模式是指用户数量在一定人数之内是免费的，如果用户数量超出这个限定额，就要收费了。比如很多企业的邮箱服务，公司注册了某个域名，打算用这个域名做企业邮箱，企业邮箱服务商就可以要求，5 个以内邮箱地址免费，超过 5个邮箱地址就要购买服务了。

（3）限定免费用户可使用的功能：免费用户只能使用少数几种功能，如果想使用所有的功能，就得付费。例如，我现在用的 EverNote，这几天也老是提醒我用不用升级，升级之后，每个月可以上传更大的附件，也可以给自己的笔记加上密码。这 2 个功能我都想要，但是还没有想好是不是值得花钱开通。

（4）应用内购买：应用的下载和安装使用是免费的，但是在使用过程中，设有特定的功能付费。最常见的就是游戏了，购买虚拟装备或者道具之类的。再比如在微信内购买付费的标签。

（5）试用期免费：用户在最初一定的期限内可以免费使用，超过试用期之后就要付费了。比如我现在的 Office，天天提醒我，免费版试用期还有××天就要到期了，让我抓紧时间激活，激活就是要买正版的激活码了。

（6）核心功能免费，其他功能收费：Appstore 里的 App，有不少都是这种模式，一个产品分为免费版和收费版。免费版里基本功能都有，但是要获得更多的功能，就要收费。比如照片处理应用，免费版有几个基本的滤镜效果，差不多够用，但是如果想要更炫更酷的滤镜，就要下载付费版了。

（7）核心功能免费，同时导流到其他付费服务：比如微信，微信聊天是免费的，但是微信内置了很多其他服务，游戏、支付、京东、滴滴打车等，这些服务都有可能是收费的。

（8）组织活动：通过免费服务聚齐人气，然后组织各种下线活动，这些活动可以获得广告或赞助，或者在活动中销售商品或服务。比如，很多媒体，通过组织线下行业峰会赚钱。还有的地方社区会组织线下展销会、推荐会，比如装修展销会、婚纱摄影秀等，进行销售商品或服务。

5．广告模式

自从谷歌开始在搜索结果旁边放广告以来，广告已经成了互联网行业默认的首选变现方式。实际上，广告本来是平面媒体的主要商业模式，现在互联网行业已经彻底抢走了广告领域的风头。

（1）展示广告：这是目前最常见的模式，一般是以文字、banner 图片、通栏横幅、文本链接、弹窗等形式，按展示的位置和时间收费，也就是常说的包月广告或包天、包周广告。

（2）广告联盟：广告联盟相当于是互联网形式的广告代理商，广告主在广告联盟上发布广告，广告联盟再把广告推送到各个网站或 APP 里去。百度联盟、Google AdSense 就是最大的两个广告联盟。在网站流量没到一定程度时，都会选择跟广告联盟合作，只有做到一定流量后，才会跟确定的广告主直接建立合作关系。广告联盟一般是按广告的单击次数收费。

（3）电商广告：最常见的就是阿里妈妈了，京东、亚马逊、当当都有自己的电商广告，凡客当年也是靠这个突然蹿红的。这些广告一般是按销售额提成付费。很多导购网站，就是完全靠这种收入的，特别是海淘导购网站，会接入各个海外购物网站的广告，佣金还挺不错。

（4）软文：软文是指把广告内容和文章内容完美地结合在一起，让用户在阅读文章时，既得到了需要的内容，也了解了广告的内容。很多媒体网站或者微博、微信大号，都是靠软文赚钱的。

（5）虚拟产品换广告效果：还可以为用户提供虚拟产品，但是代价是用户必须接受一定的广告，比如看完一段广告、注册成为某个网站的用户、下载某个 App。

（6）用户行为数据：通过分析用户在网站或 App 上的操作方式，可以分析出用户的习惯和心理，从而有利于在产品设计和商业规划上做出正确的决策。很多企业都需要这样的用户使用习惯的数据，所以可以卖这样的数据。淘宝数据魔法就提供这样的服务，比如告诉你在什么地方、什么商品、什么风格、什么尺码最受用户欢迎。

任务二　网络创业机会的识别与评估

机会识别是网络创业的起点和前提。围绕网络创业机会，有些基本问题是所有想创业的人都关心的，例如，为什么是他而不是别人看到了机会？未经系统论证调查的（甚至可以说偶然发现的）机会，为什么可以及怎样成为创业机会的？机会识别要进行哪些可行性论证？如何评估创业机会？等。

一、网络创业机会的识别

如何在创业的路上识别创业机会，是创业者首先要解决的问题。好的创业机会，不仅能有效满足顾客需求，同时能为顾客带来增值的效果。

1. 网络创业机会的概念和过程

Robert A Baron 提出创业机会识别是指在面对多样化外部环境的刺激时，人们对商业机会是否存在的一种知觉。岳甚先（学者）明确指出创业机会识别是创业者感知和发现机会、开创新事业、创建新企业的过程或活动。虽然不同的学者对于创业机会识别的定义不尽相同，但都持有一个共同观点，即对于创业决策而言，创业机会识别起着至关重要的作用。

创业机会识别是包含着经济和认知的复杂过程。创业机会识别包括机会发现阶段和机会形成阶段，是一个阶段性模型。其中，机会发现阶段包括准备、孵化和洞察；机会形成阶段包括机会的评估和深加工。纵观国内外学者们的研究，创业机会识别的过程被归纳为创业机会的感知、发现、评价和开发。

2．网络创业机会的类型

要想寻找到合适的创业机会，创业者应识别以下创业机会。

（1）现有市场机会和潜在市场机会。现有市场机会是指市场机会中那些明显未被满足的市场需求，往往发现者和进入者都很多，竞争异常激烈；潜在市场机会是那些隐蔽的、未被满足的市场需求，往往不易被发现，且识别难度大，一旦被发现，往往蕴藏着极大的商机。

（2）行业市场机会与边缘市场机会。行业市场机会是指存在于某一个行业内的市场机会，往往容易被发现和识别，但激烈的竞争会导致成功的概率低；边缘市场机会是指在行业与行业之间交叉结合部分出现的市场机会，处于不同行业之间出现"夹缝"的真空地带，往往难以被发现和识别，这种机会一旦开发，创业成功的概率也较高。

（3）目前市场机会与未来市场机会。目前市场机会是指伴随外部环境变化而出现的机会；未来市场机会是指通过市场研究和预测分析未来将要出现的市场机会。若创业者能够提前预测分析到未来市场机会，付诸实施，必将获得先发优势。

（4）全面市场机会与局部市场机会。全面市场机会是指在大范围市场中出现未满足的顾客需求；局部市场机会是指在某个局部范围或细分市场中出现的未满足的顾客需求。与全面市场机会相比，若创业者发现和识别了局部市场机会，就可以整合优势资源投入细分目标市场，创业成功的概率就会很高。

3．网络创业机会的发现

网络创业要善于抓住好的机会，把握住每个稍纵即逝的创业机会，就等于成功了一半。发现创业机会的具体方法如下。

（1）变化就是机会。环境的变化会给各行各业带来良机，透过这些变化就会发现新的前景。变化可以包括：产业结构的变化、科技进步、通信革新、政府放松管制、经济信息化和服务化、价值观与生活形态变化、人口结构变化等。

（2）从"低科技"中把握机会。随着科技的发展，开发高科技领域是时下热门的课题，但机会并不只属于高科技领域。在运输、金融、保健、饮食、流通这些低科技领域也有机会，关键在于开发。

（3）集中盯住某些顾客的需要就会有机会。机会不能从全部顾客身上去找，因为共同需要容易认识，已很难再找到突破口了。如果通过关注某些人的日常生活和工作，就会从中发现每个人的需求都是有差异的。因此，在寻找机会时，应养成把顾客分类的习惯认真研究各类人员的需求特点，就会有机会出现。

（4）追求"负面"就会找到机会。"负面"，就是指那些大家"苦恼的事"和"困扰的事"。因为它们是迫切希望解决的问题，如果能提供解决的办法，实际上就是找到了机会。

4．网络创业机会识别的因素

创业机会识别作为一种主动行为，带有浓厚的主观色彩，创业者的个体因素起到了重要作用。此外，一些研究者逐渐认识到机会识别是个体与环境的互动过程，外部因素尤其是环境中的客观机会因素本身的影响同样不容忽视。

1）个体因素

（1）创业警觉性指一种持续关注、注意未被发觉机会的能力。

（2）先验知识使人们更容易注意到与自己已有知识相联系的刺激，正如 Baron 所指，对于创业者而言，丰富且广泛的生活阅历是识别潜在商机的主要决定因素，它们能帮助创业者识别出新信息的潜在价值。每个个体都有自己独特的先前经验与先验知识，这就构成了其有别于他人的知识走廊，这种特异性就解释了为何有些人更容易发现一些特定的机会，而其他人则不能。先验知识包括特殊兴趣和产业知识两个维度，前者指对某一领域及其相关知识的强烈兴趣，后者是创业者在多年工作中积累而来的知识和经验。也有研究者提出对创业机会识别起关键作用的先验知识有四种，即特殊兴趣的知识和产业知识的结合、关于市场的知识、关于服务市场方式的知识和有关顾客问题的知识。还有研究表明先验知识不仅被用来搜索机会，更重要的是，它还与认知过程中结构关系的匹配有系统的联系。

（3）创造力。创造性或创新能力最早与乐观、自我效能等因素一同被归为成功创业者性格特质中的一种。虽然近年来，有关性格特质对创业过程的研究越来越少，但与一般人格特质不同，创造性的重要作用却日益显现。发散性思维和聚合性思维共同构成了创造力，经研究发现，信息多样化与发散性思维存在交互作用，只有在信息多样化的条件下，发散性思维才对企业经营理念的形成产生显著的影响。甚至有研究认为机会识别本身就是创造性活动，而非仅仅被创造力这一特质所影响。

（4）社会资本。社会资本又称社会网络，是联系创业者和机会的纽带与桥梁，创业者需要通过自己的社会网络获得有关创业机会的信息。创业者社会网络的规模大小、多样性、强度及密度将对机会识别产生重要的影响。

2）机会因素

不论是过去还是现在，在创业机会识别过程中，研究者重点关注的都是创业者的差异，即影响机会识别的个体因素。对此，有研究者提出，在机会识别领域中，个体中心的研究成果已颇为丰硕，今后更多的关注点应放在机会本身上。进而，强调了机会的差异在创业机会识别中的作用，认为相对隐性的机会比较容易通过先前经验识别，而相对显性和规范的机会则比较容易通过系统搜索识别。张爱丽也提出应该从个体因素与机会因素整合的视角去考察创业机会识别过程。研究表明，创业者更偏好于有价值的并且与自己以往知识有关的机会，因为这种机会符合创业者的愿望并具有一定的可行性。

3）各因素的交互作用

尽管创业机会识别的影响因素在不断地丰富和完善，但单一影响因素的作用已不足以解释整个过程，因此对各影响因素交互作用的探讨成了必然趋势。

5. 网络创业机会识别的关键点

创业者在识别创业机会时，应把握以下几个关键点。

1）机会青睐于特定创业者

理论界与实践界都一直试图回答：为什么是有些人而不是另外的人看到一个机会？这些看到机会的创业者有什么独特之处？普遍而言，这些人所具备的一些特征如下。

第一是先前经验。在特定产业中的先前经验有助于创业者识别机会。有调查发现，70%的创业机会是在复制或修改以前的想法或创意，而不是全新创业机会的发现。

第二是专业知识。拥有在某个领域更多专业知识的人，会比其他人对该领域内的机会更具警觉性与敏感性。例如，计算机工程师就比律师对计算机产业内的机会和需求更为警觉与敏感。

第三是社会关系网络。个人社会关系网络的深度和广度影响着机会识别，这已是不争的事实。通常情况下，建立了大量社会与专家联系网络的人，会比那些拥有少量网络的人容易得到更多机会。

第四是创造性。从某种程度上讲，机会识别实际上是一个创造过程，是不断反复的创造性思维过程。在许多产品、服务和业务的形成过程中，甚至在许多有趣的商业传奇故事中，都能看到有关创造性思维的影子。

尽管上述特征并不是导致创业成功的必然，但具备了这些特征，往往较其他创业者具有更多的优势，也更容易获得成功。

2）先有创意，再谈机会

创业因机会而存在，而机会是具有时间性的有利情况。纽约大学柯兹纳教授认为机会就是未明确的市场需求或未充分使用的资源或能力。机会具有很强的时效性，甚至瞬间即逝，一旦被别人把握住也就不存在了。而机会又总是存在的，一种需求被得到满足，另一种需求又会产生；一类机会消失了，另一类机会又会产生。大多数机会都不是显而易见的，需要去发现和挖掘。

对机会的识别源自创意的产生，而创意是具有创业指向同时具有创新性的想法。在创意没有产生之前，机会的存在与否意义并不大。有价值潜力的创意一般会具有以下基本特征。

独特、新颖，难于模仿。创业的本质是创新，创意的新颖性可以是新的技术和新的解决方案，可以是差异化的解决办法，也可以是更好的措施。另外，新颖性还意味着一定程度的领先性。不少创业者在选择创业机会时，关注国家政策优先支持的领域就是在寻找领先性的项目，新颖性还可以加大模仿的难度。

客观、真实，可以操作。有价值的创意绝对不会是空想，是有现实意义，具有实用价值的。通过判断把握机会产品或服务，它们是市场上存在的真实需求，或是找到让潜在消费者接受产品或服务的方法。

另外，有潜力的创意还必须具备对用户的价值与对创业者的价值。创意的价值特征是根本，好的创意要给消费者带来真正的价值，需要进行市场检验。同时，好的创意必须给创业者带来价值，这是创业动机产生的前提。

需要注意的是，创意与点子不同，区别在于创意具有创业指向，进行创业的人在产生创意后，会很快甚至同时就会把创意发展为可以在市场上进行检验的商业概念。商业概念既体现了顾客正在经历的也是创业者试图解决的种种问题，还体现了解决问题所带来的顾客利益和获取利益所采取的手段。例如，如何帮助球手把打丢的高尔夫球找回来就是一个创意。面对容易把球打丢这个实际存在的问题，有人试图在高尔夫球内安置一个电子小标签，开发手持装置搜索打丢的球，这是解决问题的手段。

创业机会是指那些适合创业的机会特别是创意。看到机会、产生创意并发展成清晰的商业概念意味着创业者识别到机会，至于发展出的商业概念是否值得投入资源开发，是否能成为有价值的创业机会，还需要认真的论证。

3）是不是机会，先做市场测试

创业者对机会的评价来自于初始判断，通常是假设加简单计算。牛根生在谈到牛奶的市场潜力时说："民以食为天，食以奶为先，我国人均喝奶的水平只是美国的几十分之一。"这就是他对乳制品机会价值的直观判断，这样的判断看起来不可信，甚至会觉得有些幼稚，但却是有效的。机会瞬间即逝，如果都要进行周密的市场调查，就会难以把握机会。当然，假设加上简单计算只是创业者对机会的初始判断，进一步的创业行动还需要依靠调查研究，对机会价值做进一步的评价。

　　创业者经常容易犯的错误是，自己认为好的，则一厢情愿地断定顾客也应该认为好。"己所不欲勿施于人"，然而"己所欲施于人"也不一定能奏效。如何确定顾客的偏好，通常可以采用市场测试的方法，将产品或服务拿到真实的市场中进行检验。市场测试可以说是一种比较特殊的市场调查，是创业者必须读的必修课程。市场测试与市场调查不完全相同，询问一个消费者是否想购买和这位消费者实际是否购买很多时候是两回事。当年雀巢公司为打开中国市场，选择一些城市向住户投递小袋包装咖啡就是一种市场测试。

✅ 二、网络创业机会的评估

　　所有的创业行为都来自于绝佳的创业机会，创业团队与投资者均对于创业前景寄予极高的期待，创业家更是对创业机会在未来所能带来的丰厚利润满怀信心。事实上，几乎九成以上的创业梦想最后都会落空，新创业获得高度成功的概率大约不到1%。

　　这些创业构想有的先天体质不良，有的市场进入时机不对，或者是具有致命的瑕疵，如果创业者能先用比较客观的方式进行评估，那么悲剧结局就不至于一再发生，创业成功的概率也会因此而大幅提升。

1．网络创业机会的评估准则

　　有学者针对创业机会的市场与效益面，提出了一套评估准则，并说明各准则因素的内涵，目的是为创业家提供评估是否投入创业开发的决策参考。

1）市场评估准则

　　（1）市场定位：一个好的创业机会，必然具有特定的市场定位，专注于满足顾客需求，同时能为顾客带来增值的效果。因此评估创业机会的时候，可由市场定位是否明确、顾客需求分析是否清晰、顾客接触通道是否流畅、产品是否持续衍生等，来判断创业机会可能创造的市场价值。创业带给顾客的价值越高，创业成功的机会也就越大。

　　（2）市场结构：针对创业机会的市场结构进行分析，包括进入障碍、供货商、顾客、经销商的谈判力量、替代性竞争产品的威胁，以及市场内部竞争的激烈程度。由市场结构分析可以得知新企业未来在市场中的地位，以及可能遭遇竞争对手反击的程度。

　　（3）市场规模：市场规模大小与成长速度，也是影响新企业成败的重要因素。一般而言，市场规模大，进入的障碍相对较低，市场竞争激烈程度也会略为下降。如果要进入的是一个十分成熟的市场，那么纵然市场规模很大，由于已经不再成长，利润空间必然很小，因此这个项目就不值得再投入了。反之，一个正在成长中的市场，通常也会是一个充满商机的市场，所谓水涨船高，只要进入时机正确，必会有获利的空间。

　　（4）市场渗透力：对于一个具有巨大市场潜力的创业机会，市场渗透力（市场机会实现的过程）评估将会是一项非常重要的影响因素。聪明的创业家知道选择在最佳时机进入市场，也就是市场需求正要大幅成长之际，做好准备，等着接单。

　　（5）市场占有率：从创业机会预期可取得的市场占有率目标中，可以显示出这家新创公司未来的市场竞争力。一般而言，要想成为市场的领导者，最少需要拥有20%以上的市场占有率。如果市场占有率低于5%，则这个新企业的市场竞争力显然不高，自然也会影响未来企业上市的价值。尤其是具有赢家通吃特点的高科技产业，新企业必须拥有成为市场前几位的能力，才比较具有投资价值。

（6）产品的成本结构：可以直接反映出新企业的前景是否光明。例如，从物料与人工成本所占比重之高低、变动成本与固定成本的比重、经济规模产量大小，都可以判断出企业创造附加价值的幅度以及未来可能的获利空间。

2）效益评估准则

（1）合理的税后净利：一个具有吸引力的创业机会，至少需要创造15%以上税后净利。如果创业预期的税后净利是在5%以下，那么就不是一个好的投资机会。

（2）达到损益平衡所需的时间：合理的损益平衡时间应该在两年以内达到。如果三年还达不到，恐怕就不是一个值得投入的创业机会。不过有的创业机会确实需要经过比较长的耕耘时间，通过这些前期投入，创造进入障碍，保证后期的持续获利。在这种情况下，可以将前期投入视为一种投资，才能容忍较长的损益平衡时间。

（3）投资回报率：考虑到创业可能面临的各项风险，合理的投资回报率应该在25%以上。一般而言，15%以下的投资回报率，是不值得考虑的创业机会。

（4）资本需求：资金需求量较低的创业机会，投资者一般会比较欢迎。通过案例显示，资本额过高其实并不利于创业成功，有时还会带来稀释投资回报率的负面效果。通常，知识越密集的创业机会，对资金的需求量越低，投资回报反而会越高。因此在创业开始的时候，不要募集太多的资金，最好通过盈余积累的方式来创造资金。由于比较低的资本额，有利于提高每股盈余，会进一步提高未来上市的价格。

（5）毛利率：毛利率高的创业机会，相对风险较低，也比较容易取得损益平衡。反之，毛利率低的创业机会，风险则较高，遇到决策失误或市场产生较大变化的时候，企业很容易就遭受损失。通常，理想的毛利率是40%。当毛利率低于20%的时候，这个创业机会就不值得再考虑。由于软件业的毛利率通常都很高，所以只要能找到足够的业务量，从事软件创业在财务上遭受严重损失的风险相对会比较低。

（6）策略性价值：能否创造新企业在市场上的策略性价值，是一项重要的评价指标。一般而言，策略性价值与产业网络规模、利益机制、竞争程度密切相关，创业机会对于产业价值链所能创造的加值效果，也与它所采取的经营策略与经营模式密切相关。

（7）资本市场活力：当新企业处于一个具有高度活力的资本市场时，它的获利回收机会相对也比较高。不过资本市场的变化幅度极大，在市场高点时投入，资金成本较低，筹资相对容易。在资本市场低点时，投资新企业开发的诱因则较低，好的创业机会也相对较少。不过，对投资者而言，市场低点的成本较低，有的时候反而投资回报会更高。通常新创企业活跃的资本市场比较容易创造增值效果，因此资本市场活力也是一项可以被用来评价创业机会的外部环境指标。

（8）退出机制与策略：所有投资的目的都在于回收，因此退出机制与策略就成为一项评估创业机会的重要指标。企业的价值一般也要由具有客观鉴价能力的交易市场来决定，而这种交易机制的完善程度也会影响新企业退出机制的弹性。由于退出的难度普遍要高于进入，所以一个具有吸引力的创业机会，应该为所有投资者考虑退出机制，以及退出的策略规划。

2．网络创业机会的评估模型

创业导师如何评价创业者的项目选择方向是否正确、是否可行、有多大价值，是在创业指导过程中经常遇到的问题。蒂蒙斯创业机会评价体系，提供了一套系统的评价框架和可量化的指标体系，可以帮助创业导师和创业者科学深入地评价创业项目的可行性及价值性。

1）蒂蒙斯创业机会评价体系

蒂蒙斯的创业机会评价框架，涉及行业与市场、经济价值、收获条件、竞争优势、管理团队、致命缺陷、创业家的个人标准、理想与现实的战略差异 8 个方面 53 项指标，如表 1-1 所示。通过定性或量化的方式，创业者可以利用这个体系模型对行业与市场、竞争优势、管理团队和致命缺陷等做出判断，来评价一个创业项目或创业企业的投资价值和机会。

蒂蒙斯模型下的
知识创业原理

表 1-1　蒂蒙斯机会评价表

行业与市场	市场容易识别，可以带来持续收入
	顾客可以接受产品或服务，愿意为此付费
	产品的附加价值高
	产品对市场的影响力高
	将要开发的产品生命力长
	项目所在的行业是新兴行业，竞争不完善
	市场规模大，销售潜力达到 1 千万~10 亿美元
	市场成长率在 30%~50%，甚至更高
	现有厂商的生产能力几乎完全饱和
	在五年内能占据市场的领导地位，达到 20% 以上
	拥有低成本的供货商，具有成本优势
经济价值	达到盈亏平衡点所需要的时间在 1.5~2 年以下
	盈亏平衡点不会逐渐提高
	投资回报率在 25% 以上
	项目对资金的要求不是很大，能够获得融资
	销售额的年增长率高于 15%
	有良好的现金流量，能占到销售额的 20% 以上
	能获得持久的毛利，毛利率能达到 40% 以上
	能获得持久的税后利润，税后利润率能超过 10%
	资产集中程度低
	运营资金不多，需求量是逐渐增加的
	研究开发工作对资金的要求不高
收获条件	项目带来的附加价值具有较高的战略意义
	存在现有的或可预料的退出方式
	资本市场环境有利，可以实现资本的流动
竞争优势	固定成本和可变成本低
	对成本、价格和销售的控制较高
	已经获得或可以获得对专利所有权的保护
	竞争对手尚未觉醒，竞争较弱
	拥有专利或具有某种独占性
	拥有发展良好的网络关系，容易获得合同
	拥有杰出的关键人员和管理团队

管理团队	创业者团队是一个优秀管理者的组合
	行业和技术经验达到了本行业内的最高水平
	管理团队的正直廉洁程度能达到最高水平
	管理团队知道自己缺乏哪方面的知识
致命缺陷	不存在任何致命缺陷
创业家的个人标准	个人目标与创业活动相符合
	创业家可以做到在有限的风险下实现成功
	创业家能接受薪水减少等损失
	创业家渴望进行创业这种生活方式，而不只是为了赚大钱
	创业家可以承受适当的风险
	创业家在压力下状态依然良好
理想与现实的战略性差异	理想与现实情况相吻合
	管理团队已经是最好的
	在客户服务管理方面有很好的服务理念
	所创办的事业顺应时代潮流
	所采取的技术具有突破性，不存在许多替代品或竞争对手
	具备灵活的适应能力，能快速地进行取舍
	始终在寻找新的机会
	定价与市场领先者几乎持平
	能够获得销售渠道，或已经拥有现成的网络
	能够允许失败

2）创业机会评价的两种简便方法

蒂蒙斯创业机会评价体系只是一套评价标准，在进行创业机会评价实践时，还需要科学的步骤和专业的评价方法才能操作。下面介绍两种常用的、易操作的评价方法。

（1）标准矩阵打分法。

将创业机会评价体系的每个指标设定为 3 个打分标准，例如，最好打为 3 分，好打为 2 分，一般打为 1 分，形成打分矩阵表。在打分后，求出每个指标的加权评价分。

这种方法简单易懂、易操作。该方法主要用于不同创业机会的对比评价，其量化结果可直接用于机会的优劣排序。在用于一个创业机会的评价时，则可采用多人打分后进行加权平均。如果其加权平均分越高，说明该创业机会越可能成功。一般来说，高于 100 分的创业机会可进一步规划，低于 100 分的创业机会，则需要考虑淘汰。

（2）Baty 选择因素法。

它是标准矩阵打分法的简化版。评价者通过对创业机会的认识和把握，按照蒂蒙斯创业机会评价体系的各项标准，看是否符合这些指标要求。如果统计符合指标数少于 30 个，说明该创业机会存在很大问题与风险；如果统计结果高于 30 个，则说明该创业机会比较有潜力，值得探索与尝试。应用该方法时需要注意一点，如果创业机会存在"致命缺陷"，就需要一票否决。致命缺陷通常是指法律法规禁止、需要的关键技术不具备、创业者不具备匹配该创业机会的基本资源等方面的系统风险。该方法比较适合于创业者对创业机会进行自评。

3）蒂蒙斯创业机会评价体系的简化改进

由于蒂蒙斯创业机会评价体系的提出背景与局限，创业导师和创业者在实际进行创业机会评价时，通常会参考该指标体系，筛选出符合国情环境、行业特征与评价者特质的简化指标体系。中创教育给创业导师推荐的是清华大学姜彦福的实证研究成果——10 项重要指标，如表 1-2 所示。

表 1-2　创业机会评价体系简化版

指 标 类 别	具 体 指 标
管理团队	创业者团队是一个优秀管理者的结合
竞争优势	拥有优秀的员工和管理团队
行业与市场	顾客愿意接受该产品或服务
致命缺陷	不存在任何致命缺陷
个人标准	创业家在承担压力的状态下心态良好
收获条件	机会带来的附加价值具有较高的战略意义
管理团队	行业和技术经验达到了本行业内的最高水平
经济因素	能获得持久的税后利润，税后利润率要超过 10%
竞争优势	固定成本和可变成本低
个人标准	个人目标与创业活动相符合

中创教育通过大学生创业指导的实践研究，提出了一套简单易操作的评价体系，供创业导师作为课堂教学与咨询辅导的工具，如表 1-3 所示。

表 1-3　中创教育的大学生创业机会评价体系

指 标 类 别	具 体 指 标
致命缺陷	不存在任何致命缺陷
行业与市场	顾客可以接受产品或服务，愿意为此付费 市场容易识别，可以带来持续收入
管理团队	创业者团队是一个优秀管理者的结合
个人标准	个人目标与创业活动相符合
竞争优势	固定成本和可变成本低
战略性差异	在客户服务管理方面有先进的服务或运营理念
经济因素	项目对资金的要求不是很大，能够获得融资 能获得持久的税后利润，税后利润率要超过 10% 有良好的现金流、能占到销售额的 20% 以上

蒂蒙斯过程模型的成功案例——马云创业

案例背景

马云，中国电子商务网站的开拓者，阿里巴巴网站创始人兼 CEO。1984 年，历经辛苦的马云终于跌跌撞撞地考入杭州师范大学外语系，大学毕业后，在杭州电子工业学院教英语。

1991 年，马云和朋友成立海博翻译社。结果第一个月收入 700 元人民币，房租 2000 元人民币，遭到一致讥讽。在大家动摇的时候，马云坚信，只要做下去，一定有前景。他一个人背着个大麻袋到义乌、广州去进货，翻译社开始卖礼品、鲜花，以最原始的小商品买卖来维持运转。

1995 年年初，在美国，马云第一次接触到了互联网。对计算机一窍不通的马云，在朋友的帮助和介绍下开始认识互联网，出于好奇他请人做了一个自己翻译社的网页，没想到，3 个小时就收到了 4 封邮件。敏感的马云意识到，互联网必将改变世界！随即，不安分的他萌生了一个想法，要做一个网站，把国内的企业资料搜集起来放到网上向全世界发布。

马云放弃了在学校的一切地位、身份和待遇，毅然下海。

此时，在全球范围内，互联网也刚刚开始发展。而杭州尚未开通拨号上网业务，马云梦想着要用互联网来开公司、下海、盈利。这个想法立即遭到了亲朋好友的强烈反对。马云说："我想了一个晚上，第二天早上决定还是干，哪怕大家全反对我也要干"。我觉得做一件事，无论失败与成功，经历就是一种成功，你去闯一闯，不行你还可以掉头；但是你如果不做，就像晚上想想千条路，早上起来走原路，一样的道理。"马云放弃了在学校的一切地位、身份和待遇，毅然下海。

1995 年 4 月，马云和妻子再加上一个朋友，凑了两万元人民币，专门给企业做主页的"海博网络"公司开张了，网站取名"中国黄页"，成为中国最早的互联网公司之一。3 个月后，随着上海正式开通互联网，公司业务量激增，先见之明为他带来了丰厚的利润。不到 3 年，马云轻松赚到的利润达 500 万元人民币，并在国内打开了知名度。

1997 年，在国家外经贸部的邀请下，马云带着自己的创业班子挥师北上，建立了外经贸部官方网站、网上中国商品交易市场、网上中国技术出口交易会、中国招商、网上广交会、中国外经贸等一系列国家级站点。1999 年 3 月，马云和他的团队回到杭州，以 50 万元人民币在一家民房里创办阿里巴巴网站，进行二次创业。当时全球互联网的电子商务是为 15% 的全球顶尖级大企业服务，马云毅然作出决断，只做 85% 中小企业的生意。

就这样，1999 年 9 月，马云的阿里巴巴网站横空出世，其发展方向是为商人建立一个全球最大的网上商业机会信息交流站点，这种服务在整个互联网界开创了一种崭新的模式，并很快引起美国硅谷和互联网风险投资者的关注。

阿里巴巴所采用独特的 B2B 模式，在网站注册成立一个月后，由高盛牵头的 500 万美元风险资金便到账了，马云用这笔钱从香港和美国引进了大量的外部人才。1999 年年底，马云以 6 分钟的讲述获得有"网络风向标"之称的软银老总孙正义 3500 万美元的风险投资。

2000 年 1 月，阿里巴巴与全球首届一指的互联网投资者——软银携手，引入软银的 2000 万美元投资，同时，与软银合作开发日文、韩文及多种欧洲语言的当地阿里巴巴国际贸易网站。

2003 年 5 月，阿里巴巴投资 1 亿人民币推出个人网上交易平台淘宝网，打造全球最大的个人交易网站。2004 年 7 月，又追加投资 3.5 亿人民币；2003 年 10 月，阿里巴巴创建独立的第三方支付平台——支付宝，截至 2005 年 3 月，通过支付宝在淘宝网的日均交易额就已超过 350 万人民币，而增势依然十分迅猛。

2004 年 2 月，阿里巴巴公布了自己总额为 8200 万美金的新一轮私募成功。

2014 年 9 月，招股书文件显示，阿里巴巴集团将通过 IPO 交易筹集 243 亿美元资金。按定价区间的中值计算，其市值将为 1550 亿美元。据数据提供商 Dealogic 统计的数据显示，这将令其成为按估值计算的最大规模 IPO 交易，令维萨、通用汽车、Facebook 以及多家大型中国上市公司相形见绌。

2014 年 9 月 20 日，阿里巴巴在美国纽约证券交易所挂牌上市，首日报收于 93.89 美元，较发行价上涨 38.07%，以收盘价计算，其市值破 2300 亿美元。从 50 万元人民币初创到上市市值达到 2300 亿美元，阿里巴巴用了 15 年。

马云被著名的"世界经济论坛"选为"未来领袖"、被美国亚洲商业协会选为"商业领袖"，是 50 年来第一位成为《福布斯》封面人物的中国企业家，并曾多次应邀为全球著名高等学府麻省理工学院、沃顿商学院、哈佛大学讲学。

在马云的办公室里，高高悬挂着金庸先生手书的题词——"临渊羡鱼，不如退而结网"。细品马云一直以来的创业足迹，这个题词正是点到要害，这也正是马云步步成功的秘诀。"如果马云能够创业成功，我相信 80%的年轻人创业也能成功。"马云这样激励当下的创业者。

案例分析：

（1）互联网的迅速发展让阿里巴巴网站成为一种商业机会，而这种机会就是创业过程的核心驱动力，马云和其创业团队是创业过程的主导者。

蒂蒙斯创业过程模型：在网站注册成立一个月后，由高盛牵头的 500 万美元风险资金到账。马云用这笔钱从香港和美国引进大量的外部人才。1999 年年底，马云以 6 分钟的讲述获得有"网络风向标"之称的软银老总孙正义 3500 万美元的风险投资。此后，软银和美国雅虎多次追加投资，不断推进阿里巴巴业务的持续扩展。这些人力和财务资源以及大量顾客资源是其创业成功的必要保证。马云及其团队在创业过程中起到利用其自身的创造力在模糊、不确定的环境中发现商机，并利用企业网络和社会资本等外界因素组织和整合资源，主导企业利用搜寻到的商业机会创造价值。

（2）马云的创业过程是商业机会、马云及其团队、资源三大要素匹配和平衡的结果。马云及其工作团队善于配置和平衡，借此推进创业过程，他们做到对商机的理性分析和把握，对风险的认识和规避，对资源的最合理的利用和配置，对工作团队适应性的分析和认识的核心工作。

（3）马云的创业过程是一个连续不断地寻求平衡的行为组合，追求了一种动态的平衡。在展望阿里巴巴未来时，马云成功地思考了，如目前的团队是否能领导企业未来的成长、下一阶段成功面临的陷阱是什么等，在不同的阶段以不同的形式出现，牵涉到企业可持续发展的相关问题。

总之，马云在千变万化的环境中，依靠机遇、团队和资源三大要素之间的和谐和平衡，分析解决存在的种种问题，努力协调创业中各种资源的配置，制订出创造性解决问题的方案。

（资料来源：蒂蒙斯模型创业要素——蒂蒙斯创业过程，
http://www.xuexila.com/chuangye/zhunbei/926788.html）

同步实训

自我能力评估

实训目的

对于所有创业者而言，可以从"我是谁""我知道什么""我人是谁"3 个方面认识自我。通过分析和总结，从而更清晰地认识自己的能力，了解自身的优、劣势，有效地评估自我能力。

实训内容与步骤

（1）查看自我认识评估表的评估指标和内容。

（2）了解评估指标的内涵。如"我是谁"包括个人自身的特质、能力、兴趣和个性；"我知道什么"包括个体自身的教育背景、知识和经验；"我人是谁"包括个体所拥有的综合资源。

（3）填写表格中的各项内容如表 1-4 所示。

（4）写一份个人简历。

表 1-4　自我认识评估表

评估指标	二级指标	内　容
我是谁	我拥有什么样的特质	
	我拥有什么样的能力	
	我的兴趣爱好是什么	
	我拥有什么样的创业态度	
我知道什么	我的专业背景是什么	
	我具备哪些专业领域的知识和技能	
	我从事过哪些工作	
	我拥有什么样的工作和生活经验	
我认识谁	家人	
	同学、朋友	
	同事、领导	
	合作伙伴、用户	
	偶然认识的陌生人	

网络创业

实训提示

这里的个人简历需要发挥创造性思维才能完成。在写简历前，可以先回顾自己的人生，获得或拥有了哪些资源？发挥扩散性思维，需要描述的内容并不仅仅包括"你的个人资源"这部分内容。运用这种方法，能够给你带来启发，提供一个起步的平台。

思考与练习

（1）结合自身具体情况，如实填写自我认识评估表。
（2）发挥创造性思维，写一份个人简历。
（3）结合自我认识评估表和个人简历，分析自身所具有的优势和劣势。

项目小结

创业的原意是"创立基业"。从高等教育的角度出发，"创业"的定义是指：以所学知识为基础，以技术、工艺、产品、服务的创新成果为支柱，以风险投资基金为依托，开创性地提供有广阔前景的新技术、新工艺、新产品、新服务，直至孵化出新的高新技术企业甚至新产业部门的一系列活动。

网络创业具有创业成本低、创业群体广、创新性要求高等特点，吸引了越来越多的年轻人在网上开店，在线销售商品，引发了一股个人开网店的风潮。创业过程是商业机会、创业者和资源 3 大要素匹配和平衡的结果。它是一个连续不断地寻求平衡的行为组合。在 3 大要素中绝对的平衡是不存在的，但企业要保持发展，必须追求一种动态的平衡。

在"互联网+"时代进行网络创业，创业者需要把握六大关键点：选好切入点、找到启动点、接地气的地推能力、服务产品化和标准化、用户教育要快、不要惧怕巨头公司。目前，网络创业活动已经产生了 5 种商业模式，包括实物商品的商业模式、交易平台模式、直接向用户收费模式、免费增值模式、广告模式。

如何在创业的路上识别创业机会，是创业者首先要解决的问题。好的创业机会，必然具有特定的市场定位，专注于满足顾客需求，同时能为顾客带来增值的效果，创业需要机会，机会要靠发现。如果创业者能先用比较客观的方式进行创业机会评估，那么许多悲剧结局就不至于一再发生，创业成功的概率也可以因此而大幅提升。

同步测试

1. 单项选择题
（1）在 2014 年 9 月的（　　　）上，国务院总理李克强发出"大众创业、万众创新"的号召。

  A．夏季达沃斯论坛　　　　　　　　B．二十国集团会议

  C．博鳌论坛　　　　　　　　　　　D．一带一路国际会议

（2）"双创"是指（　　　）。

A．大众创新、万众创业　　　　　　　B．大众创业、万众创新

C．大众创新、万众创意　　　　　　　D．大众创业、万众创意

（3）中国正式接入国际互联网的时间是（　　　）年。

A．1994　　　　　B．1996　　　　　C．1996　　　　　D．1997

（4）创业的原意是（　　　）。

A．创新创业　　　B．创立基业　　　C．创立事业　　　D．成立公司

（5）网络创业是先有了（　　　）之后才产生的一种新型的创业形式。

A．网站运营　　　B．网店经营　　　C．两者都是　　　D．两者都不是

2．多项选择题

（1）近年来，国家出台多项政策鼓励创新创业，从而实现（　　　）。

A．大众创业　　　B．草根创业　　　C．万众创新　　　D．人人创新

（2）网络创业是先有了（　　　）之后才产生的一种新型的创业形式，通过互联网来创造商机。

A．网站运营　　　B．网店经营　　　C．物联网　　　D．移动互联网

（3）网络创业的特点有（　　　）。

A．创业成本低　　　　　　　　　　B．创业群体广

C．创新性要求高　　　　　　　　　D．创业成功率高

（4）网络创业的三大要素包括（　　　）。

A．商业机会　　　B．创业者　　　C．资源　　　D．投资者

（5）网络创业机会的类型（　　　）。

A．现有市场机会和潜在市场机会　　　B．行业市场机会与边缘市场机会

C．目前市场机会与未来市场机会　　　D．全面市场机会与局部市场机会

3．问答题

（1）网络创业的三大要素之间是什么关系？

（2）在"互联网+"时代进行网络创业，创业者需要把握哪些关键点？

（3）网络创业的商业模式有哪几种？

（4）创业者在识别创业机会时，应把握哪些关键点？

项目二

网络创业扶持政策解读

本项目知识点

大学生创业的现状；机会型创业的概念；机会型创业的类型；生存型创业的概念；生存型创业的类型；大学生创业的优势；大学生创业的劣势；大学生创业的市场准入政策；大学生创业的税收减免政策；大学生创业的创业贷款政策；大学生创业的财政补贴政策；扶持政策信息的搜集渠道类型；农民工创业扶持政策；退役士兵创业扶持政策；下岗职工创业扶持政策。

本项目技能点

分析判断大学生创业的动机；分析大学生团队创业的优缺点；运用多种渠道搜集创业扶持政策信息；对创业扶持政策信息进行加工处理。

知识导图

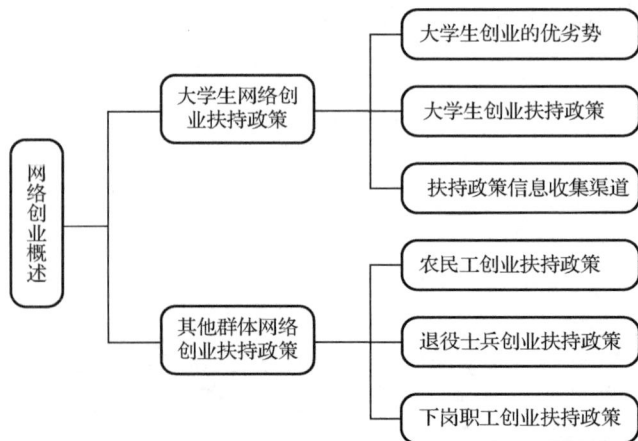

引例

在"大众创业、万众创新"的新时代，开创一个传媒公司成为许多大学生创业的选择。金陵科技学院的翟思宇就是其中的佼佼者，他开创了一家属于自己的传媒公司。当他的同学都还沉浸在校园安逸的生活时，翟思宇就开始寻找未来发展的方向，他很有远见地看到了传媒业快速发展，于是想创办一家传媒公司。他的想法得到了学校的支持，并且落户于学校创业基地。在创业初期，由于创业团队缺少专业经验，公司的运营非常艰难，但是团队成员边摸索边学习，通过努力终于掌握了专业的运营技巧。

现在新媒体的运营成为社会的一个普遍现象，微博、微信等公众号的开通为企业的发展起到良好的促进作用，但是很多公司在新媒体运用方面缺少经验，对员工的培训不知道从何下手。翟思宇的团队发现了这个市场商机，开展了上岗培训业务。为了能够让大家尽快掌握所学内容，翟思宇的公司确定了一站式培训服务的方针，取得了很好的效果。

截至目前，翟思宇的公司运营状况良好，实现了半年内盈利。相信在不久的将来，翟思宇和他的团队将取得更加骄人的成绩。

引例分析

翟思宇的创业成功案例是当代大学生创业热潮的一个缩影。他的成功得益于以下几点。

（1）学校的大力扶持。在创业之初，学校非常支持他的创业想法，并引导他的项目入驻学校创业基地，给予了多方面的政策支持。

（2）创业团队的不断进取。团队成员有朝气和活力，不断摸索进取，努力学习运营经验，持续提高团队的运营能力。

（3）精准把握市场需求。创业不仅仅需要坚持与努力，还需要找准方向，找到社会的需求所在，这样才能使自己的产品得到大众认可，创业才能够真正成功。翟思宇的公司紧跟市场发展最新趋势，为其他公司开展微信运营人员培训。因此翟思宇创业成功是必然的。

任务一　大学生网络创业扶持政策

随着互联网技术日新月异的发展，互联网与各行业各领域的融合日益深入。顺应"互联网+"国家战略，开展网络创业已成为社会经济与科技发展的必然要求。在"大众创业、万众创新"国家战略实施的背景下，创新创业成为了时代的风潮。

在经济下行压力大的不利环境下，就业形势不容乐观，尤其是应届大学生群体的就业形势更加严峻。根据教育部的数据统计，从2001年开始，中国普通高校毕业生人数一路上升。2017届全国普通高校毕业生人数为795万，比2000届毕业生人数增长了651万。

在日益严峻的就业形势下，各级政府和高校明确提出，要在高校深入开展创新创业教育，为大学生创业营造浓厚的环境和氛围，以创业带动就业，通过创业确保就业率持续保持稳定。另外，为推动创业教育的有效开展，各级政府陆续出台了鼓励大学生创业的扶持政策。在此背景下，国内各大高校数量众多的大学生纷纷响应"大众创业、万众创新"的号召，积极投身创新创业活动，大学生群体已经逐渐成为社会创业的生力军。

一、大学生创业现状

近年来，许多高校、专业调查机构对大学生创业情况进行调研，并发布了调查报告。这些报告数据显示，高校大学生创业活动已渐入佳境。

1．社会专业机构调查报告

根据国家统计局发布的《2015 年国民经济和社会发展统计公报》数据显示，2015 届大学生中约有 20.4 万人选择了创业。麦可思研究院发布的《就业蓝皮书：2016 年中国大学生就业报告》显示，中国大学毕业生选择自主创业的比例逐年稳步上升，2015 届大学生自主创业的比例是 3.0%，比 2014 届高出 0.1 个百分点。

2016 年中国大学生
就业报告

调查结果还显示，大学生自主创业的存活率明显提升，自主创业的毕业生收入优势明显，我国已经连续 3 年实现毕业生就业创业人数"双增长"。2010 届创业的大学毕业生，在 3 年后仍在创业的比例为 42.2%，2012 届毕业生创业 3 年存活率增长为 47.8%。从收入来看，2015 届本科毕业生半年后自主创业人群的平均月收入为 5131 元人民币，比 2015 届本科毕业生半年后平均月收入（4042 元人民币）高出 1089 元人民币。2015 届高职高专毕业生半年后自主创业人群的月收入为 4601 元人民币，比 2015 届高职高专毕业生半年后平均月收入（3409 元人民币）高出 1192 元人民币。

2．高校自主调查报告

中国人民大学开展了一项覆盖全国 31 个省市自治区 1767 所高校的 43 万多名在校或刚毕业大学生的大规模问卷调查，于 2016 年 12 月 28 日首次发布《2016 中国大学生创业报告》。调查结果显示，国内各大高校积极深化创新创业教育改革，并已经取得了显著的成效。该报告的部分调查结果包括以下几点。

1）大学生创业意愿

在国家"大众创业、万众创新"战略的引导下，社会各界对于大学生创新创业的支持力度持续加强，大学生创业意愿持续高涨。调查结果显示，89.8%的在校大学生曾考虑过创业，18.2%的学生有强烈和较强烈的创业意向，如图 2-1 所示。在 43 万多名被调查者中，28%的大学生正在创业或者有创业经历。

2）大学生创业动机

依据创业动机的类型，该报告将大学生的创业活动划分为机会型创业和生存型创业。所谓机会型创业，是指创业者为了把握商业机会而进行的创业；所谓生存型创业，是指创业者为了生存而不得不进行的创业。目前，国内高校倾向于鼓励大学生进行机会型创业，因为这种创业具有明显的创新创业特点，能够带来更多的就业机会。

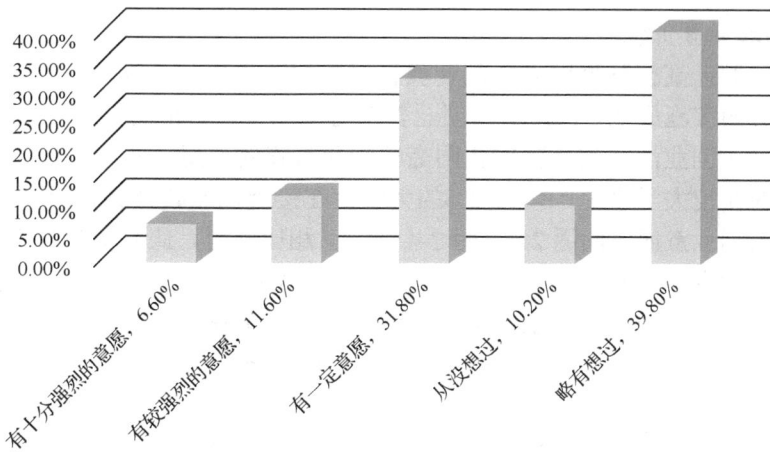

图 2-1　在校大学生的创业意愿

调查结果显示，高校在校大学生进行的创业大多属于机会型创业，占所有创业活动的73.2%。机会型创业的动机包括自由自主的工作与生活方式、实现个人理想、服务社会与创业报国、响应国家双创号召和其他，依次占比为 37.2%、20.1%、10.0%、6.0% 和 0.3%。此外，生存型创业占所有创业活动的 26.5%，其中，为了"赚钱"的创业活动占比为 15.7%，因为"就业压力大，工作不好找"而进行的创业活动占比为 10.8%。以上数据表明，我国高校大学生进行创业主要的动机是出于实现自我价值，如图 2-2 所示。

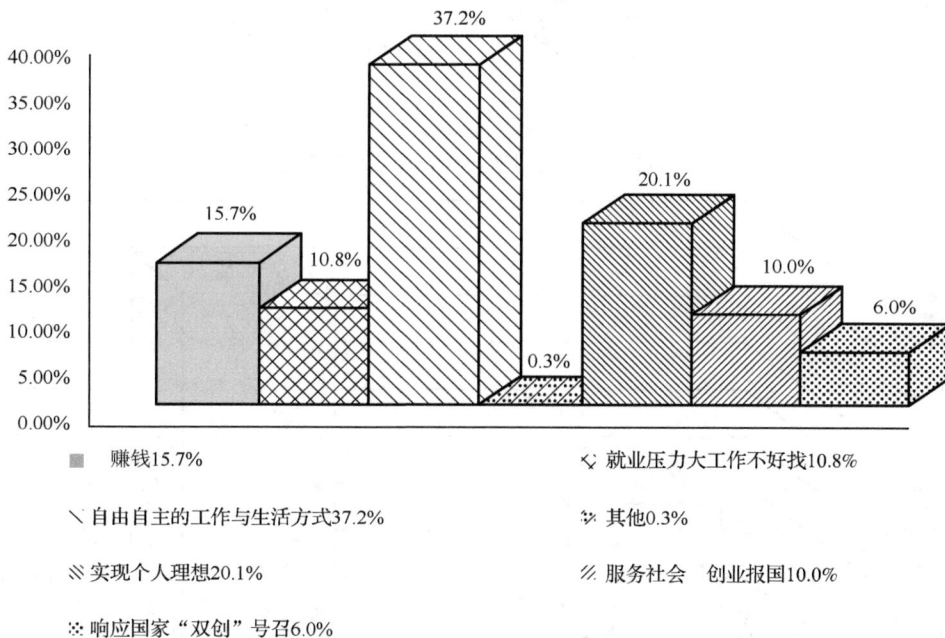

赚钱15.7%　　就业压力大工作不好找10.8%

自由自主的工作与生活方式37.2%　　其他0.3%

实现个人理想20.1%　　服务社会　创业报国10.0%

响应国家"双创"号召6.0%

图 2-2　高校在校大学生的创业动机

3）大学生创业领域

调查结果显示，大学生创业的主要领域集中在住宿餐饮、农业、运输、教育、信息技术、文化等行业。其中，有 13.8% 的创业者选择在住宿餐饮行业进行创业，13.7% 的创业者选择在农、林、牧、渔行业进行创业。

4）高校创业教育价值

调查结果表明，高校开展的创新创业教育已取得明显成效。90%左右的大学生普遍认同高校创业教育的实施成效，认为实施创业教育对创业有一定帮助。相比在校大学生而言，那些曾经参与过了创业活动的，更加认同高校创业教育的作用。其中，认为创业教育对创业实践有帮助的在校大学生中，有92.2%的大学生在接受创业教育后有创业意愿，18.3%的大学生有强烈的创业意愿，如图2-3、图2-4所示。相比而言，认为创业教育对创业实践没有帮助的在校大学生中，仅有71.4%的大学生有创业意愿，17.4%的大学生有强烈的创业意愿。由此可见，高校实施有效的创业教育能够明显提高在校大学生的创业意愿。

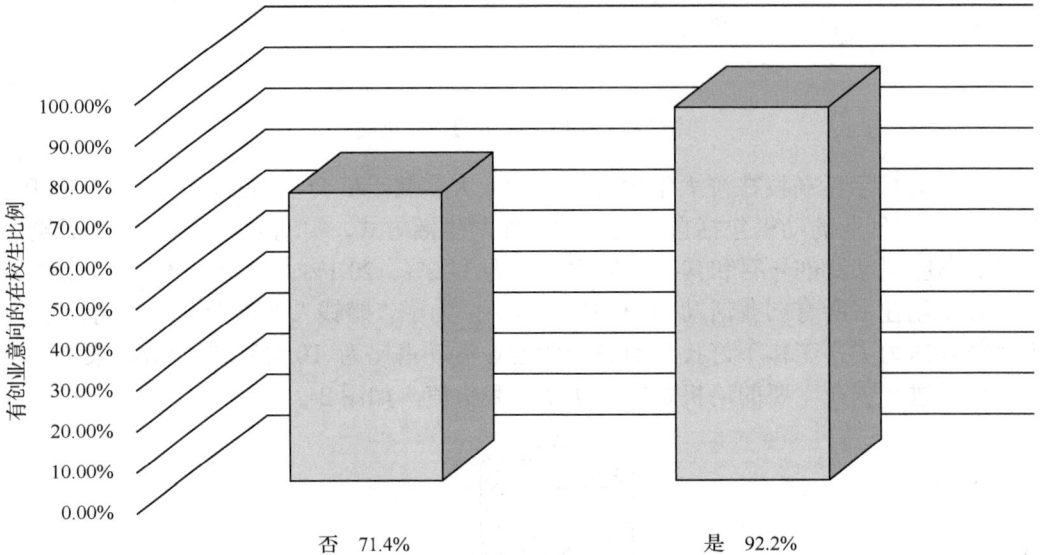

否　71.4%　　　　　　　　　是　92.2%

图2-3　是否认同创业教育对创业有帮助

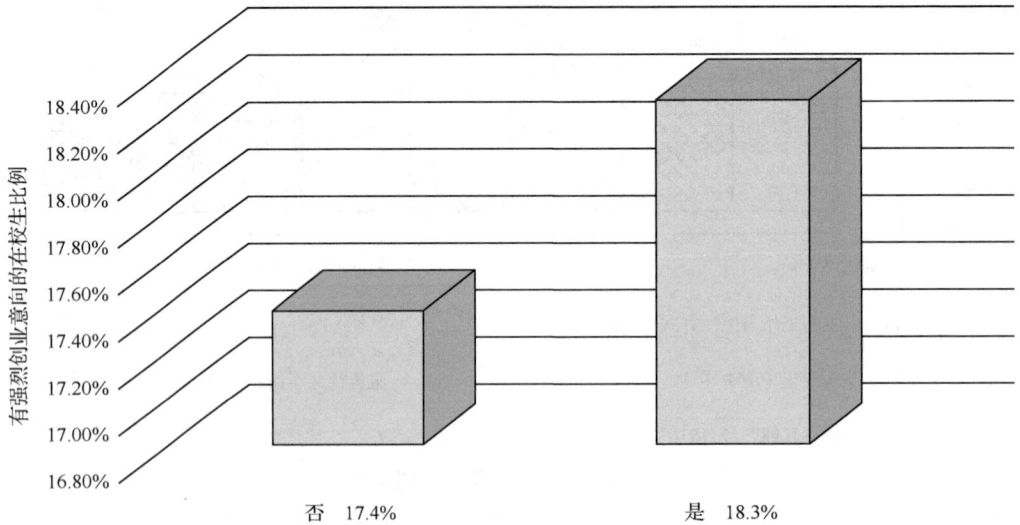

否　17.4%　　　　　　　　　是　18.3%

图2-4　是否认同创业教育对创业有帮助

✅ 二、大学生创业的优劣势

大学生创业既拥有明显的优势，也存在诸多劣势。如何认清大学生创业团队自身的优劣势，对创业者而言，其重要性不言而喻。

1. 大学生创业的优势

近年来，大学生投入创业实践的人数逐年上涨，创业效果逐年提升。这表明大学生创业拥有独特的优势，主要归纳为以下几个方面。

1）教育背景深，心怀梦想

大学生往往具备积极向上、学习能力强等优点，他们在学校经过 10 多年的基础教育和高等教育，有相对完善的基础知识和人格。经过几年专业知识的学习，大学生在学校里不仅掌握了丰富的理论性知识，而且具备较高层次的技术优势，运用 IT 技术能力强，能够在互联网络上搜寻到许多有价值的信息。同时，他们朝气蓬勃、勇于挑战，为了心中的梦想，勇往直前。这些都是创业者不可或缺的基本要求。

2）商业嗅觉强，敢于创新

大学生善于运用互联网思维，思维活跃度高，创新意识强，往往具有敏锐的商业嗅觉。大学生是最具创新精神的人群之一，相比工作多年的创业者，敢于创新是大学生创业者的一把利剑。近几年来，不断涌出大量成功创业品牌及创始人，如西少爷肉夹馍创办团队奇点兄弟、三国杀创始人黄恺、超级课堂创始人杨明平等。他们成功的共性无不体现在创新二字。奇点兄弟用微信营销卖肉夹馍；黄恺将桌游成功移至网游平台；杨明平将线下教育搬到线上，为中小学生提供网络互动学习课程。

3）生活负担小，易获支持

在校大学生和刚走出校门的毕业生大多没有婚姻和家庭的牵绊，暂无家庭负担，在创业之初往往没有那么多的后顾之忧，能够集中更多的精力投入到创业实践中。大学生创业团队还拥有创业成本低、人才质量高的优势，因而他们的创新创业能力较强。此外，部分家庭殷实的大学生在创业时还会得到父母、亲友等多方面支持，面临的创业资金压力较小。

4）支持政策多，初具优势

一方面，国家各级政府因势利导，在工商注册、税务减免、创业贷款等诸多方面出台各种利好政策，鼓励大学生投身创业浪潮，降低大学生创业的门槛，助推大学生创业的积极性及成功率。另一方面，许多高校建立了相当规模的大学生创业园，提供费用低廉甚至免费的办公地点、仓库、计算机、网络和水电等设施，再次降低了大学生的创业成本。此外，许多高校实施了弹性学分，允许课程互认、休学创业，免除了大学生创业失败、学业无以为继的后顾之忧。

2. 大学生创业的劣势

大学生创业同样面临诸多困扰，这也是多数创业项目被无奈搁浅的原因所在。各种权威报告均显示，绝大部分的在校大学生对创业感兴趣，但只有少数大学生参加过创业教育辅导课程或创新创业大赛，创业成功的大学生占比不超过 10%。这是因为大学生创业还存在着明显的劣势，主要归纳为以下几个方面。

1）缺乏经验

创业需要勇气，大学生往往具有初生牛犊不怕虎的精神。但社会经验和管理经验贫乏、心理准备不足、缺少与人沟通的技巧往往是大学生创业者普遍遇到的"拦路虎"。与工作时间较长的人相比，对于思想单纯、书生气足的大学生而言，缺了一个很重要的东西，那就是经验。由于社会经验、管理经验及职业经历的欠缺，许多大学生创业者常常盲目乐观，并没有做好充足的心理准备，一旦遭遇挫折甚至创业失败，往往感到痛苦无助，甚至沮丧消沉。

2）市场观念薄弱

大学生创业的一个明显缺陷就是市场观念比较薄弱。很多大学生创业者往往有一个好的创意或者突发奇想，乐于向投资人大谈创意、技术如何独特与领先，而很少谈及创业项目的可行性、目标市场定位以及市场赢利的潜力有多大，忽略了产品本身的市场价值。因此，很多大学生的创业规划往往是纸上谈兵，很少能转化为商业计划。

3）综合素质不强

无论是互联网创业，还是其他形式的创业，本质都是做生意赚钱。很多大学生创业项目由于没有切实可行的盈利模式及盈利能力，导致投资人的资金"竹篮打水一场空"。在项目初创期，由于业务量小、规模小，项目基本上可以正常运转。然而，随着业务量和规模的持续扩大，在校大学生由于从未有过项目运营的经历和经验，不少大学生创业团队在人事、团队、财务等方面出现了问题。他们在处理这些问题时手足无措，倒在了创业的道路上。

4）缺乏吃苦精神

目前，绝大部分大学生都是独生子女，从小集万千宠爱于一身，甚至受到家庭及家族的溺爱、放纵。因而部分大学生的独立意识较弱，依赖感较强，靠自己一人的力量去拼搏奋斗并不是一件容易的事。在遇到困难和问题时，首先想到的并不是自己解决问题，而是向他人求救。

5）股权意识弱

在创业初期，大学生往往将组建初创团队作为重要事项，邀请自己的同窗好友或志趣相投的人加入团队。良好的朋友关系有利于促进团队更加默契和紧密，但他们忽视了一个严肃的问题，那就是团队不合理的股权结构。股权结构的不清晰、不合理，股权松散而平均，在项目发展的道路上往往会出现因利润分红不均而导致团队成员分道扬镳，致使团队分崩离析。而且，不合理的股权结构，也极易引起风险投资人的反感。

✅ 三、大学生创业的扶持政策

近年来，为鼓励大学生积极投身创新创业活动，从中央到地方政府陆续出台了一系列优惠政策支持创业创新。据不完全统计，从 2013 年 5 月至今中央层面已经出台了 20 多份相关文件促进创业创新的发展。随着中央支持政策的出台，全国几乎所有省份都已出台相关的政策措施。这些创业扶持政策涵盖了市场准入、税收减免、创业贷款、财政补贴等方面，为大学生创业开辟了"绿色通道"。

1．市场准入

凡高校毕业生申请从事个体经营或申办私营企业的，可通过各级工商部门注册大厅的"绿色通道"优先登记注册。其经营范围除国家明令禁止的行业和商品外，一律放开核准经营。对限制性、专项性经营项目，允许其边申请边补办专项审批手续。对在科技园区、高新技术园区、经济技术开发区等经济特区申请设立个私企业的，特事特办，除了涉及必须前置审批的项目外，试行"承诺登记制"。申请人提交登记申请书、验资报告等主要登记材料，可先予颁发营业执照，让其在 3 个月内按规定补齐相关材料。凡申请设立有限责任公司的，以高校毕业生的人力资本、智力成果、工业产权、非专利技术等无形资产作为投资的，允许抵充 40%的注册资本。

2．税收减免

1）自营小微企业可享所得税优惠

财政部、税务总局联合出台了《关于小型微利企业所得税优惠政策有关问题的通知》，将此前执行的小型微利企业所得税优惠政策进行了调整，不仅加大了对小微企业的扶持力度，其中还特别增加了对于大学生自主创立小型微利企业给予所得税优惠的专门条款。

关于小型微利企业所得税优惠政策的通知

根据这项政策，自 2014 年 1 月 1 日至 2016 年 12 月 31 日期间，凡是大学生自主经营小型微利企业的，对于每年应纳税所得额低于 10 万元人民币（含 10 万元人民币）的小型微利企业，其所得减按 50%计入应纳税所得额，按 20%的税率缴纳企业所得税，即实际适用的优惠税率为 10%，较此前 25%的税率最高可减免 60%。对于每年应纳税所得额超过 10 万元的符合条件的小型微利企业，则减按 20%的税率征收企业所得税。

以一家由大学生自主创立的小微企业为例，如果其当年应纳税所得额为 10 万元，按照正常的税收政策，其按照原 25%的税率应缴纳所得税为 2.5 万元人民币。而按照这项优惠政策，这家小微企业仅需将 5 万元人民币计入应纳税所得额，按照 20%的税率仅需缴纳 1 万元人民币的企业所得税，减少幅度达到 60%。

2）毕业当年自主创业 3 年减免税

此外，对于大学生毕业当年自主创业的企业，我国还出台了《关于支持和促进就业有关税收政策的通知》，其中专门规定自主创业的毕业生从毕业年度起可享受 3 年税收减免的优惠政策，即毕业生从事个体经营的，在 3 年内按每户每年 8000 元为限额依次扣减其当年实际应缴纳的营业税、城市维护建设税、教育费附加和个人所得税。

3）其他优惠

大学毕业生新办咨询业、信息业、技术服务业的企业或经营单位，经税务部门批准，免征企业所得税两年；新办从事交通运输、邮电通讯的企业或经营单位，经税务部门批准，第一年免征企业所得税，第二年减半征收企业所得税；新办从事公用事业、商业、物资业、对外贸易业、旅游业、物流业、仓储业、居民服务业、饮食业、教育文化事业、卫生事业的企业或经营单位，经税务部门批准，免征企业所得税一年。

除国家限制的行业外，工商部门自批准其经营之日起 1 年内免收其个体工商户登记费、个体工商户管理费和各种证书费。对参加个私协会的，免收其 1 年会员费。对高校毕业生申办高新技术企业的，其注册资本最低限额为 10 万元人民币，如资金确有困难，允许其分期到位；申请的名称以"高新技术""新技术""高科技"作为行业予以核准。高校毕业生从事社区服务等活动的，经居委会报所在地工商行政管理机关备案后，1 年内免予办理工商注册登记，免收各项工商管理费用。

3．创业贷款

1）贷款政策

商业银行、股份制银行、城市商业银行和有条件的城市信用社要为自主创业的毕业生提供小额贷款，并简化程序，提供开户和结算便利，贷款额度在 2 万元左右。贷款期限最长为两年，到期确定需延长的，可申请延期一次。贷款利息按照中国人民银行公布的贷款利率确定，担保最高限额为担保基金的 5 倍，期限与贷款期限相同。

2）银行对贷款申请者的要求

（1）年满 18 周岁，具有合法有效的身份证明和贷款行所在地合法居住证明，有固定的住所或营业场所。

（2）持有工商行政管理机关核发的营业执照及相关行业的经营许可证，从事正当的生产经营活动，有稳定的收入和还本付息的能力。

（3）借款人投资项目已有一定的自有资金。

（4）贷款用途符合国家有关法律和本行信贷政策规定，不允许用于股本权益性投资。

（5）在本行开立结算账户，营业收入经过本行结算。

3）贷款申请者需提供的申请资料

（1）借款人及配偶身份证件（包括居民身份证、户口簿或其他有效居住证原件）和婚姻状况证明。

（2）个人或家庭收入及财产状况等还款能力证明文件。

（3）营业执照及相关行业的经营许可证，贷款用途中的相关协议、合同或其他资料。

（4）担保材料：抵押品或质押品的权属凭证和清单，有权处分人同意抵（质）押的证明，本行认可的评估部门出具的抵（质）押物估价报告。

4）审核要求和相关准备

大学生创业需要注意以下几个问题：一是要有成熟的心理准备，这样更适合创业；二是不要迷信自有创意项目，或者自己持有的专利技术或成果，而是要进行充分的市场研究；三是不要想"一口吃个胖子"，要有一个平稳的创业心态；四是大学生创业最好不要单打独斗，最好合伙创业。

5）帮助大学生创业的"彩虹工程"

自主创业的大学生，向银行申请开业贷款担保额度最高可为 7 万元人民币，并享受贷款贴息。

（1）大学毕业生做个体户一年免 5 项收费。

（2）大学生自主创业免费存档 2 年。

（3）只需凭借身份证及大学学生证即可创办企业。

（4）免费风险评估、免费政策培训、无偿贷款担保以及部分税费减免。

（5）低息贷款。

（6）大学生、研究生可以休学保存学籍创办高新技术企业。

（7）"彩虹工程"将通过多种方式帮助扶持大学生创业带头人。

（8）申请《自主创业证》将提供 3 大优惠政策：即优先受理，优先办照并简化登记手续；申请从事小规模私营企业的，实行试办期制，试办期间，免收注册登记费、变更手续费、年检费；减免企业所得税。此外还享受贷款担保，贷款金额一般在 2 万元人民币左右。此证在 3 年内有效。

4. 财政补贴

对高校毕业生在毕业年度内参加创业培训的，根据其获得创业培训合格证书或就业、创业情况，按规定给予培训补贴。各省对大学生创业制定了有吸引力的补贴政策，以某省为例，其补贴政策主要包含以下内容。

1）政策内容

高校毕业生灵活就业或自主创业，按规定缴纳社会保险费的，可由就业专项资金对个人缴纳的社会保险费给予补贴，补贴期限为灵活就业的 2 年、自主创业的 3 年。

2）政策依据

省财政厅、省人社厅《关于进一步加强就业专项资金管理有关问题的通知》；省政府《关于进一步做好新形势下就业创业工作的实施意见》；市人社局、市财政局《关于印发〈××市促进就业创业政策补贴申报审批办法〉的通知》。

3）补贴对象

（1）灵活就业的高校毕业生。

（2）自主创业的高校毕业生。

4）补贴标准及期限

自主创业的高校毕业生，补贴标准按当地上年度在岗职工平均工资的 60% 计算，养老保险补贴 12%，医疗保险补贴 3%，失业保险补贴 1%。补贴期限最长不超过 3 年。

灵活就业的高校毕业生，补贴标准按照灵活就业困难人员标准给予社保补贴，即按个人缴纳的社会保险费计算（补贴缴费基数不高于在岗职工平均工资的 100%），补贴数额原则上不超过实际缴费的 2/3。补贴期限最长不超过 2 年。

5）社会保险补贴申领、拨付程序

第一步，个人申报。

保险补贴实行"先缴后补"的方式，由补贴对象向参加社会保险所在地劳动就业服务机构申报社保补贴，并提供以下资料：

《高校毕业生申领社会保险补贴申请表》；高校毕业生自主创业工商执照复印件（灵活就业人员提供社区《灵活就业证明》）；高校毕业生高等院校毕业证及复印件；高校毕业生本人身份证、社保卡及复印件；高校毕业生本人《就业失业登记证》或《就业创业证》及复印件；高校毕业生缴纳社会保险费的原始凭证及复印件。

第二步，就业机构受理。社会保险补贴每季度受理一次，由补贴对象参保所在地劳动就业服务机构，对申请人的社会保险补贴申请材料在 5 个工作日内进行验审，验审合格后报人力资源和社会保障部门审核。验审不合格的告之申请人完善相关材料后再行申请。

第三步，人社部门审核。人力资源和社会保障部门在 5 个工作日内对就业机构提供的材料进行书面或实地审核，同意后，向同级财政部门提请社会保险补贴资金拨付。

第四步，财政部门拨付。财政部门接到人力资源和社会保障部门社保补贴拨款申请后进行复核，复核无异后在 5 个工作日内，将补贴资金划拨至就业专项资金支出户。就业机构在收到补贴资金后，及时将社会保险补贴资金拨入申请人在银行开设的基本账户或个人社保卡账户中。

5. 学分管理

2017 年 2 月，教育部颁布了新修订的《普通高等学校学生管理规定》。新修订的《普通高等学校学生管理规定》，为学生创新创业提供了制度支持。根据《普通高等学校学生管理规定》，健全休学创业的弹性学制，放宽学生学习年限，允许学生分段完成学业。新生可以申请保留入学资格开展创新创业实践，入学后也可以申请休学开展创业；对休学创业的学生，可单独规定最长学习年限，并简化了休学批准程序。

普通高等学校学
生管理规定

与此同时，创新实践、休学创业的学生，经个人申请学校批准后可以转入相关专业学习，降低学生创业的机会成本；参加创新创业等活动以及发表论文、获得专利授权等与专业学习、学业要求相关的经历、成果，可以折算为学分，计入学业成绩，鼓励学校建立创新创业档案、设置创新创业学分，加强学生的创新创业教育；学生在校学习期间所修课程及所获得学分，在学生因休学、退学、取消学籍、开除学籍等情况中断学业时，其在校学习已获得的学分可以予以保留，在复学或重新入学的情况下，允许承认已修读课程的学分。

6．人事档案

政府人事行政部门所属的人才中介服务机构，免费为自主创业毕业生保管人事档案（包括代办社保、职称、档案工资等有关手续）2 年；提供免费查询人才、劳动力供求信息，免费发布招聘广告等服务；适当减免参加人才集市或人才劳务交流活动收费；优惠为创办企业的员工提供一次培训、测评服务。

各城市应取消高校毕业生落户限制，允许包括专科生在内的高校毕业生在创业地办理落户手续。自主创业申报灵活就业的高校毕业生，各级公共就业和人才服务机构按规定提供人事、劳动保障代理服务，做好社会保险关系接续工作。

7．创业指导

有创业意愿的大学生，可免费获得公共就业和人才服务机构提供的创业指导服务，包括政策咨询、信息服务、项目开发、风险评估、开业指导、融资服务、跟踪扶持等"一条龙"创业服务；自主创业大学生可享受各地各高校对自主创业学生实行的持续帮扶、全程指导、一站式服务，同时开设创新创业教育课程强化创新创业实践。

四、扶持政策信息搜集渠道

搜集尽可能多的网络创业扶持政策信息，利用扶持大学生创业的最新优惠政策，帮助大学生创业团队少走弯路，提高创业成功率。目前，大学生创业扶持政策的信息搜集渠道较多，以网站举例，可分为政策信息类网站、创业指导类网站、创业竞赛类网站。

1．政策信息类网站

搜集大学生创业扶持政策的渠道，分为宏观、中观、微观 3 个层面。宏观政策是指国务院相关部门（如教育部、人力资源和社会保障部、财政部等）发布的创业扶持政策；中观政策是各省和自治区、直辖市相关政府机构根据国务院发布的宏观政策，根据本地区实际情况量体裁衣而制定的创业扶持政策；微观层面是指各地市、高校结合实际情况，对宏观政策和中观政策进行细化而制定的创业扶持政策。

1）国家部委网站

国务院、中华人民共和国教育部、人力资源和社会保障部汇聚了大量有关大学生就业创业的政策信息。

➤ 中国政府网（http://www.gov.cn/）是中华人民共和国中央人民政府的官方网站。在网站首页的导航栏里设置了"双创"频道，该频道汇集了国务院、部委、地方各政府部门支持"双创"的政策文件。可以说，中国政府网是大学生创业者了解创业扶持政策的最佳途径，如图 2-5 所示。

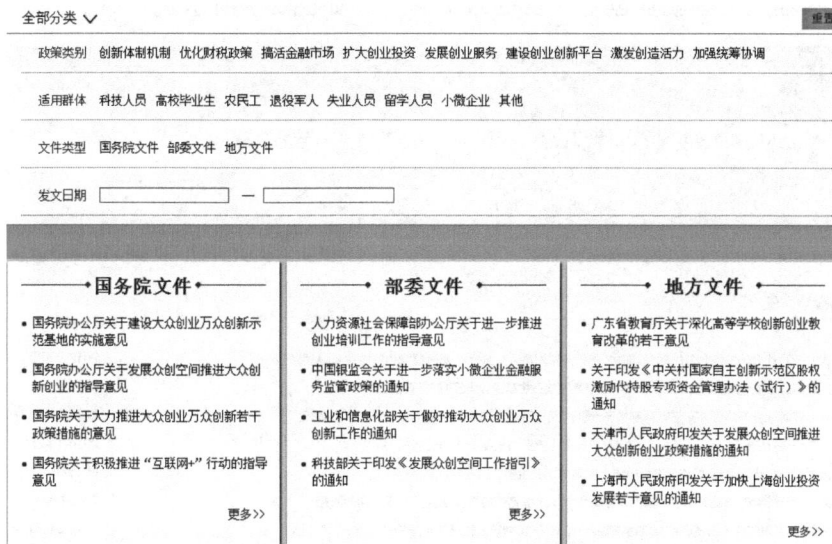

图 2-5　中国政府网"双创"频道

➤ 中华人民共和国教育部是中华人民共和国国务院主管教育事业和语言文字工作的国务院组成部门。为公布和宣传大学生就业创业扶持政策，教育部网站（http://www.moe.gov.cn/）专门开设"高校毕业生就业创业政策百问"专栏，将相关政策信息归结为六个方面，即鼓励企业特别是中小企业吸纳高校毕业生就业；鼓励引导高校毕业生面向城乡基层、中西部地区以及民族地区、贫困地区和艰苦边远地区就业；鼓励大学生应征入伍，报效祖国；积极聘用高校毕业生参与国家和地方重大科研项目；鼓励支持高校毕业生自主创业，稳定灵活就业；为高校毕业生提供就业指导、就业服务和就业援助，如图 2-6 所示。

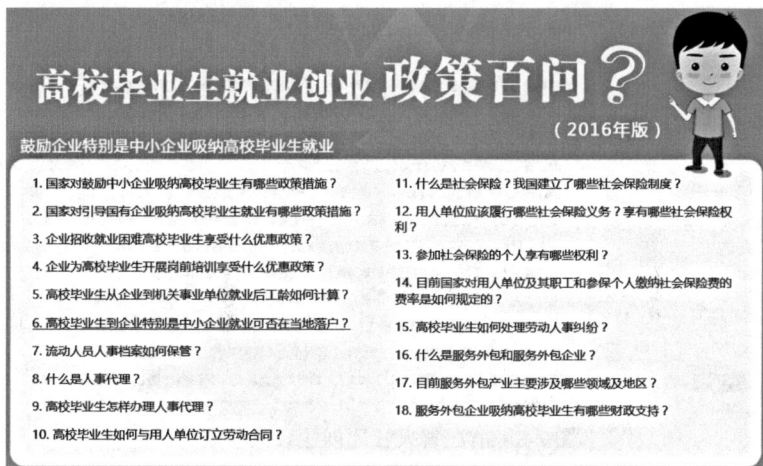

图 2-6　教育部就业创业政策百问专栏

> 中华人民共和国人力资源和社会保障部是统筹机关企事业单位人员管理和统筹城乡就业和社会保障政策的中国国家权力机构。人力资源和社会保障部网站（http://www.mohrss.gov.cn/）在首页设置了"就业创业"专栏，包含了高校毕业生、农民工、就业困难人员等就业创业人群的政策文件，如图 2-7 所示。

图 2-7　人社部高校毕业生就业创业政策专栏

2）省级政府部门网站

各省和自治区、直辖市的人民政府、教育厅、人力资源和社会保障厅的官方网站，发布了大学生就业创业的宏观政策文件。以浙江省人力资源和社会保障厅网站为例，以"创业"为关键词在"政策法规"频道搜索，罗列了最新的创业扶持政策，如图 2-8 所示。

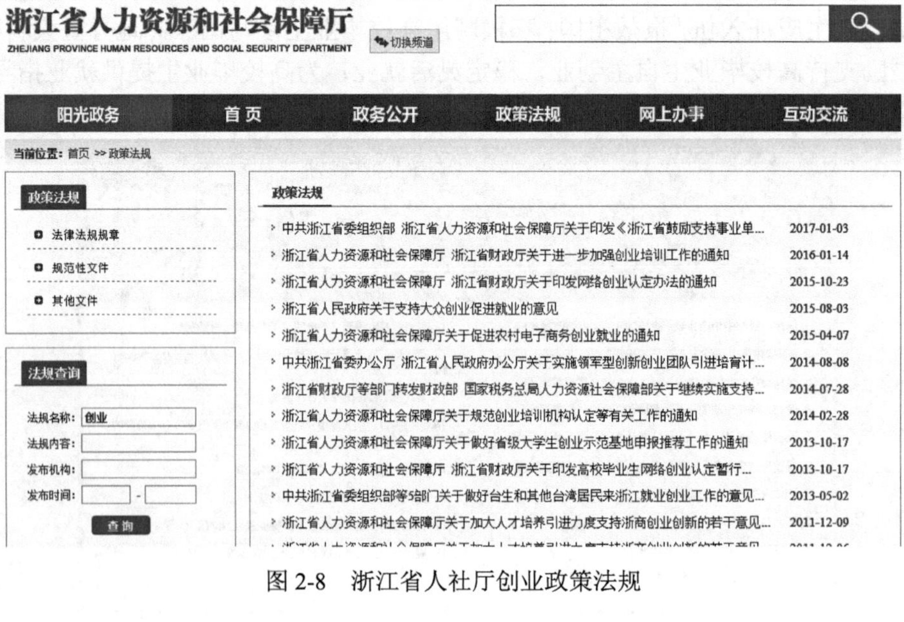

图 2-8　浙江省人社厅创业政策法规

3）普通高校网站

根据各级政府部门的政策法规，结合自身实际情况，国内各高等学校纷纷出台为本校大学生创业服务的扶持政策。大学生创业团队不仅要熟悉国家和本省的扶持政策，而且要透彻领悟本校的扶持政策，因为这类微观政策更贴近创业者实际情况。在普通高校网站上设置了"就业网""创业网""创业学院"等子网站，里面包含了本市或本校的大学生创业扶持政策信息，如图2-9所示。

图2-9 浙江大学就业指导与服务中心网站

2．创业指导类网站

近年来，国内指导大学生群体创新创业的网站如雨后春笋般涌现，其中创业中国网、创业网、大学生创业网、全球创业网等网站，在国内的影响力和知名度较高。如图2-10所示的创业中国网，它是在团中央城市青年工作部、农村青年工作部、中青国际指导下，由创业中国服务办公室具体组织运作，面向各级团组织和广大青年的大型创业服务门户网站。其中，创客家园是一个以创业体验为纽带的关系型社区，已成为中国最活跃的青年创业社区之一。

图2-10 创业中国网首页

3．创业竞赛类网站

为响应国家"双创"战略的号召，各级政府部门、高校为大学生群体举办创新创业方面的竞赛。目前，有较高影响力的竞赛包括大学生挑战杯竞赛、中国创新创业大赛、"互联网+"大学生创新创业大赛等。通过举办创业大赛，不仅使大学校园创新意识、创业能力的教育与培训工作得到进一步的发展，更为大学生在走出校门前提供了一个创业实践的平台、一条争取风险投资的途径，大赛迸发出的激情与朝气将促使其成为学生素质教育的新载体。

➢ 挑战杯是"挑战杯"全国大学生系列科技学术竞赛的简称，是由共青团中央、中国科协、教育部和全国学联等共同主办的全国性大学生课外学术实践竞赛，竞赛官方网站为（http://www.tiaozhanbei.net/）。"挑战杯"竞赛在中国共有两个并列项目，一个是"挑战杯"中国大学生创业计划竞赛，另一个是"挑战杯"全国大学生课外学术科技作品竞赛。这两个项目的全国竞赛交叉轮流开展，每个项目每两年举办一届，如图 2-11 所示。

图 2-11　挑战杯官方网站首页

➢ "互联网+"大学生创新创业大赛的官方网站是全国大学生创业服务网（http://cy.ncss.org.cn/）。它是中华人民共和国教育部唯一进行宣传、鼓励、引导、帮助大学生创业的官方网站。在教育部高校学生司的指导下，全国高等学校学生信息咨询与就业指导中心负责网站具体运营，充分激活创业网的平台优势和地位优势，打造创业基金和创业项目双选服务新平台，如图 2-12 所示。

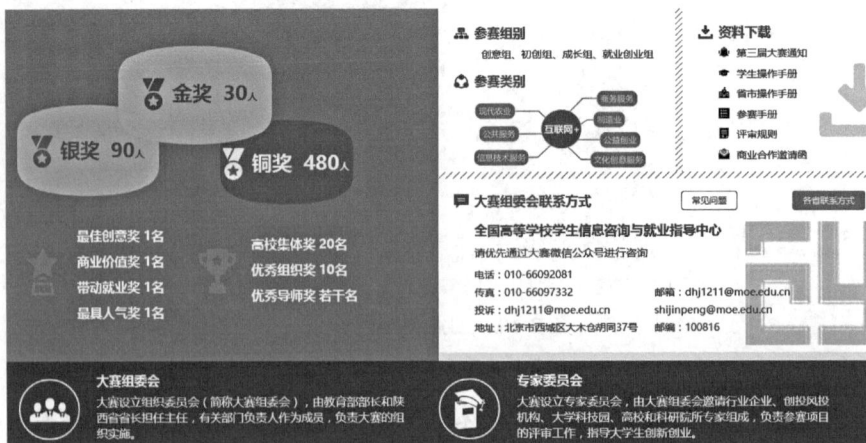

图 2-12　全国大学生创业服务网首页

任务二　其他群体网络创业扶持政策

　　"大众创业、万众创新"国家战略的实施，目的是要形成"人人创业""全民创业"的新态势。因此，除了制定与大学生创业相关的扶持政策，国家各级政府部门近年来纷纷出台支持农民工、退役士兵、下岗职工等群体网络创业的利好政策。

一、农民工创业扶持政策

　　国家对三农问题向来非常重视，随着我国产业结构调整，农民工找工作难度也加大，因此国家通过一系列措施解决农民工的就业问题，正所谓"授人以鱼，不如授人以渔。"吸引农民工返乡创业。

　　2015 年 6 月 23 日，国务院出台了《国务院办公厅关于支持农民工等人员返乡创业的意见》。明确指出支持农民工、大学生和退役士兵等人员返乡创业，通过了降低返乡创业门槛、定向减税和普遍性降费政策、财政支持力度、返乡创业金融服务等措施。

　　1．降低返乡创业门槛

　　深化商事制度改革，落实注册资本登记制度改革，优化返乡创业登记方式，简化创业住所（经营场所）登记手续，推动"一址多照"、集群注册等住所登记制度改革。放宽经营范围，鼓励返乡农民工等人员投资农村基础设施和在农村兴办各类事业。

　　2．落实定向减税和普遍性降费政策

　　农民工等人员返乡创业，符合政策规定条件的，享受减征企业所得税、免征增值税、营业税、教育费附加、地方教育附加、水利建设基金、文化事业建设费、残疾人就业保障金等税费减免和降低失业保险费率政策。各级财政、税务、人力资源社会保障部门要密切配合，严格按照政策规定和《国务院关于税收等优惠政策相关事项的通知》（国发〔2015〕25 号）要求，切实抓好工作落实，确保优惠政策落实到位。

　　3．加大财政支持力度

　　充分发挥财政资金的杠杆引导作用，加大对返乡创业的财政支持力度。对返乡农民工等人员创办的新型农业经营主体，符合农业补贴政策支持条件的，可按规定同等享受相应的政策支持。对农民工等人员返乡创办的企业，招用就业困难人员、毕业年度高校毕业生的，按规定给予社会保险补贴。对符合就业困难人员条件，从事灵活就业的，给予一定的社会保险补贴。

国务院办公厅关于支持农民工等人员返乡创业的意见

　　4．强化返乡创业金融服务

　　加强政府引导，运用创业投资类基金，吸引社会资本加大对农民工等人员返乡创业初创期、早中期的支持力度。在返乡创业较为集中、产业特色突出的地区，探索发行专项中小微企业集合债券、公司债券，开展股权众筹融资试点，扩大直接融资规模。

✅ 二、退役士兵创业扶持政策

对于退伍军人来说转业是离开部队后最重要的事情，有相当一部分人会选择自己贷款去创业。目前，自谋职业的退役士兵可享受以下几方面的优惠政策：

1. 税费优惠

（1）对自谋职业的退役士兵从事个体经营的，除国家限制的行业（包括建筑业、娱乐业以及广告业、桑拿、按摩、网吧、氧吧）外，自领取税务登记证之日起，3年内免征营业税、城市维护建设税、教育费附加和个人所得税。从事开发荒山、荒地、荒滩、荒水的，从有收入年度开始，3年内免征农业税。

（2）自谋职业退役士兵从事个体经营的，除国家限制的行业外，自工商部门批准其经营之日起，凭《退役士兵自谋职业证》，3年内免交下列费用：工商部门收取的个体工商户注册登记费（包括开业登记、变更登记）、个体工商户管理费、集贸市场管理费、经济合同示范文本工本费；卫生部门收取的民办医疗机构管理费；劳动保障部门收取的劳动合同鉴证费；省人民政府及其财政、价格主管部门批准设立的涉及个体经营的登记类和管理类收费项目；其他有关登记类、管理类的收费项目。

2. 创业贷款

（1）贷款规定。军人在退伍3年内申请贷款以享受财政全额贴息贷款的政策，就是说国家会补助贷款所产生的利息，相当于自己不用付利息。但是是本人需要担负违约责任，此类贷款的额度在5万元人民币以内。对于申请人的限定必须是城镇复员转业的退役军人，并且女性不超过50岁，男性不超过60岁。

（2）贷款人需提交的材料。材料包括借款人身份证复印件3份，并出示原件；《再就业优惠证》或《就业失业登记证》复印件3份，并出示原件；《工商营业执照》复印件2份（副本），并出示原件；配偶身份证复印件2份，并出示原件；担保人担保承诺书2份；担保人单位证明2份，单位负责人签字并盖章；担保人身份证复印件2份，并出示原件；租店协议或房产证明复印件2份；贷款人婚姻证明复印件2份，并出示原件；小额贷款申请审批表2份（以上资料一律用钢笔填写）；合伙经营的应提交工商部门出具注明合伙经营的有效证件复印件2份，并出示原件。

✅ 三、下岗职工创业扶持政策

为帮扶更多下岗失业人员实现自谋职业、自主创业，解决创业初期资金不足的问题，各级政府积极协调财政、金融等部门，出台相关扶持政策。主要包括减免费、减免税两方面的优惠政策。

1. 下岗失业人员创业减免费扶持政策

（1）对持《再就业优惠证》的下岗失业人员从事个体经营的（国家限制行业除外，包括建筑业、娱乐业及销售不动产、转让土地使用权、广告业、房屋中介、桑拿、按摩、网吧、氧吧），免交有关登记类、证照类和管理类的各项行政事业性收费，期限最长不超过3年。

（2）高校毕业生从事个体经营（国家限制行业除外），且工商部门注册登记日期在其毕业后两年以内的，自其在工商部门登记注册之日起 3 年内免交有关登记类、证照类和管理类收费。

2．下岗失业人员创业减免税扶持政策

（1）对持《再就业优惠证》的下岗失业人员从事个体经营的，按每户每年 8000 元人民币为限额依次扣除其当年实际应缴纳的营业税、城市维护建设税、教育费附加和个人所得税。

（2）对纳税人的实际经营期不足一年的，主管税务机关应当以实际月份换算减免税限额。换算公式为：减免税限额=年度减免税限额/12×实际经营月数。

3．贷款政策

下岗失业人员自谋职业、自主创业或合伙经营组织起来就业，因资金不足的，经贷款担保机构承诺担保，可向各商业或分支机构申请小额担保贷款。小额担保贷款金额为 1～2 万元，用于下岗失业人员创业优惠政策的投资创业。对下岗失业人员合伙经营和组织起来就业 10 人以上的贷款额度不超过 2～3 万元人民币。

同步阅读

大学生网络创业成功案例

1．案例背景

2014 年 8 月，由中央人民广播电台中国之声、央广网、教育部就业指导、中央新职业网、清华大学大学生创业者训练营、中国大学生在线联合主办的大学生创业故事创业项目征集暨"大学生创业之星"评选工作，完成了海选征集并选出了 30 名候选人。贺琦就是其中一位候选人，经营 3D 打印机创业项目。中央人民广播电台的记者对贺琦进行了专门采访。

贺琦：我叫贺琦，我是宁波乔克兄弟电子设计有限公司的创始人，我们刚刚创业一年多。

说话的小伙子叫贺琦，今年 26 岁，大高个儿，细眼睛粗眉毛，看上去就是个大大咧咧的大男孩。不过，他的名片上写着：乔克兄弟电子有限公司总经理。一年前，贺琦和他的两个小兄弟创办了这家主营 3D 打印机的公司。

贺琦：就是觉得很神奇。我对这个行业是比较感兴趣的。但是当时一方面是我没有钱，还有一方面就是当时中国的 3D 发展并不像现在这么火热，没有太多人关注。爱好者也少，真正像样的产品也还是比较难做成的。

在创业者面前，光有兴趣只是一张饼画在纸上，要想真正吃到嘴里还要做很多踏实的工作。首先就是办公和生产的场所。2013 年 6 月，贺琦费尽周折在宁波市鄞州区科技大厦租了三间办公室，他凭借大学生创业者的身份赢得了政府一半的房租补贴，还租了个车间，用作生产机器。场所的问题算是解决了，产品在哪儿呢？现在说起来很多人可能都不相信，贺琦和他的团队研发的所有资料全部都来源于互联网的公开信息。

贺琦：这都资料大多数都是网上，网上得到的最多。然后我们花了大量的时间去研究，这些全都是我们自己做出来的。

公司成立仅仅 3 个月，学文科出身的贺琦和他的团队愣是依靠网络上搜到的知识，造

出了第一台属于他们自己的 3D 打印机。尽管它看上去外表粗糙，但连上计算机接收指令后，还是顺利的用树脂打印出了一枚戒指。

记者：打印一个戒指要多少时间呢？

贺琦：这个要打一个小时 50 分钟。

开公司不是搞发明，发明只需要把产品做出来，而产品如何到达消费者手里是市场经营者需要考虑的事。开公司就是搞经营，光有好产品，卖不出去早晚要倒闭。机器研发成功的喜悦之情还没有完全消退，如何推向市场，养活公司就成为摆在几个小伙子面前最大的难题。那他们又是如何解决的呢？

贺琦：我们一开始走投无路，只能杀熟。第一单业务应该是一个朋友吧。他以前是做国外进口商品的经销商。他拉走了第一台设备，让他帮我们去经销，之后，他帮我们卖出去了两台设备。

记者：这一台打印机卖多少钱？

贺琦：8000 多元人民币。

记者：那你们的研发成本多少？

贺琦：前前后后加起来 20 多万元人民币吧。

第一台 3D 打印机花了贺琦 20 多万元人民币的研发经费，却只卖 8000 元人民币一台，要都这么做买卖还得了。不过，贺琦的眼光却落在了更远处。

在巨大的资金压力下，为了生存，贺琦的团队又想到了两条腿走路，不仅卖打印机，还开始卖打印机打出来的东西。

贺琦：我们一开始什么都做，但是后来觉得，与其什么都做，那还不如把一样做精。我们就分析了一下，当前 3D 打印机应用最广的就是珠宝和齿科，这两个高附加值行业。

贺琦拿着给客户打印的戒指说，虽然这个树脂材料的小圈圈只卖几十块钱，但却是利润的种子。

眼看着公司前景向好，最近贺琦又做了一个重大决定，就是把后续研发交给浙江大学研究院，他们则专业做销售，这样，大家都能取长补短就是这样一群年轻人，工作时夜以继日，废寝忘食，休息时集体啃着绿豆冰棒，称兄道弟，嬉笑怒骂。在创业路上，无处不洋溢着他们青春和奋斗的气息。贺琦说，成功对于他们来说有着自己的定义。

贺琦：我们都付出了自己的热情，有时候会加班加到很晚。我希望大家都能从中获得一种成就感，这种精神的追求会比物质的追求更来得重要。

2. 案例点评

清华大学创业者训练营运营总监张翌晨认为，在我们的身边经常会听到有些人会念叨，"我有一个创业梦""我要完成一件什么样的事情"。但是又有多少人真正能够投入到践行自己梦想的道路上呢？那我想，贺琦和他的小伙伴们做了一个表率。或许他们的商业计划还十分的稚嫩，但是我相信，他们通过不断尝试和积累，终究有一天会取得成功。另外我们也看到了，贺琦通过向当地政府部门寻求到了大学生自助创业的优惠政策，同时也向浙大研究院寻找了一种技术支持，这些聪明的做法都会加速他们公司的成长。

（资料来源：大学生创业优惠政策 大学生创业成功案例，

http://www.newsgx.com/society/jiao/201409/17132501.html；2015 大学生创业案例分析，

http://www.xuexila.com/chuangye/gushi/926862.html）

同步实训

搜集与分析创业扶持政策

实训目的

　　了解创业扶持政策的信息搜集渠道，能够综合运用各种渠道搜集到全面的创业扶持政策，能对政策信息进行加工处理和分析。

实训内容与步骤

　　以浙江大学的在校大学生为例，搜集与分析创业扶持政策。

　　（1）搜集中央层面的扶持政策。登录中国政府网（http://www.gov.cn/），搜集国务院、部委、地方各政府部门支持"双创"的政策文件。

　　（2）搜集省级层面的扶持政策。登录浙江省人力资源和社会保障厅网站（http://www.zjhrss.gov.cn/），以"创业"为关键词在"政策法规"频道搜索，罗列了最新的创业扶持政策。

　　（3）搜集市级层面的扶持政策。登录杭州市人力资源和社会保障局网站（http://www.zjhrss.gov.cn/），在"政策法规"频道单击"就业与再就业管理"选项，罗列了杭州市最新的就业创业法规，如图2-13所示。

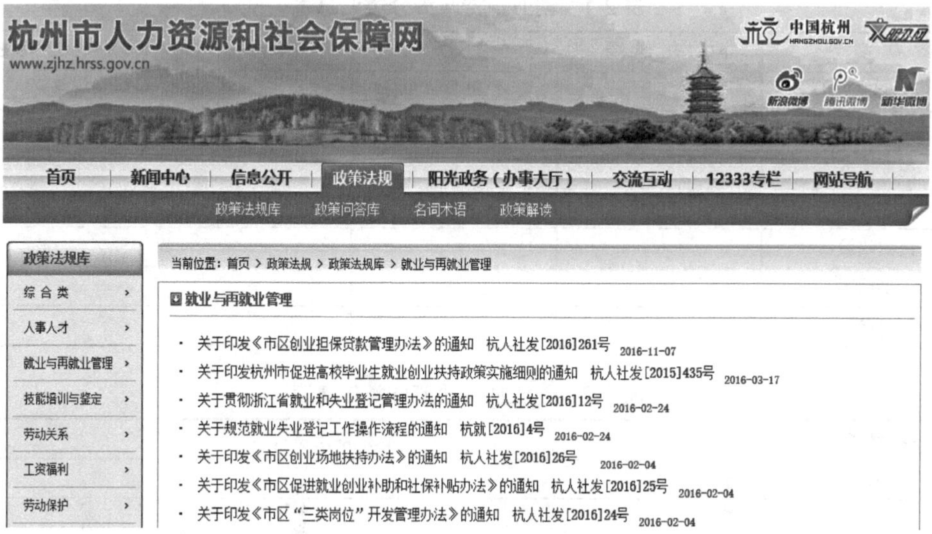

图2-13　杭州市人社保障网首页

　　（4）搜集高校层面的扶持政策。登录浙江大学网站（http://www.zju.edu.cn/），在"就业指导与服务中心"频道单击"就业指导"栏目下的"自主创业"菜单，罗列了浙江大学最新的就业创业法规。

　　（5）信息分类整理。按企业注册、项目入驻创业园区、税费优惠、创业补贴、贷款政策、人事档案、创业培训等类别，将搜集的材料归类并汇总。

（6）信息加工。根据及时性、非重复性的原则，将汇总后的各类政策信息进行加工处理。在同一类政策的处理中，如果国家政策与地方政策不一致的，以地方的细化政策为准。

📞💬 实训提示

根据中央部委出台的创业扶持政策，各省、地市根据本地经济发展的实际情况出台了相关细化政策。因此，在同一类政策的支持力度方面，地方政策与国家政策的支持标准往往会有所出入，应以地方的细化政策为准。对于中央部委文件没有涉及的扶持政策，各省、地市的独具特色扶持政策也应统计分析。此外，各级政府在不断完善和更新创业扶持政策，因此搜集者要随时关注最新的创业扶持政策，保证搜集信息的及时性和准确性。

📚 思考与练习

（1）根据自己所在省份、地市及高校，通过各种渠道搜集有关大学生创业的扶持政策。

（2）信息分类整理。按企业注册、项目入驻创业园区、税费优惠、创业补贴、贷款政策、人事档案、创业培训类别，将搜集的材料归类并汇总，将政策要点简明扼要地填入《创业扶持政策分类汇总表》，如表2-1所示。

（3）信息加工。根据及时性、非重复性的原则，将汇总后的各类政策信息进行加工处理，将处理过的政策要点简明扼要地填入《创业扶持政策分类信息表》，如表2-2所示。

表 2-1　创业扶持政策分类汇总表

政策类别	中央部委	省	地市	所在高校
企业注册				
项目入驻创业园区				
税费优惠				
创业补贴				
贷款政策				
人事档案				
创业培训				

表 2-2　创业扶持政策分类信息表

政策类别	扶持政策要点
企业注册	
项目入驻创业园区	
税费优惠	
创业补贴	
贷款政策	
人事档案	
创业培训	

项目小结

　　国内各大高校数量众多的大学生纷纷响应"大众创业、万众创新"的号召，积极投身创新创业活动，大学生群体已逐渐成为社会创业的生力军。然而，在校大学生创业既有明显的优势，又存在着诸多的薄弱点。因此，大学生应趋利避害，整合团队资源优势，提高团队创业能力。

　　随着中央支持政策的出台，全国几乎所有省份已经出台相关的政策措施。这些创业扶持政策涵盖了市场准入、税收减免、创业贷款、财政补贴等方面，为大学生创业开辟了"绿色通道"。

　　尽可能多地搜集网络创业扶持政策信息，利用扶持大学生创业的最新优惠政策，有利于大学生创业团队少走弯路，提高创业成功率。目前，大学生创业扶持政策的信息搜集渠道较多，以网站举例，可分为政策信息类网站、创业指导类网站、创业竞赛类网站。

同步测试

1．单项选择题

（1）各级政府和高校明确提出，要在高校深入开展创新创业教育，（　　）。

　　　A．以创新带动就业　　　　　　　　B．以创新带动创业

　　　C．以创业带动就业　　　　　　　　D．以创业带动创新

（2）所谓（　　），是指创业者为了把握商业机会而进行的创业。

　　　A．机会型创业　　　　　　　　　　B．生存型创业

　　　C．创新型创业　　　　　　　　　　D．就业型创业

（3）所谓（　　），是指创业者为了生存而不得不进行的创业。

　　　A．机会型创业　　　　　　　　　　B．生存型创业

　　　C．创新型创业　　　　　　　　　　D．就业型创业

（4）高校在校大学生进行的创业大多属于（　　）。

　　　A．机会型创业　　　　　　　　　　B．生存型创业

　　　C．创新型创业　　　　　　　　　　D．就业型创业

（5）我国高校大学生进行创业主要的动机是出于（　　）。

　　　A．实现自我价值　　　　　　　　　B．为了赚钱

　　　C．免课　　　　　　　　　　　　　D．获得表彰

2．多项选择题

（1）机会型创业动机包括（　　）。

　　　A．自由自主的工作和生活方式　　　B．实现个人理想

　　　C．相应国家双创号召　　　　　　　D．就业压力大，工作不好找

（2）生存型创业动机包括（　　）。

　　　A．自由自主的工作和生活方式　　　B．实现个人理想

C．赚钱   D．就业压力大，工作不好找

（3）大学生创业的优势包括（　　）。

A．心怀梦想　　　B．敢于创新　　　C．生活负担小　　　D．支持政策多

（4）大学生创业的劣势包括（　　）。

A．缺乏经验   B．市场观念薄弱

C．综合素质弱   D．缺乏吃苦精神

3．问答题

（1）简述大学生网络创业的时代背景。

（2）简述大学生创业的现状。

（3）论述大学生网络创业的优劣势。

（4）分别论述搜集各种创业扶持政策信息各种渠道的优缺点。

项目三

网络创业准备

本项目知识点

市场调研；市场调研方案；市场调研方案设计；市场调研的作用；市场调研的内容；网络市场直接调研的定义；网络市场直接调研方法；E-mail 问卷调研法；在线问卷调查的流程；网站在线调查法；网络市场间接调研；搜索引擎调研法；网上数据库；网络创业产品选择；进货渠道选择；计划书编写。

本项目技能点

会制作在线调查问卷；能够对在线问卷调查结果进行统计分析；能够利用多种工具搜集次级资料；能够选择合适的创业产品和进货渠道；了解创业计划书的内容；掌握编写原则和编写步骤；能够编写创业计划书。

知识导图

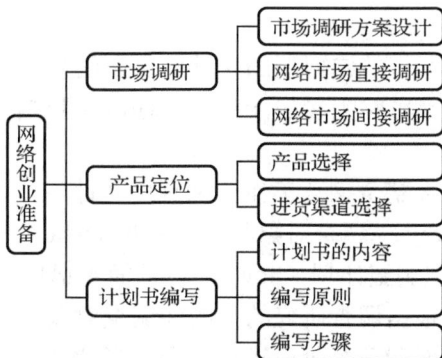

引例

网络创业具有创业成本低、创业群体广、创新性要求高等特点，已经吸引了越来越多的年轻人在网上开店，网络创业也成为了许多人实现自我理想，自我价值的新型方式。张强大学毕业后，开设了一家经营时尚商品的网上商店，以受教育程度较高的年轻人为销售对象，主要销售时尚礼品和装饰品。张强认为在网上做生意，专业化和诚信最重要。他严格把握进货质量，客观地宣传经营的商品，耐心地解答每个客户的询问，精心地为每个顾客挑选物美价廉的宝贝。现在，张强的网上商店发展得有声有色，并用了短短 3 年的时间，张强已经买车了。王进是张强的大学同学，毕业后找了一份稳定的工作，一次毕业会上两人聊了相互的情况。王进知道网络创业具有很多优势，又看到张强网上创业的成功，也想网上创业，但他对网上市场调研的方法和工具、如何选择产品和进货渠道都不清楚，更不用说创业计划书的编写了。此刻，王进真切感受到"书到用时方恨少"呀。请帮王进梳理一下网络创业前的这些准备工作。

引例分析

现在是一个信息快速发展的时代，如何快速有效地找到想要的信息，就成为必须解决问题。不然，虽然拥有一个巨大的宝藏，但却不知道如何有效的开发与利用，这不是很浪费吗？网络创业更需要了解产品、市场、环境、创业计划书这些准备工作，本项目将重点讨论网络信息的搜集方法、网络产品选择以及计划书的编写，为创业者做创业准备提供必要的指导意见。

任务一　市场调研

✔ 一、市场调研方案设计

1．市场调研方案的概念

市场调研是指企业为了某一特定问题的决策而引发的判断、搜集、记录、整理、分析、研究市场的各种基本状况及其影响因素的活动与过程，并且这种活动与过程要具有结论性、系统性及目的性。

市场调研方案是用来指导整个调查工作的纲领性文件。一个市场调研方案要明确最基本的 5 个方面：调查目的（why）、调查对象与调查单位（who）、调查项目与调查表（what）、调查时间（when）、制订组织实施计划（how），可以简单记忆为 4W1H。

市场调研方案设计就是根据调查研究的目的和调查对象的性质，在进行实际调查之前，对调查工作总任务的各个方面和各个阶段进行的通盘考虑和安排，提出相应的调查实施方案，制订出合理的工作程序。市场调研设计的含义：一方面，它是指市场调研的计划、方案；另一方面，它是指调研人员对调研计划、方案的策划过程。

2．市场调研的作用

（1）从认识上讲，市场调研方案设计是从完整性认识过程过渡到定量认识的开始阶段。

（2）从工作上讲，调研方案设计起着统筹兼顾、统一协调的作用。

（3）从实践要求上讲，调研方案设计能够适应现代市场调研发展的需要。

3．市场调研的内容

市场调研方案设计包括以下几个方面的内容。

1）确定市场调研目的

在确定调研课题之初，就必须从营销人员与企业管理的反映中发现问题，从而在调研设计阶段明确调研目的。

2）确定数据来源

是一线调查资料数据还是二手资料，抑或两者的结合。对于第一手资料，应该初步确定调查人员的范围，如果需要第二手资料，则需要确定搜集的方向和搜集方法。

3）确定调研方法

调研的方法包括：观察法、实验法、访谈法。

4）选择调研人员

调研人员应善于在市场调查过程中，能够根据情况的变化随时修正自己的访问内容，但同时掌握调研的根本目标不变，这就要求调研人员具有一定的专业知识、丰富的市场实践能力和问题的整合能力。

5）选择调查样本

明确调查的范围、样本的数量和特征以及抽样方法。

6）预算经费并做出时间安排

调研工作是需要花费时间和资金的，因此必须做出预算，进行成本效益分析，以决定调研工作是否有必要进行。

7）制订调研计划

制订调研进度计划，并按照进度计划时间表进行调研实施。

相宜本草市场
调查策划方案

二、网络市场直接调研

1．网络市场直接调研的定义

网络市场调研是网络创业的正常开展的第一步，也是关键的一步，网络市场调研的好坏直接关系到网络创业的成败。进行网络市场调研时首先要确定调查目标、方法、步骤，在实施调查后要对调查的数据和结果进行相关的定量分析和定性分析，最后形成调研结论。根据调研资料的不同，网络市场调研分为网络市场直接调研和网络市场间接调研。

网络市场直接调研是指利用互联网为当前特定的目的搜集一手资料或原始资料的过程。一手资料或原始资料是指反映调查单位原始状况的资料，是未经加工的信息。

2．网络市场直接调研的步骤

与传统调查类似，网络市场直接调研遵循的步骤如下。

1）确定调查目标

互联网作为企业与顾客有效的沟通渠道，企业可以充分利用互联网直接与顾客进行沟通，了解企业的产品和服务是否满足顾客的需求，同时了解顾客对企业潜在的期望和改进的建议。在确定网上直接调查目标时，需要考虑的是被调查对象是否是网民，在网民中是否存在着被调查群体，规模有多大。只有在网民中的有效调查对象足够多时，网上调查才可能得出有效结论。

2）确定调查方法和设计问卷

网上直接调查方法主要是采用问卷调查法，因此设计网上调查问卷是网上直接调查的关键。由于互联网交互机制的特点，网上调查可以采用调查问卷分层设计，这种方式适合过滤性的调查活动，使调查对象更为准确。

3）选择调查方式

网上直接调查采取较多的方法是被动调查方法，也就是将调查问卷放到网站等待被调查对象自行访问和接受调查。因此，如何吸引访问者参与调查是关键，为提高受众参与的积极性可提供免费礼品。另外，必须向被调查者承诺并且做到有关个人隐私的任何信息不会被泄露和传播。

4）分析调查结果

这一步骤是市场调查能否发挥作用的关键，在分析调查结果时也要尽量排除不合格的问卷，再对回收的问卷进行综合分析和论证，调查结果才更精准。

5）撰写调查报告

撰写调查报告是网上调查的最后一步，也是调查成果的体现。撰写调查报告主要是在分析调查结果基础上，对调查的数据和结论进行系统的说明，并对有关结论进行探讨性的说明，如图3-1所示。

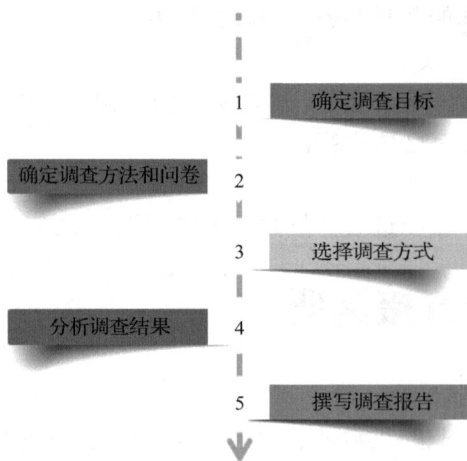

图3-1　网络市场直接调研的步骤

网络市场直接调研的突出特点是：时效性和效率性很高，初步调查结果可以在调查过程中得出，便于实时跟踪调查过程，分析深层次原因。网上直接调查可以节省大量调查费用和人力，其费用主要集中在建立调查问卷网页的链接方面。不足之处是被调查对象难以控制和选择，不一定能满足调查样本要求，有时可能出现样本重复、调查数据不真实，以及调查数据无法进行抽样核实。

3．网络市场直接调研方法

根据调研时使用的载体不同，网络市场直接调研的方法有以下几种，在调研过程中具体采用哪一种方法，要根据实际调查的目的和需要而定。

1）E-mail 问卷调研法

E-mail 问卷调研法就是通过给被调查者发送电子邮件的形式，将调查问卷按照已知的 E-mail 地址发给一些特定的网上用户，被访问者回答完毕，将问卷以电子邮件的形式再反馈给调查者的调查方法。

此方法的优点是 E-mail 问卷制作简单，分发迅速，费用低，具有很好的规模效益。在调查实施中，可以向受访者展示包括文字、图像、声音等在内的多种内容。同时，调查者可以发布较多的邮件，从而保证一定量的回收样本。由于，调查对象的范围相对广泛样本容量大，可以使调查的结果分析更具有真实性。采用 E-mail 问卷进行调查也存在不足之处：不能确定回复的比率、较难保证回复样本的统计代表性、容易引起被访问者的反感，有侵犯个人隐私之嫌。因此，使用该方式时应先争取被访问者的同意，以降低被访问者的敌意。

2）网络视频会议法

通过网络视频会议或网络实时交谈进行访谈式的调查方法，无须借助大量的调查员访问被调查者，直接在网络中征集与会者，并在约定时间利用网上视频会议系统举行网上座谈会。该方法适合于需要进行深度或探索性研究的主题，网上视频会议在调查的速度上具有绝对的优势，待访谈结束，便可知结果，调查结果可以随时调阅，大大地缩短了调查周期，如图 3-2 所示。

图 3-2　网络视频会议

3）网站在线调查法

在访问率高的网站或自己的网站上设置调查页面，访问者根据个人兴趣选择是否访问有关主题，并以在线方式填写调查问卷，完成后提交调查表，调查即可完成。如 CNNIC 的网上调查就与国内著名的站点进行链接，由于网上调查的数据可以保存到数据库中，调查对象在填写完调查表后，一般就能看到初步的调查结果。这种调查方式适用于对待某些问题的参考性态度研究。目前许多 Web 站点都是通过设置调查专页来征询用户意见、了解受众需求的，如图 3-3 所示。

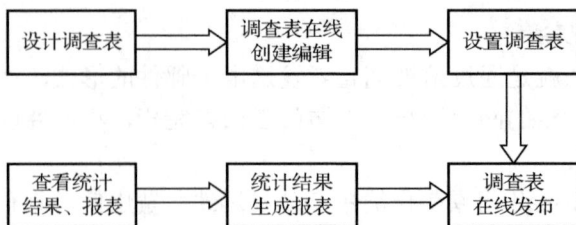

图 3-3　网站在线调查法流程图

4）网上论坛调研法

网上论坛调研法可通过 Usenet 新闻组、电子公告牌（BBS）或邮件列表讨论组进行。其步骤如下：

（1）确定要调查的目标市场。

（2）识别在目标市场中要加以调查的讨论组。

（3）确定可以讨论或准备讨论的具体话题。

（4）登录相应的讨论组，通过过滤系统发现有用的信息，或创建新话题，让大家讨论，从而获得有用的信息，如图 3-4 所示。

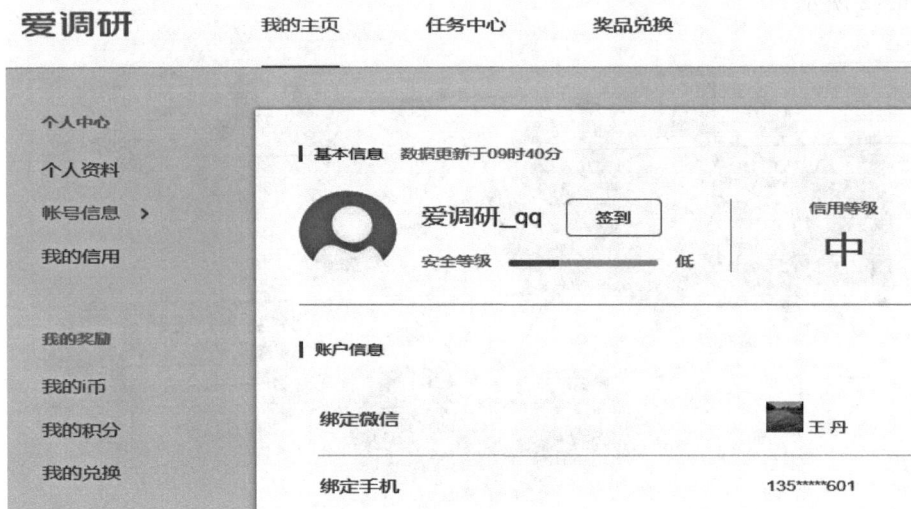

图 3-4　爱调研个人页面

5）数据工具软件调查法

数据工具软件调查法是指利用专门的工具软件搜集所需的数据资料。如量子恒道、数据魔方、生 e 经等。这类工具软件功能强大，数据资料具有针对性强、及时性好、准确性高等特点。

各种调查方法的适用条件及优缺点是不同的，应该根据调查目的、要求和条件选择合适的调查方法，也可多种方法结合运用。

想一想

网络市场直接调研的方法有哪些？每一种调查方法的优点分别有哪些？

同步实训

在线问卷调查

实训目的

掌握在线调查问卷的流程，能够设计完整的调查问卷，并能统计分析并撰写调查报告。

实训内容与步骤

（一）用户注册

（1）在地址栏中输入 http://www.sojump.com/，登录问卷星首页，如图 3-5 所示。

图 3-5　问卷星首页

（2）单击右上角的"注册"按钮，弹出注册界面，注册成为问卷星的用户，如图 3-6 所示。也可以直接通过 QQ 登录。

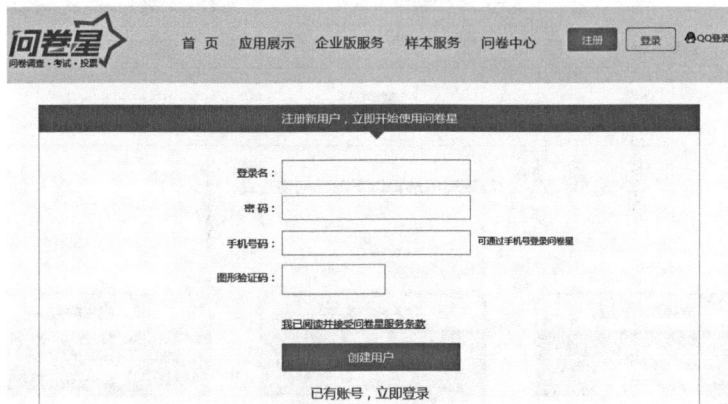

图 3-6　用户注册界面

（二）制作调查问卷

（1）在注册成功后，登录页面，单击"创建问卷、考试、投票"选项，如图3-7所示。

图3-7　创建新问卷

（2）单击创建问卷类型页面中的，"调查"选项，然后单击"下一步"按钮，如图3-8所示。

图3-8　创建问卷类型

（3）填写调查名称，也可以单击"选择其他方式创建问卷"选项创建调查问卷，或者直接通过"选择问卷模板""导入问卷文本""录入问卷服务"3种方式创建，如图3-9所示。

图3-9　填写问卷信息

（4）在编辑问卷页面中，添加问题类型，如图3-10所示。

图 3-10　编辑问卷

（5）输入问题标题和选项，选择选项的排列方式，如图3-11所示。

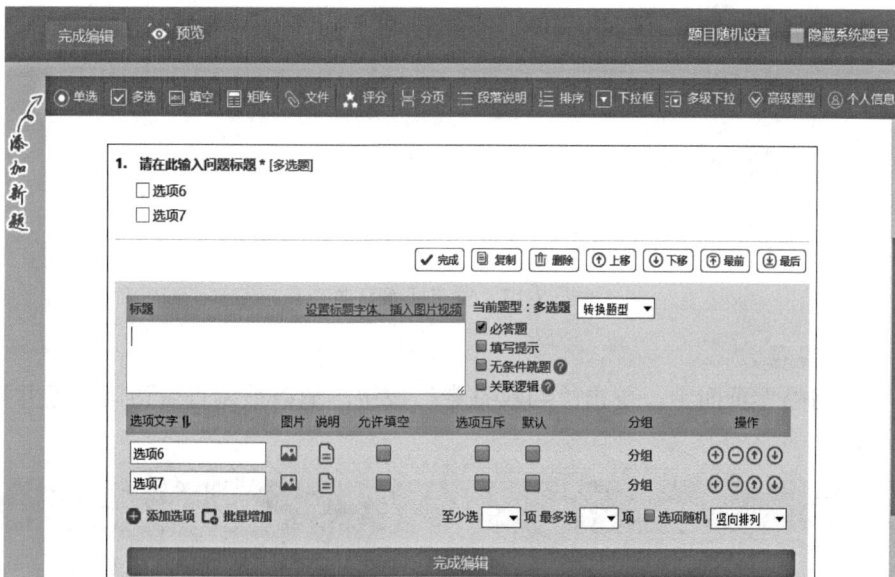

图 3-11　创建问题

（6）可以批量添加题目，这样创建问卷更方便，还可以通过借鉴"选择调查模板"来创建问卷，这样更方便省时，如图3-12。

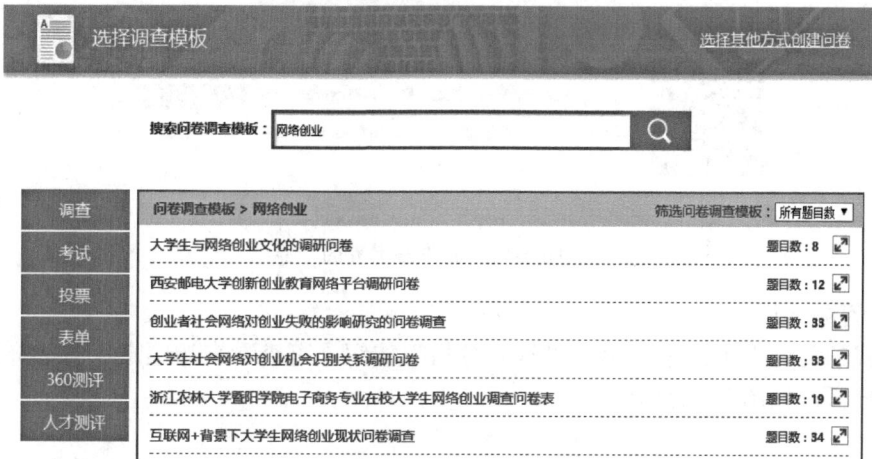

图 3-12　"选择调查模板"创建问卷

（三）发布调查问卷

在问卷所有问题都编辑好后，单击"完成编辑"按钮。然后在新页面中单击"发布此问卷"按钮，如图 3-13 所示。

图 3-13　发布问卷界面

（四）回收答卷

在"我的问卷"页面中，单击"回收答卷"按钮。邀请被调查者访问问卷并答卷，如图 3-14 所示。

图 3-14　回收答卷界面

（五）答卷分析

在"我的问卷"页面中，单击"答卷分析"按钮。可查看来源渠道、答卷详情和完成率等多项分析，如图 3-15 所示。

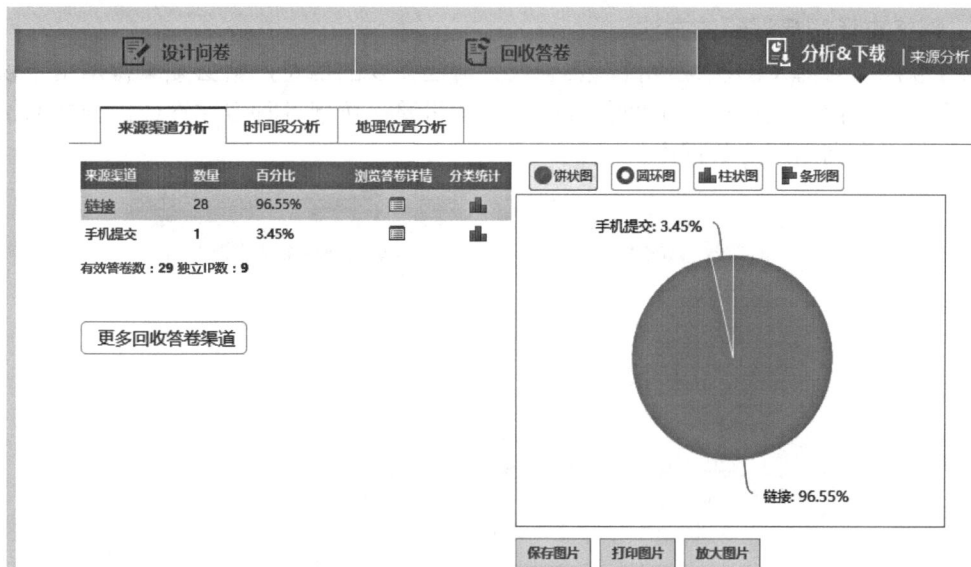

图 3-15　答卷分析界面

（六）撰写报告

根据调查数据对每小题进行统计分析，并撰写调查报告。

实训提示

设计一份在线问卷，应遵循以下原则：问卷题型尽量多样化；问卷的标题应符合调查主题；每个小题的标题和选项应设计合理；邀请更多好友答卷，可以提高问卷的调查效果。

思考与练习

（1）设计一份以网络创业为主题的在线问卷。要求以文字配图的形式记录主要操作过程。

（2）对调查数据进行简单分析，并撰写简单的调查报告。

三、网络市场间接调研

1. 网络市场间接调研定义

网络市场间接调研就是指利用互联网的媒体功能发掘和了解顾客需求、市场机会、竞争对手、行业潮流、分销渠道以及战略合作伙伴等次级资料，针对特定营销环境进行简单调查设计、搜集资料和初步分析的活动。即企业利用互联网搜集与整理与企业经营相关次级信息资料的方法。

次级资料的来源有很多，如公共图书馆、大学图书馆、贸易协会、市场调查企业、广告代理企业、专业团体、企业情报室等。再加上众多综合型 ICP（互联网内容提供商）、专业型 ICP，以及成千上万个搜索引擎网站，因此，在互联网上搜集二手资料非常方便。

2．网络市场间接调研的方法

在互联网上有海量的次级资料，要想找到自己需要的信息，就必须掌握网络市场间接调研的方法。目前，主要有以下四种方法：搜索引擎；访问各种专题性或综合性网站；电子商务交易平台利用网上数据库。

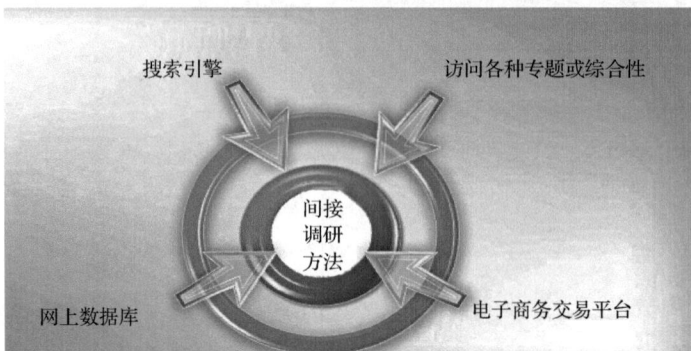

图 3-16　网络市场间接调研方法

1）利用搜索引擎查找资料

搜索引擎是在互联网上使用最普遍的网络信息检索工具。搜索引擎提供一个搜索入口，根据搜索者提供的关键词，反馈出的搜索结果是与关键词相关的商机信息，如供求信息、产品信息、企业信息、行业动态信息，并且给予搜索者一定的信息分拣引导，最终达到满足搜索者的实际需求。目前，比较常见的搜索引擎有：搜狗、有道、360 综合搜索、Bing 搜索，但国内使用最广泛的是百度。百度一直在引领着国内搜索引擎的进步，是国内搜索引擎的风向标。百度搜索的最大特点是基于字词结合的信息处理方式，解决了中文信息的理解问题，极大地提高了搜索的准确性和查全率。

图 3-17　百度搜索界面

2）访问各种专题性或综合性网站搜集资料

利用专题网站查找相关的内容信息，可以直接获得数据较全面、实时性强的资料。如访问中国农业网，可立即查到全国各地的农产品批发价格。要了解我国实施专利制度以来的全部发明专利、实用新型专利和外观设计专利的情况，可直接访问中国专利信息网（http://www.patent.com.cn/），通过此网站还可直接链接到世界各国专利局、各国际专利组织的网站，如图3-18所示。

图3-18　中国专利信息网主页

3）电子商务交易平台

电子商务交易平台即是一个为企业或个人提供网上交易洽谈的平台。企业在开展业务时，可登录淘宝网、天猫商城、京东商城等热门电子商务交易平台查看竞争对手的店铺及产品销售情况，从而为产品定位、价格、营销活动等方面做出最优化的决策。

4）利用网上数据库查找资料

网上数据库一般有免费和付费两种，互联网上有成千上万种免费数据库，还有更多的付费数据库。我国的数据库业近十年取得较大发展，也出现了 Web 版的文献信息型数据库，如中国知网（http://www.cnki.net）。下面介绍几个在国际上影响较大的商情数据库检索系统，供用户查询。

（1）中国知网。

中国知网面向海内外用户提供中国学术文献、外文文献、学位论文、报纸、会议、年鉴、工具书等各类资源统一检索、统一导航、在线阅读和下载服务。通过产业化运作，为全社会知识资源高效共享提供丰富的知识信息资源和有效的知识传播与数字化学习平台，中国知网已成为众多用户日常工作和学习的平台，如图3-19所示。

（2）艾瑞咨询（iResearch）。

艾瑞咨询成立于2002年，艾瑞网聚合互联网数据资讯，融合互联网行业资源，提供电子商务、移动互联网、网络游戏、网络广告、网络营销等行业内容，为互联网管理营销市场运营人士提供丰富的产业数据。艾瑞咨询的主要服务产品有网民行为连续研究系统（iUserTracker）、网络广告监测分析系统（iAdTracker）、网络用户调研分析服务（iUserSurvey）、网络行业研究数据中心（iDataCenter）等如图3-20所示。

图 3-19　中国知网首页

图 3-20　艾瑞网首页

（3）亿邦动力。

亿邦动力网是国内权威电子商务新闻门户，为中小企业提供全面、及时、权威的电子商务新闻资讯。业务范围涵盖传统企业 B2B、移动电商、国际电商、电商服务、数据、会议等多个领域，在电子商务行业拥有巨大影响力，如图 3-21 所示。

图 3-21　亿邦动力首页

（4）中国互联网络信息中心（CNNIC）。

CNNIC 是经国家主管部门批准，于 1997 年 6 月 3 日组建的管理和服务机构，行使国家互联网络信息中心的职责。CNNIC 支撑多层次、多模式公益的互联网基础资源服务，积极寻求我国网络基础资源核心能力和自主工具的突破，从根本上提高我国网络基础资源体系的可信、安全和稳定。网民可在 CNNIC 网站上免费获取中国互联网络发展状况统计报告，如图 3-22 所示。

图 3-22　CNNIC 网站首页

同步实训

网络研究报告的获取

实训目的

通过本次操作，能够利用搜索引擎等工具快速精准地获取网络零售行业的系列研究报告，能够对网络零售领域细分行业的研究报告进行整理分析，树立关注新经济资讯的意识并养成经常阅读分析相关调查研究报告的习惯。

实训内容与步骤

（1）在地址栏中输入 http://www.iresearch.cn，进入艾瑞网首页，单击"研究"选项，如图 3-23 所示。

图 3-23　艾瑞网研究首页

（2）会员注册。进入会员注册信息填写页面，填写相关信息，确认提交注册信息，注册成功，如图 3-24 所示。

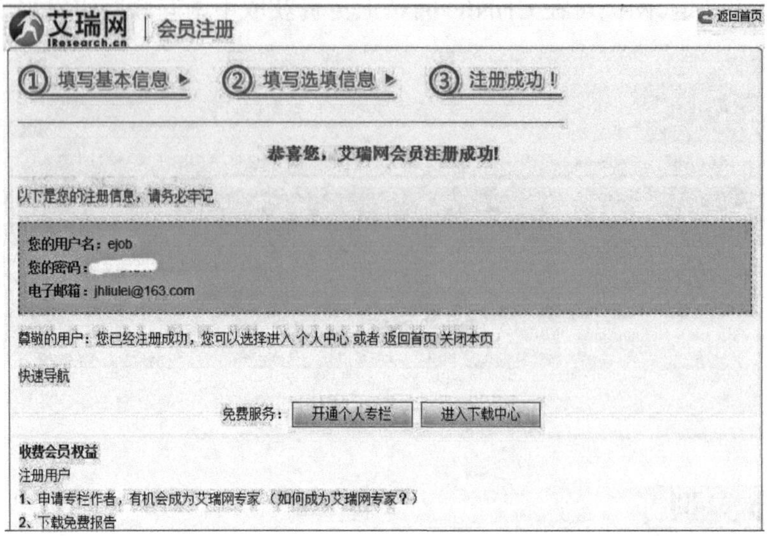

图 3-24　会员注册成功

（3）登录艾瑞网个人中心，如图 3-25 所示。

图 3-25　艾瑞网个人中心

（4）搜索网络零售领域相关研究报告，进入艾瑞网报告资源库，下载查阅，如图 3-26 所示。

（5）对所获得网络购物领域的研究报告进行分析解读，整理出一篇学习心得，重点分析近些年的网络购物市场总体规模及发展变化趋势，以及服装、化妆品等行业的网络零售市场规模情况，如图 3-27 所示。

图 3-26　艾瑞网报告资源库

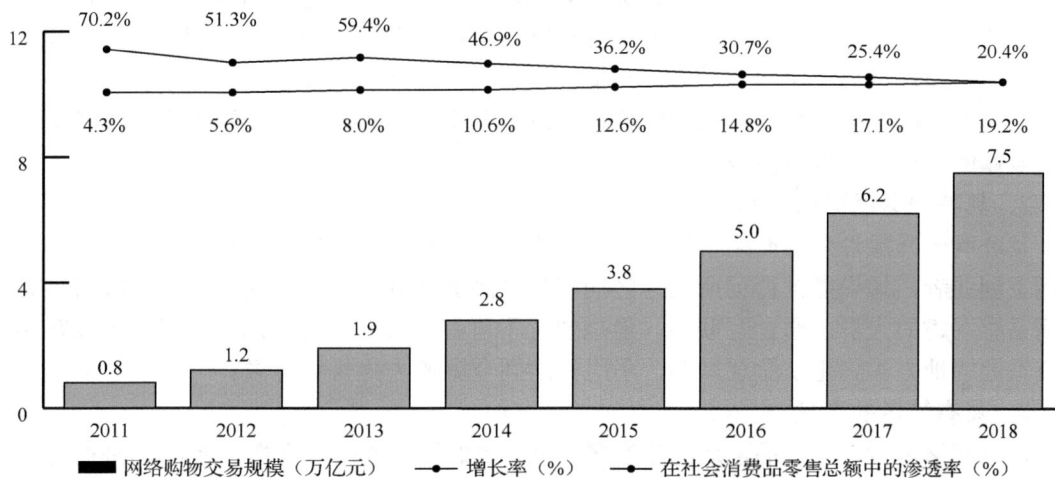

图 3-27　2011～2018 年中国网络购物市场规模及发展变化趋势

（6）操作提醒。

在艾瑞网上，可以浏览资讯和下载相关报告。研究报告分收费和免费两种，其中免费版多是报告的简版，一些基础性的数据和结论可以从这些报告中获取，注册会员在登录后即可下载免费的报告简版作为参考。大多数网络研究报告的文档格式为 PDF 格式，需要下载专门的 PDF 阅读器打开阅读。

研究报告及网络资源属于调研信息中的次级或二手资料，该类资料应尽量从权威的机构获取，对报告数据及信息的解读和分析应遵循客观、科学、合理的原则，对网络零售市场调研应结合一手资料的搜集和整理。

任务二　产品定位

✅ 一、产品选择

很多成功的范例让人们误以为网店经营简单并且也不占用过多资金，造成了很多人开始盲目在网上创业，对目标客户设定不明确，在产品选择上随意性较大，由于缺乏合适的产品，以致放不开手脚去操作，由于产品选择缺乏理性分析，以致有大投入，却没有大回报，最终自己很受伤。这也是目前许多网络创业不成功的主要原因。那么，作为新进入或者已经运作一段时间的创业型经销商们应该如何来选择产品呢？

1. 依据兴趣和爱好选择产品

比较明智的做法是依据自己的兴趣和爱好以及擅长的范围进行简要的调查，在设定目标客户群后再选择产品。对于产品的了解程度直接决定着销售是否能顺利完成。选择感兴趣的产品在经营过程中比较容易保持热情，由于对产品熟悉程度较高，在顾客进行咨询时容易留下专业的印象从而获得顾客的信任，形成购买。此外，由于能够提供使用经验或是相对专业的意见，也容易促成后续购买。

2. 具有地区优势的产品

互联网的开放性使得网络消费者能够足不出户就购买到全国甚至世界各地的商品。作为网上创业者，如果能把自己所处地区的特色产品放到互联网上销售，无疑会吸引远方对该商品感兴趣的人群。通过互联网，地理位置不再有局限性，通过网络消费者可以在距离北京很远的地方买到正宗北京烤鸭，不用再跑到全聚德去排长队等候。

3. 具有特色的产品

由于网络消费者对产品需求的丰富多样性，比如特别制作的食物、造型奇特的日用品、功能独特的电子产品等越来越受到追求个性化、时尚、新颖的网络消费者的青睐。例如，在乎你商城专注精品情侣装，"让世界知道我只在乎你！"就是基于爱情的特色主题、特定人群进行产品销售。

4. 消费者有购置障碍的产品

消费者不愿到实体店铺购买的商品往往会到网络上进行购买。例如，一个戴假发的人，不愿被人知道，肯定会选择在网上购买假发产品。还有，成人用品在互联网上的销量也是相当大的。

5. 选择优质产品

消费者都希望以较低的价格买到优质的产品，如果价格很低，但质量也很次，虽然满足了买家的低价心理，但是用起来会让对方感到不舒服。因此，尽量选择同类产品中的优质产品，让朋友们买得放心，有品质保障。

6．选择 OEM 产品

OEM 是英文 Original Equipment Manufacturer 的缩写，可翻译为原始设备制造商，是一家生产商按照另一家生产商的要求和委托，为其生产产品或产品配件，可以说是定牌生产或授权贴牌生产。这种方式在国内称为协作生产来料加工或加工贸易。这些为知名品牌贴牌的产品，一般质量都非常不错，价格也十分低廉，通常只是正常价格的 2～4 折，与外贸尾单不同的是，这类产品的做工品质绝对保证，因此是网店经销商们不错的进货选择。OEM 尾货往往数量不少，而厂家一般要求进货者全部吃进，所以对有经济实力和销售保证的网店经营者，这是一个不错的产品选择。

7．外贸尾单产品

外贸尾单产品主要是因为在生产过程中出现了一些小瑕疵，而无法通过国外订货商严格的检验，被退回来的。一般生产商对这些产品不太在意，卖多卖少都无所谓，只要能收回成本就可以了，所以价格都很便宜。而且这些商品从品质上来看，往往都没有什么大问题，只是有些小瑕疵，通常不会影响使用，与合格产品也没有太大的区别，价格倒是便宜很多。因此对于喜欢淘便宜货的卖家来说，也是不错的选择。这些商品都是外贸厂商订单的剩余商品，因为便宜且质量也"OK"，所以很适合网店销售。

总之，新进入经销商或者创业型经销商，做市场一定要注意节奏，要有条不紊地推进新产品与市场建设，做产品要慎重，选产品要谨慎，只有结合自己的实际，不冒进，不浮躁，才能有效规避市场风险，才能一步一个脚印地发展。

想一想

你作为创业者，知道应该如何选择产品了吗？

二、进货渠道选择

网上创业者确定好在网上销售的商品后，就要进行进货渠道的选择，也就是货源的选择。进货渠道主要有两种方式：实体进货和网络进货。实体进货的优势有面对面交易，诚信可靠，更容易了解商品属性，也是当前主要的进货方式。缺点主要有进货渠道长，进货成本高，效率低。跨区域进货增加车旅费用及额外成本，同时对商品的种类有局限性，面临众多的商品可能需要到不同的区域进货。网络进货的优势是网络商品的价格较一般实体进货的同类商品更便宜；进货效率高，不受时间限制，获得大量商品信息，可以买到当地没有的商品；无须亲临现场，既省时又省力。

一般而言，卖家可以选择七大进货源头：批发市场进货；厂家货源；大批发商；刚刚起步的批发商；外贸产品或 OEM 产品；库存积压或清仓处理产品；寻找特别的进货渠道。

1．批发市场

这是最常见的进货渠道，批发市场铺位多、品种多、货品多。有些追求产品最优的卖家，对产品质量有着异乎常人的偏执，批发市场进货，或者实体店进货会更加适合。由于，批发商的诚信及货物质量良莠不齐，一开始最好通过小批量合作摸清情况，待找到商品质量、价格、信用都比较合适的供货商，再进行大规模、长久稳定的合作。在批发市场进货需要有强大的议价能力，力争将价格压到最低，同时要与批发商建立好关系，在关于调换货的问题上要与批发商说清楚，以免日后起纠纷。不足的是因为批发市场的订单较多，服务难免有时跟不上。批发商都有自己固定的老客户，很难和他们谈条件，除非当你成为他们的大客户后，才可能有折扣和其他优惠。一般直接由厂家供货，一旦达成合作，货源就会很稳定。适合人群：销售量较大的卖家。

2. 当地厂家

从厂家拿到的都是一手货，利润大且能保证充足的货源。正规的厂家除了货源充足，信用度高之外，如果长期合作的话，一般都能争取到产品调换。但是一般而言，和从批发商进货一样，从厂家拿货的量一般都很大，小批发客户很难达到他们的要求。厂家货源这种途径更适合自己家里办厂，或者有亲戚朋友开厂的。如果有足够的资金且不怕压货的风险，也可以利用这种方式进货。适合人群：有一定经济实力的商家。

3. 网络加盟或代销

这算是老生常谈的一种找货源方式。在互联网上有很多免费加盟店，也有一些货源导航网站，店主可以从中挑选适合信息，有的商品价格会偏高，有的信息会是虚假的，就要货比三家、仔细识别。网络代销的优势是不需要进货，没有资金、商品存储的压力；商品图片等信息代销商都已设计好，店主可以通过软件工具直接导入；无须亲自发货。缺点是代销同类商品的卖家很多，商品图片信息完全一致，倒导竞争压力大且没有价格优势，卖家无法看到实物等。当然，对于很多没时间打理店铺的卖家来说，网店代销是不错的运营模式。

4. 阿里巴巴、慧聪网等专业 B2B 平台

选择阿里巴巴、慧聪网等专业 B2B 平台可以找到很多合适的网络批发商，他们一般直接由厂家供货，货源较稳定。此类网络平台目前都推出了小额批发、混批等功能。在阿里巴巴平台上可以直接联系到厂家，而且送货上门。在阿里巴巴平台上求购商品时，先在搜索框里输入想找的商品名称，然后再从搜索结果里比较选出合适的批发商。

5. 库存积压或清仓处理产品

库存积压产品和清仓处理产品，都是商家急于出手的商品，因此在价格上都会有较大的优惠。如果有很强的砍价能力和资金优势，就可以用极低的价格一次吃进这些产品，然后放到网上进行销售。这样可以充分利用地域差异和时间差异获得丰厚的利润。不过吃进这些产品，一定要有足够的把握，需要既能对质量进行鉴别，又要对发展趋势有很强的预测力。

6. 购进外贸产品或 oem 产品

目前许多工厂，在外贸订单或者为一些知名品牌贴牌生产之外会有一些剩余产品处理，价格通常十分低廉，多为市场价格的 2～3 折，品质做工绝对保证，这是一个不错的进货渠道。但一般要求进货者全部吃进，所以创业者要有经济实力。适合人群：有一定货源渠道的朋友，同时具有一定的识别能力。

7. 寻找特别的进货渠道

如果在香港或是海外有亲戚朋友就可以由他们帮忙，进一些在国内市场上看不到或是价格较高的产品。比如可以找人从香港进一些化妆品、品牌箱包等，也可以从日本进一些相机等电子产品，还可以从俄罗斯进一些工艺品，这样的商品就会很有特色或是价格优势。适人群：适合有这样的渠道同时又能把握流行趋势的朋友。

✅ 一、计划书的内容

创业计划书是创业者叩响投资者大门的"敲门砖"，是创业者计划创立业务的书面摘要，一份优秀的创业计划书往往会使创业者达到事半功倍的效果。

创业计划书是用以描述与拟创办企业相关的内外部环境条件和要素特点，为业务的发展提供指示图和衡量业务进展情况的标准。通常创业计划书是结合了市场营销、财务、生产、人力资源等职能计划的综合，只有内容翔实、数据丰富、体系完整、装订精致的创业计划书才能吸引投资商，看懂项目商业运作计划，才能使融资需求成为现实，创业计划书的质量对创业者的项目融资至关重要。

需要注意的是，创业内容不同，相互之间差异也就很大，每一份创业计划书突出的重点也不同，因此，创业计划书没有硬性规定的内容。但一份完整而周密的创业计划书需要以下基本部分：

1．计划摘要

计划摘要是创业计划书的精华，是缺一不可的。计划摘要涵盖了计划的要点，要求简单明了，以便投资人能在最短的时间内评审计划并做出判断。这一部分是投资人最先阅读的部分，却是在创业计划书中最后完成的部分，是对整个创业计划书精华的浓缩，旨在引起投资人的兴趣，有进一步探究项目详细的渴望。计划摘要的长度通常以2～3页为宜，内容力求精练有力，重点阐明企业的投资亮点，尤其是相对于竞争对手的抢眼之处。投资人感兴趣的内容主要有净现金流入、广泛的客户基础、市场快速增长的机会、背景丰厚的团队。计划摘要一般要包括以下主要内容：企业介绍、主要产品和业务范围、市场概貌、营销策略、销售计划、生产管理计划、管理者及其组织、财务计划和资金需求状况等。

2．介绍企业

主要是对企业总体情况的介绍，包括企业定位、企业战略、企业的经营范围、驻地、特色，侧重介绍企业的发展前景。下一步要怎么样做，三五年以后要如何发展，这个计划是要能永续经营的，所以在规划时要能够做到深耕化、多元化和全球化。

3．企业的产品和服务

此部分主要是对企业现有产品和服务的性能、技术特点、典型客户、盈利能力等的陈述，以及对未来产品研发计划的介绍。要阐明产品或服务具备哪些独特性，以确保产品和服务有充分的市场需求，并且企业能以独特的方式来推广，建立在市场上的竞争优势。投资人偏向认同市场对于企业产品的反映，这一部分讲清楚企业的产品体系即可，向投资人展示企业产品线的完整和可持续发展，而应将更多的笔墨放在产品的盈利能力、典型客户、同类产品比较等内容的介绍上。

4．市场分析

市场分析就是告诉投资人项目的优势，市场有多大，能产生多少回报，回报是投资人密切关注的点。所以做好市场分析，创业计划书就成功了一半。这部分要清晰阐述市场的规模和潜在的远景。有多少用户可能使用该产品？市场竞争情况如何？如何行之有效地做市场？市场选在哪儿、机会在哪儿？尽量列出与竞争对手的对比分析，表明当前的商业机会。

5．企业组织结构

企业管理的好坏，直接决定了企业经营风险的大小。而高素质的管理人员和良好的组织结构则是管理好企业的重要保证。在创业计划书中，必须要对主要管理人员加以阐明，介绍他们所具有的能力、在本企业中的职务和责任、详细经历及背景。此外，在这部分创业计划书中，还应对企业结构进行简要介绍，包括企业的组织机构图；各部门的功能与责任；各部门的负责人及主要成员；企业的报酬体系；企业的股东名单，包括认股权、比例和特权；企业的董事会成员；各位董事的背景资料。组建一支强有力的管理队伍，确保企业管理层有充分的技术、营销和财务管理的能力来实现企业的发展，确保有效的董事会和咨询委员来支持管理层。

6．市场营销策略

主要描述产品的销售过程和销售渠道，即产品是如何出厂并最终到达消费者手中的？企业自己有直销队伍还是通过代理商进行销售？有哪些零售和中间商参与了企业产品销售过程？风险企业和中间商的关系如何？由于大多数风险投资人并不是很好的市场分析专家，因此，要逐步展开以便他们能够理解整个营销过程。

7．制订生产计划

在创业计划书中的生产制造计划部分，包括产品制造和技术设备现状；新产品投产计划；技术提升和设备更新的要求；质量控制和质量改造计划。

8．财务规划

财务规划应根据市场分析的数据做出客观、现实和一定程度上的保守盈利预测。财务规划一般要包括现金流量表、资产负债表及损益表的制备。

（1）流动资金是企业的生命线，因此企业在初创或扩张时，对流动资金预先要有周详的计划和对进行过程中的严格控制。

（2）损益表反映的是企业的盈利状况，它是企业在运作一段时间后的经营结果。

（3）资产负债表则反映在某一时刻的企业状况，投资者可以用资产负债表中的比率指标来衡量企业的经营状况及可能的投资回报率。

9．风险与风险管理

经营企业一定会有风险，平时就要注意。风险不是说有人竞争就是风险，很多环境因素的变动，也会产生风险。因此，要考虑企业在市场、竞争和技术方面都有哪些基本的风险？当风险来时如何应对？在最好和最坏情形下，五年计划表现如何？如果估计不那么准确，应该估计出误差范围到底有多大。如果可能的话，对关键性参数要做最好和最坏的设定。

✅ 二、编写原则

一位理性的投资者，尤其是风险投资家，重点考察的是创业者的商业能力与商业潜质，其中包括性格优势和项目优势。而考察性格优势和项目优势最好的方法，就是在项目说明会上演示创业计划书时。因此，学会写好一份创业计划书，对于创业者能否成功融资具有意义重大，这不仅有助于创业者控制风险，还有助于提高融资成功率。在撰写创业计划书时，创业者需要注意的原则如下。

1. 市场导向原则

利润来自于市场的需求，没有明确的市场需求分析作为依据，所编写的创业计划将是空泛的、无意义的。因此，创业计划应以市场导向的观点来编写，要充分显示对市场现状的把握与未来发展的预测，同时要说明市场需求分析所依据的调查方法与实事证据等，如图 3-28 所示。

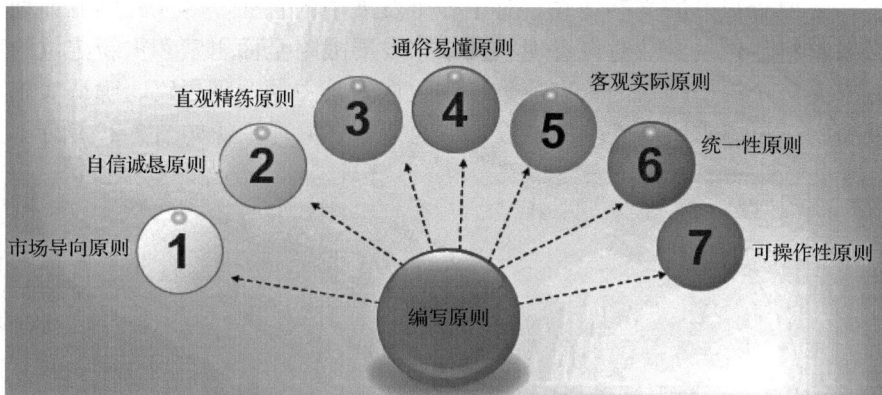

图 3-28　创业计划书编写原则

2. 自信诚恳原则

尽可能多地搜集资料，对于市场前景、竞争优势、回报分析等要从多角度加以分析和总结，对于可能出现的困难或问题要有足够的认识和预估，同时准备出多位顾客的事前采购协议，帮助投资者强化项目可行性认识。

3. 直观精练原则

要开门见山地切入主题，用真实、简洁的语言描述自己的想法，不要浪费时间讲任何与主题无关的内容，并要表现出语言的煽动力，从而展现你的领导才能。总之，语言要精练，观点要明确，要快速引起投资者的注意和兴趣。

4. 通俗易懂原则

创业计划书中应尽量避免技术性很强的专业术语。风险投资者更关心最终能带来多大效益，过多的专业术语会影响到投资者的兴趣。即使不得已要使用专业术语，也应该在附录中加以解释和说明。

5. 客观实际原则

在创业计划中的所有内容必须实事求是，即使是财务规划也要尽量客观、实际，切勿凭主观意愿进行估计。在创业计划中，创业者必须事先进行大量的调查和科学分析，尽量陈列出客观、可供参考的数据与文献资料。

6．统一性原则

由于，在创业计划书中包含了多个内容，复杂繁多，就容易出现前后不一、自相矛盾的现象。一旦出现这种情况，投资者就会对计划书的真实性产生怀疑。所以，整个创业计划前后的基本假设或预估一定要相互呼应，保持统一性。

7．可操作性原则

创业计划书是创业者拟定的创业行动蓝图，因此，它必须具有很强的可操作性，以便于实施。特别是其中的营销计划、组织结构、管理措施、应对风险的方法和策略等，必须具有可行性和可操作性。

✓ 三、编写步骤

创业计划书的编写与创业本身一样是一个复杂的系统工程，不但要对行业、市场进行充分的研究，还要有很好的文字功底。对于一个发展中的企业，专业的创业计划书既是寻找投资的必备材料，也是企业对自身现状及未来发展战略全面思索和重新定位的过程。编写创业计划书是一个展望项目的未来前景、细致探索其中的合理思路、确认实施项目所需的各种必要资源、再寻求所需支持的过程，创业计划书编写步骤如图3-29所示。

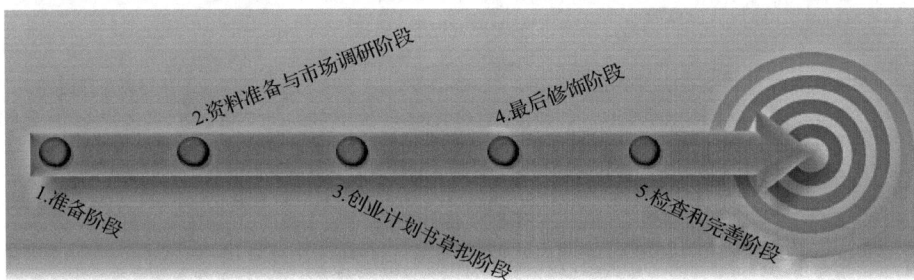

图 3-29　创业计划书编写步骤

1．准备阶段

创业计划书的编写涉及的内容较多，因而制定创业计划前必须进行周密的安排。主要有如下一些准备工作。

（1）确定创业计划的目的与宗旨。

（2）组成创业计划工作小组。

（3）制订创业计划的编写计划。

（4）确定创业计划的种类与总体框架。

（5）制订创业计划编写的日程安排与人员分工。

2．资料准备与市场调研阶段

以创业计划书总体框架为指导，针对创业目的与宗旨，搜寻内部与外部资料。包括创业企业所在行业的发展趋势、产品市场信息、产品测试、实验资料、竞争对手信息、同类企业组织机构状况、行业同类企业财务报表等。

3．创业计划书草拟阶段

编写创业方案全文，将整个创业要点抽出来写成提要，然后要按下面的顺序将全套创业方案排列起来。

（1）市场机遇与谋略。

（2）经营管理。

（3）经营团队。

（4）财务预算。

（5）其他信息和材料，如企业创始人、潜在投资人等。

4．最后修饰阶段

首先，根据创业计划书，把最主要的东西做成一个1～2页的摘要，放在前面。其次，检查一下，千万不要犯有错别字之类的错误，最后，设计一个漂亮的封面，编写目录与页码，然后打印、装订成册。创业计划书应该备有索引和目录，以便投资者可以较容易地查阅各个章节。还应保证目录中的信息流是有逻辑和现实的。

5．检查和完善阶段

可以从以下几个方面加以检查。

（1）创业计划书是否显示出具有管理企业的经验。

（2）创业计划书是否显示了有能力偿还借款。

（3）创业计划书是否显示出已进行过完整的市场分析。

（4）创业计划书是否容易被投资者所领会。

（5）创业计划书中的计划摘要是否写得引人入胜？能否吸引并保持投资者的兴趣？

（6）创业计划书是否在文法上全部正确。

（7）创业计划书能否打消投资者对产品（服务）的疑虑。

项目小结

网络市场直接调研的方法，包括E-mail问卷调研法、网上论坛调研法、视频会议法、网站在线调查法、数据工具软件调查法等。网络市场间接调研的方法主要有搜索引擎、各种专题性或综合性网站、电子商务交易平台、网上数据库。每种方法都有其自身的特点，只有综合利用，才能有效提高次级资料搜集的数量和质量。

作为新进入或者已经运作一段时间的创业型经销商们可以通过以下几种方式确定产品：依据兴趣和爱好选择产品、具有地区优势的产品、具有特色的产品、消费者有购置障碍的产品、选择优质产品、选择OEM产品、外贸尾单产品；卖家可以选择七大进货源头：批发市场进货、厂家货源、大批发商、刚刚起步的批发商、外贸产品或OEM产品、库存积压或清仓处理产品、寻找特别的进货渠道。

创业计划书是创业者叩响投资者大门的"敲门砖"，是创业者计划创立业务的书面摘要，一份优秀的创业计划书往往会使创业者达到事半功倍的效果。一份完整而周密的创业计划书需要以下基本部分：计划摘要、介绍企业、企业的产品和服务、市场分析、企业组织结构、市场营销策略、制订生产计划、财务规划、风险与风险管理。另外，创业计划书的编写需要遵循基本的规则和一定的编写步骤。

同步测试

1．单项选择题

（1）以下哪一个是不属于数据工具软件调查法的特点？（   ）

    A．针对性强　　　B．及时性好　　　C．准确性高　　　D．使用免费

（2）次级资料是（   ）。

    A．由调查者自己搜集的资料　　　　　B．由他人搜集并整理的资料

    C．通过调查问卷获得的资料　　　　　D．通过网络视频会议获得的资料

（3）淘宝网不能搜集（   ）。

    A．竞争对手数量　　　　　　　　　　B．卖家信用评价

    C．产品价格趋势　　　　　　　　　　D．卖家利润

（4）不属于行业调查报告平台的是（   ）。

    A．百度搜索　　　　　　　　　　　　B．中国互联网信息中心

    C．艾瑞咨询网　　　　　　　　　　　D．宏洋报告网

2．多项选择题

（1）以下哪些属于数据工具软件调查法？（   ）

    A．电子邮件　　　B．量子恒道　　　C．数据魔方　　　D．生 e 经

（2）次级资料的搜集工具包括（   ）。

    A．微博　　　　　B．在线问卷调查　　　C．搜索引擎　　　D．行业网站

（3）OEM 产品的特点有（   ）。

    A．授权贴牌生产产品　　　　　　　　B．质量都非常不错

    C．价格昂贵　　　　　　　　　　　　D．同外贸尾单产品一样

3．分析题

（1）如何进行网络创业产品的选择？进货渠道有哪些？

（2）创业计划书包含哪些基本内容，创业计划书的编写原则有哪些？

本项目知识点

企业、公司的概念与分类，明确创业开办企业的类型；企业申请的条件和准备工作；企业注册的具体流程和注意事项。

本项目技能点

能够比较不同企业类型的异同点，掌握企业申请的条件，熟悉企业注册的流程和注意事项；可根据自身的情况、特点和条件，做好公司注册的前期准备和规划。

知识导图

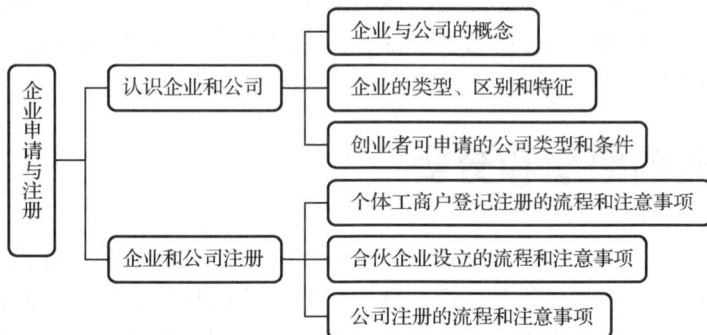

引例

小李、小王和小韩是大学室友，在校期间他们就合伙做些小生意，积攒了一定的客户资源和创业初始资金。临近毕业，他们毅然选择了"自主创业"这条路，经过细致的市场调研，他们想抓住怀旧风潮和节约消费潮流，在网上销售以"怀旧"为主要特色的老物品、老品牌。但他们想做的方向各不相同，小李想做老牌日用品店，小王想做传统服饰店，而小韩想做复古文化商品店。考虑到前期有一定积累，他们想自建网站，或在天猫、京东平台上发展，这就需要先注册公司、取得营业执照和行业许可。于是他们就面临着这样几个难题：公司有哪些类型？他们可以注册什么类型的公司？各有什么优劣势和特点？是选择3个人合开公司还是每个人独立开公司？注册公司前期需要做哪些准备工作？申请公司的具体流程和费用如何？

引例分析

2015年，李克强总理在政府工作报告中提出，打造大众创业、万众创新和增加公共产品、公共服务"双引擎"。一时间"创新创业"大潮兴起，波澜壮阔。这一年，无论精英还是草根，都可以投身创业创新，驰骋于广阔空间，众创、众包、众扶、众筹不断涌现，生产方式发生着深刻变革。中国平均每天新登记注册的企业达到1.16万户，平均每分钟诞生8家公司。因此，2015年又被称为是中国的"双创"元年。而大学生作为实施创新驱动发展战略和推进大众创业、万众创新的生力军，自然也会有很多创业方面的实践经历。前面例子中的这些问题，是网络自主创业初期面临的通用和基础问题。了解这些问题的答案，不仅有助于创业者渡过创业过程中的必要阶段，也有助于让创业者形成规范和良好的公司架构及股权结构，为企业的长远发展打下坚实的基础。

任务一　认识企业和公司

说起企业，各类表述中常常会出现"国有企业、三资企业、外商独资企业、个人独资企业、合伙企业、公司企业"这些名词。那么"企业"和"公司"的概念是否等同？如不等同它们之间的区别是什么？

一、企业的概念和分类

企业泛指一切从事生产、流通或者服务活动，以生产或服务满足社会需要，并谋取经济利益的经济组织，企业实行自主经营、独立核算、依法设立，具有经济法人资格。简言之，企业就是指依法设立的以盈利为目的、从事商品生产经营和服务活动的独立核算经济组织。

法律对不同类别企业的具体需求，如设立的条件、设立的程序、内部组织机构等来组建企业。按照企业财产组织方式的不同，企业在法律上分为3种类型：

第一种是独资企业，即由单个主体出资兴办、经营、管理、收益和承担风险的企业；

第二种是合伙企业，即由两个或者两个以上的出资人共同出资兴办、经营、管理、收益和承担风险的企业；

第三种是公司企业，即依照《公司法》设立的企业。

二、公司的概念和分类

公司一般是指依法设立的，有独立的法人财产，以营利为目的的企业法人。其实质是企业的一种组织形式。根据不同的划分依据可将公司进行分类，如表 4-1 所示。

表 4-1 按不同依据划分的公司类型

划 分 依 据	公 司 类 型		
股东对公司所负责任不同	无限公司	有限责任公司	两合公司
	股份有限公司	股份两合公司	
公司国籍不同	本国公司	外国公司	跨国公司
控制地位不同	母公司	子公司	
管辖关系不同	总公司	分公司	
信用基础不同	人合公司	资合公司	两合公司

其中，在日常生活中最常见的就是"有限责任公司"和"股份有限公司"，具体来说：

1. 有限责任公司

简称有限公司（英文名为 Company Limited，简称 Ltd 或 Co.，Ltd.），是指根据《中华人民共和国公司登记管理条例》规定登记注册，由五十个以下的股东出资设立，每个股东以其所认缴的出资额对公司承担有限责任，公司法人以其全部资产对公司债务承担全部责任的经济组织。有限责任公司包括国有独资公司、普通有限责任公司以及一人责任有限公司。

2. 股份有限公司

简称股份公司（英文名为 Stock Corporation，简称 Corp.，）是指以公司全部资本分为金额相等的股份，股东以其认购的股份为限对公司承担责任的企业法人。设立股份有限公司，应当有 2 人以上 200 人以下为发起人，注册资本的最低限额为 500 万元人民币。

想一想

从"有限责任公司"和"股份有限公司"的定义可以看出，其股东都是承担有限责任，那两者有什么区别吗？

三、企业与公司的区别

从公司的定义可以看出公司是企业的一种形式。依照公司法设立的公司，具有法人资格，可以依法独立承担民事责任；而企业中还包括不具有法人资格的企业，例如个人独资企业、合伙企业，这两种企业不具有法人资格，但属于企业的范畴。综上所述，公司是企业的一种形式，它属于企业的范畴。反之，企业不一定是公司。企业是一个更大概念，除了公司外，还包含独资企业和合伙企业。

"有限责任公司"和"股份有限公司"的区别

四、针对创业者可以注册的公司类型和条件

创业者在选择注册公司时，会发现存在多种不同的公司或者企业，而不同类型的企业在注册资本的要求上存在的最低额度也不尽相同，针对目前的经济形势，和创办企业者距离较近的企业形式主要有几种，它们包括：有限责任公司、一人有限责任公司、股份有限责任公司、个体工商户、私营独资企业、私营合伙企业，并且对这几种不同类型的企业形式也有着不同的要求，下面就来了解一下。

1．有限责任公司

有限责任公司最低注册资本 3 万元人民币。

（1）股东符合法定人数即由 2 个以上 50 个以下股东共同出资设立。

（2）股东出资达到法定资本最低限额。

（3）股东共同制定公司章程。

（4）有公司名称，建立符合有限责任公司要求的组织机构。

（5）有固定的生产经营场所和必要的生产经营条件。

2．一人有限责任公司

一人有限责任公司是指只有一个自然人股东或者一个法人股东的有限责任公司。最低注册资本 10 万元人民币，新公司法取消了"一人有限公司注册资金须一次缴足"的规定。

（1）股东为一个自然人或一个法人。

（2）一个自然人只能注册一个一人有限公司。

3．股份有限责任公司

股份有限责任公司最低注册资本 500 万元人民币。新公司法取消了"公司全体股东的首次出资额不得低于注册资本的 20%，也不得低于法定的注册资本最低限额，其余部分由股东自公司成立之日起两年内缴足；其中，投资公司可以在 5 年内缴足"的规定。

股份有限责任公司采取募集方式设立，注册资本为在公司登记机关登记的实收股本总额。在股份有限责任公司成立后，发起人未按照公司章程的规定缴足出资的，应当补缴；其他发起人承担连带责任。

（1）设立股份有限责任公司，应当有 2 人以上 200 人以下为发起人，其中须有过半数的发起人在中国境内有住所。国有企业改建为股份有限责任公司的，应当采取募集设立方式。

（2）股份有限责任公司的发起人，必须按照法律规定认购其应认购的股份，并承担公司筹办事务。

（3）以募集方式设立股份有限责任公司，必须经过国务院授权的部门或者省级人民政府批准。

（4）股份有限责任公司的注册资本为在公司登记机关登记的实收股本总额。

（5）股份有限责任公司注册资本的最低限额为人民币 500 万元人民币。股份有限责任公司注册资本最低限额需高于上述所定限额的，由法律、行政法规另行规定。

4．个体工商户

个体工商户是指有经营能力并依照《个体工商户条例》的规定经工　注册"个体工商户"的优缺点

商行政管理部门登记，从事工商业经营的公民。一般是以个人或家庭为单位组建。对注册资金实行申报制，没有最低限额基本要求。

（1）有经营能力的城镇待业人员、农村村民以及国家政策允许的其他人员，可以申请从事个体工商业经营。

（2）申请人必须具备与经营项目相应的资金、经营场地、经营能力及业务技术。

想一想

根据"个体工商户"的概念并查阅相关资料，注册"个体工商户"有什么优缺点？

5. 个人独资企业

个人独资企业是指为个人出资经营、归个人所有和控制、由个人承担经营风险和享有全部经营收益的企业。以独资经营方式经营的独资企业有无限的经济责任，破产时借方可以扣留业主的个人财产。对注册资金实行申报制，没有最低限额基本要求。

（1）投资人为一个自然人。

（2）有合法的企业名称。

（3）有投资人申报的出资。

（4）有固定的生产经营场所和必要的生产经营条件。

（5）有必要的从业人员。

6. 合伙企业

合伙企业是指由各合伙人订立合伙协议，共同出资，共同经营，共享有收益，共担风险，并对企业债务承担无限连带责任的营利性组织。对注册资金实行申报制，没有最低限额基本要求。

合伙企业分为普通合伙企业和有限合伙企业。普通合伙企业由普通合伙人组成，合伙人对合伙企业债务承担无限连带责任。有限合伙企业由普通合伙人和有限合伙人组成，普通合伙人对合伙企业债务承担无限连带责任，有限合伙人以其认缴的出资额为限对合伙企业债务承担责任。其中，普通合伙企业应具备以下条件。

（1）有两个以上合伙人，并且都是依法承担无限责任者。

（2）有书面合伙协议。

（3）有各合伙人实际缴付的出资。

（4）有合伙企业的名称。

（5）有经营场所和从事合伙经营的必要条件。

（6）合伙人应当为具有完全民事行为能力的人。

（7）法律、行政法规禁止从事营利性活动的人，不得成为合伙企业的合伙人。

任务二　企业和公司注册

任务一介绍了企业和公司的概念和分类。了解了这些知识后，就可以根据自己的实际情况来进行企业和公司的登记注册了，这里给大家介绍三种网络创业的典型企业和公司形式：

✓ 一、个体工商户登记注册

依照《城乡个体工商户登记管理暂行条例》等法律、法规和规章的规定，办理各类个体工商户登记注册，凡手续完备、证件齐全、符合法定条件的，自受理之日起在一定期限内可办理完毕。

1. 第一阶段，个体工商户名称预先核准（非必须）

个体工商户可以不使用名称。个体工商户决定使用名称的，应当向登记机关申请，经核准登记后方可使用。注意事项如下。

（1）涉及前置审批业务或企业认为需要的，可以办理名称预先核准，其他的无须办理。

（2）字号名称不得与本行政区划内已注册的相同行业的个体工商户的字号相同。

（3）字号名称不得与其他个体工商户变更名称未满1年的原名称相同。

（4）字号名称不得与注销登记或者被吊销营业执照未满3年的个体工商户名称相同。

（5）字号名称不得含有以下内容和文字：有损于国家、社会公共利益的。

（6）可能对公众造成欺骗或者误解的；外国国家（地区）名称、国际组织名称；政党名称、党政军机关名称、群众组织者名称、社会团体名称及部队番号；汉语拼音字母、数字；其他法律、行政法规规定禁止的。

（7）名称还须符合国家其他有关规定。

如果申请个体工商户名称预先登记，应提交如下文件、证件到辖区的工商所（分局）办理。

（1）申请人的身份证明或由申请人委托的有关证明。

（2）个体工商户名称预先登记申请书。

（3）法规、规章和政策规定应提交的其他文件、证明。

资料存在可以当场更正的错误可当场更正；材料不齐全或不符合法定形式的不予办理，出具《名称登记驳回通知书》，并在3日内一次告知申报人进行补全，审查材料齐全符合法定形式可准予核准，开具《个体工商户名称预先核准通知书》。

2. 第二阶段，个体工商户开业登记

1）领表

申请人凭《个体工商户名称预先核准通知书》向登记机关领取《个体工商户设立登记申请书》，按表格要求填写。

2）提交材料（申请个体工商户开业登记所需文件、证件，请扫描二维码查看）

3）受理审查

申请人符合登记条件的，向工商所提出书面开业申请，由注册登记审查员负责受理。在受理时，注册登记审查员应即时查验申请人提交的文件、证件是否与原件一致，材料齐全、符合法定形式的予以受理，并向申请人出具《个体工商户登记申请受理通知》；材料不齐全或不符合要求的，发给申请人《不予受理通知书》，告知申请人补齐相关材料后再予受理。

申请个体工商户开业登记应提交下列文件、证件

4）核准

所长审批核准，在《设立登记审核表》上签署“同意设立登记、核发营业执照”或“驳回企个体工商户登记申请”后，将登记材料返给注册登记审查员。

经所长核准的，由注册登记审查员发给申请人《准予个体工商户登记通知书》，通知申请人在 10 日内领取营业执照。所长驳回登记申请的，注册登记审查员应发给申请人《不予登记通知书》，通知申请人取回登记材料或重新申请。

5）发照

经所长核准的，依照设立登记审核表准确打印《个体工商户营业执照》，如图 4-1 所示。在领取执照人交纳费用后，由注册登记审查员发放营业执照，并在当日将登记材料输入计算机，载入“经济户口”建立监督管理档案。

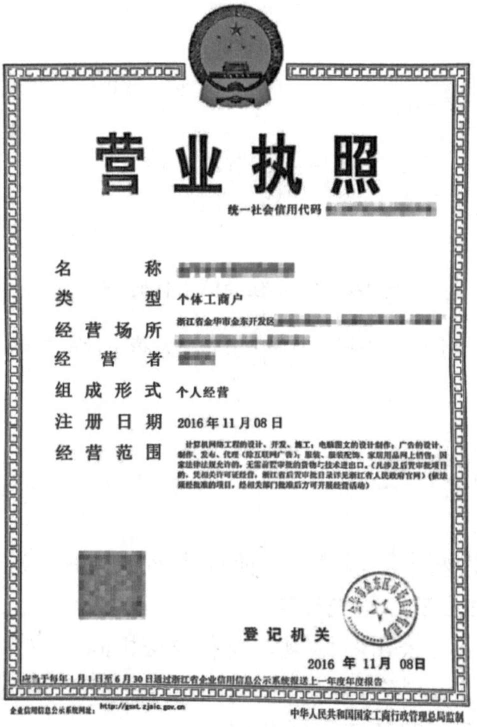
营业执照

统一社会信用代码

名　　称

类　　型　个体工商户

经营场所　浙江省金华市金东开发区

经　营　者

组成形式　个人经营

注册日期　2016 年 11 月 08 日

经营范围　计算机网络工程的设计、开发、施工；电脑图文的设计制作；广告的设计、制作、发布、代理（除互联网广告）；服装、服装配饰、家居用品网上销售；国家法律法规允许的，无需前置审批的货物与技术进出口。（凡涉及后置审批项目的，凭相关许可证经营，浙江省后置审批目录详见浙江省人民政府官网）（依法须经批准的项目，经相关部门批准后方可开展经营活动）

登记机关

2016 年 11月 08日

应当于每年 1 月 1 日至 6 月 30 日通过浙江省企业信用信息公示系统报送上一年度年度报告

企业信用信息公示系统网址：http://gsxt.zjaic.gov.cn

中华人民共和国国家工商行政管理总局监制

图 4-1　个体工商户营业执照副本

6）刻章

拿到营业执照之后，接下来可到各区公安分局申请刻公章，申请通过后要到公安局指定的刻章店刻。

7）税务登记、银行设立基本户

在 2015 年 10 月 1 日之前，拿到营业执照的，应到当地的技术质量监督局办理组织机构代码证，到辖区的国税地税局办理国税、地税登记，最后拿着各种证件到银行开立基本户。

什么是"统一社会信用代码"？

统一社会信用代码是由国家标准委发布的一组长度为18位的用于法人和其他组织身份识别的代码。

国家标准委发布了强制性国家标准《法人和其他组织统一社会信用代码编码规则》，并于 2015 年 10 月 1 日实施，以统一社会信用代码和相关基本信息作为法人和其他组织的"数字身份证"，成为管理和经营过程中法人和其他组织身份识别的手段，如图 4-2 所示。

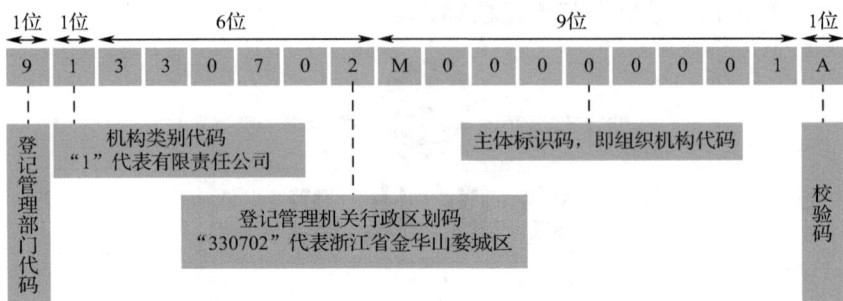

图 4-2　统一社会信用代码图解

那么，如何查询"统一社会信用代码"呢？请大家扫描二维码查看具体步骤。

如何查询"统一社会信用代码"

二、合伙企业设立

合伙企业设立登记分为两个阶段，第一阶段为名称预先核准，第二阶段为设立登记。

1．第一阶段，合伙企业名称预先核准

合伙企业名称预先核准与公司名称预先核准办法相同，按《企业名称登记管理规定》登记，但名称中不可使用"公司""有限"或者"有限责任"字样。

企业名称预先核准应提交的文件、证件如下。

（1）名称预核申请表（现设有这种表格）。

（2）委托书（粘贴被委托人身份证复印件）。

（3）合伙人身份证明。

2．第二阶段，合伙企业设立登记

1）领表

申请人凭《合伙企业名称预先核准通知书》向登记机关领取《合伙企业设立登记申请书》，按表格要求填写。

2）提交材料（申请合伙企业所需文件、证件，请扫描二维码查看）

合伙企业设立登记应提交的材料

3）受理审查

登记机关在收齐申请人应提交的上述材料后，发给申请人《合伙企业申请登记提交材料收据》。企业登记机关自收到申请人应提交的全部文件之日起 30 天内，做出核准登记或者不予登记的决定。

4）查询结果

申请人按照《合伙企业申请登记提交材料收据》的说明，查询申办结果。

5）领照或领取合伙企业登记驳回通知书

如果合伙企业设立登记申请被核准，申请人凭《合伙企业申请提交材料收据》办理领取《合伙企业营业执照》手续；如果合伙企业设立登记被驳回，申请人凭《合伙企业申请提交材料收据》领取《合伙企业驳回通知书》。

3. 注意事项

（1）合伙企业设立登记的时限：合伙企业设立登记必须在企业名称保留期内申请，企业名称保留期为 6 个月。法律、行政法规规定设立合伙企业必须报经审批的，申请人必须在批准之日起 90 天内持审批文件向登记机关申请设立登记。

（2）合伙企业设立登记申请人的资格条件：合伙企业应有两个以上合伙人，下列具有完全民事行为能力的自然人或经济组织可以成为合伙人。

① 农村村民。它是指农村的农民个人，不包括居住在农村的非农业居民。

② 城镇待业人员。它是指城镇待业青年和其他无业人员。

③ 辞职、退职人员。它是指机关、团体、企事业单位辞职和退职人员。

④ 个体工商户。

⑤ 非法人企业的私营企业。

⑥ 国家法律、行政法规允许的其他人员和经济组织。

三、公司注册

公司注册流程与合伙企业差别不大，但要求、规范和所需材料不同，具体说明如下。

1. 第一步，企业名称预先核准

1）企业取名要符合《企业名称登记管理规定》

（1）企业法人必须使用独立的企业名称，不得在企业名称中包含另一个法人名称，包括不得包含另一个企业法人名称。

（2）企业名称应当使用符合国家规范的汉字，民族自治地区的企业名称可以同时使用本地区通用的民族文字。企业名称不得含有外国文字、汉语拼音字母、数字（不含汉字数字）。

（3）企业名称不得含有损害国家利益或社会公共利益、违背社会公共道德、不符合民族和宗教习俗的内容。

（4）企业名称不得含有违反公平竞争原则、可能对公众造成误认、可能损害他人利益的内容。

（5）企业名称不得含有法律或行政法规禁止的内容。

完整版《企业名称登记管理规定》请扫描二维码查看。

企业名称登记管理规定

2）构成企业名称的基本要素

公司名称一般有4部分组成：行政区划+字号+行业特点+组织形式。例如，金华市（行政区划）+双翼（字号）+网络科技（行业特点）+有限公司（组织形式）。

（1）行政区划是指企业所在地县以上行政区划的名称，不包括村、镇和其他地域名称。在企业名称中的行政区划名称可以省略"省""市""县"等字，但省略后可能造成误认的除外。县以上的市辖区行政区划名称应与市行政区划名称联用，不宜单独冠用市辖区行政区划名称。除符合《企业名称登记管理规定》特别条款外，行政区划名称应置于企业名称的最前部。

（2）字号是构成企业名称的核心要素，应由两个以上的汉字组成。企业名称中的字号是某一企业区别于其他企业或社会组织的主要标志。除符合《企业名称登记管理规定》特别条款外，字号应置于行政区划之后，行业或经营特点之前。驰名字号是指在一定的时间和空间范围内，在某一行业或多个行业中为人们所熟知的企业字号，企业有自主选择企业名称字号的权利，但所起字号不能与国家法律、法规相悖，不能在客观上使公众产生误解和误认。企业名称字号一般不得使用行业字词。

（3）行业或经营特点应当具体反映企业的业务范围、方式或特点。确定行业或经营特点字词，可以依照国家行业分类标准划分的类别使用一个具体的行业名称，也可以使用概括性字词，但不能明示或暗示有超越其经营范围的业务。企业经营业务跨国民经济行业分类大类的，可以选择一个大类名称或使用概括性语言在名称中表述企业所从事的行业。企业应根据自身的业务情况，选择行业或经营特点字词，注意避免脱离自身实际业务情况而盲目追求"大名称"。

（4）组织形式，即企业名称中反映企业组成结构、责任形式的字词，如公司、厂、中心、店、堂等。目前，我国企业在组织形式的称谓上为多样化，概括起来，可分为两大类：公司类。依照《公司法》设立的公司，其名称必须标明"有限责任公司"或"股份有限公司"字词，"有限责任公司"亦可简称为"有限公司"；一般企业类。依照《企业法人登记管理条例》设立的企业，其名称中的组织形式称谓纷繁多样，如"中心""店""场""城"……等。组织形式一般不能连用或混用。对一些国际上通用的形式如"××××厂有限公司""××××中心股份有限公司"等，允许使用。

给公司取名后，可以自行在网上查询以避免重名（见"同步实训——公司注册流程模拟"）。

注意：在相同行政区划内，同一登记主管机关辖区内公司不同重名，单位名称核准还是以工商局核准为准，很多查询不到的字号如果与其他公司字号谐音、70%相似工商局也会不予审核通过。因此，在填写《企业名称预先核准申请书》时，建议填写2～3个备选项。

企业名称核准后，工商局颁发《企业名称预先核准通知书》，其有效期为半年。

2．第二步，公司注册登记

包括"有限责任公司"和"股份有限公司"登记提交材料，请扫描二维码查看。

3．第三步，颁发营业执照

公司设立申请成功，工商局颁发营业执照A3正本、A4副本各一份（副本想要多份可申请）。

"有限责任公司"和"股份有限公司"登记提交材料

小知识

　　根据工商行政管理局的规定，营业执照副本每年要接受工商局的年检，在年检合格后，才可以进行正常的公司运营。超过年检截止日期没有年检，或者年检结果不合格的，工商局应当吊销其营业执照。

4．第四步，刻章

　　向公安局提交《刻章申请》，须详细写明刻制印章的名称（公章、财务章、合同专用章、发票专用章、法人章、部门章等）、规格、数量（同一专用章刻制多枚的要以数字区分），此外还应提交《营业执照》副本原件和复印件一份、法人（负责人）身份证复印件一份、经办人身份证原件及复印件一份（如果是分支企业的，还需提供上级单位出具的刻章介绍信、上级单位《营业执照》副本复印件一份）。由专门窗口负责受理，当场备案审核后，到指定刻章店刻章。

如何年检

　　注：为了方便公司办理，很多刻章店可代办去公安局刻章申请及备案手续。一般新注册的公司需要刻 5 个章：公章、财务章、合同专用章、发票专用章和法人章。不经常签订合同可不刻合同章，公章也是有效的。

5．第五步，到银行开立基本户

　　需要准备的资料：

　　（1）营业执照正本、副本原件及复印件。

　　（2）法人身份证明、经办人身份证明、授权书。

　　（3）公章、财务章、法人章。

　　（4）个别银行，需要财务人员照片。

　　注：复印件一式两份，用 A4 纸并加盖公章。个别银行只需要营业执照的正本原件及复印件。

同步阅读

工商注册的变革——从三证合一到五证合一

　　有人说，幸福其实很简单，一杯热茶，一个微笑，或者是一句问候。从 2016 年 10 月 1 日开始，对于中国广大创业者来说，他们的幸福便是在一个窗口就可让自己的创业梦想变为现实，成为一个个体户或法人。这是大众创业的又一利好政策。近几年国家对企业工商注册流程做了若干变革：

　　2015 年 9 月 24 日，质检总局发布了《关于贯彻落实"三证合一、一照一码"登记制度改革的通知》（国质检标函[2015]538 号），其中指出要尽快完成从现有登记模式向"三证合一、一照一码"登记模式的过渡：从 2015 年 10 月 1 日起，不再向企业、农民专业合作社和个体工商户发放和更换组织机构代码证书。

　　2016 年 8 月底，国家工商行政管理总局、国家税务总局、国家发展和改革委员会、国务院法制办公室四部门发布了《关于实施个体工商户营业执照和税务登记证"两证整合"的意见》，对推进这项改革作出了制度安排。自 2016 年 12 月 1 日起，在全国实施个体工商户营业执照和税务登记证的两证整合。

2016 年 8 月 22 日，人力资源社会保障部办公厅发布了《关于做好企业"五证合一"社会保险登记工作的通知》明确"五证合一"登记制度改革的适用范围，从 2016 年 10 月 1 日起，在工商部门登记的企业和农民专业合作社按照"五证合一、一照一码"登记制度进行社会保险登记证管理。简化优化企业社会保险登记业务流程，新成立的企业在办理工商注册登记时，同步完成企业的社会保险登记，为企业提供更加方便快捷的登记服务。

那么什么是"五证合一、一照一码"呢？即整合工商、国税、地税、质监、人力社保、统计六部门商事登记审批资源，打破原来多部门串联式审批模式，改为工商（市场监管）部门统一实施、并联审查申请材料和登记事项，实现商事登记由"多头受理"向"一门办理"转变。"五证合一"图解如图 4-3 所示。

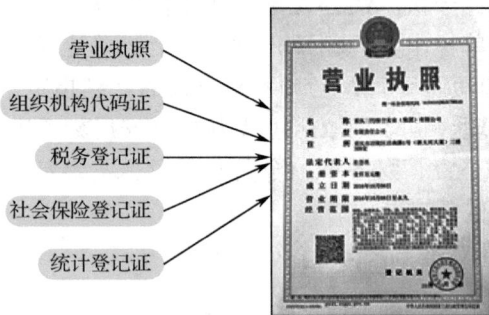

图 4-3 "五证合一"图解

2015 年 7 月 1 日，浙江已率先全国在全省推行"五证合一"登记制度改革，截止 2016 年 4 月底"五证合一"登记制度已实施 10 个月，全省共办理"五证合一、一照一码"53.7 万件，其中新设立企业 16.4 万户，变更、换照企业 37.3 万户，平均为每个企业节省 20 个工作日，累计为企业节省办证费用近 1500 万元，取得了可喜成效，受到了企业和社会各界的欢迎。2016 年 5 月 18 日，"五证合一"登记制度经国务院常务会议通过，在全国推行。

针对企业普遍反映的"跑的部门多、交的资料繁、等的时间长"问题，浙江省确定了"材料精简到最少、流程压缩到最简"的改革思路，依托浙江政务服务网统一信息共享交换平台和全省统一信用基础数据库，受理窗口人员在平台上统一录入申请表所有相关内容后，可实现十分钟内申报材料电子信息推送、部门信息交换、企业登记信息共享、审批进度跟踪以及统一代码获取、档案资料共享等功能。同时打通与企业信用信息公示系统的接口，企业在申请设立登记后，登记结果实时在网上公开。

"五证合一"登记制度的好处如下。

最大程度减少手续。通过"一表申请、一窗受理、内部流转、统一发证"，办事群众向各部门提交的资料从过去的 35 份减少到 8 份，"五证合一"的压缩比从"三证合一"模式的 53.3%进一步提高到 77.1%；填写事项由过去的 130 多项减少到 40 多项，压缩比从"三证合一"模式的 55.4%进一步提高到 69.2%，实现了资料变薄、表格从简、流转加速的直观效果。

最高标准压缩时限。目前，浙江省内各地"五证合一"证照办理时间已缩至 1～2 个工作日，甚至比单独办理社会保险登记证和统计登记证时间还要快，平均可为每个企业节省 20 个工作日。

最大力度激发活力。自实施"五证合一"登记改革以来，浙江省新设立企业 21 万户，同比增长 62.2%；认缴注册资本（金）1.56 万亿元人民币，同比增长 144.3%。

最大范围聚集信息。自实施"五证合一"后，有效解决了过去部门间信息交换不畅的短板，人力社保部门和统计部门可及时获取企业登记信息，进一步抓实了数据源头，为推进全民参保、提升统计精度、开展大数据监管与服务等工作夯实了基础。

（资料来源：各机构下发通知、人民网浙江频道《浙江率先实施的"五证合一"将在全国推行》）

同步实训

实训 1 浙江省电子商务示范企业/平台调研

实训目的

了解浙江省电子商务示范企业、平台的企业类型、行业分布、地区分布与服务内容，为网络创业者注册企业类型、平台与内容提供参考。通过对浙江省电子商务示范企业、平台的调研，能够熟练描述企业与公司的类型，能够比较不同类型的优劣势，加深与网络创业相关企业注册的认识。

实训内容与步骤

（1）扫描二维码，或在地址栏输入 http://www.mofcom.gov.cn/article/h/zongzhi/201501/ 2015010087 7023.shtml，如图 4-4 所示。

关于省级电子商务示范企业、平台和产业基地名单的公示

www.mofcom.gov.cn/article/h/zongzhi/201501/20150100877023.shtml

2017年2月17日 星期五　　　English | Français | Русский | Español | Deutsch | 繁体版 | 文字版

中华人民共和国商务部
Ministry of Commerce of the People's Republic of China

当前位置：首页 > 工作通知 > 地方主管部门

关于省级电子商务示范企业、平台和产业基地名单的公示

文章来源：浙江商务厅　2015-01-23 16:06　文章类型：转载　内容分类：新闻　　　　【大 中 小】【打印】

图 4-4 输入网址

（2）查看名录的第一/二部分"浙江省电子商务示范企业和平台"，扫描二维码查看。

（3）调查分配给你的企业，登录国家企业信用信息公示系统（http://gsxt.saic.gov.cn/）输入企业名称，如：金华比奇网络技术有限公司查看并记录相关信息，如图 4-5、图 4-6 所示。

浙江省电子商务示范企业和平台

图 4-5　登录网站查询

图 4-6　查询结果

（4）在百度等搜索引擎、公司官方网站中，查看该公司的相关信息，如图 4-7 所示。

图 4-7　查询公司信息

（5）根据查询的信息，填写完成表 4-2。

表 4-2　浙江省电子商务示范企业和平台信息调研

序号	企 业 名 称	注册地点	成立时间	企业类型	主营业务
例	金华比奇网络技术有限公司	金华	2009 年 4 月	私营有限责任公司	电商数字产品及相关服务
1					
2					

实训提示

在查询企业信息时，公司名称填写必须完整、规范。企业类型、注册地点、成立时间、经营范围可以在"国家企业信用信息公示系统"网站查询到，主营业务还可参考企业官网和其他信息。表格中注册地点一栏的要求是须写出地市名称，如杭州、金华。

思考与练习

请体验一次网上购物，以文字配截图形式记录操作过程，并回答下列问题：

（1）编制浙江省电子商务示范企业和平台地区分布表并画出结构饼图，分析其在地区分布、创建时间分布上的特点。

（2）分析浙江省电子商务示范企业和平台企业类型分布并画出结构饼图。

（3）通过对浙江省电子商务示范企业和平台的了解，你体会到网络创业一般注册哪些类型公司？有哪些优势与劣势？

实训 2　公司注册流程模拟

实训目的

通过公司注册的实践，能够熟练描述并掌握公司注册的流程，能够比较分析不同公司类型的申报材料，加深对公司注册的认识、理解和流程掌握。

实训内容与步骤

（1）以浙江省为例，在地址栏输入 http://www.zjaic.gov.cn/，登录"浙江省工商行政管理局"网站。

（2）单击"网上办事"，选择"在线办理"中的，"企业名称查重申报"选项，如图 4-8 所示。

图 4-8　浙江省工商行政管理局网站

（3）进入"浙江工商全程电子化企业登记申报系统"，进行注册并登录，如图 4-9～图 4-14 所示。

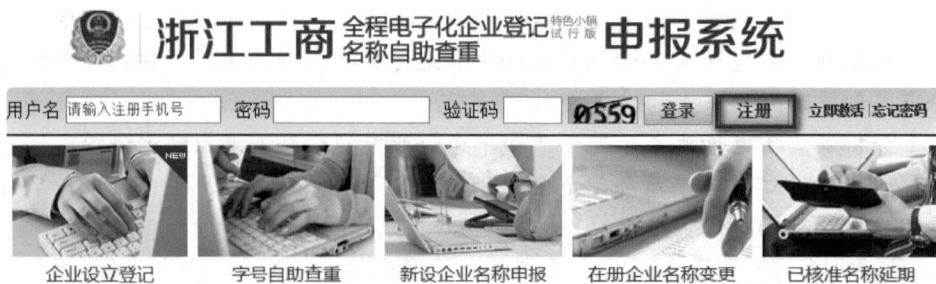

图 4-9　浙江工商全程电子化企业登记申报系统

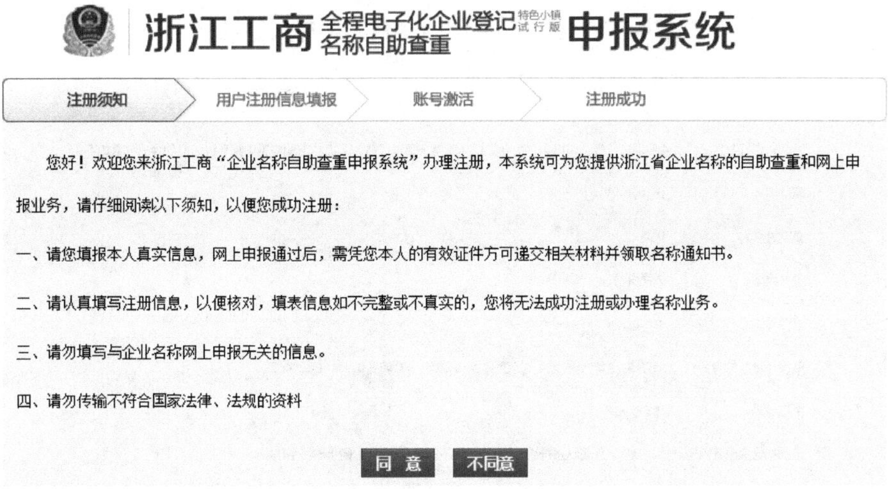

图 4-10　系统注册须知

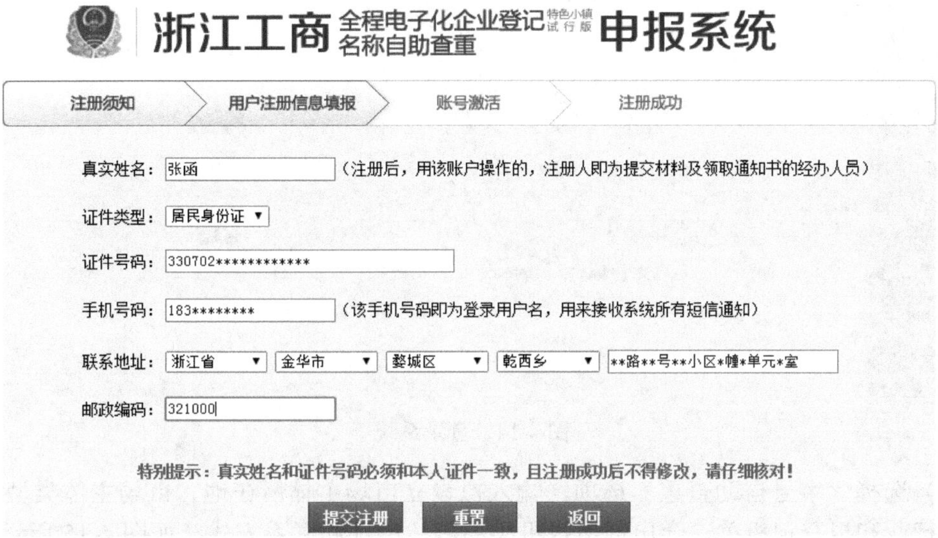

图 4-11　用户信息填报

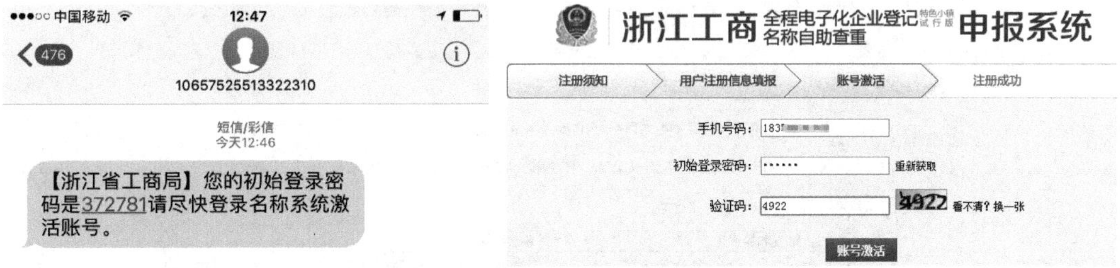

图 4-12　激活账号

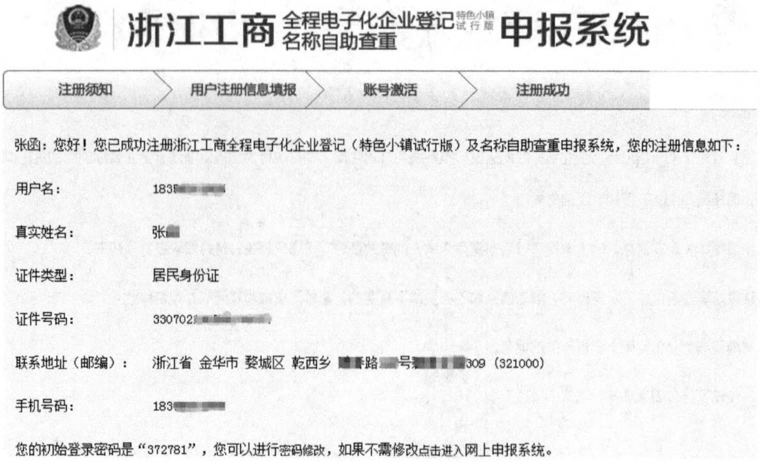

图 4-13　注册成功

图 4-14　登录系统

（4）选择"字号自助查重"选项，输入拟设立市场主体所在地、市场主体类型、注册资本、行业和拟登记机关，会出现申报机关的具体地址和联系方式，如图 4-15 所示。

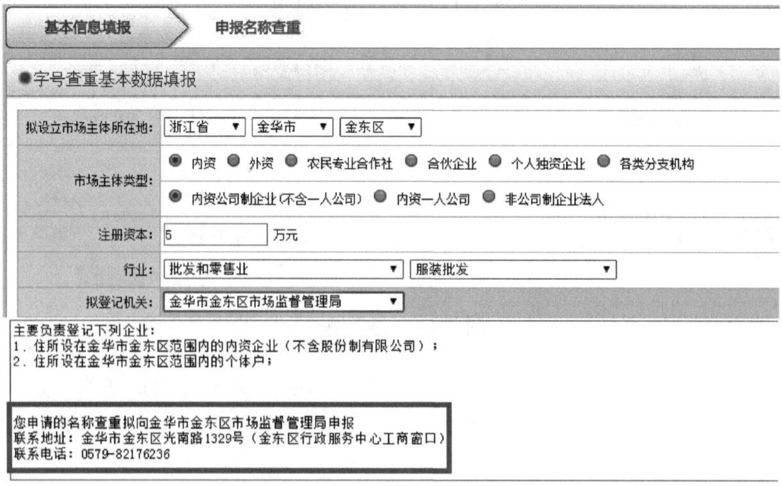

图 4-15　字号信息填报

（5）根据提示填写事先拟定的企业名称，如图 4-16 所示。

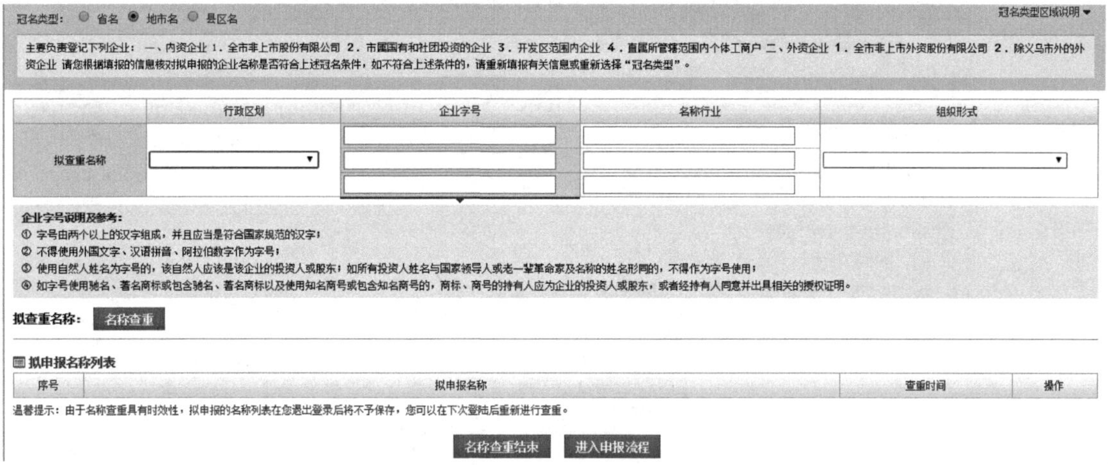

图 4-16　名称查重

（6）单击"名称查重"按钮，进行查询。名称可能通过或不通过，如图 4-17 所示。

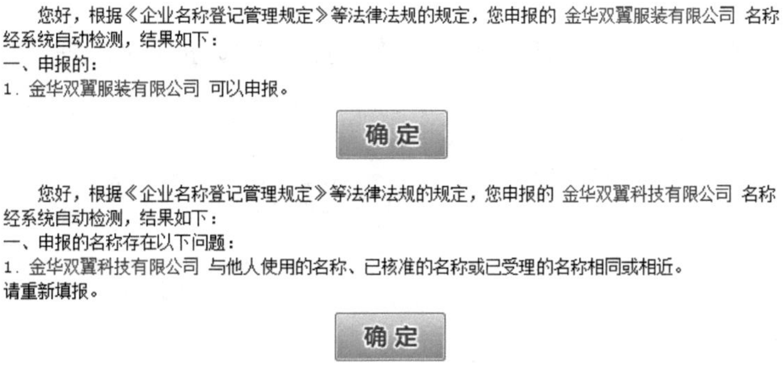

您好，根据《企业名称登记管理规定》等法律法规的规定，您申报的 金华双翼服装有限公司 名称
经系统自动检测，结果如下：
一、申报的：
1. 金华双翼服装有限公司 可以申报。

确定

您好，根据《企业名称登记管理规定》等法律法规的规定，您申报的 金华双翼科技有限公司 名称
经系统自动检测，结果如下：
一、申报的名称存在以下问题：
1. 金华双翼科技有限公司 与他人使用的名称、已核准的名称或已受理的名称相同或相近。
请重新填报。

确定

图 4-17　名称查重结果

（7）查重通过的名称会显示在列表中，如图 4-18 所示。

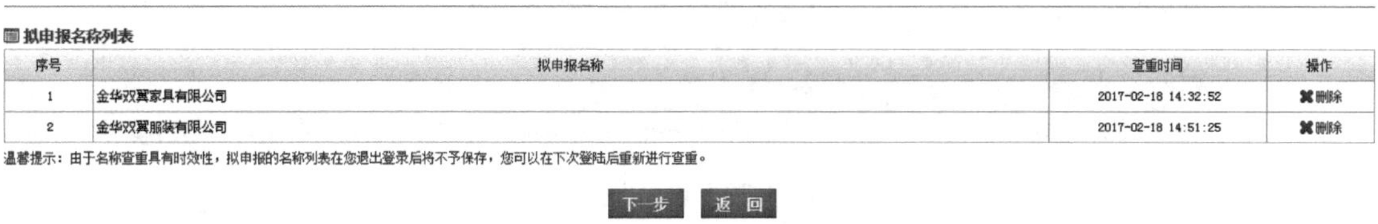

图 4-18　拟申报列表

（8）单击"进入申报流程"按钮，填写申报资料，如图 4-19 所示。

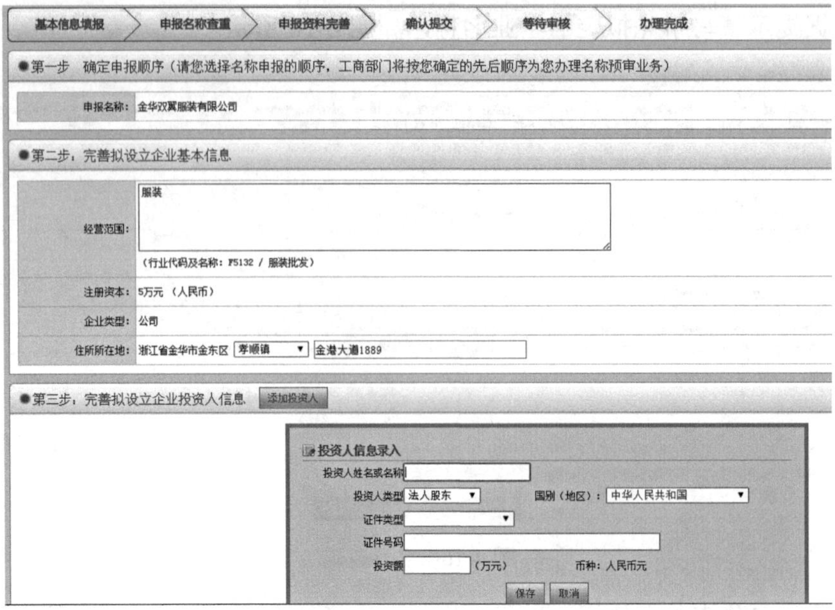

图 4-19　填写申报资料

（9）在填写完检查无误后，便可单击"确认提交"按钮开关，等待审核，如图 4-20 所示。

图 4-20　确认提交

（10）所申报的记录可以进行查询，如图 4-21 所示。

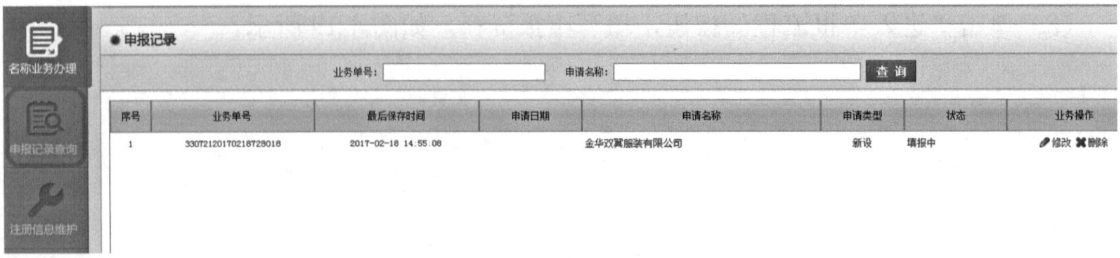

图 4-21　申报信息查询

除了在网上申报，也可直接提交纸质材料申报，如图 4-22 所示。

企业名称预先核准申请书

注：请仔细阅读本申请书《填写说明》，按要求填写。

□企业设立名称预先核准			
申请企业名称			
备选企业字号	1.		
	2.		
	3.		
企业住所地	______省（市/自治区）______市（地区/盟/自治州） ______县（自治县/旗/自治旗/市/区）		
注册资本（金）	______万元	企业类型	
经营范围			
投资人	名称或姓名	证照号码	

□已核准名称项目调整（投资人除外）					
已核准名称			通知书文号		
拟调整项目	原申请内容		拟调整内容		
□已核准名称延期					
已核准名称			通知书文号		
原有效期			有效期延至	____年____月____日	
指定代表或者共同委托代理人					
具体经办人姓名		身份证件号码		联系电话	
授权期限	自　年　月　日至　年　月　日				
授权权限 1、同意□不同意□核对登记材料中的复印件并签署核对意见； 2、同意□不同意□修改有关表格的填写错误； 3、同意□不同意□领取《企业名称预先核准通知书》。					
（指定代表或委托代理人、具体经办人身份证件复印件粘贴处）					
申请人签字或盖章	年　月　日				

图 4-22　企业名称预先核准申请书

（11）在名称核准后，拿到《名称核准通知书》，便可进行“企业设立登记”，如图 4-23 所示。

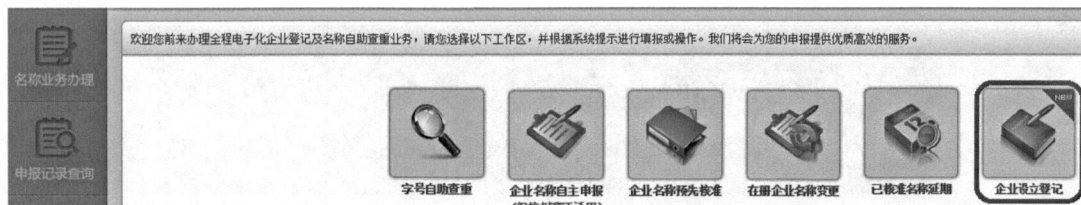

图 4-23　企业设立登记入口

（12）填写预先核准通知书文号，如图 4-24 所示。

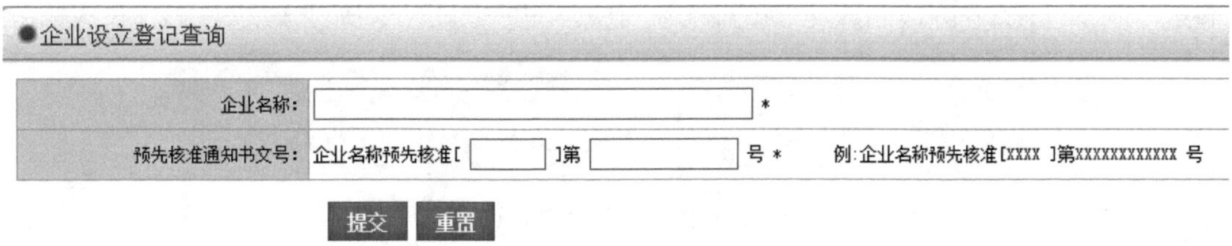

图 4-24　填写预先核准通知书文号

按照提示的步骤进行，就可完成企业注册。网站还可查询业务规范并下载相关表格，如图 4-25 所示。

申报系统

浙江工商全程电子化企业登记（特色小镇试行版）及名称自助查重申报系统表格及指南下载

业务类型		表格类型	使用范围说明	表格及指南下载
名称业务	新设核准	《企业名称预先核准申请书》	适用于内资的公司、非公司制企业法人、合伙企业、个人独资企业名称预先核准申请	下载
		《农民专业合作社名称预先核准申请书》	适用于农民专业合作社名称预先核准申请	下载
		《外商投资企业名称预先核准申请书》	适用于公司制、非公司制外商投资企业及外商投资合伙企业名称预先核准申请	下载
		《个体工商户名称预先核准申请书》	适用于个体工商户名称预先核准申请	下载
		《分支机构名称预先核准申请书》	适用于内外资各类企业分支机构的名称预先核准申请	下载
	变更核准	《名称变更核准申请书》	适用于内外资各类企业、农民专业合作社及个体户名称变更核准申请	下载
		《分支机构名称变更核准申请书》	适用于内外资各类企业、农民专业合作社分支机构名称变更核准申请	下载
	调整延期	《预先（变更）核准名称信息调整申请书》	适用于已经核准名称调整除名称基本构成部分以外有关事项的调整（含延期）业务	下载
		《预先（变更）核准名称延期申请书》	适用于已经核准名称单纯办理有效期延长的申请（不含相关事项的调整）	下载
设立登记业务	公司新设	《公司登记（备案）申请书》	适用于内资有限公司设立登记申请（含指定代表或者共同委托代理人授权委托书）	下载
	合伙企业新设	《合伙企业登记（备案）申请书》	适用于内资合伙企业设立登记申请（含全体合伙人委托代理人的委托书）	下载
其他	各市住所须知	杭州—企业住所使用证明提交材料规范	适用于根据《浙江省人民政府办公厅关于印发浙江省放宽企业住所（经营场所）登记条件规定的通知》及各地实施细则，办理企业住所/经营场所所提交材料的规范要求说明	下载
		金华—企业住所使用证明提交材料规范		下载
		台州—企业住所使用证明提交材料规范		下载
		舟山—企业住所使用证明提交材料规范		下载
		衢州—企业住所使用证明提交材料规范		下载

图 4-25　表格及登记指南下载

（13）选择"网上办事"中的"在线办理"选项，单击"企业设立登记"按钮，如图 4-26 所示。

图 4-26　企业设立登记

（14）单击"网上设立"，选择"企业类型"，如图 4-27、图 4-28 所示。

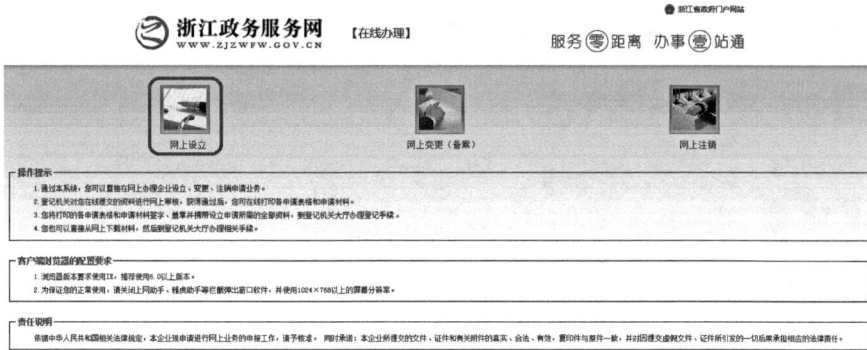

图 4-27　网上设立

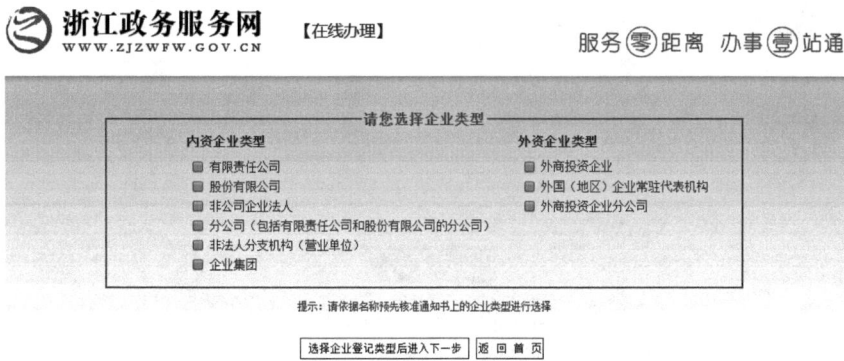

图 4-28　选择企业类型

（15）根据不同的企业类型进行申报，例如选择了"有限责任公司"，如图 4-29 所示。

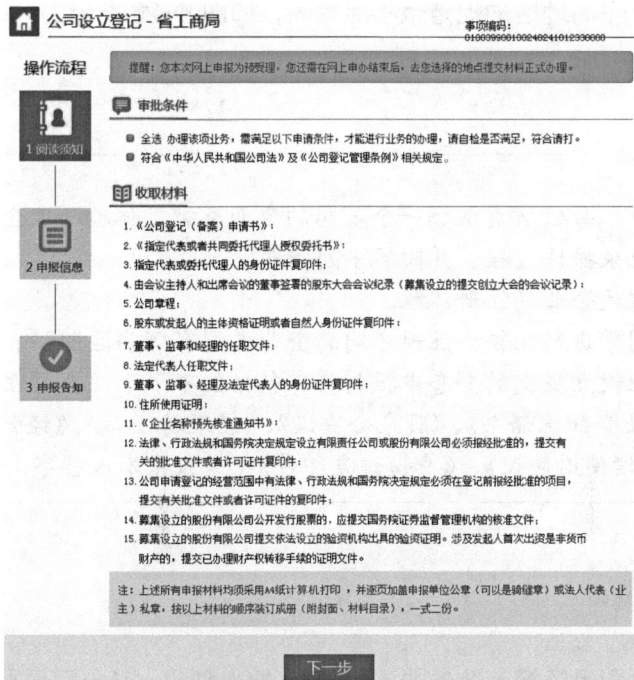

图 4-29　申报告知

（16）根据要求填写申报信息，如图 4-30 所示。

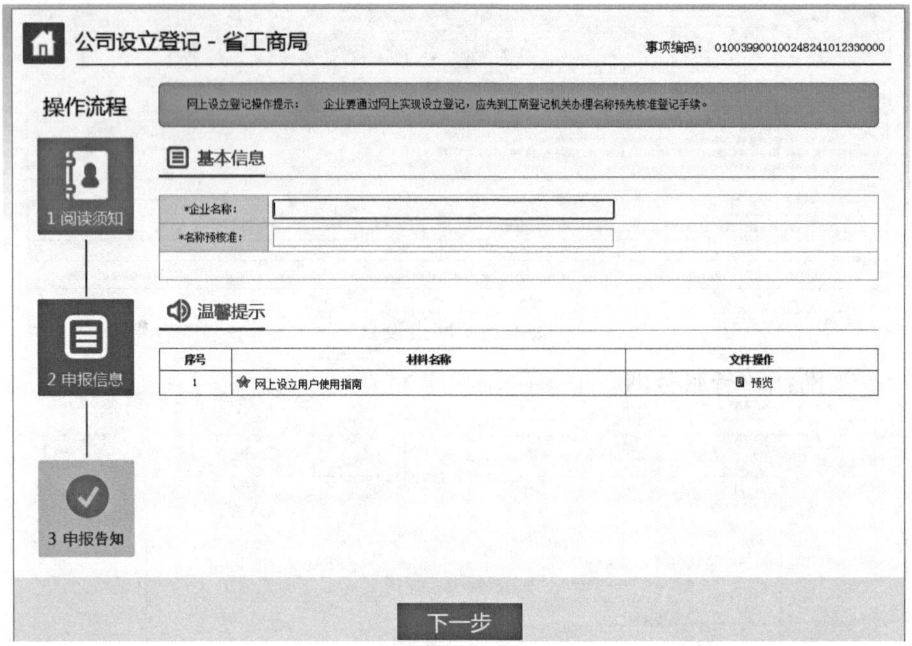

图 4-30　填写申报信息

实训提示

注册企业流程大致分为名称核准和设立登记两大环节，因注册的企业类型不同，提交材料也不同。此外，不同地区的规范也不尽相同，如图 4-26 所示的"各市住所须知"，因此要特别注意。

思考与练习

以小组为单位，每位成员认领一个不同的企业类型，体验一次企业网上注册，以文字配截图形式记录操作过程，并回答下列问题。

（1）用框图描述企业的注册流程。

（2）与本组同学进行比较，注册不同的企业类型有哪些区别？

（3）完成企业设立提交的全套申报材料，包括但不限于《公司注册登记申请表》、《公司章程》、《企业告知承诺书》、《股东会决议》、《经理聘任书》、《经营场所产权证明》、《租赁合同》、《无偿使用协议》、《身份证复印件》（需股东本人签字）。

项目小结

人们常说"机会永远留给有准备的人"，而有的人创业、开公司只是一时兴起，并没有经过深思熟虑，这是非常不可取的。有句话叫做"好的开始是成功的一半"，一旦选择了创业这条路，就要做好充分的准备，而设立企业往往是正式创业的第一关。

　　企业是指依法设立的以营利为目的、从事商品生产经营和服务活动的独立核算经济组织，分为独资企业、合伙企业和公司企业三大类。公司是指依法设立的，有独立的法人财产，以营利为目的的企业法人。可以看出，两者的区别在于公司是企业的一种形式，它属于企业的范畴；反之，企业不一定是公司。

　　创业者在选择注册公司时，会发现存在多种不同的公司或者企业，而不同类型的企业在注册资本的要求上存在的最低额度也不尽相同，针对目前的经济形势，和创办企业者距离较近的企业形式主要有：有限责任公司、一人有限责任公司、股份有限责任公司、个体工商户、私营独资企业、私营合伙企业。尽管企业类型不同，但注册流程都大致分为名称核准和设立登记两大环节，但所提交材料不尽相同。此外，各地区也有详细规范，应根据实际情况处理。

　　虽说"万事开头难"，但相信通过本章内容的学习，你对企业与公司的概念、企业类型、注册流程都应该有一定认识了，那么准备开启你的创业之路吧！

同步测试

1. 单项选择题

（1）我国《公司法》规定公司类型包括（　　）公司和（　　）公司。
　　A. 有限责任，一人　　　　　　　　B. 有限责任，集团
　　C. 有限责任，股份有限　　　　　　D. 合伙，股份有限

（2）公司的经营范围由（　　）规定，并依法登记。
　　A. 公司章程　　　B. 股东会决议　　　C. 合伙协议　　　D. 营业执照

（3）有限责任公司注册资本的最低限额为（　　）。
　　A. 3万元人民币　　　　　　　　　B. 5万元人民币
　　C. 10万元人民币　　　　　　　　 D. 50万元人民币

（4）股东可以用作对公司出资的是（　　）。
　　A. 商誉　　　B. 自然人姓名　　　C. 知识产权　　　D. 特许经营权

（5）公司名称预先核准和公司名称变更核准的有效期（　　），有效期满，核准的名称自动失效。
　　A. 3个月　　　B. 6个月　　　C. 1年　　　D. 2年

（6）企业可选择字号，字号应当由（　　）以上的字组成。
　　A. 1个　　　B. 2个　　　C. 3个　　　D. 多个

2. 多项选择题

（1）企业名称不得含有下列（　　）内容和文字。
　　A. 有损于国家、社会公共利益的
　　B. 可能对公众造成欺骗或者误解的
　　C. 国际组织名称
　　D. 社会团体名称及部队番号
　　E. 数字

（2）经营范围是国家允许企业从事经营活动的业务范围，它可以分为（　　）。

    A．许可经营项目　　　B．一般经营项目　　　C．特种经营项目

    D．个别经营项目　　　E．限制经营项目

（3）公司法定代表人可以由（　　）担任。

    A．董事长　　　　　　B．执行董事　　　　　C．总裁

    D．经理　　　　　　　E．监事

（4）公司股东可以用货币出资，也可以用（　　）等可以用货币估价并可以依法转让的非货币财产作价出资。

    A．实物　　　　　　　B．知识产权　　　　　C．自然人姓名

    D．土地使用权　　　　E．商誉

（5）公司登记的主要事项有（　　）。

    A．名称　　　　　　　B．注册资本　　　　　C．组织机构

    D．营业期限　　　　　E．管理制度

3．分析题

（1）预先核准的企业名称可以转让吗？为什么？

（2）企业名称由哪几部分组成？

（3）公司登记事项包括哪些？

创 业 篇

项目五

企业网站平台创业

本项目知识点

网站规划的概念；网站规划的一般流程；网站规划的基本内容；网站规划的基本原则；网站规划的特点；网站开发的概念；网站开发的方式；域名的概念；企业域名注册的流程；企业域名注册的技巧。

本项目技能点

用框图描述企业网站规划的一般流程；撰写商务网站策划报告；设计企业网站需求者分析表；根据不同需求者，制定相应网站的功能模块；熟知万网申请、注册域名的流程；熟知中国互联网络信息中心注册域名的流程。

知识导图

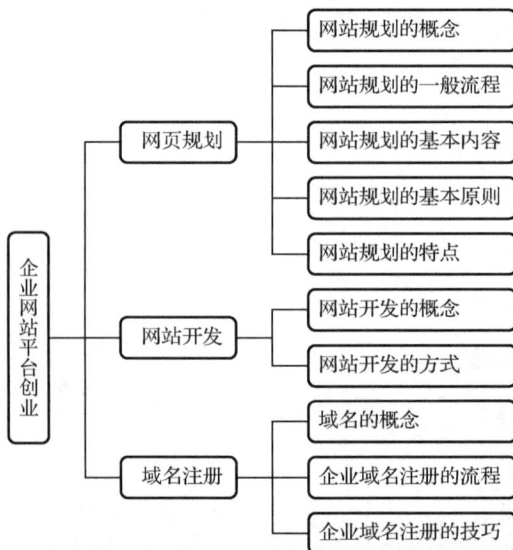

引例

小贾出生在杜桥镇，位于浙江省临海重镇，素有中国"眼镜之城"之称。他在大学期间读的是软件工程专业，毕业后留在了省会大城市，从事软件互联网行业管理工作近5年，他在工作期间对互联网技术发展及相关商业模式非常感兴趣，但是由于他的父母在家乡小城经营着一家眼镜用品公司，希望他能回到家乡接班。小贾经过思考后，决定放弃大城市的生活回到家乡。

小贾在接管眼镜公司（和山眼镜）后，发现工厂仍采用的是传统商业运作模式。随着科技的进步与发展，他看到了电子商务的前景，决定为工厂开发电子商务网站，使企业实现网上订购和销售功能。可是小贾只是看到了电子商务的前景，对电子商务网站还并不了解，那么，小贾该怎么为企业开发电子商务网站呢？

引例分析

电子商务的蓬勃发展使传统企业面临新的机遇和挑战。然而，对绝大多数中小企业而言，开拓网络市场都是一个崭新的命题，任何创新与开拓无不充满艰辛和挑战。企业在开拓网络市场、打造网络营销平台时，必须严谨务实，切忌人云亦云，选择适合自己的路径和步骤，才能做到创新兼顾稳妥、开拓而不盲目，从而确保企业每一笔在网络上的投入均能带来可靠的效益。

小贾对企业网站规划并不了解，因此在策划过程中遇到了不少难题。在经过一番思考后，小贾决定从网站规划的基础知识开始，先了解企业怎样才能获得一个自己的网站相关信息，调查分析公司网站访问者的需求，再根据需求对网站内容进行规划，最终确定企业的电子商务网站应该实现哪些功能。

任务一　网站规划

一、网站规划的概念

网站（Website）是指在因特网上根据一定的规则，使用 HTML（在标准通用标记语言下的一个应用）等工具制作用于展示特定内容相关网页的集合。简单地说，网站的主要功能是供人们来发布信息或搜集信息。人们可以通过网页浏览器来访问网站，获取自己需要的资讯或享受网络服务。

根据网站的建设目的，可以将网站分为个人网站、企业网站、政府网站、专业信息网站、商业网站。

企业网站是企业在互联网上进行网络营销和形象宣传的平台。通过网络直接帮助企业扩大影响、树立行业品牌、瞄准目标市场、突出产品特点、开发潜在的客户，同时可以辅助企业增强服务品位、完善服务体系、维系客户关系，从而实现产品的销售。而企业网站的建设需要有合理的网站规划，没有良好的规划，就无法形成系统的流程，后续的工作就会丧失目标，最终影响企业网站的建设。

网站规划是指在网站建设前对市场进行分析，确定网站的目的和功能，并根据需要对网站建设中的技术、内容、费用、测试、维护等作出规划。网站规划对网站建设起到计划和指导的作用，对网站的内容和维护起到定位作用。同时，网站规划也是网站建设的基础和指导纲领，决定了一个网站的发展方向，同时对网站推广也具有指导意义。

网站规划将围绕各自的目标研究制作各自的解决方案，主要表现在：服务对象规划、企业战略目标规划、开发目标规划、网站应用规划、系统实现规划；网站规划的一般流程是：建设网站前的市场分析、建设网站目的及功能定位、域名和网站名称、网站技术解决方案、网站内容规划、网页设计、网站维护。

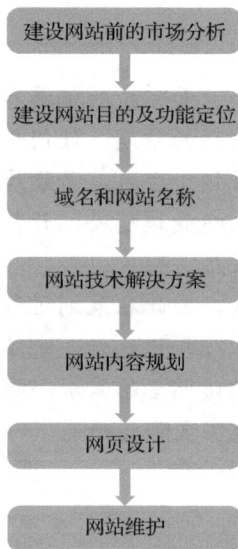

图 5-1　网站规划的流程图

✅ 二、网站规划的基本内容

1．在建设网站前的市场分析

（1）开展网站规划前的市场分析，对行业的市场现状、特点进行调查，研究是否适合在互联网上开展业务。在本任务中，小贾可以登录行业网站，如中国眼镜网、中国产业研究院，查看《2017～2022 年中国眼镜行业发展前景及投资风险预测报告》等相关行业信息、研究报告，调查分析眼镜行业市场的特点，结合"和山眼镜"的自身条件，分析是否能够在互联网上开展企业业务。

（2）分析市场上竞争对手的网站规划、功能作用，制定竞争对手网站规划分析表。

（3）通过进一步浏览竞争对手的网站，找出自身企业的市场优势，在网站规划中将市场优势打造成企业网站的核心竞争力。

2．明确建设网站目的及功能定位

明确建设网站目的及功能定位是网站规划的核心问题，需要非常明确与具体，建立网站可以有多种目的，不同类型网站的表达方式与实现手段是不一样的，根据所分析的企业自身条件、概况，确定企业网站应达到的目的作用。

（1）明确企业建设网站目的是什么，是为了宣传产品，还是拓宽市场。

（2）根据公司的需要和计划，确定网站的功能：产品宣传型、网上营销型、客户服务型、电子商务型等。

在本任务中，小贾家的眼镜工厂所建设的企业网站是以企业产品网络营销为主要目的，希望通过所建设的网站为企业实现网上的订购和销售功能，并通过网站更好地宣传自己的产品，扩大销路，提高企业的知名度。因此，小贾家规划的网站应该结合眼镜产品的特点，突出产品的优势。

3．域名和网站名称

一个好的域名对网站建设的成功具有重要意义，域名和网站名称应该在网站规划阶段就作为重要内容来考虑。有些网站在发布一段时间之后，发现域名或者网站名称不太合适，需要重新更改，不仅非常麻烦，而且前期的推广工作几乎没有任何价值，同时对网站形象也造成一定的损害。

4．网站技术解决方案

在企业网站建设过程中，所涉及的硬件、软件和相关技术等方面的问题如下。

（1）采用自建服务器，还是租用虚拟主机。

（2）选择操作系统、分析投入成本、功能、开发、稳定性和安全性等。

（3）采用现成的企业上网方案、电子商务解决方案，还是自己开发。

（4）网站安全性措施，防黑、防病毒方案。

（5）相关程序开发，如 ASP、JSP、CGI 数据库程序等。

5．网站内容规划

网站内容是网站提高单击率的重要因素，无内容或不实用的信息不会吸引匆匆浏览的访客。可事先对客户希望阅读的信息进行调查，并在网站发布后统计访客对网站内容的满意度，以便及时调整网站内容：

（1）根据所建设企业网站的目的和功能规划具体的网站内容，一般企业网站栏目应包括：公司简介、产品介绍、服务内容、价格信息、联系方式、网上订单、在线咨询等基本内容。

行业领先者的网站栏目规划

（2）电子商务类网站要提供会员注册、详细的商品服务信息、信息搜索查询、订单确认、付款、个人信息保密措施、相关帮助等。

（3）如果网站栏目比较多，则考虑专人负责网站编程等内容。

6．网页设计

（1）网页设计一般要与企业整体形象一致，要注意网页色彩、图片的应用及版面规划，保持网页的整体一致性。

（2）在新技术的采用上，要考虑主要目标访问群体的分布地域、年龄阶层、网络速度、阅读习惯等。

品牌企业个性网站的欣赏

（3）制定网页改版计划，如半年到一年的时间进行较大规模改版等。

7. 网站维护

服务器及相关软硬件的维护，对可能出现的问题进行评估，制定响应时间。

同步实训

撰写企业网站策划报告

实训目的

通过撰写企业网站策划报告，培养学生利用已学的电子商务知识，能够熟练地掌握企业电子商务网站规划的流程，加深对企业网站规划概念及特点的感性认识，并提高学生分析问题的能力。

实训内容与步骤

任意选择一家企业作为实训对象（建议寻找一家本地的传统企业）帮助企业做网站策划方案（方法是寻找两到三家同类型的、规划较好的企业网站作为参考，对照好的企业网站来撰写网站方案）。

（1）撰写报告前的准备工作——根据网站规划的一般流程操作。

（2）根据前期的网站规划工作撰写网站策划报告。

步骤1：拟定"×××企业网站策划书"的大纲；

步骤2：启动文字处理软件 Word；

步骤3：在文字处理软件中新建一个文档，内容根据拟定的"×××企业网站策划书"的大纲来填写；

企业网站策划书大纲模板

步骤4：设置策划书的标题格式：黑体、三号、居中；

步骤5：设置正文的格式：宋体、小四号，每段的开头空两格；

步骤6：署名和日期：宋体、小四号、年/月/日；

步骤7：保存该文件。

实训提示

网站规划的成功与否，与规划者对客户需求的认识与理解有着极为重要的关系。所以第一步就是要对客户的需求加以消化，并在满足客户需求的同时加以更合理的需求建议。

思考与练习

请在完成撰写企业网站策划报告过程中，回答下列问题。

（1）用框图描述企业网站规划的流程。

（2）在此次规划中，你体会到企业网站规划的重点和核心是什么？

（3）企业网站的规划主要有哪些工作要做？

三、网站规划的基本原则

1．以企业的战略为出发点

企业的发展战略是网站规划的根本出发点。网站规划需要服务于企业，符合企业的实际需求。因此，网站规划者要调查研究出适合企业目标和发展的战略，对市场进行分析。

2．从客户角度出发，学会换位思考

企业规划的网站能否吸引客户单击，培育顾客忠诚度、获得较高的客户转换率，取得预期的营销效益，在很大程度上取决于网站的规划者是否真正从客户需求出发，网站的内容能否符合客户的需求。这就需要企业在规划网站的时候，做好网站客户需求的调查与分析，始终从客户角度出发、注重客户体验，符合客户查询、阅读、搜索引擎的习惯，尽可能地满足客户需求，才能确保企业的效益最大化。

3．拥抱变化，提高企业的应变能力

随着科技的不断进步与发展，互联网络时代唯一不变的就是变化，市场风云变幻，环境日新月异。对绝大多数中小企业而言，开拓网络市场都是一个崭新的命题，任何创新与开拓无不充满艰辛和挑战。企业网站的规划者要紧跟时代的步伐，拥抱变化，提高企业的应变能力。

4．可操作性强

网站规划的方案需要有明确的网站开发计划，并应给网站建设的后续工作提供具体指导，具有较强的可执行性。方案选择应追求实效，宜选择最经济、简单、易于执行的方案。技术手段强调实用，不片面求新。

四、网站规划的特点

网站规划是企业网站建设的起始阶段，企业网站规划的好坏将直接影响到整个网站建设的成败。因此，应该充分认识这一阶段工作所具有的特点和应该注意的一些关键问题，以提高规划工作的科学性和有效性。

1．不确定性

由于互联网络时代唯一不变的就是变化，对绝大多数传统企业而言，开拓网络市场又是一个崭新的命题，自古而来任何创新与开拓都充满了挑战。再者，网站规划工作又是面向长远的、未来的、全局性和关键性的问题，因此它具有较强的不确定性。

2．执行性

网站建设的后续工作需要按照网站规划的具体工作来执行，网站规划为企业的平台建设起到了较好的计划和指导作用，对网站的内容和维护起到定位作用。同时，网站规划也是网站建设的基础和指导纲领，对网站推广也具有指导意义。

3．可控性

因为规划不在于解决网站项目开发中的具体业务问题，而是为整个系统建设确定目标、战略、系统总体结构方案和资源计划，因而整个工作过程是一个管理决策过程。

4．务实性

规划人员对管理与技术环境的理解程度、对管理与技术发展的见解以及开创精神与务实态度是规划工作的决定因素。

5．统筹性

规划工作的结果是要明确回答规划工作内容中提出的问题，描绘出网站的总体概貌和发展进程，但宜粗不宜细。要给后续各阶段的工作提供指导，为网站的发展制定一个科学而又合理的目标和达到该目标的可行途径，而不是代替后续阶段的工作。

同步实训

设计企业网站需求者分析表

实训目的

通过设计企业网站需求者分析表，明确企业网站的访问对象有哪些，能够比较分析不同需求者的重要程度、需求内容，根据需求制定相应的策略和网站的功能模块。

实训内容与步骤

（1）进入企业，和企业各部门的负责人交流，探讨他们的上网需求，分析企业最需要的上网业务，以"麦当劳"为例，如表 5-1、表 5-2 所示。

表 5-1　麦当劳的企业各部门调查分析表

序　号	业务环节	业务现状	业务发展目标	网络环境下该业务的机遇与挑战
1	研发环节	油条精新技术发明、豆浆创新技术等	研究精致的快餐	庞大的网络资源能够提供更先进的技术资源
2	生产环节	快餐类	做优质的饭菜	生产机器资源
3	销售环节	加盟店铺	顾客	便利的宣传条件，扩大知名度
4	服务环节	麦当劳服务标准化执行	快速，精确，友好	提供网上订餐等业务
…	其他环节			
分析结论:最需要上网的业务				

表 5-2 麦当劳的企业各部门上网需求分析表

序 号	部门名称	调研对象	职 位	部门对网站的需求	部门对网站规划的建议
1	营销部门	营销经理	经理	要求起到扩大知名度的作用	要在搜索引擎中比较靠前
2	服务部门	服务经理	经理	要求添加网上订餐业务	要求设计模块人性化
3	研发部门	研发经理	经理	要求有研发部门的栏目	要求栏目充实醒目
4	国际业务部门	国际业务经理	经理	要求添加总店链接	要求链接醒目
…	其他				
调研结论：网站规划建议					

（2）确定企业网站的访问对象。直接用户、经销商、设备与原材料供应商、竞争对手、社会公众、企业员工与应聘者。

（3）根据访问对象的重要程度、需求内容，制定相应的策略和网站的功能模块。

（4）制作企业网站需求者分析表，如表 5-3 所示。

表 5-3 企业网站需求者分析表

序 号	访问对象	重要程度	访问者希望获取的信息	内容策略	功能模块
1	直接用户	最重要	品牌、产品、价格、促销、特色、服务、联系方式、订货方式、支付手段、送货时间费用、退换商品政策等	突出用户关心的信息，通过良好的链接结构方便获取	会员管理、网上订单、产品搜索、在线咨询、留言、论坛
2	经销商	重要	产品、经销政策、实力、经销商管理信息等	突出实力和合作管理信息、涉及企业管理机密时通过非公开渠道沟通	在线咨询与留言
3	设备和原材料供应商	一般或重要	采购计划、实力等	突出实力和采购招标信息、涉及企业管理机密时通过非公开渠道沟通	在线咨询与留言
4	竞争者	不重要	动态、新产品等	注意保密	
5	社会公众	一般	实力、品牌、社会活动等	突出实力和企业文化，及时更新企业的正面新闻和事件	论坛
6	企业员工和应聘者	一般或重要	实力、企业文件、员工管理等	突出实力和企业文件，可以单独建设员工园地栏目	在线招聘

☎💬 **实训提示**

选择学校周边的一家企业进行调研，和企业各部门的负责人深入交流、探讨他们的上网需求，分析企业最需要的上网业务。

🌱 **思考与练习**

请进入你所选择的企业，进行深入的调研。以图表的形式记录此次调研过程，并回答下列问题。

（1）为你调研的企业编制各部门上网需求分析表。

（2）根据此分析表，设计一份企业网站需求者分析表。

（3）根据不同需求者的重要程度、需求内容，制定相应的策略和网站的功能模块。

任务二 网站开发

网站开发是制作一些专业性强的网站，一般是原创性的。网站开发比网页制作有更深层次的进步，它不仅仅是网站美工和内容，还涉及域名注册查询、网站的一些功能的开发。对于较大的组织和企业，网站开发团队可能由数以百计的开发者组成，而规模较小的企业可能只需要一个网站管理员。

网站的开发方式主要有自主开发、委托开发、联合开发、购买现成网站四种方式。不同的企业网站开发方式各有特点，会产生不同的开发费用。企业在选择开发方式时，需要根据企业实际需求和企业的自身情况——企业的技术力量、资金情况和外部环境等各种因素进行综合考虑和选择。

网站开发的趋势与发展

✔ 一、自主开发

自主开发是指网站的开发完全由企业自己完成，这需求企业自身具有较强的信息技术队伍来开发信息系统，可以用较少的费用完成任务。自主开发的优点是企业自身对于本单位的业务需求理解透彻，开发的系统能够适应企业的需求，便于企业开展维护和更新工作。缺点是由于开发队伍专业性不强，且受其本职工作影响，因此，开发的系统整体水平可能不高，容易造成系统开发时间长和系统整体优化较弱。但随着各类软件工具和项目管理生成器的发展，其可用性和易用性大为提高，使得越来越多的企业采用自主开发的方式。

✔ 二、委托开发

委托开发方式适合于企业的相关技术力量薄弱，而资金相对充足的情况。这种开发方式需要企业的业务骨干参与论证工作，开发过程需要开发单位和企业双方紧密合作，企业需要对开发单位进行监督、检查和协调，双方在开发过程中需要及时沟通。委托开发的优点是省时、省力，开发系统技术含量和水平可以很高。缺点是费用较高，而且系统的维护需要开发方的长期支持。

目前，市场上出现了比委托开发方式更进一步的形式：业务外包，指的是企业不依靠内部资源建立信息系统，而是聘请专业的公司开发建设，甚至包括日常的管理和维护。双方签订的可能是一个长期合同，有利于降低成本，并且能及时跟踪技术的进步。

✔ 三、联合开发

联合开发方式适用于企业有一定的信息技术人员，但技术力量不够强的企业，企业可能对网站建设和网页设计的知识不太了解，或者整体水平较弱的情况。采用联合开发的方式不仅可以提高技术人员自身的水平，还便于后期的系统维护。这种方式的缺点是容易出现分工不明确和纠纷，需要双方及时协调和改进。

✅ 四、购买现有网站

目前，网站建设的开发正在向专业化方向发展，一些专门从事网站建设的公已经开发出一批使用方便、功能强大的现成网站。为了避免重复劳动，提高系统开发的经济效益，也可以购买现成的适合于本单位业务的现成网站。

购买现成网站的优点是节省时间的费用、系统技术水平高。这种方式的缺点就是通用网站的专用性较差，与本单位的实际工作需要可能有一定的差距，有时可能需要做二次开发工作。因此，在选择通用网站时，不可只看开发商的宣传，还需要经过多次详尽的考查后再作决定。

在实际中，需要根据企业的实际情况进行选择，以上4种开发方式有各自的长处和短处，也可以综合运用各种开发方式。各种开发方式的比较，如表5-4所示。

表5-4　4种开发方式的比较

特 点 比 较	自 主 开 发	委 托 开 发	联 合 开 发	购买现成网站
分析设计能力	较高	一般	逐步培养	较低
编程能力	较高	不需要	需要	较低
系统维护难易	容易	较困难	较容易	较困难
开发经费	少	多	较少	较少
总体特点	时间长、人员要求高	省事、费用高	系统便于维护	最省事

任务三　企业域名注册

✅ 一、域名概述

1. 企业要创建网站需要域名

域名是在 URL 网络地址的中间部分，一个域名是用来指向一台计算机或者由一个特定的 Internet 服务器所管理的一组计算机。一个完整的域名由两个或两个以上部分组成，各部分之间用英文的句号"."来分隔，最后一个"."的右边部分称为顶级域名，左边部分称为二级域名，二级域名的左边部分称为三级域名，以此类推，每一级的域名控制它下一级域名的分配。以中国互联网络信息中心 http://www.cnnic.net.cn/为例，cnnic.net.cn 是一个三级域名。

一个企业如果希望在网络上建立自己的主页，就必须取得一个域名。企业域名就是企业网站在互联网上通用的名字，是企业在互联网上的标志，起着一种识别作用，便于他人识别和检索到企业，从而起到引导、宣传的作用，是企业的产品、形象、商誉等的综合体现，也是企业无形资产的一部分。

随着互联网的不断发展，越来越多的传统企业开始注重网络市场，希望打造网络营销平台。虽然与商标、商号（字号）类似，有关域名注册的法律奉行"先注先得"的原则，但是，域名与商标相比又具有更强的唯一性。全国各地域名争议的官司不断发生，2013 年，由李嘉诚创办的长江实业与深圳市融资城电子商务公司对簿公堂，起因是争夺域名为"长江实业"的所有权。两家公司在历经一年多的官司争斗后，最终由李嘉诚代表的长江实业胜诉，深圳市融资公司停止使用"长江实业"的域名。因此，在新的经济环境下，注册一个符合自己企业特征的网络域名显得尤为重要。

了解更多的有关域名的各种知识

2．顶级域名的分类

顶级域名目前采用的两种划分方式：按照国别划分和所从事的行业领域划分。其中，按照国别划分域名的基本类型又分为国际域名与国内域名两种。

国际域名（International Top-level Domain-names，简称 ITDs），也叫国际顶级域名，是使用最早也最广泛的域名，国际域名注册通过国际域名与数字分配机构（ICANN）下的一个组织，国际互联网络信息中心（InterNIC，http://www.internic.net.cn/）提供关于互联网域名注册服务的公开信息。例如，表示工商企业的.com，表示网络提供商的.net，表示非盈利组织的.org 等。

国内域名，也叫国内顶级域名（National Top-level Domainnames，简称 NLDs），即按照国家的不同分配不同后缀，这些域名即为该国的国内顶级域名，国内域名注册由中国互联网络信息中心（CNNIN，http://www.cnnic.net.cn/）提供关于互联网域名注册服务的公开信息。目前 200 多个国家和地区都按照 ISO3166 国家代码分配了顶级域名，例如，中国是 CN，美国是 US，日本是 JP 等。

在实际使用和功能上，国际域名与国内域名没有任何区别，都是互联网上的具有唯一性的标识。只是在最终管理机构上，国际域名由美国商业部授权的互联网名称与数字地址分配机构（The Internet Corporation for Assigned Names and Numbers）即 ICANN 负责注册和管理；而国内域名则由中国互联网络管理中心（China Internet Network Infomation Center）即 CINIC 负责注册和管理。

3．企业域名命名的规则

由于互联网起源于美国，直接使用英文单词作为域名是很自然的。随着技术的不断发展，中文字符的组合作为域名也成为现实。目前，域名命名方法大致可分成英文命名法、拼音命名法、中文命名法 3 种。企业在选择域名的命名方法时，可以从不同类别域名的技术特点、语言特点、使用特点和市场特点等四个方面优劣势比较确定。从现实角度分析，好的英文域名往往被美国和其他网络先行国家占有，所以对中国企业来说，主要是在英文域名选择的基础上，着重考虑选择拼音域名和中文域名。另外也可以考虑选取数字域名，比如选择同某些有意义的事物挂钩的数字域名，如阿里巴巴公司曾经使用的域名.1688。

由于 Internet 上的各级域名是分别由不同机构管理的，所以，各个机构管理域名的方式和域名命名的规则也有所不同。但域名的命名也有一些共同的规则，主要有以下几点：

（1）只能包含的字符有 26 个英文字母、"0～9" 10 个数字和"-"英文中的连词号。

（2）在域名中，不区分英文字母的大小写，对于一个域名的长度是有一定限制的。

英文域名格式如下：域名由各国文字的特定字符集、英文字母、数字及"-"（即连字符或减号）任意组合而成，但开头及结尾均不能含有"-"。域名中字母不分大小写，域名最长可达 67 个字节（包括后缀.com、.top、.net、.org 等）。

中文域名格式如下：各级域名长度限制在 26 个合法字符（汉字，英文 a~z，A~Z，数字 0~9 和"-"等均算一个字符）。

域名的注册遵循先申请先注册原则，管理机构对申请人提出的域名是否违反了第三方的权利不进行任何实质审查。同时，每一个域名的注册都是独一无二的、不可重复的。因此，在网络上，域名是一种相对有限的资源，它的价值将随着注册企业的增多而逐步为人们所重视。

二、企业域名的注册

常见的 CN 域名是中国国家顶级域名，是以.CN 为后缀的域名，包括在.CN 下直接注册的二级域名和在.CN 二级域下注册的三级域名。我国互联网络域名体系在顶级域名 CN 之外暂设"中国""公司""网络" 3 个中文顶级域名。顶级域名 CN 之下，设置了"类别域名""行政区域名"两类英文二级域名。其中，"类别域名"有 7 个，如表 5-5 所示。"行政区域名"有 34 个，如图 5-7 所示。适用于我国的各省、自治区、直辖市、特别行政区的组织。

表 5-5　类别域名

AC—适用于科研机构
COM—适用于工、商、金融等企业
EDU—适用于中国的教育机构
GOV—适用于中国的政府机构
MIL—适用于中国的国防机构
NET—适用于提供互联网络服务的机构
ORG—适用于非盈利性的组织

表 5-6　行政区域名

BJ—北京市	SH—上海市	TJ—天津市	CQ—重庆市	HE—河北省
SX—山西省	NM—内蒙古自治区	LN—辽宁省	JL—吉林省	
HL—黑龙江省	JS—江苏省	ZJ—浙江省	AH—安徽省	FJ—福建省
JX—江西省	SD—山东省	HA—河南省	HB—湖北省	HN—湖南省
GD—广东省	GX—广西壮族自治区	HI—海南省	SC—四川省	
GZ—贵州省	YN—云南省	XZ—西藏自治区	SN—陕西省	
GS—甘肃省	QH—青海省	NX—宁夏回族自治区		
XJ—新疆维吾尔自治区	TW—台湾省			
HK—香港特别行政区	MO—澳门特别行政区			

国内域名注册有两种办法，一是企业自己向中国互联网络中心授权的注册服务机构去申请；二是由 ISP 帮助企业去注册域名。第一种方法费用低，而且便于企业控制注册过程，但在注册过程中要回答一些技术问题。第二种方法费用高，但企业省事。目前提供企业域名注册的网站（如表 5-6）主要如图 5-2 所示。

图 5-2　企业域名注册网站

1．CN 域名注册

（1）显著标识域名注册者生产经营产品或品牌的词汇，如 coca-cola.com.cn、海南航空.cn 等。

（2）直接标识域名注册者的词汇，如自然人姓名的中英文全拼李嘉诚.cn、lining.cn、单位名称的中英文全拼或缩写海南航空.cn、sina.com.cn 等。

（3）企业或产品的广告推广语，如苏宁易购.cn。

（4）突出企业对外宣传的服务号码，如 10086.cn 等。

（5）网络流行用语等简单易记的词汇，如平安北京.cn 等。

2．选择要注册的域名及注册年限

CN 域名遵循"先申请先注册"的原则，最高注册年限为 10 年，企业可以自主选择域名的注册年限（以"年"为单位）。以小贾的"和山眼镜"为例，注册域名可选择：heshan.cn。

3．域名查询核实

登录中国互联网信息中心（http://www.cnnic.cn/）如图 5-3 所示，使用"WHOIS 查询"系统查询核实域名的注册情况。

图 5-3　中国互联网络信息中心

情况一：如果选择的域名"heshan.cn"已被注册，将会显示该域名的注册信息如图5-4、图5-5所示。这时，可以采取以下措施。

（1）在已被注册的域名上加"-"、字母或数字等，或变换一种组合方式，再尝试提交注册；

（2）与WHOIS查询结果中显示的该域名的"注册者"联系协商。

图5-4　输入域名查询

图5-5　域名查询结果显示

情况二：当所查域名"heshan.cn"未被注册时，将提示为"你所查询的信息不存在"，此时可以通过注册服务机构提交注册申请，如图5-6所示。

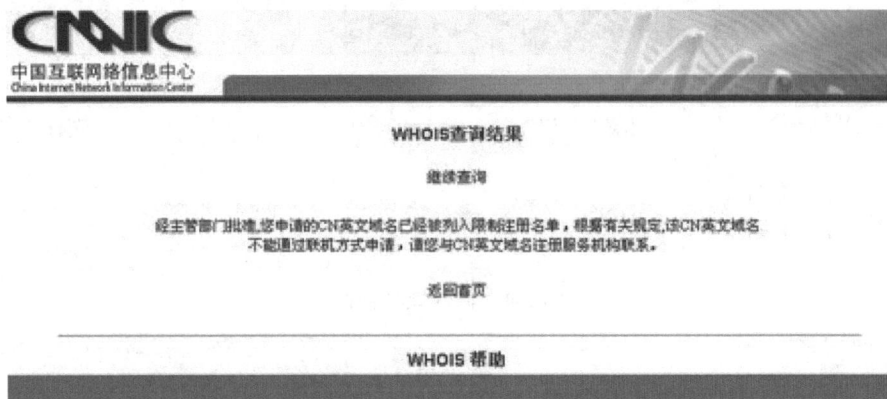

图 5-6　中国互联网络信息中心查询系统

情况三：当所查域名属于保护注册时，表示仅由对应的保护单位申请注册。当所查域名属于禁止注册时，表示任何用户均无法申请注册。详细情况，可联系中国互联网信息中心或注册服务机构确认，如图 5-7 所示。

WHOIS查询结果

继续查询

经主管部门批准，您申请的CN英文域名已经被列入限制注册名单，根据有关规定，该CN英文域名不能通过联机方式申请，请您与CN英文域名注册服务机构联系。

返回首页

WHOIS 帮助

图 5-7　限制注册域名查询结果

4．选择注册服务机构

在中国互联网络信息中心认证的注册服务机构列表中选择一家满意的注册服务机构，如图 5-8 所示。注册服务机构，是指受理域名注册申请，直接完成域名在国内顶级域名数据库中注册的机构。

ENGLISH | 诚聘英才 | CNNIC介绍

输入搜索关键字　　　　搜索

首页 | 基础资源服务 | 基础资源运维 | 国家域名安全中心 | 科技研究 | 互联网发展研究 | 国际交流 | 创新服务 | 公众服务 | 关于我们 |

当前位置：首页 ＞ 基础资源服务 ＞ CN域名 ＞ CN域名注册服务机构查询

▶ CN域名注册服务机构查询　　　CN域名注册服务机构查询

CN域名服务合作伙伴

图 5-8　CN 域名注册服务机构查询

CN 域名价格采取市场调节的方式，各注册服务机构会根据市场情况制定合理价格。可以通过中国互联网络信息中心网站查询国内及海外注册服务机构的信息选择一家满意的机构办理域名注册业务。

5．联系注册服务机构，提交域名注册信息

申请注册域名时，应当以书面或电子形式向域名注册服务机构提交如下信息。

（1）申请注册的域名。

（2）域名主域名服务器和辅域名服务器的主机名以及 IP 地址。

（3）申请者为自然人的，应提交姓名、通信地址、联系电话、电子邮箱等；申请者为组织的，应提交其单位名称、组织机构代码、通信地址、电子邮箱、电话号码等。

（4）申请者的管理联系人、域名技术联系人、缴费联系人、承办人的姓名、通信地址、电子邮件、电话号码。

（5）域名注册年限。

各注册服务机构的域名注册申请方式可能有所不同，需与注册服务机构确认域名注册申请的提交方式。

6．签署域名注册协议，并保留相关凭证

在办理域名业务时，建议与注册服务机构签署纸质或在线注册协议或合同，并保留相关凭证，以便更好地维护权益。

7．提交真实、准确、完整的注册信息和申请资料

向域名注册服务机构提交域名注册申请时，需要提交的申请资料如下。

（1）自然人身份证明：身份证正面（复印件或扫描件）。

（2）组织、机构身份证明：组织机构代码证（复印件或扫描件）或企业营业执照（复印件或扫描件）。

（3）其他与域名注册申请相关的资料。

8．核实域名注册信息

可以通过以下方式核实所提交的注册信息，主要核对注册者、注册年限、注册者联系邮箱是否真实、准确、完整，是否与注册时填写的信息完全一致。

（1）中国互联网络信息中心网站"WHOIS 查询"系统。

（2）域名所属注册服务机构网站的域名查询系统。

9．关注域名审核情况

所注册的域名要符合以下几方面的要求，方能通过审核。

（1）域名需符合《中国互联网络域名管理办法》（信息产业部第 30 号令）的要求。

（2）域名注册信息需符合真实、准确、完整的要求，身份信息能够通过国家权威部门的数据验证。

（3）申请资料需与"WHOIS 查询"系统中的注册信息匹配。

域名提交在线申请后，由注册服务机构对域名注册信息及资料进行初审。初审通过后，注册服务机构将申请资料提交至中国互联网信息中心，中心会在 1 个工作日内完成域名注册信息及资料的复审工作。

可以通过域名所属注册服务机构，关注域名审核进度和状态。

10．域名注册完毕，通过工业与信息化部备案管理系统关注备案审核情况

域名通过审核后，即表示域名注册成功。域名本身不需要备案，但使用域名进行网站应用，根据工信部关于网站管理的相关要求，需要进行网站备案。

网站备案的工作需要联系所属互联网接入服务商或域名所属注册服务机构，通过各省通信管理局来完成网站的备案工作。

11．开通解析，启用域名

通过注册服务机构完成 CN 域名注册流程后，需要配置该 CN 域名的解析才能使用。具体启用方式如下。

方式一：通过注册服务机构的 DNS 解析服务器设置解析（推荐）。

（1）用户通过注册服务机构将 CN 域名的 DNS 服务器设置为注册服务机构提供 DNS 解析服务器。

（2）用户通过注册服务机构提供的解析功能设置 CN 域名解析的 A 记录/CNAME 记录/MX 记录，完成对 CN 域名的相关解析工作。

方式二：使用自己的 DNS 解析服务器设置解析。

（1）用户在注册 CN 域名时，将域名的 DNS 解析服务器设置为自己已经拥有的 DNS 解析服务器。

（2）用户自行配置 CN 域名解析服务器，完成 CN 域名的相关解析工作。

方式三：使用国家域名云解析平台（www.cdns.cn）。

（1）用户登录国家域名云解析平台（www.cdns.cn），申领登录账号。

（2）用户通过云解析平台，设置 CN 域名解析的 A 记录/CNAME 记录/MX 记录。

（3）用户通过注册服务机构，将 CN 域名的 DNS 服务器设置为云解析平台提供的 DNS 解析服务器，完成 CN 域名的相关解析工作。

三、企业域名注册的技巧

域名市场可以说是最善变的，说它充满神秘也一点儿都不为过。在网络中，企业靠拥有自己的域名来实现等同商标的属性，一个好的域名是企业网络战略成功的开始。因此，企业在注册域名时有以下几个策略。

1．企业域名与企业名称、品牌名称、产品名称相一致

从塑造企业网上与网下统一的形象和网站的推广角度来说，域名可以采用企业名称、品牌名称或产品名称的中英字母，这些既有利于用户在网上与网下不同的营销环境中，准确识别企业及其产品与服务，也有利于网上营销与网下营销的整合，使网下宣传与网上推广相互促进，目前大多数企业都采用这种方法。

2．企业域名要简单、易读、易记、易用

一个好的域名应该简单、易读、易记、易用、标识性强。用户上网通常是通过在浏览器地址栏内输入域名来实现的，所以，域名作为企业在网络上的地址，应该便于用户直接与企业站点进行信息交换。一个简短易记、反映站点性质的响亮域名往往会给用户留下深刻的印象。如中央电视台的域名为 www.cctv.com.cn。

3．企业域名要注意域名抢注与域名冲突的问题

域名注册奉行"先注先得"的原则。目前，全国各地域名争议官司不断发生，也给企业管理者提了个醒，域名一旦被他人抢占了注册先机，再通过法律途径拿回，既要花费不少的人力、物力，还给企业的品牌形象造成无法衡量的损失，得不偿失，所以域名注册要趁早，需未雨绸缪。

若域名抢注现象已经发生，可以通过以下途径解决。

　　由于域名命名的限制和申请者的广泛，因此极易出现类似的域名，从而导致用户的错误识别，影响企业的整体形象。当出现域名抢注的情况时，可以换个名字，或是在申请的域名上加一个下画线、加一个幸运数字、也可以加一些字母或者选择其他可以用的域名。因此，企业最好多设计几个相似的域名。

　　通过法律手段解决，根据《中国互联网络域名注册暂行管理办法（国务院信息化工作小组办公室）》的规定，禁止转让或买卖域名，能够在一定程度上防止域名被恶意抢注的情况发生。当域名出现法律纠纷后，拥有商标名的公司有较大的机会赢得将商标名用作域名的权利。但是，最好的办法还是及早注册，以免域名被抢注，保护自己的未来收益。

4．企业域名要具有国际性

　　由于网络的开放性和国际性，用户可能遍布全世界，只要能上网的地方，就会有人浏览到企业的网站，就可以有人对企业的产品产生兴趣进而成为企业潜在的用户。所以，域名的选择必须能让国内外大多数用户容易识别、记忆和接受。

✔ 四、域名发展的趋势

　　域名作为当前全球互联网络发展不可或缺的关键资源，从 Symbolics 公司注册的第一个.com 域名开始，已经走过了 32 个年头。当时的申请者还寥寥无几，随着 Internet 上 WWW 协议的出现，域名才开始迅速发展，域名被疯狂抢注的情况经常会发生。国际最为常见的顶级域名就是".com"，国内最为常见的顶级域名则为".cn"。从全球市场来看，显然".com"的数量要远高于".cn"，而在国内市场，".cn"的数量则要远高于".com"。

　　我国域名发展同全球域名发展的节奏大体相同，同时，又呈现出中国特色。据中国产业调研网发布的《中国域名管理行业现状调研及发展前景分析报告》（2017～2020 年）显示，从 2014 年开始，我国域名注册商领域的市场竞争已经开始日益激烈化，价格战也已经拉开序幕，1 元注册的情况都已经在市场上出现了。在如此情况下，极大地降低了我国域名管理产业的盈利能力，企业多元化发展已经成为必然趋势。随着 gTLD 计划的实施，我国域名市场进入创新发展期，域名行业生态日益完善，在全球域名体系中影响力不断提升，整体来看未来域名管理产业的前景仍旧很大。

　　域名的未来发展趋势，包含以下几个方面。

1．域名的投资与交易

　　域名投资产生过一夜暴富的神话，当然也不缺倾家荡产的悲情故事。域名是互联网非常重要的资产，正如现实世界中的房地产一样，会产生永久价值。截止 2016 年 7 月，全球域名数量达 2.8 亿左右，中国域名达到 3500 万以上，中国域名的交易金额占到全球的 40%以上。目前，知名的国内域名交易平台有易名中国、金名网；知名的国外域名交易平台有 Godaddy、Sedo。他们主要为客户提供域名拍卖、域名购买、域名中介担保等服务。域名购买者可以通过此平台直接出价和竞拍竞买的方式，为企业或个人寻找到合适的域名；而域名所有者也可以通过此平台标价出售和竞拍竞卖的方式，使自身的域名价值得到体现。域名中介服务则是在买家和卖家进行域名交易的时候，扮演一个域名担保的第三方角色，帮助交易双方安全有效地完成整个交易过程。

　　我国的域名交易还处于一个起步的阶段，投资域名是能赚钱的，但是指望注册一个域名就能获得百倍的回报，这是不现实的。国内的私人域名数量已经超过了 100 万，在各个域名交易网站注册的兼职、专职炒家也达到了 10 多万人，市场已经初步形成。虽然现在中国市场域名投资的热度非常高，但是域名作为寻址功能最基本的属性还是不可代替的，域名投资和域名的使用是相辅相成的工作，只有使用得很广泛，投资价值才会高。

2．语音输入、中文域名，域名新玩法再掀热潮

在移动互联网模式下，消费者通过手机下载 APP 来访问企业，但是未来一部手机到底能够下载多少 APP，50 个、500 个、还是 5000 个，消费者不可能将所有企业的 APP 都下载到手机里面，未来还是会回到域名直接访问。随着新技术的出现，语音输入时代将变成可能，直接通过语音方式来输入网址域名将是未来 5 年到 10 年的一个很重要的需求，更多的人会采用新技术，用语音输入，而不再是靠打字输入。

对于国内而言，与语音输入相对应的，中文域名的发展趋势同样可期。不会讲英文的时候，对着手机讲英文就有一定的难度，所以未来一个方向是怎么去提升中文域名的应用，也是消费者信息中一个很重要的部分。在非英文国家尤其是中国，用本国语言上网或者使用语音输入上网搜索时 IDN 会起到非常重要的作用。

3．新顶级域名受追捧

随着互联网不断发展，顶级域出现瓶颈，.com 已经不能满足域名的需求，内容安全也面临挑战，未来新顶级域的推出主要基于 3 个方向，个性化、垂直化以及属地问题的解决。例如，阿里云推出的.xin 域名是阿里巴巴推出的首个新顶级域，音同"信"，是围绕整个阿里巴巴诚信体系诚信通的产品，希望通过互联网的入口，联合各诚信评价机构，让每一个愿意展示自身诚信情况的企业或个人都用.xin 为后缀的域名，作为互联网上的诚信标识，真实展示其诚信指数。在未来 5～10 年是域名一个大浪淘沙的时期，如果新的顶级域能够得到广泛的推广和应用，这个市场还是很巨大的。每个通用顶级域名都是不可再生的全球性战略资源，未来新通用顶级域名将更丰富多样，在新的应用中不断地摸索和不停地变革。

关于初创公司选域名需要知道的事（课外阅读）

同步实训

企业域名注册

实训目的

了解我国域名管理的基本政策法规，熟悉域名的使用与管理，域名与企业商标的关系，掌握在万网上申请与注册域名的流程。

实训内容与步骤

（1）在地址栏中输入 http://www.cnnic.cn/，登录"中国互联网络信息中心"网页。

（2）进入"国家域名安全中心"界面，单击"政策与法规"按钮，查看《中国互联网域名管理办法》和《中国互联网网络信息中心域名注册实施细则》，了解我国域名管理的基本政策法规。

（3）登录中国万网 http://www.net.cn/发现，直接跳转到了阿里云 wanwang.aliyun.com 上，这是因为万网和阿里云已经合并了，阿里云是阿里巴巴旗下的云计算机品牌，可以放心注册。单击右上角的"注册有礼"按钮，申请成为万网会员。

（4）在选择域名之前，最好预备多个可选域名，以"和山眼镜"的小贾为例，拟定一个域名 heshan.com，输入后，单击"查域名"按钮。如果该域名显示"未注册"，就可加入到购物车里结算；如果该域名显示"已注册"，就只能选择其他域名，这也是为什么要提前预备多个域名的原因。

（5）选择购买的时间和域名所有者类型。买域名和买实物不同，实物看好支付就可以了，域名还需要进一步填写注册信息，如域名所有者的一些中英文资料，填写以后，单击"确认订单，继续下一步"按钮，最后再单击"立即购买"按钮。

（6）支付域名使用费用，完成域名注册。

📞 实训提醒

在选择企业域名时，要与搭建的网站名称相符，拟定域名的时候，尽量要短一些，容易记住一些。比如 taobao.com、360.com、51 job.com 等，字符数都比较少，而且简单容易记忆。选择合适域名后缀.com 或.cn，提前预备多个可供选择的域名。

🌱 思考与练习

选定一家企业，为企业网站设计 5 个以上的可供选择的域名。

（1）拟定多个适合企业的域名，编制域名分析与设计表。

（2）根据不同域名注册情况、所有信息、注册时间、到期时间、注册或交易价格，找出最合适企业的域名。

🐞 项目小结

网站规划是指在网站建设前对市场进行分析、确定网站的目的和功能，并根据需要对网站建设中的技术、内容、费用、测试、维护等做出规划。网站规划对网站建设起到计划和指导的作用，对网站的内容和维护起到定位作用。同时，网站规划也是网站建设的基础和指导纲领，决定了一个网站的发展方向，对网站推广也具有指导意义。

网站的开发方式主要有自主开发、委托开发、联合开发、购买现成网站 4 种方式。不同的企业网站开发方式各有特点，会产生不同的开发费用，企业在选择开发方式时需要根据企业实际需求和企业的自身情况（企业的技术力量、资金情况和外部环境等各种因素）进行综合考虑和选择。

按照参与交易的对象不同，电子商务交易模式一般可以分为 B2B、B2C、C2C、B2G 等基本类型。传统企业实施电子商务的具体做法主要有服务线下、差别化策略、分销渠道、网络品牌等。企业可根据行业、产品特点、自身条件及战略规划选择电子商务的内容，由传统商务向电子商务延伸，实现传统企业与电子商务的逐渐磨合。

企业域名就是企业网站在互联网上用的名字，是企业在互联网上的标志，有识别作用，便于他人识别和检索到企业，从而起到引导、宣传作用，是企业产品、形象、商誉等的综合体现，也是企业无形资产的一部分。

同步测试

同步测试
参考答案

1．单项选择题

（1）以下是网站规划的一些基本过程，请选出顺序排列正确的一组（　　）。
①网页设计　②建设网站前的市场分析　③网站维护　④网站内容规划　⑤网站技术解决方案　⑥建设网站目的及功能定位

  A．②⑥④③①⑤   B．②⑥⑤④①③
  C．②⑥⑤③④①   D．②⑥④③⑤①

（2）下列属于网站开发的方式有（　　）。

  A．自主开发   B．委托开发   C．联合开发   D．以上全选

（3）在下列各项中表示网站域名的是（　　）。

  A．http://www.163.com   B．163.com
  C．124.185.56.88   D．wangxi@163.com

（4）下列（　　）可能是清华大学的域名。

  A．tsinghua.edu.cn   B．tsinghua.com.cn
  C．tsinghua.gov.cn   D．tsinghua.org.cn

（5）下列为常见的国内顶级域名是（　　）。

  A．.zip   B．.cn   C．.doc   D．.rar

2．多项选择题

（1）网站规划将围绕各自的目标研究制作各自的解决方案，主要表现在（　　）。

  A．开发目标规划   B．系统实现规划
  C．服务对象规划   D．企业战略目标规划

（2）企业网站规划具有（　　）特点。

  A．不确定性   B．务实性   C．可控性   D．广泛性

（3）顶级域名目前采用的划分方式主要有（　　）。

  A．以国别划分   B．所从事的行业领域划分
  C．管理者任意划分   D．以所在的单位名称划分

（4）企业商务网站策划报告的内容，一般包括（　　）等内容。

  A．网站功能详细描述   B．市场分析
  C．网站发布与推广   D．竞争性分析

（5）根据所建设企业网站的目的和功能规划具体的网站内容，一般企业网站栏目应包括（　　）。

　　A．产品介绍　　　B．联系方式　　　　C．价格信息　　　　D．在线咨询

3．分析题

（1）比较购买域名与购买实物的差别。

（2）调研本地两家已经创立企业平台的传统企业，分析这两家企业网站功能有何不同。

本项目知识点

淘宝店铺的创建；淘宝账号的注册步骤；开店认证的步骤；宝贝发布的流程；宝贝的基本信息填写；商品发布规则；淘宝旺铺的版本；淘宝旺铺的功能；淘宝旺铺的模块；店铺首页的布局；店铺首页的装修；宝贝详情页的装修布局；宝贝详情页关联销售装修；店内营销活动的目的；店内营销活动主题；常见的店内促销形式；站内推广的类型；天天特价活动；直通车推广工具；钻展推广工具；淘宝客推广；第三方独立平台推广；论坛、微博等 SNS 推广。

本项目技能点

掌握淘宝平台开店的基本流程及店铺装修技巧；通过不同的方式实现店铺的运营推广。

知识导图

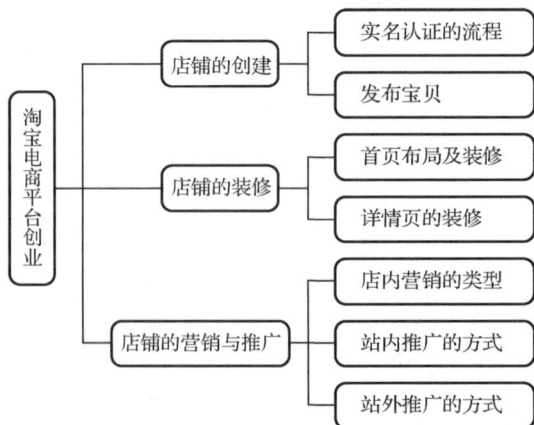

引例

"90 后"小伙卖农产品，变身皇冠店主

"90 后"小伙韩兴华从学校毕业，同所有毕业生一样踏上了寻找工作之路，但想找到一份称心如意的工作并不容易，他干过安装水、电、暖，也在工厂打过工。一次偶然的机会激发了他上网开淘宝店创业的兴趣，便开始研究如何在淘宝网上开店，在每天下班后都查阅大量的资料，但有个问题一直困扰着他，就是不知道什么样的产品适合在网上销售。终于，经过在网上搜索和研究，他决定结合自己的实际情况，挖掘身边的资源，先从农产品入手，如红枣、花生等。韩兴华买来相机，边查资料，边学习，边开店，同时向同行请教。

在网店的经营过程中，韩兴华非常重视店内商品的质量和店铺的信誉，店铺内的产品都是他自己精挑细选出来的。随着网店开始运营，订单也慢慢多了起来。每次统计完一天的订单后，他都要将产品装好，骑着电动三轮车将包裹送到快递公司。渐渐地店铺的收益越来越好，订单也越来越多，韩兴华便发动家人参与到网店运营中，他给家人进行了明确的分工，有的负责打包，有的负责加工，还有的负责检查。经过几年的运营经验的累积，韩兴华的店铺销售额突破了 100 万元人民币。

引例分析

淘宝电商平台创业成为许多创业者的首要选择，也存在着许多在淘宝平台创业成功的案例。但淘宝平台创业并非如想象的那么简单，韩兴华的创业也历经了非常漫长的过程。本项目将从淘宝店铺的创建、店铺的装修、店铺的运营推广入手，讲述淘宝电商平台创业。

2003 年 5 月淘宝网成立，在创建之初，淘宝网通过免开店费、免手续费等免费服务的方式及淘宝信用体系的建设，引导互联网用户适应网络交易习惯。淘宝网早期发展的三四年，在淘宝网上创业的用户还没有那么多，竞争也没有现在这么激烈。早期在淘宝网上创业的多以卖货模式为主，例如，在当时成长起来的皇冠店铺柠檬绿茶是那个

2016 年中国网络零售市场数据监测报告

时代的顶峰。柠檬绿茶在当时就采取选品开超市的战略，通过考察哪些产品的利润高、销售量好就卖什么产品，店铺内的 SKU 数量非常多，店铺成长速度很快。

随着淘宝平台的发展及阿里巴巴集团对 C2C 和 B2C 业务的区分，淘宝平台对于入驻卖家各方面的专业化程度要求越来越高。卖家数量的不断增多导致淘宝网上的产品同质化日趋严峻，产品是否具有个性化，产品如何做精做细，如何找到符合产品个性的特定人群，成为在淘宝网上创业的关键性因素。在淘宝网强调小而美个性化商品的同时，淘宝体系也越来越倾向于靠付费广告进行网络营销。在淘宝平台创业的卖家需要请专业人士装修店铺、优化商品标题、装修店铺并且购买各种营销产品，通过平台内的推广工具直通车、钻石展位进行付费引流。裂帛店铺从一家卖尼泊尔印度服饰的小淘宝店到销售额上亿的店铺，创

始人汤大风对少数民族服装情有独钟，因此开启了创立品牌、设计民族特色服装在网上销售的创业之路，到 2012 年裂帛品牌达到过亿的销售额。裂帛品牌网络创业的成功离不开其产品的精准定位和对网络市场的营销投入。

社区化、内容化和本地生活化是淘宝网目前发展的三大方向。淘宝网充分赋予大数据个性化、视频、社区等工具，让卖家有充分的发挥空间。利用优酷、微博、阿里妈妈、阿里影业等阿里生态圈的内容平台，紧密打造从内容生产到内容传播、内容消费的生态体系。2015 年，手机淘宝负责人蒋凡在一次会上宣布，手机淘宝将以 3 年 20 亿元人民币的庞大佣金招募内容小编，让各式各样谈论爱物生活的内容生产者，在手机淘宝上刊登自己的作品，并向入驻的内容供应商开放淘宝近 10 亿元人民币级别的商品库、共享淘宝的日均上亿流量，一旦促成交易，就能共享佣金，三年预计发放 20 亿元人民币。这一举动代表着淘宝网未来内容化、社区化的发展方向。当人们开始讲究生活风格，以内容主导的消费模式将取代过去货架式的购买，随着移动电商的兴起，消费者的购物行为也在随之改变。2015 年，淘宝平台的网红现象初露端倪。粉丝群众在网络的各种平台上，认识到了生活风格独特的网红女孩，这些网红女孩通过直播获得粉丝群众的认同，粉丝愿意下单订购"网红同款"，张大奕、大金这些名字于是成为了品牌。拥有着几百万粉丝群体的"吾欢喜的衣橱"在网红张大奕直播的两小时内成交额达到 2000 万元人民币，客单价近 400 元人民币，张大奕这场"上新直播"刷新了通过淘宝直播间引导的销售记录。2015 年"双 11"，张大奕的店铺成为网红店铺中唯一挤进全平台女装排行榜的 C 店。2016 年"双 11"，"上新半小时"就挤进全平台女装类目第四，成为销售额破亿的店铺。

随着社交网络越来越深入大家的生活，媒体电商、内容电商成为网络零售的发展趋势，在选择淘宝平台创业前，除了做好商品、资金、人员等方面的准备外，也要充分了解平台各阶段的特点和行业的发展趋势，学习成功创业者的经验，为自己在淘宝平台上的创业做好更充足的准备。

任务一　店铺创建

✔ 一、实名认证

在淘宝网上开店创业，首先要做的是注册一个淘宝账号和一个支付宝账号，淘宝账号用于店铺的后台管理，支付宝账号用于店铺的资金管理，并且在进行实名认证之后才能创建店铺。

1. 淘宝账号注册

（1）在浏览器地址栏中输入"http://www.taobao.com/"，进入淘宝网首页，并单击淘宝网首页右上角的"注册"按钮，进入账号注册界面。

（2）进入账号注册界面，阅读并同意相关协议。注册淘宝账号有两种方法：个人账号可使用手机号码注册；企业账号可使用电子邮箱注册。第一种方式通过手机号码注册，输入手机号码验证通过之后，再填写相关账号信息。

（3）填写相应的账号信息，登录名即为刚才输入的手机号码，并为自己的账号设置登录密码，设置登录名，该名称一旦输入确认后是无法进行更改的。

（4）在填写完账号信息后，进入下一步设置支付方式，输入银行卡卡号和持卡人姓名，要注意的是银行卡和持卡人姓名必须要统一，并且与下面的证件也要一致，在单击获取验证码之后，同意协议并确定，这一步是为淘宝账号设置支付方式，设置完支付方式后注册即成功。系统会提示刚才注册账号的登录名和会员名称，用于以后淘宝账号的登录。

（5）在手机号码已经被注册过的情况下，也可通过第二种方法——用电子邮箱进行注册，输入电子邮箱地址验证通过后，进入电子邮箱进行邮件确认，确认完毕后即可进入下一步填写账户信息，如图6-1、图6-2所示。

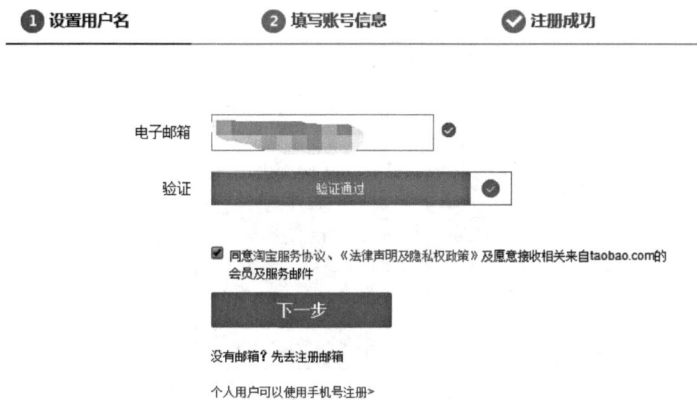

图 6-1　通过电子邮箱进行注册

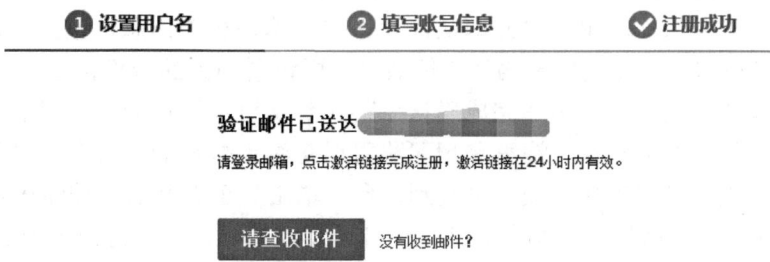

图 6-2　电子邮箱中的邮件确认

（6）填写相关的账户信息，登录名即电子邮箱账号，设置登录密码和填写包括手机号码、会员名、企业名称等相关信息，确认后完成企业账号注册。

2．开店认证

淘宝网开店的一般操作为先进行账号注册，在登录账号之后，单击"我要开店"选项进行开店认证，开店认证通过之后即可发布商品，待有客户下单之后即可进行发货操作，等待交易完成和客户评价，如图6-3所示。

图 6-3　淘宝网开店一般流程

（1）在浏览器地址栏中输入"http://www.taobao.com/"，进入淘宝网首页，并单击淘宝网首页左上角的"登录"按钮，登录淘宝账号，单击右上角卖家中心下方"免费开店"中的"个人开店"按钮。这里要注意的是开店有两种方式，分别是个人开店和企业开店，两者的区别是个人开店需要提供个人身份证进行认证，企业开店需要提供企业营业执照开店，若企业法人以个人身份注册过淘宝店铺，该法人的营业执照也可以注册店铺，下面主要以个人开店为例讲述开店流程，如图 6-4 所示。

图 6-4　进入卖家中心

（2）单击"个人开店"按钮，在界面上会显示开店条件检测，在条件满足后，要进行支付宝实名认证和淘宝网开店认证才能创建店铺成功。

（3）支付宝实名认证。单击"立即认证"按钮，填写相关信息，包括支付宝的登录密码、支付宝的支付密码，此支付密码为 6 位数字。再设置相关的身份信息，如姓名、性别、身份证号码、有效期及职业，填写完成确认后跳转到支付宝账户的登录界面，使用账户名称和登录密码进行支付宝登录，注意账户名称可以是淘宝账户的会员名，也可以是手机号码，在登录后完成支付宝实名认证，再回到后台，单击"个人开店"按钮进行开店认证。

（4）开店认证。开店认证有两种方式：一种通过计算机认证，另外一种通过手机认证。通过计算机认证时，要输入姓名、身份证号码、手持身份证照片、身份证正面、联系地址和联系手机号码，进行提交。要注意的是手持身份证照片必须保证五官可见，证件全部信息清晰无遮挡，完整地露出双臂，尽量采取像素较高的手机进行拍照，确保上传原始图片；通过手机认证相对来说比较简单，用手机通过扫码安装钱盾、打开钱盾扫码图中的二维码进行认证，在手机上完成验证手机号码、填写联系地址、上传手势照片、上传身份证照片后，等待审核，审核时间一般为 1～2 个工作日。认证成功之后，即可单击"创建店铺"按钮，个人的淘宝店铺便创建成功了。

二、上传宝贝

在店铺创建成功之后，接下来便可进行宝贝的发布，在宝贝发布之前要准备好关于宝贝的资料，如宝贝的标题、宝贝的图片等资料信息。宝贝的发布一般分成一口价、闲置和拍卖 3 种方式，一般店铺开张都是以一口价的形式发布新产品。

1. 宝贝的发布流程（见图 6-5）

（1）进入淘宝网首页，进行账号登录，并单击右上角"卖家中心"选项。

（2）进入卖家中心/发布宝贝，选择"发布一口价商品"选项。

（3）默认一口价方式，选择"宝贝分类"选项进行商品发布。宝贝分类是指在发布宝贝时，可以选择宝贝的详细分类，根据一级类目定位到二级类目，再选择相对应的商品品牌进行发布。例如，要发布一款柯诺品牌的热水袋，先找到热水袋的一级类目为居家日用，再找到居家日用下方的热水袋类目，选择柯诺品牌之后，进行宝贝发布，也可直接输入产品名称进行快速查找类目，节省发布宝贝时间。在宝贝发布时一定要注意发布到正确的类目下方，否则会被淘宝网下架并扣分。

（4）确定好类目之后，单击"我已阅读以下规则"按钮，确认发布宝贝。

图 6-5　宝贝的发布流程

2. 宝贝的基本信息填写

在发布宝贝时会涉及很多信息，如宝贝的标题设计、宝贝的分类、宝贝的价格、宝贝的图片、宝贝的详情页，还有宝贝其他各种属性。在发布宝贝前，必须先了解该宝贝是属于哪一个类目之下，在该类目中发布宝贝需要填写的宝贝信息，千万不能将商品上错类目。

（1）进入宝贝的发布界面，填写基本信息，包含宝贝的类型、全新还是二手商品，因宝贝为不同类目属性的商品，所需填的属性内容也会存在差异。例如，热水袋这类商品需要填入品牌、包装体积、毛重、热水袋类型、材质和主图来源等相关属性，如图 6-6 所示。

（2）宝贝的标题名称不可超过 30 个字或者 60 个字符。标题要尽量简单直接，还要突出卖点，要让买家即使瞄一眼，也能清楚商品的特点，知道它是什么商品。宝贝的标题需要和当前商品的类目、属性一致，例如，出售的是女装 T 恤，就不能出现童装等非女装 T 恤类的关键词。宝贝标题的设置非常关键，会直接影响商品的搜索。

（3）宝贝的卖点是一种不同于商品标题的，对商品的特色和主打优势进行的补充说明，宝贝的卖点最多不得超过 150 字。宝贝的卖点是否设置不会影响搜索，并且在无线端不予展示，只是对商品优势的一种补充说明。

（4）商品的价格。如要设置多个商品价格，则要有"宝贝规格"属性支持，如颜色、尺码等信息就是宝贝规格，如果商品有颜色属性，可以勾选对应的颜色或尺码属性，即可

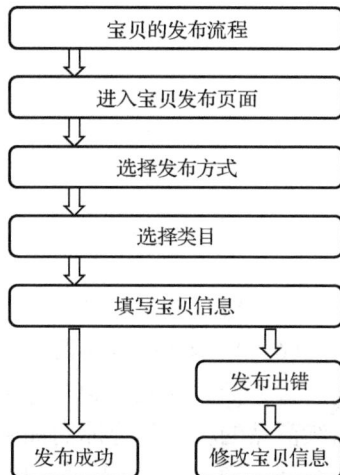

设置不同的价格。

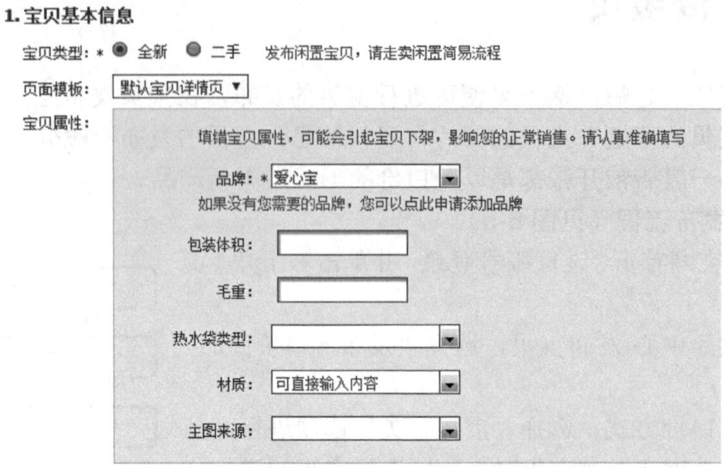

图 6-6　编辑宝贝属性

（5）宝贝数量即商品的库存。

（6）采购地根据实际情况填写，国内采购选择国内即可。

（7）商家编码。自行输入一个编号可以是数字或字母，作为商品的唯一标识，以便于后续商品的核查和仓库商品管理等。商家编码为非必填项，可以根据实际需要进行填写。

（8）商品条形码。可以在商品外包装上查看到，有产品条形码的，可手动输入，无商品条形码的可以不填。

（9）宝贝图片最好上传 5 张，并且保证在 700×700px 以上，3Mpx 以下。当上传的宝贝图片尺寸大于 700×700px 时，就自动生成放大镜功能，在鼠标移动到宝贝图片各位置时会显示放大，能帮助买家在浏览商品时能注意到商品的细节部分。宝贝图片上传有两种方式：一种是本地图片上传；另一种是图片空间选择直接上传。图片空间是淘宝店铺后台专门管理和存储图片的板块。

（10）宝贝描述是发布宝贝过程中最重要的一个环节，所销售宝贝的所有图片信息在宝贝描述中展示。宝贝描述区是将商品信息直接呈现给买家，买家也是通过宝贝描述来获取大量的商品信息，从而判断这个商品是不是符合自己的需求，宝贝描述包括图片、文字和视频。宝贝描述内容的编辑类似淘宝店铺装修的自定义模块，可以直接插入图片，也可以直接插入代码。选择图片可以先通过后台图片空间将所需图片上传到图片空间，再到图片空间进行选择。也可以直接选择本地上传，将在计算机中的图片直接上传到宝贝描述中。或者通过上传 html 代码的形式来完成宝贝描述。总之宝贝描述是宝贝发布当中非常重要的一个环节。

（11）在宝贝描述完成之后，为该商品选择商品所属的店铺类目。

（12）填写宝贝物流信息，选择相应的运费模板，运费模板需要另外进行设置，并且宝贝所在地等相关信息也需要在运费模板中进行设置。

（13）售后保障信息根据商品的实际情况进行填写，如商品是否保修、是否开具发票、退换货承诺和服务保障。

（14）其他相关信息根据宝贝的实际情况填写，可以为宝贝设置是否参与店铺的会员打折，因为店铺后期一旦创立会员体系就会涉及会员独享的一些商品折扣，可以根据店铺的需求来进行设计。库存计数方式分成两种：拍下减库存和付款减库存。拍下减库存即当买家拍下商品未付款的情况，商品的在线库存会自动扣除；付款减库存是指只有当买家拍下商品并付款之后，线上库存才会相应减少。设置开始时间是指如果商品立即上架可以直接选择"立刻"；如果要在固定时间上架，可以设定相应的时间，后台会在设定的时间自动把商品上架；如果设定放入仓库，商品会暂时不上架；秒杀商品一般情况下不设置。最后单击"发布"按钮，商品就发布成功了。

3．商品发布规则

在淘宝网开店发布宝贝之前，必须仔细阅读和了解淘宝网的商品发布规则。淘宝网本着促进开放、透明、分享、责任的新商业文明，保障淘宝网用户合法权益，维护淘宝网正常经营秩序，根据《大淘宝宣言》《淘宝网服务协议》《天猫服务协议》，制定了相关的淘宝规则。

淘宝规则

在淘宝规则中，淘宝网将店铺的违纪行为分成严重违规行为和一般违规行为，两者分别扣分、分别累计、分别执行。卖家因出售假冒商品的严重违规行为扣分将单独累计，不与其他严重违规行为合并计分。严重违规行为是指严重破坏淘宝网经营秩序或涉嫌违反国家法律法规的行为；一般违规行为是指除严重违规行为外的违规行为，详见淘宝规则（https://rule.taobao.com/）。

卖家在发布商品时切记不可违反淘宝规则，不要把违规的商品或信息发布在任何区块，包括商品页面及店铺其他页面，如商品标题、商品描述、商品图片等。如果发布了这些商品或信息，淘宝将对商品及信息进行单个商品监管、单个商品搜索屏蔽、下架、删除等操作。切记也不要发布根据国家法律法规要求或淘宝自身管理要求禁止发布的商品或信息，如易燃易爆、有毒化学品、毒品类的商品。卖家在发布宝贝前，要仔细阅读淘宝的相关规则，以免发生违规行为。

同步实训

商品的运费模板设置

实训目的

在新店开张时没有任何运费模板，要通过建立多个类型的运费模板，供宝贝发布时选择，为相应的宝贝指定相应的模板，同一批宝贝使用同一个模板。当运费模板更新时，这些关联宝贝的运费会随之更新，减少宝贝管理的工作量。通过该实训，掌握运费模板设置的技能操作。

实训内容与步骤

（1）进入淘宝网（http://www.taobao.com/），登录淘宝账号，进入卖家中心。

（2）进入卖家后台，单击"物流管理"中的"物流工具"选项，在运费模板设置界面中，单击"新增运费模板"按钮，如图6-7所示。

图6-7　新增运费模板

（3）卖家包邮的模板设置。设置运费的模板名称、宝贝地址及发货时间等信息，选择"卖家承担运费"选项，即包邮所有地区的运费为0。计价方式和运送方式根据商品的实际情况填写，运送方式一般选择"快递"选项，并单击"保存并返回"按钮，该运费模板即为包邮的运费模板。

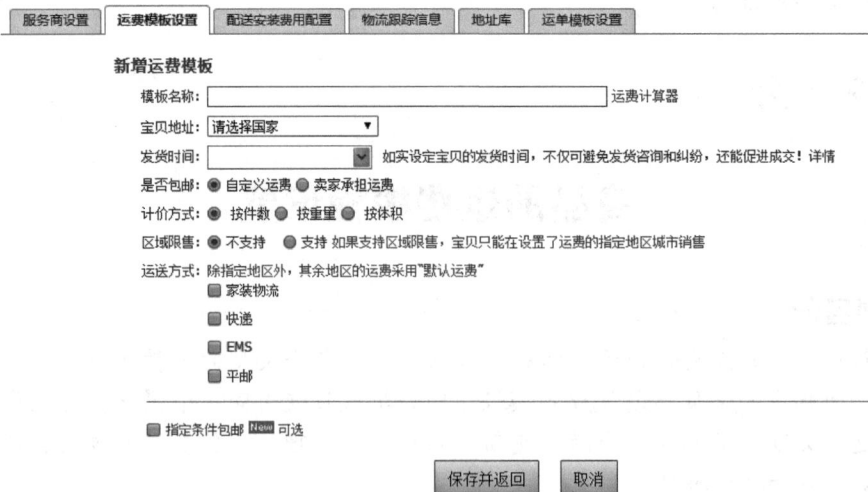

图6-8　卖家包邮的模板设置

（4）按件数计价的运费模板设置。单击"新增运费模板"按钮后，设置模板名称、宝贝地址及发货时间等信息，选择"自定义运费"及"按件数"计价方式，运送方式选择"快递"选项，根据已经核算好的快递成本默认运费首件费用，设定每增加几件增加多少费用。

如果需要为不同的地区设置不同的快递费用，即单击"为指定地区城市设置运费"选项，如图 6-9 所示。

图 6-9　按件计费的运费模板设置

（5）在选择地区设置框中，根据需求选择相应的城市，为相应的城市设置不同的快递费用，如图 6-10 所示。

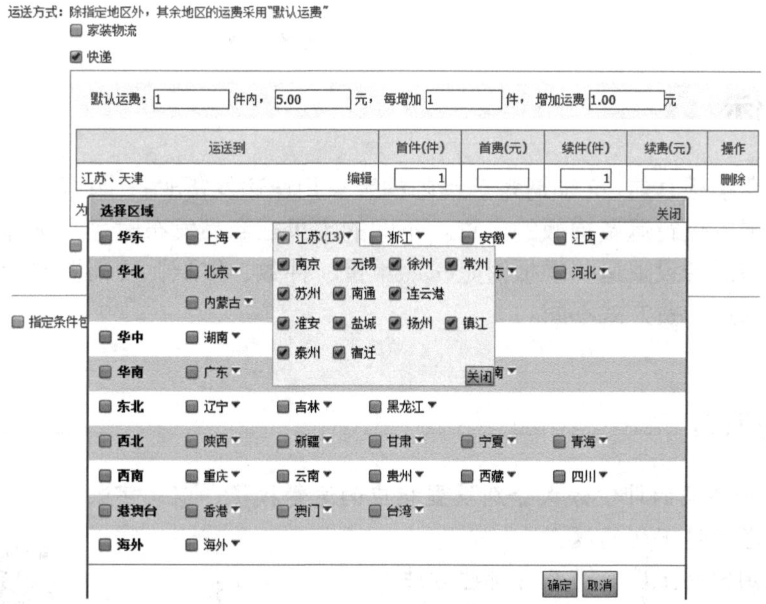

图 6-10　为指定地区设置不同的运费

（6）按重量计费的运费模板设置。单击"新增运费模板"按钮，设置模板名称、宝贝地址及发货时间等信息，选择"自定义运费"及"按重量"计价方式，运送方式选择"快递"选项，根据已经核算好的快递成本默认运费首重费用、续重费用。如果需要为不同的地区设置不同的快递费用，可以为指定地区城市设置运费。

（7）单击"指定条件包邮"选项后，随即出现地区设置框，根据需求选择相应的城市，为相应的城市设置不同的快递费用。

（8）以同样的方式也可以设置按照体积计费的运费模板，很多淘宝店铺还存在根据订单金额来设置运费的需求，只要在设置运费模板时单击指定条件包邮即可以设置更多不同的运费模板，如图 6-11 所示。

新增运费模板

模板名称：	_____ 运费计算器
宝贝地址：	请选择国家 ▼
发货时间：	_____ ▼ 如实设定宝贝的发货时间，不仅可避免发货咨询和纠纷，还能促进成交！详情
是否包邮：	◉ 自定义运费 ◉ 卖家承担运费
计价方式：	◉ 按件数 ◉ 按重量 ◉ 按体积
区域限售：	◉ 不支持 ◉ 支持 如果支持区域限售，宝贝只能在设置了运费的指定地区城市销售
运送方式：	除指定地区外，其余地区的运费采用"默认运费"

☐ 家装物流
☐ 快递
☐ EMS
☐ 平邮

☑ 指定条件包邮 New 可选

选择地区	选择运送方式	选择快递	设置包邮条件	操作
未添加地区　编辑	▼		金额 ▼ 满 _____ 元包邮	✚ ✖

保存并返回　取消

图 6-11　指定条件包邮的设置

☎ 实训提示

在设置运费模板之前，必须清楚店铺内的宝贝用快递发货时各个地区所需的费用成本，根据实际费用成本进行运费模板的设置。不同的宝贝在商品发布时可以选择不同的运费模板。具体在店铺后台设置运费模板时是按照重量、件数、体积计费需要参考宝贝实物，不同类目的商品快递计费方式不同。

🌱 思考与练习

请以 3 种不同的计价方式分别设置相应的运费模板，以文字配截图形式记录操作过程，并思考回答下列问题。

（1）在淘宝网上发布商品有哪些方法？

（2）在淘宝网和天猫网上发布商品时分别有哪些规则？

（3）发布一款宝贝需要传递哪些信息？

（4）一个人能注册几个淘宝账号？

思考与练习参考答案

任务二　店铺装修

✅ 一、首页装修

在网上购物，买家看不到商品、摸不到商品，主要是靠视觉进行传达，所以买家对视觉的捕捉极其敏锐。第一眼看到店铺的视觉装修，就决定着买家是否有继续浏览下去的欲望，所以淘宝店铺装修在整个淘宝电商平台创业中也是非常重要的。

2016 年中国电子商务
用户体验与投诉监测报告

1. 了解淘宝旺铺

1）淘宝旺铺的版本

淘宝旺铺是淘宝网开辟的一项增值服务和功能。它有比一般店铺展现更加专业、更个性化的界面，有利于店铺塑造形象，提升店铺人气，为客户营造了良好的购物环境。

淘宝旺铺分成基础版、专业版和智能版。基本版是所有用户永久可以免费使用的。专业版，一钻以下的店铺可以免费使用，一钻以上店铺

淘宝旺铺专业版和
智能版的区别

需要每月花 50 元人民币进行购买，专业版比基础版的功能更加丰富。基础版页面布局结构只能使用左、右分栏，即左侧为 190 万 px 的模块，右侧是 750 万 px 的模块，不能自主地更换页头背景，只能使用默认版的页头背景，不能更改页面背景，页尾也不可进行自定义装修。而专业版就有更多的装修权限，可以使用 950 万 px 的通栏模块，而且通栏的自定义模块配合全屏代码，可以实现整个 1920 万 px 的全屏轮播，同时专业版可以上传自己设计的页头和页面背景，页尾可以实现自定义装修。2016 年 6 月，为了顺应装修个性化的需求，淘宝旺铺在专业版的基础上又推出了智能版，提供了更丰富的无线装修功能和营销玩法，提升卖家的装修效率和数据化运营能力。

2）淘宝旺铺的功能

（1）页面管理。

页面装修是在旺铺装修中最主要的内容，主要用于页面管理。可以通过页面装修新建页面和装修页面，主要包含基础页、宝贝详情页、宝贝列表页、自定义页面和活动页面，其中基础页中主要包含的是店铺首页。页面管理的主要功能是页面编辑和布局管理，在页面编辑中可以编辑店铺的导航、店招，可以对各个模块进行编辑，进行页面的内容更新。在布局管理中可以添加、删除布局单元，选择想要的布局结构。

（2）模板管理。

模板管理主要用于管理店铺的装修模板，包含专业版免费预置的 3 套官方系统模板和需要店铺自己购买的模板，供店铺在装修时根据需求选择管理装修模板。

（3）装修分析。

在淘宝旺铺中有装修分析和流量地图两项功能，这两个功能单击后都会跳转到淘宝店铺

的数据统计工具生意参谋中，并且需要在生意参谋中订购装修分析的功能，才能查看相关页面装修的分析数据，如查看近 7 天的首页单击率、店铺浏览转化率、店铺平均停留时间趋势，还可以查看页面单击分布图，可以看出买家喜欢什么，页面中的哪个位置受客户欢迎。

（4）宝贝分类。

在店铺装修后台进行宝贝分类管理，可以看到当前店铺内商品的宝贝分类情况，并进行手工和自动添加宝贝分类。手工添加宝贝分类要输入新添加分类的名称，分类图片可以通过两种方式直接输入图片地址和插入图片空间的图片，也可以在分类下面添加子分类的名称，最后进行保存即可。自动添加分类系统会自动按照商品类目、属性、品牌或者上架时间进行归类。

3）淘宝旺铺的模块

旺铺模块是由淘宝官方或者 ISV（第三方开发者）开发的各种旺铺前台应用，可以帮助卖家更好地展示和推荐店铺中的商品，轻松完成店铺的日常运营和品牌推广。

（1）图片轮播模块。

图片轮播模块可以将多张广告图片以滚动轮播的方式动态展示，可调节轮播显示高度在 100～600px 之间，其宽度可根据卖家添加的位置自动设置。例如，卖家店铺的页面是单栏的，那么它的宽度就是 950px，如果页面是左、右两栏的，那么在右栏添加图片轮播模块，其宽度就会是右栏的宽度，一般为 750 px，如图 6-12 所示。可以添加多个图片地址和链接地址，不仅有展示作用，还能够为店铺内的商品引流。如图 6-13 所示，可对图片轮播模块进行设计，例如，是否显示名称，模块的高度、图片的切换效果如何，是上、下滚动还是渐变滚动。

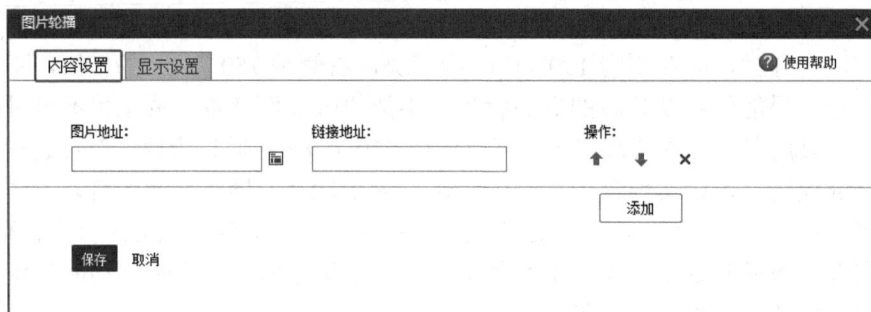

图 6-12　图片轮播模块内容设置

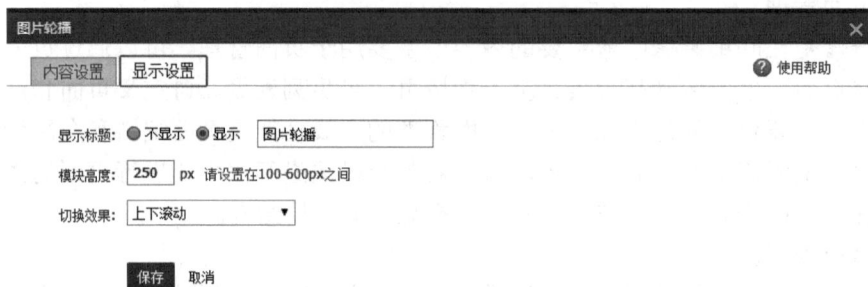

图 6-13　图片轮播模块显示设置

（2）搜索店内宝贝模块。

搜索店内宝贝模块是用于消费者在店铺内搜索产品时，输入关键字来检索本店铺内产品的工具。搜索模块可进行相关的显示设置，如显示标题、预置关键字、搜索按钮后推荐，这些关键字的设计有利于引导买家进行搜索，如图6-14所示。

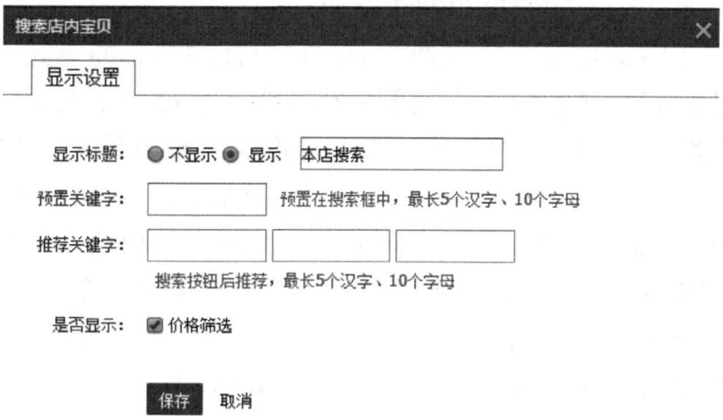

图6-14　宝贝搜索模块显示设置

（3）宝贝推荐模块。

宝贝推荐模块可以通过手动或者自动的方式，按照人气指数、产品分类、关键字、价格等维度挑选宝贝，并可设置是否显示折扣价、30天内销售数量、累积评价等。这个模块可帮助卖家推荐想要显示在页面上的商品，商品图片显示的形式和信息也是可以自定义设置的，从而较好地提高主推商品的曝光率。

（4）自定义模块。

自定义内容区可以通过在编辑器输入图片、图片文字、HTML代码形式的自定义编辑内容，其操作界面类似网页编辑软件的界面。一般编辑网页文字、段落、超级链接等按钮在工具栏中都可以找到，自定义内容区完全可以实现用户自己编辑的HTML静态代码，卖家可在计算机Adobe Dreamweaver软件中先设计制作好，再粘贴到自定义内容区的编辑界面上，即可完成该模块的制作。自定义内容区可以根据用户需求自行设计，在店铺装修中该模块应用较多。

（5）客服中心。

客服中心是旺铺的功能模块之一，卖家可以通过此模块，告知买家本店客服的工作时间及联系方式，方便顾客咨询，对此模块的标题也可进行个性化的设计。

（6）设计师模块。

在旺铺中除了基础模块外，还有设计师模块，如950分类、收藏店铺、四栏宝贝等个性化模块，满足创业者的装修需求，如图6-15所示。

图6-15　设计师模块

（7）页尾。

页尾是展示在店铺最低端的模块，和页头一样可以在每个页面都展示，因此页尾的设计与编辑也尤为重要，通常可以选取自定义模块进行装修。

2．淘宝首页装修

1）店铺首页的布局

淘宝店铺首页作为一个店铺形象展示页面，会直接影响客户对于店铺的认同感。虽然随着移动互联网的发展，店铺首页的流量占比有所下降，大部分客户是通过宝贝详情页进入，但当商品无法满足需求时，客户便会通过首页来寻找店铺内更好更多的商品，所以店铺首页在装修时，需要从客户的角度出发进行合理的布局。

淘宝店铺首页除了店铺页头和页尾外，中间可自行添加布局单元。店铺页头是每个页面通用的部分，由店招和导航构成。店铺页尾和页头一样是各个页面通用的，内容可以根据店铺的需求进行编辑。首页的中间部分包含 3 种形式的布局单元，950 布局单元、190/750 布局单元、750/190 布局单元。950 布局单元指可以添加宽度为 950px 的模块，而 190/750 布局单元和 750/190 布局单元可以添加 190px 和 750px 的模块，排列的位置方式不同。190/750 布局单元是 190 模块在左侧，750 模块在右侧，750/190 布局单元排列位置则相反。淘宝首页的布局可以在店铺后台页面装修布局管理中进行添加、删除布局单元，设计好首页布局后，再往各个布局单元中添加模块，如图 6-16 所示。

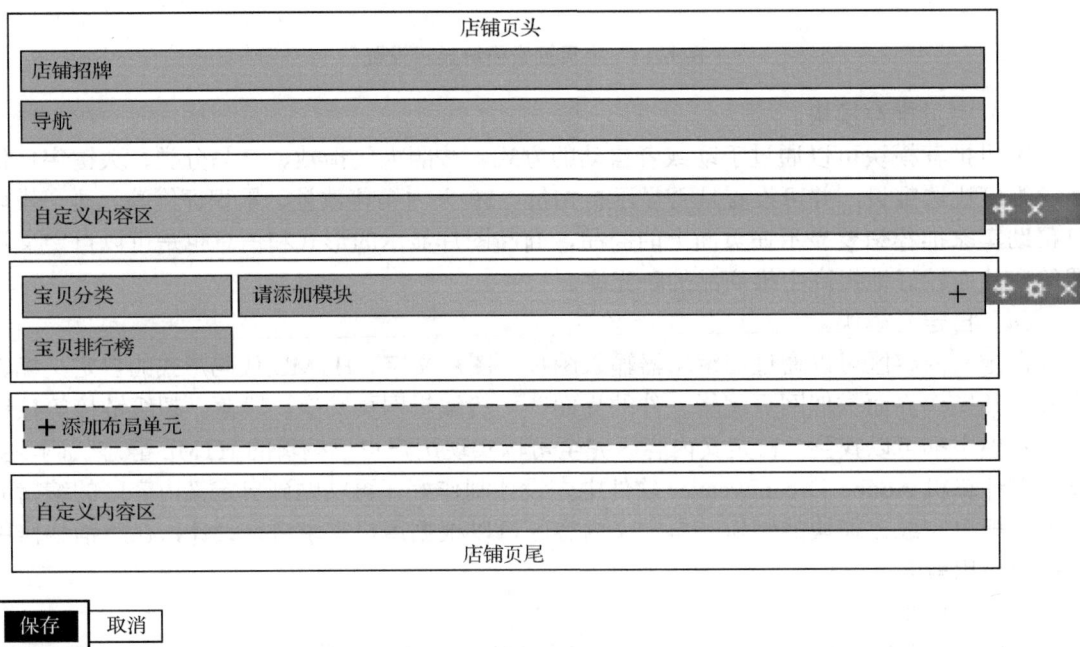

图 6-16　首页的布局结构

2）首页的页头装修

店铺首页页头部分包含店招和导航，无论是店招还是导航，都有着非常重要的作用，并且页头部分在每个页面当中都会显示。店铺招牌是在店铺每个页面都能够展示的模块，一般为一张宽度950px、高度不超过120px的图片，店铺招牌是直接展示店铺形象的板块，店铺招牌在设计时文字和背景颜色对比鲜明，要明确传达出店铺的品牌和商品信息，让买家进入店铺浏览之后一眼能够记住店铺名称和商品，并且在设计时需要和整体的店铺风格相统一，在进行首页店招装修的时候可以根据店铺需求，将不同的内容进行组合，但切记店招内容不宜过多，内容过多易显杂乱。

一般店铺招牌上可以展示以下内容。

店铺名称和店铺 Logo：它们是每个店招最基本的要素，也是店铺品牌宣传的基本内容，一定要放在比较醒目的位置，可以起到品牌宣传的作用，能够让客户从店招中记住店铺和品牌。

　　店铺口号：可以将商品或者品牌比较有代表性的标语放到店招中，一句话——简明扼要，说出店铺定位或者商品风格，加深店铺在买家心中的印象。

　　收藏店铺和领取优惠券功能：为了方便用户收藏店铺，提升店铺人气，可以在店招中添加"收藏店铺"按钮。店铺正在进行某个促销活动时，也可以将活动的优惠券直接放在店招中，体现促销的氛围。

　　主推热销商品：如果店铺正处于打造爆款的时期，则可以把最主推的宝贝加在店铺上，增加"单击"按钮，提高商品的曝光率。

　　导航模块是展示在店招下面的导航栏，以方便消费者对店铺信息进行检索，也是能在每个页面进行展示的模块。在导航模块中可以导入店铺的宝贝分类，也可以自定义需要的内容，建立新的自定义页面，通过导航模块进行展示。

　　导航可以帮助买家快速找到自己喜欢商品的分类，但在设置店铺宝贝分类时需要找到最简单明了的分类方法，并且商品分类并非越细越好，因为在分类过多的情况下，很多产品会同时属于多个分类，就会显得比较杂乱。尤其在店铺商品数量不多的情况下，如果分类过细，会不利于买家的购物体验。如图 6-17 所示，为双翼创客生活馆的店招与导航。

图 6-17　店招与导航

　　3）首页其他模块装修

　　在页头装修完成后，在店铺首页下方即可按照自己的设计需求添加旺铺中所需的基础模块和设计师模块，其中一些重点模块已经在本任务前面部分介绍过。首页在设计时并非模块越多越好，对每个模块需要灵活运用，达到最佳展示效果。

　　按照大部分店铺的习惯是在页头下方的第一屏为海报图，卖家希望通过店铺最显眼、最直接的展示位置将店铺内最具吸引力的活动、最具特色的产品展示给买家，吸引买家进行购买。海报图一般有产品海报图、主题活动海报图、宣传文字类海报图。产品海报图一般是将店铺内的主推产品通过海报图展示，为主推产品提供更多的曝光率，也可以将近期要上新的产品通过海报的形式进行提前预告，供用户提前收藏。主题活动海报图则要突出店铺近期的活动主题、促销策略、优化力度，如图 6-18 所示为茵曼品牌店铺三八节"骄傲的花朵主题活动海报，突出展现了满减的活动力度。宣传文字类海报图则可体现一些服务承诺，如大型活动前后（如"双 12"过后），就有部分店铺通过海报来承诺发货时间，过年期间，大部分店铺会通过海报来告知买家店铺工作时间的调整。

　　从店铺首页海报图继续往下装修，一般是展示店铺优惠券，在后台促销设置中设置好优惠券添加即可。紧接着可以根据店铺的需求添加自定义模块、宝贝推荐模块等进行装修，具体的装修方法见前面旺铺模块介绍。

图 6-18　茵曼品牌店铺"三八节"骄傲的花朵主题活动海报

二、详情页装修

1. 宝贝详情页的装修布局

宝贝详情页就是单击店铺任一款宝贝后，所打开的展示此宝贝所有相关信息的页面。宝贝详情页是展示产品详细信息的页面，买家通过对宝贝详情页的浏览获取商品信息，决定是否购买此商品。宝贝详情页的布局和首页有所区别，首页可以选择添加 3 种布局单元，而一般宝贝详情页的布局单元包括店铺页头、店铺页尾及一个 190/750 布局单元。店铺页头和页尾与首页的页头、页尾是一致的。190/750 布局单元的右侧包括宝贝基础信息、宝贝描述信息、宝贝相关信息 3 个模块，左侧则可以根据需要添加 190 模块，如宝贝推荐、宝贝排行、宝贝分类等。在宝贝详情页布局调整完成后，单击页面右上角"发布"按钮即可，宝贝的基础信息和宝贝的描述信息是在发布商品并填写商品信息时完成的。

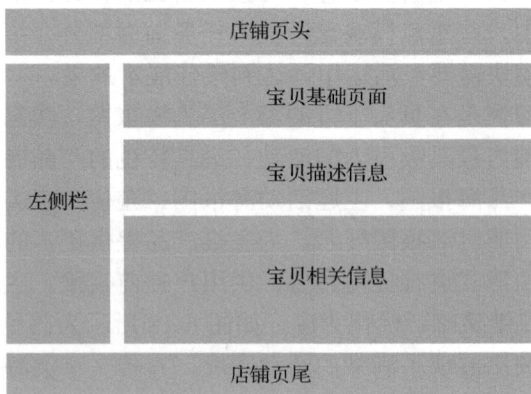

图 6-19　宝贝详情页布局

宝贝详情页描述信息装修通过商品发布界面，在宝贝描述区中可以输入图片、文字、HTML 代码。卖家可通过 Dreamweaver 软件先设计制作好详情页的内容，再粘贴到编辑界面上，发布商品时即完成宝贝基础信息和描述信息的装修。

2. 宝贝详情页关联销售装修

关联销售也是宝贝详情页的一部分，一般放置在宝贝详细描述之前，是大部分卖家都尝试过的一种促销形式，可以提高流量的利用率，让进店铺的流量在店铺内部流动起来，特别是对宝贝单价比较高、单击转化比较低的店铺，一定要充分利用每一个流量，让更多优质的宝贝吸引买家，同时可以增加店铺其他宝贝的展现和成交机会，提高店铺的客单价。

宝贝详情页关联销售的装修也有多种方式。如果需要对少数几款商品添加关联销售，将关联销售的内容通过 Dreamweaver 软件设计好后，可直接将代码放入商品编辑宝贝描述中发布即可。如要对多款商品添加关联销售，可以通过购买店铺软件完成，以超级店长软件为例，在服务市场中订购超级店长应用，打开超级店长软件，单击"宝贝推荐"模块。再选择创建一个活动，在应用中有非常多的模板，可以根据宝贝的类目、尺寸要求、推荐宝贝的数量和模板主题的颜色等需求，选取一个应用中提供的模板作为关联销售模板，这时会自动生成店铺内宝贝关联销售。接着进行活动名称、活动主题、图片尺寸等参数的设置，选取想要投放的商品，对投放商品的标题和价格设置完成后进行投放，这些宝贝详情页当中的关联销售便装修完成了。

同步实训

无线端店铺首页装修

实训目的

随着移动互联网的发展，使用手机 APP 购物的人群比例已经远远超过通过 PC 端购物的人群，无线端店铺的装修显得尤为重要。通过无线端店铺装修的实践，熟悉装修模块，掌握淘宝无线端店铺的装修技能。

实训内容与步骤

（1）进入淘宝网（http://www.taobao.com/），登录淘宝账号，单击"卖家中心"按钮，进入店铺后台。

（2）进入店铺后台，单击"店铺管理"中的"手机淘宝店铺"选项，进入"无线店铺"界面，单击"立即装修"按钮，如图 6-20 所示。

图 6-20　无线端装修入口

（3）无线端店铺新版店招装修。单击"店招"模块，模块编辑页面出现在右侧，查看店铺基本信息，填写店铺名称、店铺 Logo、上传店招图片（可以选择官方推荐图片，也可以进行自定义上传），同时可以上传店招图片的链接，在内容编辑完成之后，单击"确定"按钮即可，如图 6-21 所示。

图 6-21　手机淘宝店招装修

（4）无线端店铺首页店招下方是内容装修，应熟悉左侧的装修模块。宝贝类模块当中比较常用的是智能单列宝贝模块、智能双列宝贝模块、宝贝排行榜和搭配套餐模块，主要用于产品的展示，如图 6-22 所示。

（5）图文类模块通过上传图片进行展示，主要包含单列图片模块、双列图片模块、多图模块、轮播图模块等，这几个模块在装修时比较常用，如图 6-23 所示。

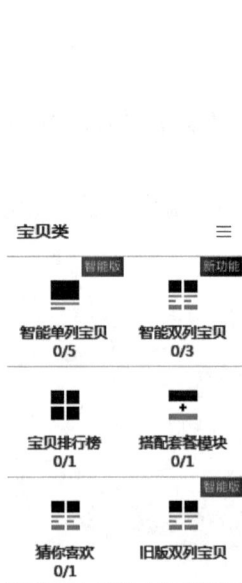

图 6-22　宝贝类模块

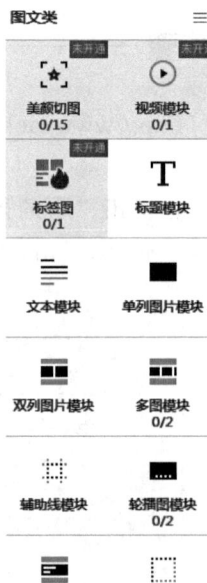

图 6-23　图文类模块

（6）还有两类分别是营销互动类模块和智能类模块，智能类模块中很多功能未开通，营销互动类模块中主要是用于店铺促销活动，如优惠券、店铺红包。

（7）根据无线端店铺装修的需求，选择相应的模块拖动到首页中进行编辑，如图 6-24 所示。该手机店铺装修店招下方选取了轮播模块，在拖动后选中该模块，在右侧进行内容编辑，图片大小要求 640×320（px），格式为 jpg、png，并上传图片链接，此模块可上传多张图片，展示效果为轮播。

图 6-24　轮播图模块装修

（8）双列图片模块可用于店铺商品分类，如图 6-25 所示。编辑图片大小要求 296×160（px），并单击"链接"按钮选取相应的链接。

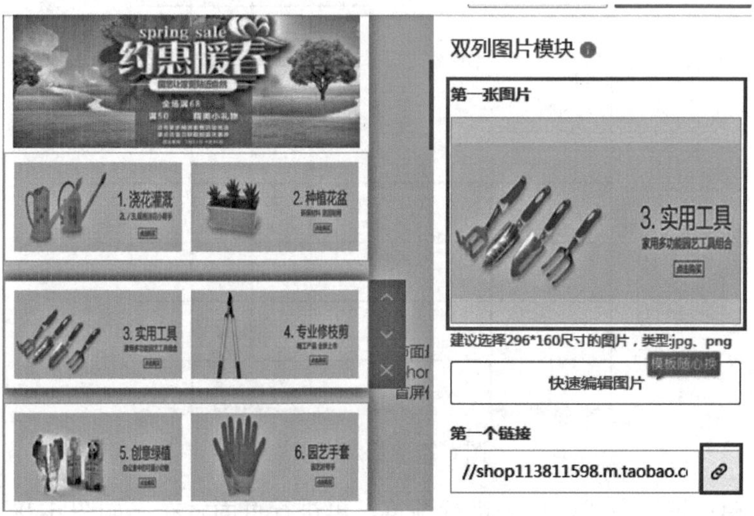

图 6-25　双列图片模块装修

（9）双列宝贝模块编辑输入标题，为标题选取相应的链接，并在下方推荐商品，推荐商品有自动推荐和手动推荐两种方式，最多可以推荐 6 个商品，如图 6-26 所示。

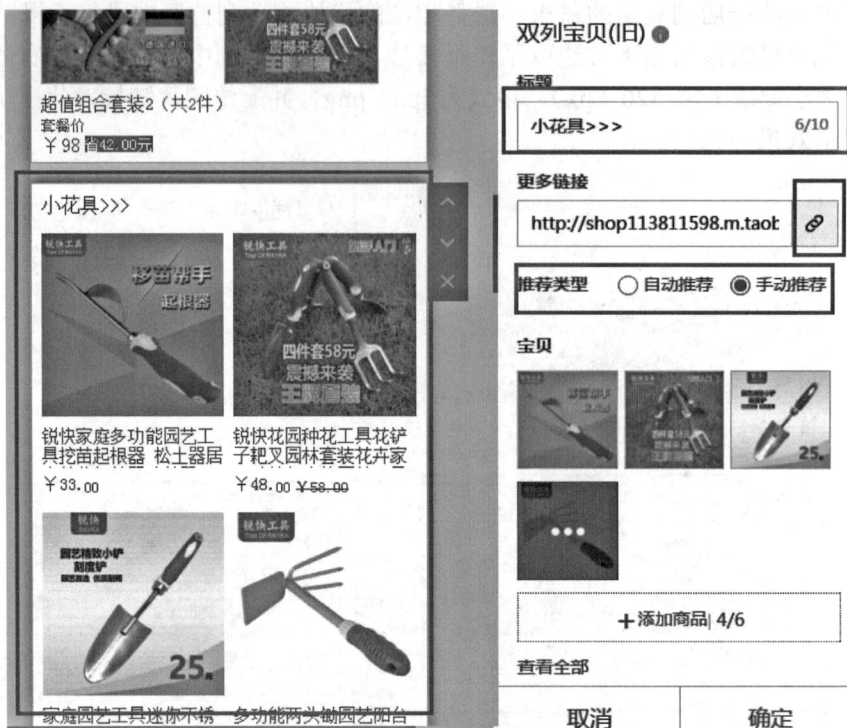

图 6-26　双列宝贝模块装修

（10）自定义模块编辑可以根据装修的需求选择相应的大小，并进行图片和文字的编辑。自定义模块的可塑性较高，在无线端店铺装修中应用比较广泛。

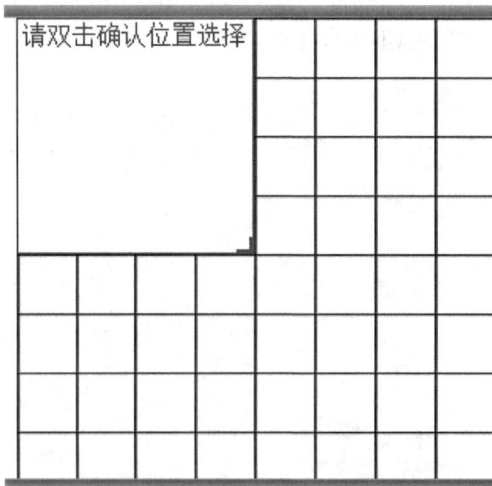

图 6-27　自定义模块

（11）所有模块编辑完成，可先进行预览，再进行页面发布，如图 6-28 所示。

图 6-28　无线端店铺首页装修效果

📞💬 实训提示

无线端的店铺首页装修风格多种多样，需要根据店铺商品进行准确的风格定位，需要合理的布局思路，先完成布局设计，再进行后台装修。

🌱📚 思考与练习

完成淘宝无线端店铺首页的布局设计和装修，将过程截图配文字说明，并回答下列问题。

（1）移动端购物和 PC 端购物对比有哪些优势和劣势？

（2）无线端店铺首页装修的重要性是什么？

任务三　店铺营销与推广

✅ 一、店内营销

1. 店内营销活动的目的

为了提高店内的商品销量，必须要把店内的促销做好。促销是一个直接提升销量非常有效的方式，同时提升店铺的浏览量和店铺人气。店内促销是店铺营销与推广的基础核心，当店铺通过站外和站内各种推广手段将客户带入店铺之后，客户此时会关注店铺内的促销力度，如果店铺内的营销力度不够的话，那么客户可能最终不会购买，转而去竞争对手处购买，那么店铺的转化率就会受到影响。

2．店铺内营销活动的主题

当店铺做促销活动时，往往需要找一个合适的理由。例如，利用某个节假日，想一个主题为店铺策划一次促销活动；国内的传统节日及国外节日的引入，如春节、元宵节、情人节、端午节、母亲节、父亲节、七夕节、中秋节、国庆节、元旦等。可以围绕最近的一个节日，选择合适的促销主题策划店铺内的促销活动。还有一类促销活动是围绕店铺内的商品或客户自行开展的，如感恩回馈、会员日、周年庆、新品上新等。往往在做店铺促销活动时，需要一个噱头，那么可以结合以上的形式进行店内活动的策划。

3．常见的促销形式

1）限时折扣

顾名思义，限时折扣就是在限定的某个时间段内，商品以特价的形式出售，卖家可以通过后台的促销工具实现。这种促销方式表现形式多样，需要注意的是必须让客户感觉有紧迫感，例如，可以通过最后 3 天、限时 24 小时等刺激消费者购买。有部分店铺常年做这样的限时促销活动，告诉客户是最后 3 天，其实商品的价格一直没变，这样对店铺积累老客户是不利的，容易让客户对店铺失去信任感，客户会有一种受欺骗的感觉。所以搞特价的时间不宜过长，让买家真正感到享受到了优惠。

限量、限时折扣跟限时折扣在本质上是一致的，也是限时折扣的一种表现形式。通过限量的方式来给消费者造成紧张感。例如，仅限前 50 名享受 5 折优惠，这也能够快速地促进转化。

阶梯式的折扣促销也是限时折扣促销活动的一种表现形式。例如，店铺内的某个新品上架，进行活动预告，第一天新品打 5 折、第二天新品打 6 折、第三天新品打 7 折，这种促销方式给消费者的紧迫感会更强。

2）秒杀

秒杀是淘宝网店经常采用的一种促销方式，是卖家通过发布一些超级低价的商品吸引消费者在同一时间进行网上抢购的一种促销方式。秒杀其实是限时折扣的变种，利用超低价、限时、限购、限量的促销来吸引人，其目的是希望通过对流量的引导，带动店铺的关联销售及其他商品的销售。

开展秒杀活动时需注意的是，必须要给一个相当优惠、具有很强吸引力的价格，并且限定商品的数量，如 10 件、20 件。同时，秒杀活动必须提前发布活动预告，通过多个渠道宣传活动，在活动前，确定活动预热时间和开始时间，进行推广宣传告知买家，约定好秒杀开始时间。在秒杀活动时间的设置上，可以实行整点秒杀。例如，从 9:00 一直到 20:00 都有商品进行秒杀，引导消费者提前关注或者收藏，切记不要把所有商品在同一时间点进行秒杀，那样收到的效果会比较差，往往后面进来的买家发现秒杀活动已经结束就跳失了。不同时间点整点秒杀的好处是，买家会持续关注店铺，在关注期间也可能会去浏览店铺内的其他商品，可以保证一个活动效果。

做秒杀活动的目的是提高店铺人气，希望通过店铺人气的提升，带动店铺内其他商品的销售。如何做好秒杀流量的引导就非常关键，在秒杀商品的页面中尽可能地告诉买家同样具有高性价比的商品，选择一些与秒杀款相近的款式进行推荐。由于秒杀商品需要设置较大的折扣，一般不会在原来的商品上进行设置，而是重新发布一个商品，设置定时上架参与秒杀。秒杀活动适合选择一些新品进行，且不宜过多地开展，可用于唤醒店铺内的一些沉睡客户。

3）满送、满减、满返

当买家消费达到一定金额或者数量时，卖家可以通过减金额、送赠品、返优惠券等形式给买家利益，以满为核心，送、减、返是手段，用此来吸引客户进行购买，提高店铺的客单价。满送是指客户购买达到某个金额时，赠送客户某个赠品，这个赠品就是诱饵，这必定是一个客户知道和喜欢的东西，客户愿意得到并且又不太难得到的东西，才会为之做出更多努力。也就是说，客户会因为这个赠品，而去做"满××元人民币"的努力。例如，某女装店铺日常客单价为75元人民币左右，为提高客单价，卖家推出活动满99元人民币送T恤一件，该赠品的成本价不高，但活动非常吸引买家的眼球，不仅店铺的销量上涨，店铺的客单价也有所提升。

满减即当客户购满××元人民币后即减××元人民币，是一种变相的让利折扣的方式，也是提高店铺客单价，刺激消费者多买的一种很好的方式。满减相对来说比较好理解，但是满减设置满多少元的这个条件一定要根据店铺的实际情况而定，要让买家够一够就能够着，不能设置得太过离谱，不然毫无意义。

满返一般是以购满××元人民币返回××元人民币或者返优惠券的形式，这种促销方式实施起来相对满减和满赠来说较复杂，并且返的抵用券是需要进行二次消费才能使用的，买家在购买时会比较犹豫，吸引力度较小。

4）换购

换购是指当买家买够多少元的商品时，再加多少钱可以换购一件其他的商品。例如，买家购满199元人民币的商品，再加9元人民币可以换购一件其他的某商品。加的这9元人民币是不足以支付换购品的，这样买家就会感觉加购的钱非常值得，就会愿意参与这种活动，可以刺激消费者购买更多的商品，同时提升客单价。但是换购活动在设置时要注意加价幅度要小，加价幅度太大买家肯定会考虑这个商品对自己有没有用，不利于达到好的效果。换购品物超所值，就是说换购的产品价格要高于加价，这样买家才会购买，不至于丢失换购积极性，让买家有占便宜的感觉，刺激多买。此类活动需要通过店铺首页、商品详情页进行多渠道推广，提高活动的曝光率，让更多的买家看到活动并参与到活动中来。

5）包邮

包邮是指当买家消费达到一定数量或者一定金额时，由卖家承担运费。例如，宝洁公司线上店铺推出全店满158元人民币包邮，以此来刺激消费者多买。包邮活动通常适合价格较低的商品。例如，宝洁线上店铺出售的生活用品，虽然线上的商品价格比实体低，但如果买家在购买时加上运费就不一定比实体便宜了，并且生活用品是消耗品，所以卖家就开展全场包邮来吸引客户。在设置时也要做好规划，是全店商品包邮还是针对部分商品包邮，以免造成店铺亏损。

6）搭配套餐

搭配套餐是把几种商品结合在一起设置成套餐来销售，让买家一次性购买更多的商品。而搭配套餐的总价格往往比原先分开购买几件商品要优惠。买家一次性可以购买多件商品，并且让买家感受到搭配套餐的优惠。搭配套餐的设置主要在于商品如何搭配，可以将两件类似的商品进行搭配，也可以将两件互补型的商品进行搭配。例如，一家销售床上用品的店铺，即可将枕头和被芯进行搭配，因为在客户购买被芯时，也有购买枕头的需求；也可以将多个枕头进行搭配，买家往往需要购买多个同种商品。

7）优惠券

店铺优惠券是淘宝卖家以虚拟电子现金券的形式赠送给买家，当买家的消费金额达到优惠券使用要求时就可以抵扣相应的消费额度。通常店铺在做大型活动预热时会采用发放优惠券的形式，通过优惠券的发放数量来预测当天的活动效果，提前做好商品的备货。

8）会员制度

会员制度是每个店铺针对老客户制定的一种优惠措施。按照买家交易额，或按照买家的交易笔数，达到多少等级是高级会员，多少等级是 VIP 会员。不同的会员等级享受不一样的会员折扣，当然等级越高会员折扣力度越大，这是一针对种老客户营销的很好方式，有利于增加客户黏性。

9）抽奖

抽奖也是常用的一种方式。如果两家店铺卖家销售的商品和价格都一样，其中一个商家购买可以抽奖，买家一般会选择可以抽奖的商家。抽奖就是刺激买家占便宜的心理，抽奖活动在设置时大奖必须要够大，有足够的吸引力，不然顾客抽了半天，中奖的商品或者优惠券价值很小，就会让买家失去兴趣。抽奖最好要送标准化的商品，不要非标准的，如衣服类，抽奖的衣服不是所有的买家都能穿。同时设置一些小奖，要让大部分的买家都能中奖，提高中奖率。抽奖活动要在店铺内明显的地方进行充分展示，如店铺的首页、产品的详情页，让每一个买家进店就知道有抽奖活动。

4．店内促销活动技巧

1）促销商品卖点再挖掘

店铺在开展促销活动前要进行活动商品的选择，在选款方面，店铺主页的热荐商品如果是主推的话，就需要一定的前期推广和销量铺垫。切忌将销量差距很大，几款成交量和评价数都很少的商品摆放在首页，这样不但起不到吸引客户点击的作用，还会让买家在庞杂的布局中迷失。

在促销商品宝贝详情的策划上，避免出现全店活动、关联推荐、品牌信息等过多与这款宝贝无关的信息，这样既会占据宝贵的屏幕显示，又会引起用户的反感，没有心情关注产品本身。建议减少不必要的信息，在设计关联销售和店铺活动时，要考虑图片占有空间及信息量的问题，可针对部分商品进行抢购氛围的营造。

2）明确活动目标

根据节假日的不同，要有针对性地做好营销工作，正确分析消费者的诉求，分析消费者对产品的倾向程度、消费行为，必须制订出一个量化的指标，才能更好地实现活动目的。

3）优化活动方案

在进行店内促销活动时，制订的促销活动要给消费者耳目一新的感觉，给消费者营造一个轻松、愉悦的消费氛围。店内促销活动的主题设计，要有冲击力、吸引力，让消费者看后记忆深刻从而产生消费兴趣，如光棍节，淘宝推出"相约双 11，五折促销"的活动。除了店内活动主题外，包括活动的产品、选择合适的促销手段、活动预热宣传形式、活动的效果预估等都要提前准备到位。这里特别强调的一点就是活动预热的形式，可以通过多种渠道进行，可以通过店铺首页、宝贝详情页进行活动曝光，也可以通过短信、电子邮件、微博等方式来宣传活动，提高活动的知名度，如图 6-29 所示。

图 6-29　某店铺活动预热首屏

✅ 二、站内推广

淘宝网店创业除了采用店内营销与推广，更关键的一个环节是需要把客户引入店铺中，只有买家进入店铺才能看到店铺内的促销活动，如果不通过站内的推广引流，店内营销活动的效果会受到很大的影响，如何将淘宝站内的流量引入店铺中是所有淘宝网店创业者最关心的问题之一。

淘宝站内的推广方式多种多样，一般分成付费和免费两种渠道，卖家可以通过后台的推广工具（如直通车、钻石展位等）进行付费推广，也可以参加淘宝平台的站内官方活动等进行营销推广。卖家需要根据店铺的实际情况选择合适的付费推广方式，并且尽可能多地报名参加免费站内营销活动。

1. 常规的促销活动

淘宝卖家除了在店内开展限时折扣、满减满送等促销活动外，还可以参加淘宝网官方平台的定期和不定期促销活动。淘宝网的促销活动分成两种类型：第一种类型是淘宝各个频道的官方活动，如天天特价、淘金币、试用中心、聚划算等，如图 6-30 所示，在店铺后台"营销中心"的"我要推广"界面中可以找到这些官方活动的常用入口。

另外一种类型是由淘宝小二组织的类目主题活动，包括定期和不定期两种。定期活动包含一年一度的"双十一""双十二"年中大促销等，这些活动一般都是在每年的某个时间段定期举行，淘宝官方的投入力度非常大，活动要求的促销力度也很大，参加此类大型活动的效果非常明显。2016 年"双十一"当日天猫完成交易额 1207 亿元人民币，创造了新的世界纪录，覆盖了 235 个国家和地区。可想而知，此类促销活动可以为店铺带来流量。

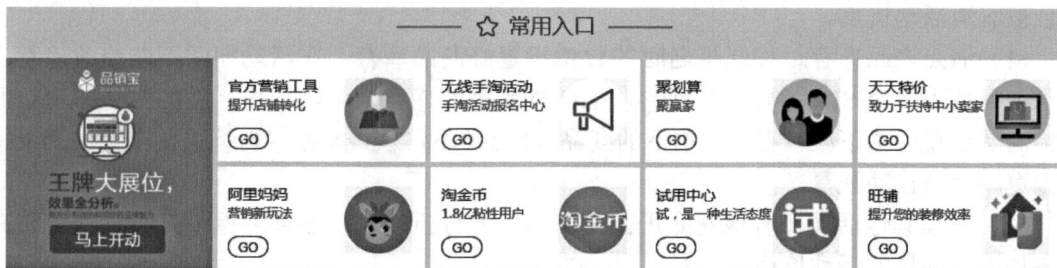

图 6-30　官方营销活动常用入口

除了定期的促销活动外，卖家还可以通过后台自主报名参加淘宝网举办的不定期的其他促销活动。卖家登录后台，在"营销中心活动报名"查看自己店铺近期可以报名参加的活动，按照活动要求提交商品和相关信息，等待淘宝小二审核，通过后即可参加活动，卖家可以在"进行活动管理"中查看审核结果及报名记录等。

2．天天特价

1）天天特价介绍

天天特价是以扶持淘宝卖家为宗旨的唯一官方平台，扶持的对象为淘宝网集市店铺，即只有淘宝集市的商家才可以参加，天猫的商家无法参加天天特价活动。天天特价频道有类目活动、10元包邮、主题活动三大块招商板块，其中类目活动、10元包邮为日常招商，主题活动为不定期开设的特色性活动，规则会区别于常规活动。

2）天天特价类目活动、10元包邮的招商规则

店铺要求：

淘宝卖家需符合下列条件，才有资格报名参加天天特价活动。

（1）符合《淘宝网营销规则》，且未因严重违规和出售假冒商品处罚的商家。

（2）报名"类目活动""10元包邮"的店铺信用等级为3颗心以上"。

（3）开店时间大于或等于90天。

（4）在线商品大于或等于10件。

（5）已加入淘宝网消费者保障服务且消保金余额大于1000元人民币，并要加入"7天无理由退换货"服务。

（6）实物宝贝交易大于90%，虚拟类目（如生活服务、教育、房产、卡券类等）除外。

（7）近半年店铺非虚拟交易的DSR评分3项指标分别不得低于4.7。

商品要求：

（1）商品库存大于或等于50件。

（2）报名商品最近30天交易成功的订单数量大于或等于10件。

（3）活动价格低于最近30天最低拍下价格，商品不得有区间价格，如果一个商品内有多个SKU，那必须保证所有SKU的价格是一致的。

（4）报名商品必须为全国包邮，其中港、澳、台可以除外。

（5）在活动结束后的30天内，参加过天天特价活动的商品不得以低于天天特价活动价，报名参加其他活动或在店铺里进行促销。

3）参加天天特价活动的准备工作

当卖家报名天天特价活动，收到审核通过的通知后，需要提前把准备工作做到位，否则会被取消活动资格。

（1）清点产品库存，按照报名时的数量设置好商品库存，在活动期间不能修改库存。如果该商品为多个SKU的，那么所有SKU加起来的库存数量等于报名时的数量即可，并且将商品设置成拍下减库存，若拍下的商品30分钟不付款，卖家将自行关闭交易，天天特价频道库存将自动恢复。

（2）清理其他活动，若该商品正在使用第三方打折软件，必须要保证打折软件价格高于参加天天特价的活动价格。

（3）商品保持一个价格，取消产品的区间价，多个SKU保证一个价格。参加活动商品的折扣价格由天天特价系统自动设置，不需要商家手动修改。在活动结束后30天内不得以

更低价格销售该商品。

（4）宝贝标题添加。参加天天特价的宝贝在标题前面要添加"天天特价"4个字，另外宝贝在活动结束后，商家应及时去掉"天天特价"关键字，以免被系统处罚。

（5）必须将商品设置为卖家承担运费，天天特价是全场包邮的，所以报名的商家需要设置为"卖家承担运费"，港、澳、台地区可以除外。

（6）保持商品始终在线。商品将在活动开始前两天被锁定，不得修改标题、主图、价格、库存及邮费，活动期间如果商品是未售罄下架的，系统会自动屏蔽展示，直到恢复上架。

（7）保证金可用余额必须要大于或等于1000元人民币。

4）天天特价的优势

（1）适合新手卖家。天天特价活动的要求相对比较低，对店铺信誉要求达到3颗心以上就可以，所以对刚开店的新手卖家比较合适。

（2）易打造爆款。在活动期间，以低价商品展示在买家面前，宝贝的转化率提升，销量提升效果明显，容易打造爆款。

（3）提升店铺曝光率。通过低价商品引流，可以为店铺带来人气，提高店铺内其他商品的曝光率。

3．直通车

1）淘宝直通车介绍

淘宝直通车是为淘宝卖家量身定制的，按单击付费的效果营销工具请确认，为卖家实现宝贝的精准推广。直通车是现在使用率最高的淘宝站内付费工具之一，卖家利用直通车推广宝贝，不仅可以增加宝贝的曝光率，还可以通过后台的关键词设置将商品展示给精准人群，也就是潜在客户，提高宝贝的成交率。系统会根据卖家在直通车后台为推广宝贝设置的相关关键词自动匹配有潜在购买需求的买家。买家通过单击直通车展示位的宝贝进入店铺，产生一次甚至多次的流量跳转，提高店铺的整体营销效果。

2）直通车推广原理

直通车是为淘宝卖家指定的一款付费推广工具，主要通过设置与推广宝贝关键词来获取流量，按照流量单击的个数付费。如果卖家想要推广一款宝贝，就要给该款宝贝设置相应的关键词、出价、宝贝推广标题及宝贝图片创意。当买家搜索关键词或者按照类目分类浏览时，推广中的宝贝就会展示到买家面前，当买家单击后就会产生扣费，不单击不扣费。这就是为什么直通车是推广效果最佳的站内推广工具了，它实现的是一种精准营销，是针对潜在客户进行投放的，因此相对的转化成交就会很高。

3）直通车的扣费原理

直通车是单击实时扣费的。当买家在直通车展位上单击推广宝贝时就会产生相应扣费，卖家可以通过直通车后台系统的实时数据表关注扣费情况。同时，24小时全天实时无效单击过滤系统也会监控多项参数，通过智能化的算法分析，实时过滤无效单击，相应单击的费用会返还到卖家的账户中。

直通车首次要存入500元人民币的预付款，当付款成功后，直通车账户就开通了。这些预付款全部是可使用的推广费用，形式类似手机预存话费，不会收取任何其他服务费用，账户后续进行充值即可。

直通车拥有多种推广形式的营销商品，它们都是按单击进行计费的，只有当买家单击了推广信息后才进行扣费，单次单击产生的费用不会大于所设置的出价。例如，当买家搜索了一个关键词后，卖家设置相关宝贝就会在直通车的展示位上出现，在买家单击该宝贝时，就会进行扣费。扣费小于或等于卖家在后台的关键词出价，单次单击成本不会高于出价。

$$实际扣费=下一位的出价×下一名的质量得分/卖家的质量得分+0.01$$

在直通车的扣费公式中，有一项非常重要的因素就是关键词的质量得分。质量得分是系统估算的一种相对值，质量得分包含计算机设备质量得分和移动设备质量得分。质量得分是在搜索推广中衡量关键词、宝贝推广信息、淘宝网用户搜索意向三者之间相关性的综合性指标。以 10 分制的形式来呈现，分值越高，可获得推广的效果越理想，其计算依据涉及多种因素。关键词推广质量得分越高，代表宝贝的关键词推广效果越优质，就可以用相对少的推广费把优质的宝贝信息展现在更适当的展示位置上，使买卖双方获得双赢。在直通车后台可以查看任意关键字的质量得分，而且还可以通过多种方法提高质量得分。系统会对每个关键词或类目出价给予一个质量得分，关键词初始分值会有所不同，并根据买家的浏览反馈等信息更新分值。质量得分由单击率、关键词、类目、宝贝信息的相关性、关键词效果的历史记录及其他相关因素决定，所以关键词的质量得分并不是不变的。

质量得分统计由 3 个维度组成，即创意质量、相关性、买家体验。

创意质量：推广创意近期的关键词动态单击反馈，即关键词所在宝贝近期的推广创意效果，包括关键词的单击反馈、图片创意。卖家通过两个创意测试不断优化创意效果，努力提升图片单击率，选取单击率较高的创意进行投放。

相关性：关键词与宝贝类目、属性及文本等信息的相符程度。关键词与宝贝本身信息的相关性，包括宝贝标题、推广创意标题、后台的关键词与宝贝的相符程度，主要体现在宝贝标题和推广创意标题上，如果关键词在宝贝标题或者推广标题中出现过，则该关键词的相关性就会比较高。还有关键词与宝贝类目的相关性及宝贝属性的相

推广四件套主图直通车

关性，一方面是宝贝类目与关键词类目的一致性，另一方面是发布的宝贝属性与关键词类目的一致性，则相关性会较高。

买家体验：根据买家在店铺的购买体验和账户近期的关键词推广效果给出的动态得分，主要是由直通车转化率、买家加入购物车和收藏数量、好评率、客服的反应速度等影响体验的因素决定。

4）直通车商品分类及展示位置

为了更好地为卖家和买家服务，直通车除了宝贝推广，还推出了店铺推广、活动专区和定向推广等营销商品。它们具备各自特有的优势，卖家可以根据自己的需求进行灵活地选择。

（1）宝贝推广。

宝贝推广是淘宝直通车最基础的一个推广方式。使用宝贝推广，除了可以获得精准的搜索流量之外，还可通过对不同人群加价及对不同展现位置竞价来获取更丰富的定向流量，其中的原理就是通过关键词进行精准推广，展示位置在关键词搜索页面、类目搜索页面、热卖宝贝搜索页面。当在搜索框中搜索关键词时，单击"搜索"按钮进入页面，其展示位置在页面右侧的 12 个位置和下方的 5 个位置，如图 6-31 所示。

（2）店铺推广。

店铺推广的原理跟淘宝直通车商品宝贝推广的原理一致，当买家搜索该关键词或类目时，用户的店铺推广就会得到展现，店铺推广也有丰富的展现位置。店铺推广的展现资源

有淘宝网关键词搜索页面、类目搜索页面、淘客搜索页面、热卖宝贝搜索页面。关键词或类目搜索结果在右下侧店家精选区域，每页可展示 3 个位置，即在 12 个商品宝贝推广的下方 3 个位置。

图 6-31　宝贝推广页面的下方展示位

（3）活动推广。

活动推广是指采取直通车用户自主报名的方式，将一部分符合淘宝特别运营要求的宝贝，在某一段时间，在特定位置上集中展现。活动不定期举行，需要通过直通车后台进行自主报名。

（4）定向推广。

定向推广是依靠淘宝网庞大的数据库，构建出买家的兴趣模型。从细分类目中抓取宝贝特征与买家兴趣点匹配的宝贝，展现到旺旺焦点图、我的淘宝中已买到宝贝、收藏列表页、物流详情页等买家浏览的热门展位上，帮助卖家锁定潜在买家，实现精准营销。定向推广淘宝站内的主要资源位为淘宝首页热卖单品、我的淘宝中已买到的宝贝、旺旺焦点图热卖商品等位置。

5）直通车的优势

（1）门槛低。相对于钻石展位、聚划算等，直通车推广的门槛相对较低。

（2）精准营销。流量灵活精准，可以通过控制关键词出价、展现位置、日限额、投放地域、时间段等灵活调节流量大小和精准度。

（3）效果数据透明。直通车后台的数据报表功能强大，即时性强，而且完全免费。数据分析只用官方后台就可以解决了，卖家可以根据相关的数据进行相应的投放计划的优化。

（4）以点带面。通过单款宝贝的推广或者店铺的推广带动店铺的人气，提高店铺的商品曝光率，同时提高店铺的关联产品销售。

4．钻展

1）钻石展位的介绍

钻石展位展示网络推广是以图片展示为基础，精准定向为核心，面向全网精准流量实时竞价的展示推广平台，为客户提供精准定向、创意策略、效果监测、数据分析、诊断优化等一站式全网推广投放解决方案，帮助客户实现更高效、更精准的全网数字营销。

钻石展位有以下几个特点。

（1）流量精准。包括淘宝网首页和无线端等站内资源位，各大视频、门户、社区网站等全网优质流量资源。

（2）精准定向目标人群。通过群体定向、访客定向、兴趣点定向和 DMP 定向等多种定向方式，圈定目标客户，精准展现广告。

（3）实时数据分析、效果监控。可以通过钻展后台实时了解投放数据，查看投放效果，及时调整投放策略。

（4）按展现计费。钻石展位是按照展现次数来计费的，若推广的图片不展示则不会收取费用。是根据千次展现计费，即 CPM 计费方式。若卖家后台出价千次展现单价为 5 元人民币，那么该产品在展示千次之后就需要支付 5 元人民币。

2）钻石展位的展示位置

钻石展位的展示位置非常多，包括站内和站外的资源。目前有上百个资源位，分布在淘宝网、天猫网和各大站外知名媒体，如腾讯、新浪、网易、豆瓣、优酷、土豆等网站。站内资源位包括淘宝首页焦点图第二屏、第三屏、第四屏，焦点图右侧 banner 二屏大图，底部通栏和小图，淘金币焦点图轮播、旺旺弹窗焦点图等位置，数量非常多。站外资源位包括影视、综合门户、教育、军事等网站。

（1）淘宝首页焦点图位置，中间第二屏、第三屏、第四屏都是钻石展位的展示位置。如图 6-32 所示为淘宝首页焦点图第二屏钻石展位。

图 6-32　淘宝首页焦点图第二屏钻石展位

（2）淘宝首页焦点图右侧 banner 第二屏，如图 6-33 所示。

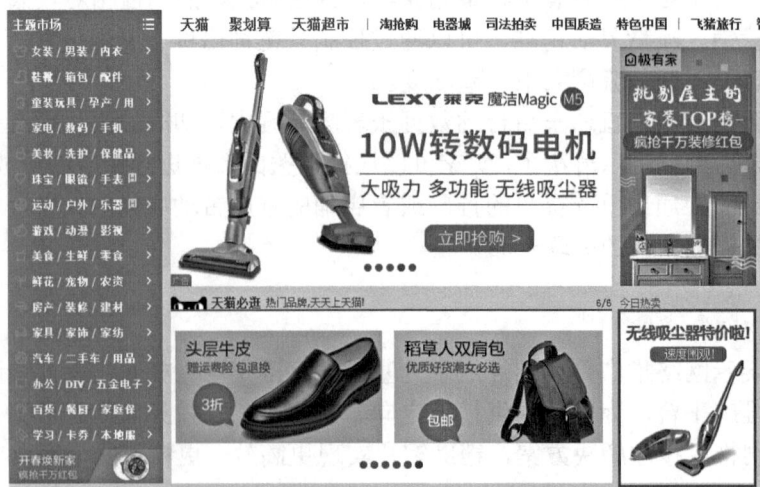

图 6-33　淘宝首页焦点图右侧 banner 第二屏

（3）合作网站，如图 6-34 所示为优酷视频播放钻石展位。

图 6-34　优酷视频播放钻石展位

3）钻石展位的计费规则

钻石展位是按照流量竞价售卖广告位置的，计费单位以千次展现计费，即广告被浏览 1000 为单位收取费用。钻石展位计费是以 CPM 的形式，是按浏览量而非单击量计费。

例如，某个卖家对于某个资源位的出价为通投加溢价，总共 20 元人民币，假设最终扣费等于出价，那么该卖家获取 1 万次展现需要付出 10×20=200 元人民币。那么根据该卖家的成交额情况就可以核算出当日钻石展位的投入展出比。

钻石展位操作流程

✅ 三、站外推广

淘宝卖家可以通过店内营销和站内推广来提高店铺的人气，同时卖家也可以通过淘宝站外的工具对店铺内的宝贝进行营销推广，其中包括淘宝客推广、第三方平台推广及微博等 SNS 推广渠道。

1. 淘宝客推广

1）淘宝客的概念

淘宝客是针对淘宝卖家的一种推广工具，是按成交计费的推广模式。淘宝客从淘宝联盟获取卖家产品的推广链接，再通过聊天工具、博客、论坛等各个渠道进行推广，消费者通过这些渠道购买商品且完成交易，淘宝客就会拿到卖家所设置的商品佣金，按照成交的数量进行计费。

2）淘宝客推广的优势

（1）投入产出比高。淘宝客与直通车、钻石展位有所区别的是展现、单击不计费，只有成交之后才支付佣金，性价比较高。

（2）可控性高。淘宝客推广是按照 CPS 成交计费的方式，不需要先充值，也不需要前期投入资金，佣金比例自己可以设置，所以可控性相对较高。

（3）淘宝客资源广。淘宝客的群体广，卖家可以通过多种途径寻找淘宝客为商品进行推广，一旦累积了一定的淘宝客资源可以反复利用，做好后期的维护工作，将这部分淘宝客发展成店铺的固定推广人群。

2．第三方独立平台推广

1）独立平台的概述

除淘宝网之外，还有一些独立的第三方网站专门为淘宝网进行店铺推广，如特价猫、返利网、聚卖网等网站。这些平台有自己独立的网站，同时也与淘宝网保持着合作关系。淘宝网的卖家可以将自己的商品在这些网站上曝光，把客户引入到淘宝店铺中，为店铺引流，提高店铺的转化和销量。

淘宝客的操作推广流程

2）独立平台的招商规则

下面以聚卖网"9.9 元包邮"活动为例，介绍独立平台的招商规则。

店铺要求：

（1）C 店铺卖家要求参加消保和旺铺，店铺信誉为 5 颗心以上，好评率 97%以上，遵守规则分数不低于 82 分，综合动态评分 3 项均 4.5 分以上。

（2）卖家及无名良品卖家店铺，遵守规则分数不低于 82 分，综合动态评分的 3 项分数都在 4.5 分以上。

（3）卖家应承诺在活动结束后 3 日内完成发货，并承诺因出现质量、品牌质疑、货不对版等问题，在买家申请退货、退款时，运费由卖家承担。

（4）报名卖家需要具备一定的运营能力和服务能力，及时处理买家疑问，给予买家优质的购物体验及服务。

（5）在审核通过后，不得无故要求退出活动。

（6）店铺报名前，必须悬挂"聚卖网"的 Logo，不悬挂者，不予审核。不支持放入轮播位。在活动结束 30 天内，撤下"聚卖网"Logo 的店铺，由智能识别系统直接把店铺拉入黑名单，永不释放，一年内不能参加聚卖网活动。

商品要求：

（1）全国一件包邮（港、澳、台除外）。

（2）必须保证为全新商品，且不能是违禁品、保健品、无证食品、成人用品、减肥类、二手闲置或其他违规商品。

（3）最近一个月内销售记录要正常成交 5 单以上且有 2 个好评，报名宝贝的"宝贝与描述相符"得分要大于 4.5 分。

（4）同一店铺每月分开报 10 款商品，单个宝贝库存数量不低于 100 件，原价必须为 25 元人民币及以上。

（5）商品的销售价格不能高于 9.9 元人民币。

3．论坛、微博等 SNS 推广

除了淘宝客和独立网站两种站外推广方式之外，卖家还可以选择通过论坛、微博等渠道进行 SNS 推广，如通过论坛发帖等形式为店铺做推广。利用 SNS 做推广的前提是要找准目标人群，然后通过信息传达，达到推广效果的最佳化。SNS 是属于交互式平台，用户主要是通过这些平台进行交流、联络感情。平时日常也可通过关注好友、访问好友主页、评论好友心情日记、与好友玩游戏等达到回访互动的效果。

微博推广是目前推广方法里普遍使用的。把推广内容通过视频加文字的形式发表在微博中，现在采用比较多的方式是通过直播，告诉粉丝店内最近上的新品、新品的材质、设计理念等，效果非常明显；也可采用图片和视频的形式。当然做微博推广必须要有一定的粉丝基础，所以前期必须累积大量的粉丝才能达到相应的效果。

通过微博、论坛等推广方法效果不会立竿见影，需要长期坚持积累资源。

同步实训

爆款商品打造

实训目的

在网店的实际运作中，商品的销量占商品排序的很大比重，如果一款商品的销量非常高、排序靠前，那么在买家搜索相关商品时，就有机会通过该款商品进入店铺中，这不但提高了爆款商品本身的浏览量和销售量，同时也带动了店铺中其他商品的销售，通过爆款打造实战案例的学习，掌握爆款商品打造的过程。

实训内容与步骤

（1）爆款知识点的学习。

爆款是指在商品销售中供不应求、销售量很高的商品。就是爆款带来的不仅仅是流量，更重要的是销量的暴增。如果店里没有爆款，就无法带动网店销量，利润往往会较少。爆款的成交会提升店铺的总成交量和信誉度，会带动关联商品的热销，还能提高店铺的总体评分和其他宝贝的搜索排名。

选择好潜在的爆款商品，是爆款打造的关键。如何选择潜在的爆款商品，可以遵循以下几点。

应季商品。商品必须是款式新颖的应季商品，并且要抓准网上销售的时期。例如，要打造一款冬天的毛衣，就不能到冬天时再做准备，必须从夏季末秋季初就开始积累人气。

商品的价格足够吸引人。商品除了款式新颖之外，性价比一定要高。可以通过平台相关数据的调研，确定价格合适、性价比较高的商品。通过打造爆款提高店铺的人气和销量，以及利用爆款来赚钱。

购买人数多。对于电商要从消费者需求的角度出发，只有从消费者的购买数据出发，才能确定要打造的商品。

用户评价高。最好的宣传是消费者的口碑宣传，在电商平台上的商品就来源于用户的评价；从平台的角度出发，平台对于评价好的商品，搜索支持权重也会较高。

收藏人气相对较高。收藏人气高代表着潜在的购买率较高。

（2）分析商品的行业大环境及该行业热销商品的特征及数据，选择合适的商品进行爆款商品的打造。如某店铺通过研究园林工具行业的热销商品特征，选择了该款商品作为爆款商品进行打造，如图6-35所示。

图 6-35 园林工具四件套

（3）结合店铺页面进行商品的推广。通过在店铺内部布点进行商品推广，例如，在店铺的首页焦点图位置、店铺的店招位置进行商品布局，增加商品的曝光率，让更多的买家看到商品，如图 6-36 所示。某店铺通过首页焦点图直接链接到爆款打造的商品园林工具四件套中，并且在店铺内布点的时候，就注意到可以为商品策划的相应活动进行配合曝光推广。

（4）单品详情页的优化包含商品头图及标题优化，以及商品的卖点深度挖掘，如图 6-37 所示为标题和头图优化，商品的标题集合行业中热度较高的关键词，头图可以带上商品的盈利点，如图 6-38 所示。对产品的详情页中工具大小进行了测量和对比，并对功能进行了多角度的挖掘。

图 6-36 首页焦点图

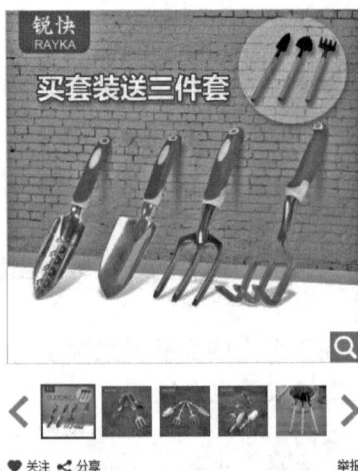

图 6-37 标题和头图优化

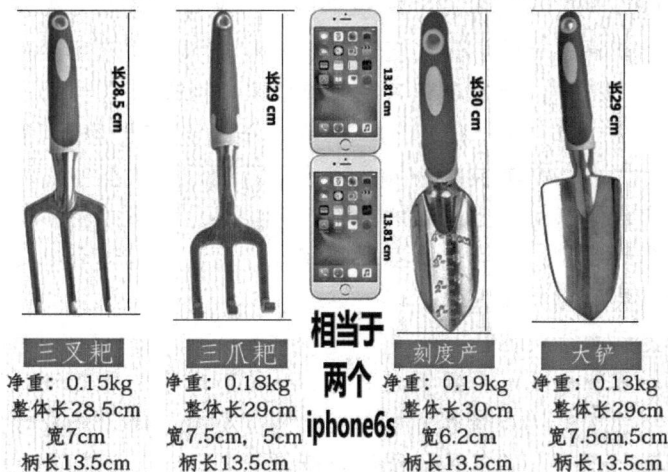

三叉耙	三爪耙	相当于 两个 iphone6s	刻度产	大铲
净重：0.15kg 整体长28.5cm 宽7cm 柄长13.5cm	净重：0.18kg 整体长29cm 宽7.5cm，5cm 柄长13.5cm		净重：0.19kg 整体长30cm 宽6.2cm 柄长13.5cm	净重：0.13kg 整体长29cm 宽7.5cm，5cm 柄长13.5cm

图 6-38 详情页优化

（5）关联销售商品的准备。在集中推广该商品时，该商品的流量肯定会所有上升，此时做好关联销售商品的连带工作也非常关键，选取合适的商品做连带销售。

（6）通过付费和免费多渠道进行推广，可以通过直通车、钻展、论坛、淘宝客等付费和免费的渠道进行商品推广。店铺通过直通车对商品做付费推广，设置相应的关键词，为该商品引流，同时设置合理的佣金通过淘宝客进行推广。

（7）效果评估。通过商品的流量、转化率、销量、评价等对爆款商品打造的效果进行评估，分析这些数据，并进行下一步的优化。

📞 实训提示

卖家在推广某款商品时，需要为该商品策划相应的营销活动，并且将促销信息展示在较显眼的位置，吸引买家的注意，提前让买家收藏商品、加入购物车。在活动期间主要做好关联销售，争取做到流量效果最大化。

🌱 思考与练习

参考爆款商品打造过程，为店铺选择一款商品，制订完整的爆款商品打造计划。

📒 同步阅读

新零售不仅仅是概念，而是彻底改变

随着阿里、京东等电商平台陆续对电商概念进行不断丰富和拓展，新零售作为新条件下电商发展主要方向的迹象愈加明显。作为一种衍生于传统互联网的全新事物，新零售甚至成为引爆下一个互联网发展爆点的全新领域。

继阿里公司财报中突出新零售在整个业务中的比重之后，京东公司在最新公布的财报

中同样开始突出一些加入新商业模式的业务增长点，我们同样把京东公司对于电商发展的新探索看成是其对新零售的一种尝试。随着京东公司的加入，未来在新零售的模式下，预计还会有更多巨头加入其中，一个新零售时代或许正在悄然来临。

新零售时代究竟是一个什么样的时代？很多人将这个时代看成一个线上和线下充分融通的时代，在这个时代中，原本被逼到墙角的线下门店开始发挥作用，弥补线上购物带来的诸多不便，让用户既能感受线上购物的便利，又能感受线下体验的真实。其实，新零售之所以会受到如此多的关注，因为它是互联网模式在迅猛发展过后的反思与重构，更是对未来发展模式回归底层后的再探索。

新零售缘何会受到如此欢迎？

很多人只是将新零售看成一个新概念而已，认为新零售并未触碰到已形成的以互联网为基础的电商逻辑，更有人认为新零售只是互联网巨头在经历了流量时代的发展之后，重新虚构出来的一个概念而已，并不具备任何创新性。

其实不然，新零售之所以受到如此多的关注，其中一个很多重要的原因就在于当前的互联网业已成为一种基础设施，当下所有的行业几乎都在以不同的形式与互联网产生联系，想要获得新的发展，必须借助互联网之外的手段来对人们的消费进行新的刺激，以达到销量提升的目的。

传统互联网时代步入移动互联网时代为电商巨头带来新一轮的增长，这一轮增长的背后是互联网对于人们生活影响的逐步深入。传统互联网时代，人们的活动聚焦在以 IP 为原点的轨迹中，人们的活动具有非常明显的时间性和地域性的特点，进入移动互联网时代后，人们借助移动终端能够实现全天候、全时段在线，这种改变对于传统电商的影响是革命性的。

传统电商的营销逻辑主要关注的是"迁移"，即将传统的产业从线下尽可能多地迁移到线上，并不涉及太多用户体验的东西，只要能够将传统产业迁移到线上便是电商。进入移动互联网时代之后，人们关注的重点不再仅仅只是有多少传统产业在线上，人们开始关注如何尽可能快、尽可能便利地获得这些产品，在这个时期，人们关注的是如何借助新的互联网技术实现随时地购物、付款等操作。

随着人们消费习惯和购物方式逐渐转移到线上，形成了以移动互联网为基础的新购物时代。在这个时代中，用户真正关注的是购物的方便、快捷、实惠。随着消费升级时代的到来，原本这些吸引用户的点成为各个商家都会有的标配，在这样一种市场状态下，如果依然按照原有的逻辑去吸引用户，想要借助原有的手段去促成用户购买，显然已经无法起到应有的效果。一种衍生于移动互联网土壤中的全新模式正在被萌芽。

这种模式就是新零售模式。新零售之所以受到如此欢迎，很大程度上是由于它找到了一条建立在线上与线下两端的新发展模式。在这样一种模式中，移动互联网时代建立起来的流量优势和技术优势依然能够发挥效用，同时在移动互联网时代被逼到墙角的线下门店同样能够发挥自身优势获得新生的机会。

增长乏力的移动互联网巨头希望借助新的手段实现新一轮的增长，传统的零售门店则希望转变自身功能，找到一条能够与移动互联网巨头融合的道路。对于用户来讲，同样不再仅仅局限于"买得到"的水平上，未来将会更多地关注"买得好"。

多角度、深领域、复合性……新零售的优势在哪里？

新零售之所以会受到如此多的欢迎，一个很大的原因是，它在继承移动互联网时代诸多优势的基础上，还能够与未来的新技术、新思维、新思路存在诸多结合点。这让新零售完全有理由能够成为未来引爆下一个发展风口的领域。

多角度。由于新零售更多地承担了用户消费升级的需求，因此要求它既要照顾传统领域用户的需求，又要承担起用户消费升级的任务。这一特征最终让新零售必须从多个角度来实现自我提升才能担负起未来发展风口的重任。

为了满足互联网用户消费升级的需求，新零售必须利用自己的优势完成传统电商模式下无法完成的任务。以商品展示为例，移动互联网时代的商品展示是以图片、文字、视频的形式进行展示，然而，用户对于商品的了解依然不够清晰、全面，很多用户依然会遇到买到的商品无法与真实需求对上的情况。出现这个问题，就在于商品展示与用户体验之间依然存在很大落差，单单依靠传统的商品展示，显然已经无法满足用户购买商品的需要。

随着新零售时代的到来，以商家为主的内容展示形式将会逐渐被以用户为主的内容展示形式所取代，每一条商品展示就是不同用户对于商品体验后的真实反映，这种体验式的内容展示形式无疑比传统的展示形式更加生动、直观。在用户进行体验的过程中，新零售又会在传统技术的基础上，借助新技术的手段，让用户的体验更加真实。

新零售这种承前启后的发展模式让它既能够保持传统互联网时代的优势，又能够与新技术产生结合。如此多角度的发展模式让未来的新零售有了更多发展的可能性。新零售时代的用户不再仅仅是内容的接收者，更多地将会承担内容生产者的责任，为新零售注入更多发展活力，获得更多发展的可能性。尽管当前很多电商巨头都注意到了这一点，但是真正尝试的却很少。以聚米众筹为代表的一些中、小型平台却开始深入其中，通过不断挖掘项目与体验之间的关系来探索新零售在未来发展的可能性。

深领域。新零售的另外一个特征就是深度介入，在传统的电商逻辑中，以阿里、京东为代表的互联网巨头可能仅仅是提供了一个平台而已，对于平台上所销售的商品，并没有进行过多地介入。这种发展模式最终导致了很多商品并不能被电商平台控制，最终让用户深受其害。随着新零售时代的到来，电商平台开始深度介入商品生产、运输、销售、使用等诸多环节，在这些环节中，传统电商平台开始和线下门店产生联系，并以此将线下门店看成一个线上商品体验的"补给站"，让很多线上用户能够在线下门店中获得更加全面的体验。

除了线下体验之外，新零售更多的是借助传统门店的网点优势来为线上商家提供服务。这同样是传统电商深度介入的一种表现，在传统逻辑中，用户买到劣质商品只能通过线上途径进行维权。而在新零售模式中，用户买到劣质商品之后，能够直接到线下门店进行商品调换，这种体验更加容易被人接受。

新零售的这种深度介入的模式让线上购物的便捷与线下服务的及时完美结合在一起，从而让用户获得了一种完全有别于传统电商的体验。另外，用户还能够借助电商的下单模式进行线上交易，而提货则能够在就近的线下门店进行，这种深度介入的模式最终让新零售变成了线上与线下能够融会贯通的连接器。

复合性。复合性是新零售有别于传统电商的突出特点。传统电商平台只是承担为商家导流的作用，并不会涉及其他的一些业务。这让传统电商平台仅仅停留在导流的层面上，等到用户维权、商品调换时，电商平台还要重新找卖家来解决。这种模式不仅造成了资源的大量浪费，还让很多电商平台对于商家的控制力较弱，很多电商平台年年都在打假，而假货却依然存在。

进入新零售时代，电商平台不再仅仅承担导流的角色，更多地承担的是提升用户体验的任务。随着流量红利逐渐消逝，单纯的导流已经很难触发购买，只有在引导用户的基础上，通过增加平台的功能来促成用户新需求的实现，才能真正实现新零售时代的到来。

未来，新零售平台或许将不再仅仅承担购买的功能，体验、社交、交易等诸多功能将会被复合在新零售平台上面。当这一系列的功能成为电商平台的标配时，新零售时代或许才能最终来临。

新零售所具备的诸多特征最终决定了它不是一个简单的概念，而是在积累了移动互联网时代先进经验的基础上，通过不断与新技术、新思维、新模式发生联系嬗变而来的一种新事物。它能够破解传统电商在流量红利结束后的发展困境，契合用户消费升级需求大主题，为线上和线下找到一条能够并行发展的模式。

在新零售的模式中，用户将会真正成为所有流程的核心，用户体验将会成为最终决定成败的关键。当讨论新零售的时候，不应当仅仅只是谈论新零售的概念，应该更多地思考新零售究竟与传统模式有多少结合的可能性，以及未来究竟会给人们的生活带来多少实质性的改变。

（资料来源：http://info.hhczy.com/article/20170307/30438.shtml）

项目小结

选择淘宝平台进行电商创业，相对来说创业门槛较低，特别是开设淘宝个人店铺，只要对相关资料进行认证即可开设店铺。但在开设店铺之前，选品也是非常关键的，选品的成功与否直接关系到店铺后期的运营，在选品之前需进行商品的相关市场调研，了解行业现状及消费者的需求，选择具有竞争力的个性化商品，同时配合店内和站内外的营销推广，才能在淘宝平台上脱颖而出。

店内和淘宝站内外的营销推广方式多种多样，在进行店铺推广时，可以根据店铺的不同时期及不同的推广目的选择合适的推广方式，争取达到效果最大化。同时也要在售前与售后等环节关注用户体验，用户才是所有流程的核心。

同步测试

同步测试参考答案

1．单项选择题

（1）在发布商品时，宝贝标题不可超过（ ）字。

A．20 B．30 C．40 D．50

（2）在发布商品时，商品的头图要求大于（ ）px，才能有放大效果。

A．500×500 B．700×700 C．800×800 D．900×900

（3）不属于淘宝站内推广方式的是（ ）。

A．直通车 B．钻石展位 C．淘宝客 D．硬广

（4）淘宝网直通车广告属于（ ）形式。

A．CPC B．CPS C．CPM D．CPA

2．多项选择题

（1）在以下营销推广方式中，属于站外营销与推广的是（　　　）。

　　　A．直通车　　　　　　B．微博推广　　　　　C．淘金币　　　　　D．淘宝客

（2）计算机端店铺首页装修的模块有（　　　）。

　　　A．图片轮播模块　　　B．宝贝推荐模块　　　C．自定义模块　　　D．搜索栏模块

（3）淘宝网的付费推广工具有（　　　）。

　　　A．直通车　　　　　　B．钻石展位　　　　　C．淘宝客　　　　　D．硬广

3．分析题

（1）无线端店铺装修应该注意哪些方面？

（2）用户体验对于电商创业的重要性是什么？

项目七

移动电商平台创业

本项目知识点

了解有赞微商城；开通有赞微商城的步骤；有赞微商城的店铺主页面装修；店铺导航装修；全店风格装修；店铺公告广告设置；店铺营销活动的设置；入驻有赞分销平台的步骤；有赞微商城店铺其他推广方式；微店的概念；微店创建的步骤；微店装修；微店店铺营销与推广的工具；APP 在线开发平台的种类；APP 的创建过程；APP 的页面装修；APP 的营销与推广的方式。

本项目技能点

掌握有赞微商城开店的技能；掌握微店的营销与推广工具；利用 APP 在线开发平台实现 APP 开发。

知识导图

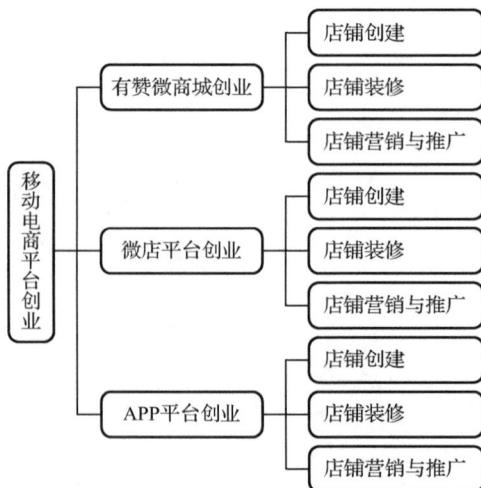

引例

近年来，随着移动终端和智能手机的完美契合，使两者相辅相成，共同成长。因此，手机APP也因时而生，为人们生活带来了不可否认的便捷。移动出行作为互联网时代最流行的出行方式，在移动APP盛行的契机下，成为了当代人们的出行习惯。滴滴作为国内最大的网约车平台，在国内移动出行行业占据着至关重要的位置，可谓是当代交通业的颠覆者。

滴滴收购了Uber中国的品牌、业务、数据等在中国内地的全部资产运营，同时两家公司将交叉持股。随着滴滴收购Uber，滴滴在中国市场的份额将大大增加。滴滴创始人兼CEO程维表示，与Uber的合作，将让整个移动出行行业走向更健康有序、更高层次的发展阶段。此次合作后，滴滴将继续与监管者、广大用户和各界伙伴一起不懈努力，为解决城市的交通、环保和就业贡献力量。

引例分析

滴滴收购Uber，代表着我国移动电商领域的发展，移动互联网加速渗透带动各领域O2O应用竞相发展。一方面，阿里巴巴、腾讯等互联网巨头加大O2O领域的投资和并购力度，竞相推广移动支付平台的开放应用，打造O2O领域的开放平台，推动传统服务商的O2O转型走向实践，银泰、王府井、上品折扣等传统百货纷纷试水。另一方面，基于社区、外卖、汽车、教育、医疗、美容、生鲜、婚庆、房产等领域的O2O创新和创业活动风起云涌，吸引大量资本关注。同时，随着移动社交平台和自媒体的发展，通过移动电商平台的创业者也越来越多。本项目将从有赞微商城、微店、APP开发3个方面讲述移动电商创业。

任务一 有赞微商城创业

一、店铺创建

1. 了解有赞微商城

"有赞"交易额破130亿元人民币

有赞微商城原名为口袋通，是帮助商家在微信上搭建微信商城的平台，提供店铺、产品、订单、物流、消息和客户的管理模块，同时还提供了丰富的营销应用和活动插件。目前，在有赞旗下包含有赞微商城、有赞收银、有赞供货商、有赞微小店、有赞批发等产品，以及为线下门店提供O2O解决方案服务。

2016年有赞微商城推出基础版和专业版两种模式。基础版可以提供客户免费试用，主要面向线下实体门店和线上传统电商，通过自建商城，提供客户粉丝经营、在线互动营销、商品销售、线上/线下打通、开放数据等体系化服务。专业版以收费的形式提供了更多的服务，其中标准化管理收费每年 4800 元人民币，包含多商城渠道、商品管理、订单管理、客户管理、互动营销、O2O 解决方案等服务。另外，提供超值营销插件包、精英培训包和实战分享，但还要另外收取费用。

2．认证方式

有赞微商城店铺认证分成主体认证和店铺认证，其中主体认证是指能够证明这店铺最终所有者的最权威资质证明，商家主体信息主要分为 3 种，分别是个人、企业、公益组织，需要在提交资料进行审核后才能生效。店铺认证分为网店认证、门店认证和收银认证，网店认证分为普通店认证、旗舰店认证、专营店认证、专卖店认证、直营店认证，相应的认证可以在"店铺后台设置"中的"店铺信息"界面完成主体信息认证和店铺认证。

3．支付方式

有赞微商城的支付方式分为微信支付、银行卡支付、货到付款和支付宝，商家可在后台进行开通。对于经营自有商品的店铺，微信支付的开通需要认证服务号才有申请权限，要在商家申请后才能对接到有赞店铺进行使用。使用自有微信支付，货款直接入账至商家的财付通账户，由财付通自动扣除每笔 0.6%交易手续费，订单如需退款，需要商家自己通过财付通后台手动完成退款操作，并在订单中做"标记退款"。买家也可以直接通过银行卡网银进行付款。有赞微商城提供的货到付款服务，需要商家自行与快递公司合作，完成配送和货款结算，有赞微商城不参与配送和货款代收服务。另外，有赞微商城还提供支付宝支付，但支付宝支付在微信、QQ 环境下不支持使用，需要买家通过支付宝扫一扫或跳转到浏览器上进行支付。

有赞微商城目前是付费的，注册成功后，仅有几天免费试用的时间，要进行有赞微商城基础版或者专业版的订购，店铺才能正常运营。

开通有赞微商城的流程

有赞微商城为保障商家资金的安全，只有在店铺进行认证之后才能进行资金的提现。认证方式有 3 种：个人认证、企业认证、公益组织认证。在个人认证时使用居民身份证默认进行实时快速认证，其他证件类型可进行人工认证，审核周期为 1 个工作日；企业认证适合公司经营者，可提现至公司银行账户，审核周期为 1 个工作日；公益组织认证适用于致力于社会公益事业和解决各种社会性问题的公益组织类型认证。

有赞微商城的个人
店铺认证

二、店铺装修

店铺装修在电商运营中非常关键，可以给买家带来良好的购物体验，提高店铺的人气，商品的转化率。分析买家的需求，根据买家的购物习惯进行首页装修，缩短买家的购物路径。有赞微商城的店铺装修主要包含微页面、店铺导航、全店风格、公共广告、自定义模块装修。有赞微页面是可以自定义编辑的，商家既可以当做普通的页面来使用，也可将任一微页面设为店铺主页，所以在微商城店铺装修首页时，可选择新建一个微页面作为店铺主页。

1．店铺主页装修

微页面有 3 种模板类型：基础模板、场景导航、主页模板。基础模板为完全空白的自定义模板，基础模板适合有店铺主页自由搭建功底的商家使用；场景导航可以用精美图片和音乐介绍品牌和商品；主页模板已经搭建了简单的框架，商家只要根据自己的要求，更换海报展示及商品即可，比较适合所有商户使用。商家在装修主页时可直接编辑现有的店铺主页，或新建一个微页面装修，装修好了再将其设置为店铺主页。

（1）进入微商城后台，选择店铺微页面，单击"新建微页面"按钮。

（2）进入微页面的模板界面，在所有模板中选择"主页模板"中的一个模板进行使用。

（3）根据相应的模板进行微页面的编辑，在右侧设置页面名称、页面描述、分类及背景颜色，如图 7-1 所示。

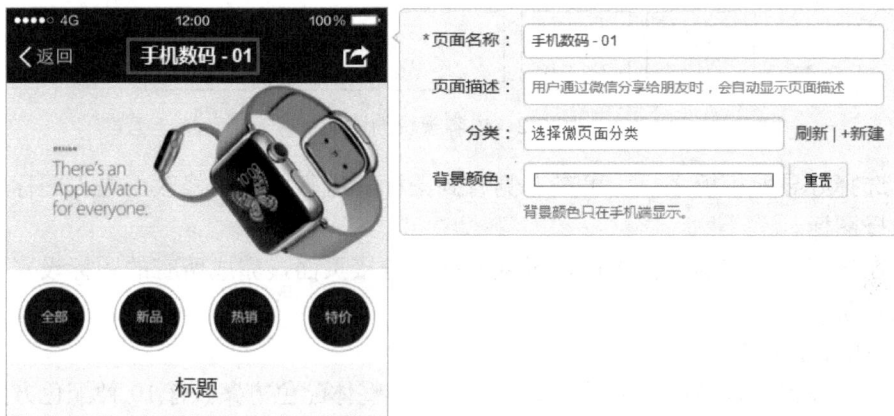

图 7-1　设置微页面信息

（4）轮播模块设置。在右侧进行图片的上传、标题的设置及图片链接的设置，同时还可以添加多个轮播广告。

（5）布局和标题模块设置。单击"布局模块"选项，在右侧可进行布局内容的增加。选择标题模块，设置标题名称、背景颜色，可选择添加一个文本导航，并设置导航的名称和链接。

（6）优惠券模块的设置。必须进行"优惠券"的添加，如果商城内已有"优惠券"选择即可直接添加，若没有，则要新建"优惠券"后才可进行添加。

（7）商品模块的设置。必须进行商品的添加，选择已经上架的商品并设置展示的样式，价格是否显示等内容。

（8）在编辑微页面时，可以根据需求进行自定义模块的添加，如图 7-2 所示，最后全部内容编辑完成即可进行页面上架或者预览效果，保存为草稿。

2．店铺导航装修

店铺导航能够有效帮助买家跳转到各个关键页面，当商家没有做到足够好的商品关联时，通过网站导航的设计，可以让店铺的各个页面串联起来，方便买家在栏目间快速切换，引导买家的购买。

（1）进入微商城的后台，单击"店铺导航"选项，在右上角单击"启用导航"按钮。

（2）进入导航应用页面，然后进行导航的模板选择，导航的模板分成 5 种，包含形式微信自定义菜单类型、APP 导航模板、带购物车导航模板、path 展开形式导航、两侧展开形式导航。

添加内容

副文本	商品	商品列表	图片广告	魔方
标题	文本导航	图片导航	关联链接	商品搜索
橱窗	辅助线	辅助空白	自定义模块	进入店铺
商品分组	语音	公告	优惠卷	营销活动

图 7-2　内容模块的添加

（3）选择好导航模板之后，可在右侧看到图标，进行图标的修改，进入图标库中，根据需求选择图标。

（4）在选择好相应的图标之后，设置图标的链接页面，完成所有的图标设置之后即可保存完成导航的设置。

3．全店风格装修

全店风格设置比较简单，主要是设置微商城的整体配色方案，有 10 种配色方案可供选择，商家可根据需求进行选择后保存即可。

4．公共广告的设置

公共广告是能够展现在各个页面顶部或者底部的通用广告位，开启之后可以在店铺主页、会员主页、商品页、微页面等处展示。

（1）进入微商城后台，单击"公告广告设置"选项，并在右上角单击"开启"按钮，然后选择公告广告展现的位置和展现的页面。

（2）以图片广告为例，在"添加内容"区域选择"图片广告"选项，单击"添加一个广告"按钮，如图 7-3 所示。

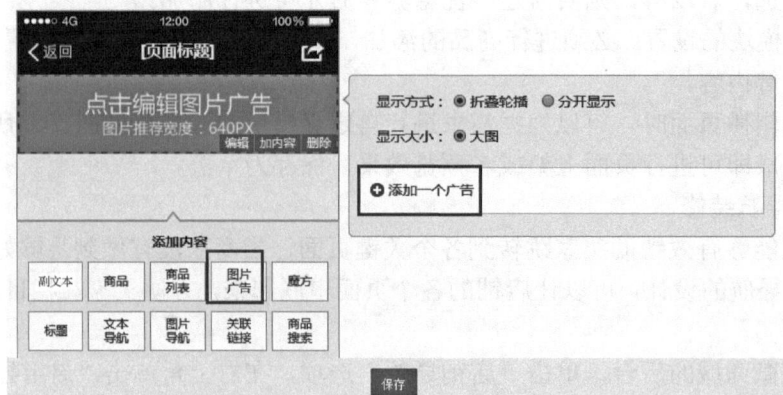

图 7-3　设置图片广告

（3）在弹出的窗口中，选择或者上传相应的广告图片。

（4）为广告设置相应的标题和链接页面的地址，完成后单击"保存"按钮即可，在已经选择的页面中即会出现该公共广告。

三、店铺营销与推广

有赞营销中心为微商城店铺提供了丰富的互动营销工具，商家可自由选用，通过与粉丝客户的互动，推广店铺促成交易。有赞微商城的营销分成基础营销和付费营销，其中付费营销包含秒杀、多人拼团、支付有礼、优惠套餐等；基础营销包含优惠券、满减送、限时折扣、赠品等营销方式，商家可以根据需求选择相应的营销工具做营销活动。下面以比较普遍使用的优惠券和满减送为例讲解微商城营销活动的设置。

1. 店铺优惠券

在微商城中，当用户领取了优惠券之后，在订单进行付款时，如果订单的金额已经满足优惠券的使用条件，买家在付款时会自动扣除优惠券金额。

（1）进入店铺后台，选择"营销中心"中的"优惠券"工具，单击进行"新建优惠券"选项。

（2）设置店铺优惠券，编辑优惠券基础信息和领取基本规则，包含优惠券名称、发放总量、面值、使用门槛、生效时间和过期时间等，如图7-4、图7-5所示。需注意的是，界面中标红星的信息保存后不支持修改，可以选择可使用商品，但不支持"除了某商品外，其他商品都支持使用"，在优惠券生效后不支持修改使用范围。

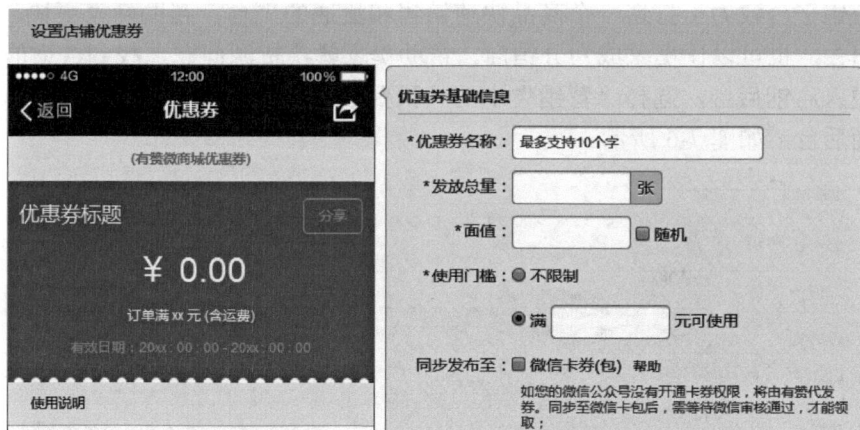

图7-4　优惠券的基础信息设置

（3）当优惠券设置成功后，商家即可在所有优惠券中查看到该优惠券的信息，并且可以获取该优惠券二维码和优惠券链接，进行优惠券的推广。

2. 满减送

满减送是提供的一个店铺营销工具，通过这个营销工具可以实现满金额送多种优惠，还可以设置多级满减送，让商家的店铺促销活动更加丰富。优惠券、会员折扣、团购、订单返现、限时折扣、商品扫码优惠等营销活动可叠加进行使用。在已经设置的满减送活动显示结束之后，如想继续该活动，直接编辑重新延长活动时间即可。

图 7-5　优惠券的使用选择设置

（1）进入店铺后台，选择"营销中心"的"满减送工具"，单击进行新建满减送活动。

（2）进入活动信息的设置界面，包括活动名称、生效时间。优惠设置包括普通优惠、多级优惠、满减、满送、包邮。最后对活动的商品进行设置可以指定部分商品参加，进行满减送的营销活动设置。当买家满足该活动的条件时即可享受活动优惠。

3．入驻有赞分销平台

有赞分销平台致力于打造一个商品快速销售和流通的平台，帮助商家更快、更好地将商品发散出去，也可以让卖家成为分销商，帮助卖家解决货源问题，找到合适的商品。

（1）进入店铺后台，选择"营销"中的"我要推广"选项，单击"立即进入"按钮，进入供货商后台，如图 7-6 所示。

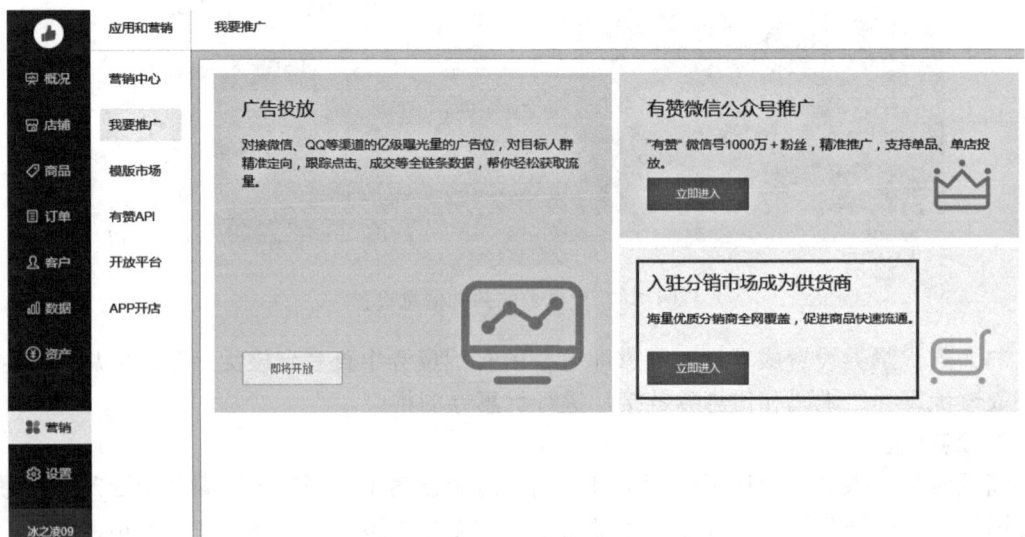

图 7-6　入驻分销市场成为供货商

（2）选择现有店铺或者新建店铺，单击"入驻"按钮。

（3）店铺只有满足以下所有的条件，并缴纳 1000 元人民币保证金才能完成验证，成功入驻有赞的分销市场，如图 7-7 所示。

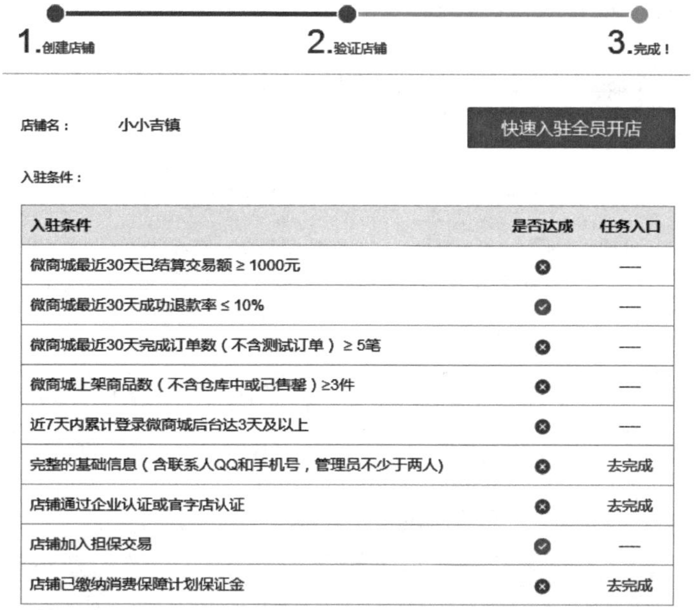

1.创建店铺　　　2.验证店铺　　　3.完成！

店铺名：　小小吉镇　　　　　　快速入驻全员开店

入驻条件：

入驻条件	是否达成	任务入口
微商城最近30天已结算交易额 ≥ 1000元	✗	—
微商城最近30天成功退款率 ≤ 10%	✓	—
微商城最近30天完成订单数（不含测试订单）≥ 5笔	✗	—
微商城上架商品数（不含仓库中或已售罄）≥3件	✗	—
近7天内累计登录微商城后台达3天及以上	✗	—
完整的基础信息（含联系人QQ和手机号，管理员不少于两人）	✗	去完成
店铺通过企业认证或官字店认证	✗	去完成
店铺加入担保交易	✓	—
店铺已缴纳消费保障计划保证金	✗	去完成

图 7-7　店铺验证

4．其他推广方式

除了店铺后台提供的营销工具外，店铺还可以通过其他方式进行推广。例如，通过微信朋友圈推广可以将商品分享到朋友圈，好友从朋友圈看到分享后，单击即可进入店铺进行商品的购买，或者转发给微信好友，直接将商品链接发送给好友购买。同时也可以在微博、QQ 空间等社交平台上进行推广。

同步实训

发布商品

实训目的

完成有赞微商城店铺的创建后，下一步最重要的工作就是上传商品，通过该实训，掌握有赞微商城商品发布的技巧。

实训内容与步骤

（1）进入有赞微商城店铺后台，进入商品模块，选择发布商品。

（2）选择商品品类，在打开的页面中，根据上架的商品选择相应的商品品类，如亲子、食品等品类，选择完成后，进入下一步操作。

（3）填写商品的信息，根据商品发布页面需要的商品信息（如商品分组、总库存、商品规格、商品编码等）进行填写，如图7-8所示。

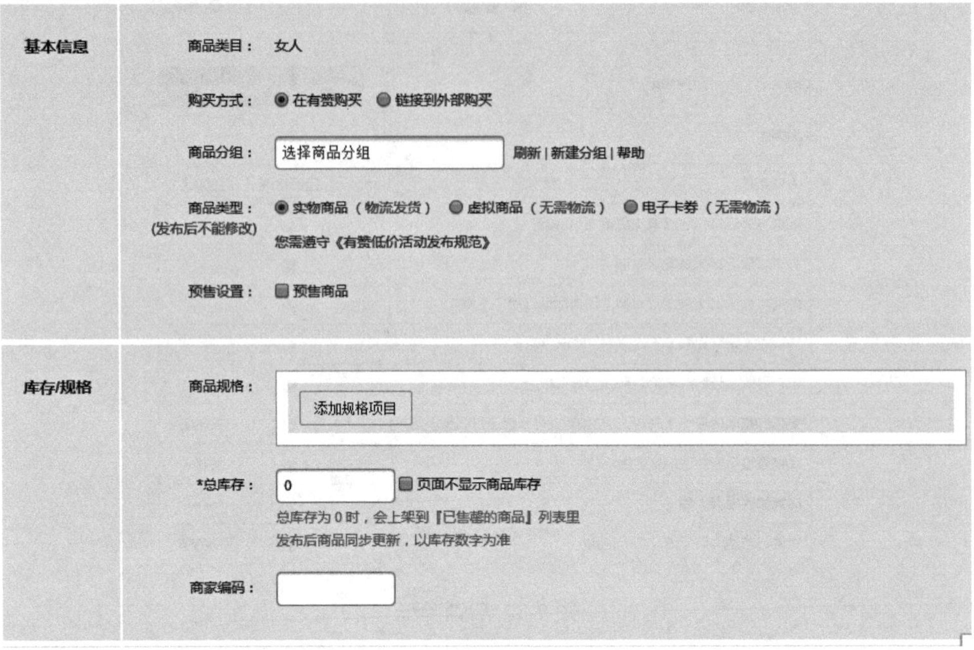

图 7-8　商品信息填写 a

（4）继续填写商品信息，如商品名、价格和商品图，商品的主图要求 640×640（px），可添加本地图片，如图7-9所示。

图 7-9　商品信息填写 b

（5）物流信息填写，可以将所有商品设置成统一运费，也可以根据需求新建运费模板，设置商品的开售时间，如图7-10所示。

（6）进入商品详情编辑页面，可在商品详情页中添加文字、图片和视频，选择相应的图片和视频进行上传，也可以在完成商品详情页编辑后添加内容模块，展现在详情页的下方，如图7-11所示。

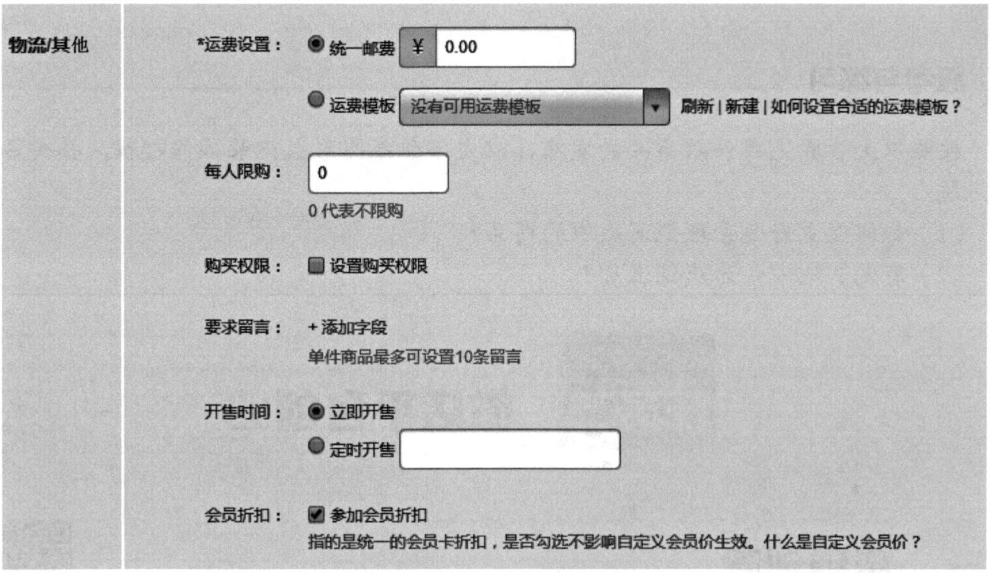

图 7-10　物流信息设置

图 7-11　编辑商品详情页

（7）完成商品详情页的编辑，单击"上架"按钮即可完成商品的上架，并能在出售的宝贝中找到该商品。

实训提示

在商品发布前，必须明确所有商品的信息，将商品标题、规格、编码、图片、详情页图片等事先整理完成，避免在商品发布时出错，节省商品发布的时间。

思考与练习

按照以上步骤完成一款商品的发布，以文字配截图形式记录操作过程，并回答下列问题。

（1）如何能更好地管理微商城中的商品？

（2）有无其他方式为店铺上货？

任务二　微店平台创业

一、店铺创建

1. 了解微店

云集微店案例

微店是北京口袋购物开发的 APP 应用，是一款帮助卖家在手机开店的 APP 软件。微店作为移动端的新型产物，任何人通过手机号码即可开通自己的店铺，并通过一键分享到 SNS 平台来宣传自己的店铺并促成交易。微店降低了开店的门槛和复杂手续，回款约为 1～2 个工作日，且不收任何费用。微店可以通过手机 APP 管理，也可以通过微店网页版进行店铺管理，微店网页版的网址为 www.weidian.com，用手机号码进行登录。

口袋购物微店操作非常简单，可以通过该软件进行商品的添加管理、促销活动等，还可以将淘宝店铺的商品一键搬到口袋购物微店中，口袋购物微店是移动平台创业的一个较好平台，如图 7-12 所示。

"免费建立你的微店"

一分钟开店

一键分享吸引顾客

随时随地管理订单

图 7-12　口袋购物微店

2. 店铺创建

注册开通口袋购物微店比较简单，只要通过手机下载 APP，再通过手机号码进行注册即可。

（1）登录微店的官网（https://www.weidian.com/），下载安装微店 APP。或者在安卓、苹果的手机应用市场中搜索微店客户端，下载微店软件。

（2）在手机上打开微店 APP，单击注册，进入注册页面，输入手机号码，进入下一步。

（3）确认手机号码无误后，进入填写验证码的界面，将手机收到的验证码填入，单击下一步。

（4）密码设置后，可通过手机号码+密码的形式进行微店登录。

（5）设置店铺的头像及名称，名称建议少于 10 个字。

（6）店铺创建成功，可开启微店。

二、店铺装修

无论是有赞微商城还是微店，新店开张之后为了给客户带来良好的体验，提高客户转化率，都需要对店铺进行装修，而微店的店铺装修相对来说就比较简单了。

（1）用手机登录微店后，单击微店左上角微店的名称，进入微店管理界面，选择"店铺装修"选项，如图 7-13、图 7-14 所示。

图 7-13　进入微店

图 7-14　选择店铺装修

（2）设置店铺招牌，店铺招牌是给客户的第一印象，好的店铺招牌不仅能吸引客户的眼球，带来订单，同时也能起到品牌宣传的作用。进入自定义装修页面，单击最上面铺店招牌模块的设置，选择 640×330（px）的图片进行店铺招牌的修改。

（3）编辑店铺信息、店铺的 Logo，可以选择 250×250（px）的图片进行更换，对店铺名称也可进行更换设置。另外，店铺公告是介绍店铺最重要的地方，是客户了解店铺的窗口，所以可以好好利用店铺公告的位置，发布店铺的重要信息或者促销公告，建立店铺在客户心中的形象，将商品或者服务理念准确地传达给客户，店铺公告也可以根据店铺商品或活动的更换进行随时更新，如图 7-15 所示。

图 7-15　编辑店铺信息

（4）商品展示效果的设置。在商品展示右下角，单击"编辑"按钮，可进入商品展示效果设置界面，商品的展示效果分成两列样式、大图样式、详细列表 3 种展示效果，还可将商品设置成按上架时间或者按商品分类排序，如图 7-16、图 7-17 所示。

图 7-16　商品编辑样式

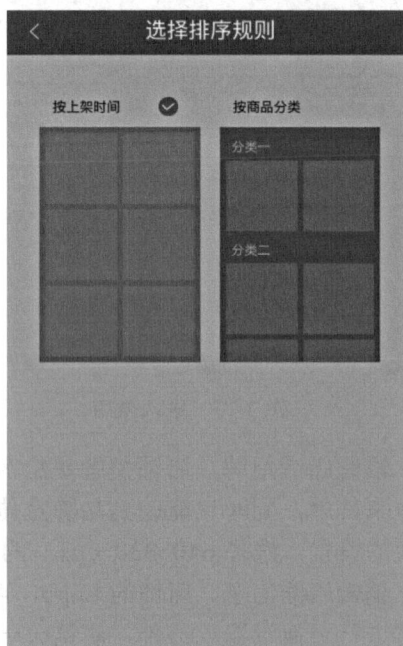

图 7-17　商品排序规则

（5）在自定义装修页面的右上角，单击"封面"选项，可设置封面效果。封面即买家打开店铺时首先看到的界面，封面分成 4 种形式，包括无封面、封面大图、分类导航 1 列、分类导航 2 列，以导航形式设置店铺分类展示，把更具吸引力的商品类型优先展示给买家。

（6）在自定义装修页面，在任一模块下单击"插入"选项，可自行添加模块，包括店铺形象、导航、图片广告、推荐商品和店长笔记，再对相应的模块进行内容编辑、店铺装修即可，如图 7-18 所示。

图 7-18　添加模块

（7）完整的店铺装修效果展示如图 7-19、图 7-20 所示。

图 7-19　店铺装修示例 a

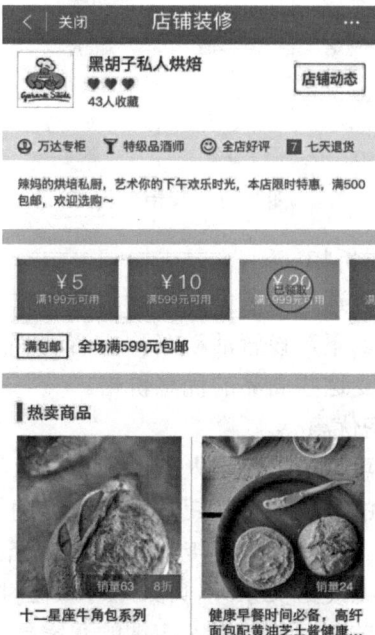

图 7-20　店铺装修示例 b

三、店铺营销与推广

微店开设成功后，完成店铺内的基本设置，商品上架，还要对店铺设置营销活动和采取一定的推广方式，才能将客户带入店铺中，提高店铺的曝光和转化率。微店后台为店铺的推广提供了多种多样的付费和免费营销工具，如满减、优惠券、限时折扣、会员优惠、私密优惠，满包邮、微店拼团等，还有一些工具在不断的更新和公测中，如图 7-21 所示。另外，店铺也可以通过参与活动报名、友情店铺等对微店进行推广，如图 7-22 所示。本任务主要讲解几种常用的营销推广工具。

图 7-21　营销工具

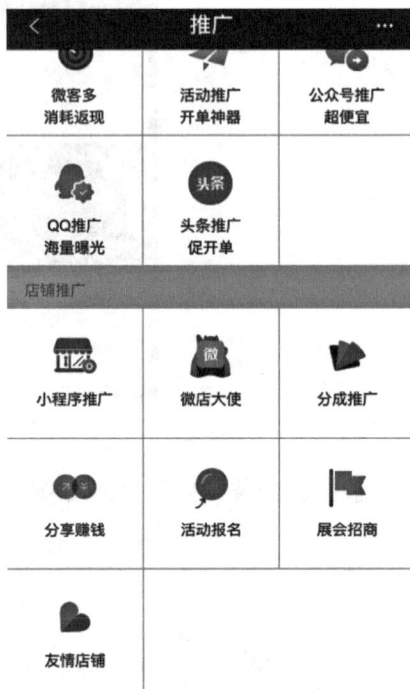

图 7-22　店铺推广

1. 限时折扣

卖家可以通过微店推广中的限时折扣工具，对微店中的商品进行低价促销，设置限时折扣的方法如下，设置活动名称、活动时间、限购数量，选择相应的商品设置折扣价格，买家即可享受这些商品的优惠价格。

2. 私密优惠

私密优惠是指给特定人群的优惠，而不是针对所有人都有优惠。先选择"私密优惠"，单击右上角的"添加"按钮，再设置活动折扣、生效时间和结束时间。单击右上角的"完成"按钮即可形成优惠链接，如图 7-23 所示。并且通过朋友圈、微信好友、微博、短信等方式把"优惠发给买家"，买家才可以在付款时享受相应的优惠，如图 7-24 所示。未通过卖家分享的链接，主动进入店铺的买家是没有此优惠的。

图 7-23 添加私密优惠

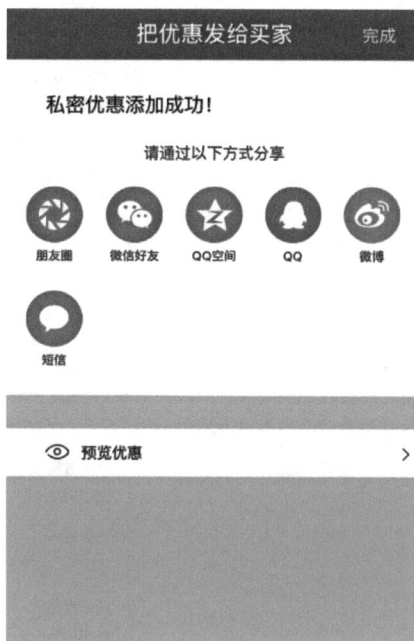

图 7-24 分享私密优惠

3. 微店拼团

微店拼团是指由多个小团组成,如商家设置了 2 人团,在客户下单后需要邀请 1 名好友一起参团才能算拼团成功,这是一种通过客户向客户传播的一种方式。若在拼团活动快结束时,该团人数不足,那么系统会随机组合未成团的客户,这是微店的一种新营销工具。该拼团工具需要付费购买,1 年 188 元人民币、半年 98 元人民币、1 个月 18 元人民币。微店官方还会选取优质的拼团商品进行展示,这是一种新型的社交类营销方式。

4. 分成推广

分成推广原理类似于淘宝客,开通分成推广,让推广者帮助商家推广商品,获取更多的订单,推广者包含个人及口袋购物等合作渠道。商家在设置时,要单击进入为商品设置一定的佣金比例,当推广者成功推广店铺商品完成订单时便可以获取一定的佣金,在设置佣金比例后,可以在"微店市场"中转发页面展示店铺商品,以便更好地推广佣金商品。在佣金设置成功后,推广者每成功分享一条链接将有 15 天的有效期,期间可以两次调整佣金比例,若 15 天内将按照初始设置的佣金比例进行扣费,无两次修改,则无 15 天有效期限制。成功设置商品佣金后可以在卖家的商品页面增加"点我有奖"的按钮,生成唯一的商品链接,通过该链接成功交易的订单,推广者才能获取佣金。

5. 友情店铺

友情店铺推广是免费的,卖家可以添加感兴趣的店铺为好友,最多添加 10 个友情店铺,通过友情店铺可以更好地推广自己的店铺。通过在友情店铺的最底部展示微店图文链接的方式,增加店铺的曝光率,推广数据可以在友情店铺统计中查看。

6. 活动报名

进入"活动报名"界面,商家可以选择参加感兴趣的活动。在报名页面查看报名条件,审核通过会在报名页面公布,报名成功的商品将在活动期间进行不定时、不定期的展示,如图 7-25 所示。如"微店助农——农产品招商"的活动,若微店内销售的商品刚好符合活动要求，就可参加活动报名，报名审核结果公布在"查看报名记录"中。

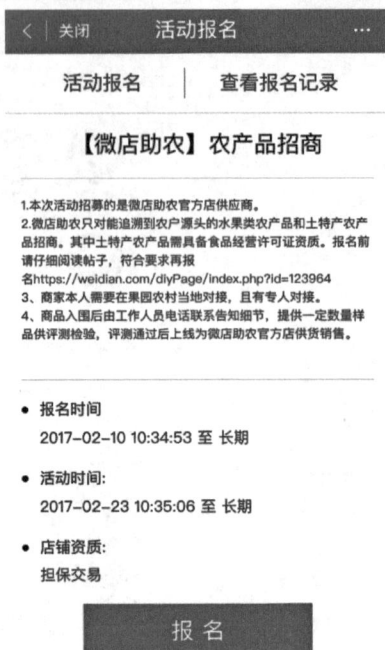

图 7-25　活动报名

7．其他推广方式

　　微店的营销推广与传统网店的营销推广存在着一定的区别，微店除了可以通过后台的营销工具和推广方式外，更加注重社交化营销。商家可通过各种渠道将店铺展现给自己的好友和粉丝。例如，通过 QQ 推广，巧妙地利用 QQ 资料，如昵称、头像、个性签名等设置，利用 QQ 空间、QQ 群等功能进行微店的宣传和推广。也可以通过微信朋友圈推广，首先将微店与自己的微信账号相关联，开通"在微信中点亮微店"功能，微信好友可直接从你微信的资料中进入微店，增加微店的商品曝光率，同时通过微信朋友圈的分享，让微信好友了解你的微信商品，但是分享次数不能太过于频繁，容易造成好友的反感进而屏蔽朋友圈。还可以通过注册微信公众号、微博分享等对微店进行推广。总之，无论哪一种方式都需要注重推广的方法，维护好社交圈。

同步实训

发布及管理商品

实训目的

　　上架商品是微店创业中必不可缺的环节，通过该实训练习，掌握微店商品上架的技巧，做好微店内商品的管理。

实训内容与步骤

方法一：商品上架

（1）手机登录微店，进入商品模块界面，单击"添加新商品"按钮。

（2）在商品添加页面添加商品图片、填写商品描述、商品价格、商品库存。单击"添加商品图片"按钮，商品图片最多可以添加15张图，第一张上传的图片将作为此商品的头图，所以第一张图片一定要慎重，应选择能够体现商品优势的图片，所有上传的图片都会出现在商品详情中，如图7-26、图7-27所示。

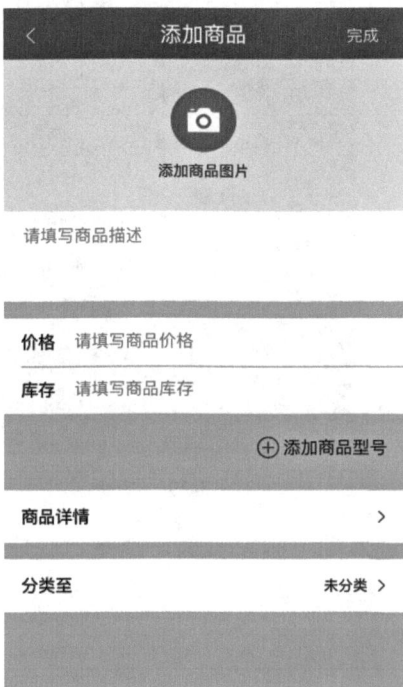

图 7-26　上传商品图片

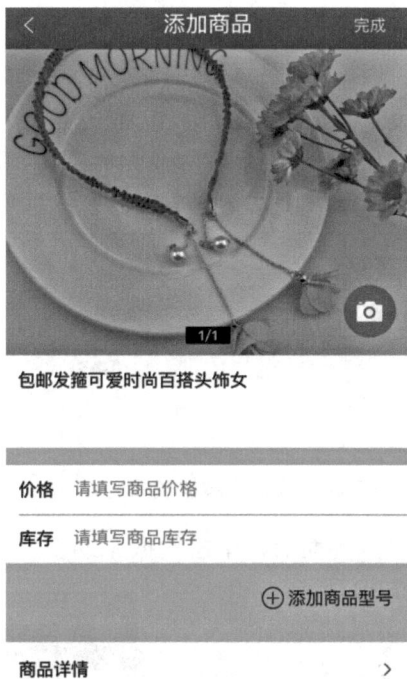

图 7-27　填写商品信息

（3）填写商品描述。这商品描述中的第一句话会直接生成商品标题，和商品主图一同进行展示，所以商品描述的第一句话建议由商品名称、促销信息等组成。

（4）填写商品的价格。在填写商品价格前需要对商品进行定价，了解商品所处行业的市场情况，定价必须要符合市场行情，才能够满足消费者的需求。

（5）填写商品库存。商品库存可以根据商家的实际情况填写，也可比实际库存填的数量相对多一些，但商品的生产供应链一定要跟上，避免线上出现断货现象。

（6）商品型号。商品型号一般以颜色、大小、材质等区分，若该商品有多个不同属性的类型，可进行商品型号的添加，按照不同的型号，设置不同的价格和库存，方便客户在一个商品链接中根据自己的需求选择不同型号的商品。

（7）添加商品分类。为方便店铺内的商品管理，在商品上架时，最好将商品进行分类，若当前店铺没有分类的情况下，单击"新建分类"按钮即可。这样在方便客户浏览商品的同时也方便卖家管理商品。

（8）完成以上步骤之后，单击右上角的"完成"按钮即可，商品就上架成功了，还可以通过微信、朋友圈等进行分享，如图7-28所示。

方法二：淘宝助理一键搬家

（1）打开微店软件，单击右下角的"设置"图标，如图7-29所示。

图7-28　成功"添加商品"

图7-29　设置

（2）进入界面后，单击"搬家助手"选项，进入淘宝搬家页面，选择"快速搬家"选项，如图7-30所示。

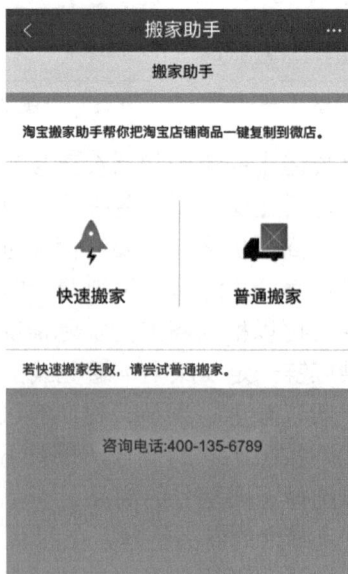

图7-30　选择快速搬家

（3）输入淘宝店铺的会员名和密码，单击"登录"按钮。在登录后，就会显示等待搬家的界面，看商品的数量，一般几分钟就能完成。

📞 实训提示

微店商品上架可以根据实际情况，若已有淘宝店铺，可通过淘宝助理直接将淘宝店铺内的商品进行一键搬家，但在搬家过程中，如果使用快速搬家失败还可改用普通搬家。

🌱 思考与练习

按照以上步骤完成一款商品的发布，以文字配截图形式记录操作过程，同时已有淘宝店铺的，可将店铺中的商品进行一键搬家，并思考回答下列问题。

（1）如何更好地通过微信公众号进行微店商品的宣传？

（2）微店营销与传统电商营销存在哪些区别？

任务三 APP 平台创业

✅ 一、APP 创建

1. APP 在线开发平台

导购电商 APP 行业研究报告

随着移动互联网的发展，以移动互联网的无限可能和创业成本的优势吸引了大批的创业者，很多人都瞄准了移动互联网平台创业。除了通过有赞微商城、微店等进行创业，还有一部分创业者转战开发 APP，但由于成本和技术的限制，多数人选择利用现有的 APP 平台进行 APP 项目开发创业。这些平台提供了适合各个行业的大量 APP 模板，创业者可以根据需求进行选择并且可以免费使用，同时对创业者所需掌握的技术要求也比较低，非常适合有 APP 项目创业想法的创业人群。

目前，国内主要的 APP 在线制作平台有小云世界、应用公园、搜狐快站、叮当等网站，这些网站的特点都是无须编程，通过网站内提供的 APP 模板打造属于用户专属的手机应用。

1）小云世界

小云世界旗下拥有小云社群、小云商户两大品牌，分别服务于社群运营者及广大中小商家，提供 APP、微站、小程序等全平台的手机应用制作开发，为企业快速打造前沿移动营销服务。截至目前，共有 7 万多家商户、中小企业和网站、微信公众号等网络社群通过小云平台定制了专属的移动服务，覆盖 1400 多万用户。

2）应用公园

应用公园是免费的手机应用在线制作平台，无须编程，纯图形化操作，人人都能快速打造自己的专属手机应用，兼容 iPhone、Android 等手机操作系统。应用公园还是手机应用的分享乐园，可以免费下载和推广各类原创手机应用软件，让每个人都成为手机应用程序的制作者和发布者。

3）搜狐快站

搜狐快站提供国内最强大的建站与营销功能，无须技术，简单拖拽即可建站，同时拥有完善的移动电商、移动社区、文章管理、微信营销、制作 HTML5 海报、一键生成 APP 等功能。

4）叮当

叮当是集专业与便捷于一体的 APP 自助生产运营平台，无须 APP 外包开发也能在线免费制作生成原生手机 APP，苹果 iOS、安卓 Android 双系统同步生成。手机端随时预览APP，更新 APP 相关内容。并且还支持微信支付、支付宝、有赞的接入，方便用户通过 APP完成支付过程。

2．APP 的创建

以搜狐快站在线制作平台为例，讲解如何创建属于用户的专属 APP。

（1）打开 https://www.kuaizhan.com/，进入注册账号页面，填写个人手机号码、验证码、账户密码，单击"注册"按钮，也可以通过微信账号登录。

（2）完成账户注册，新建站点。

（3）根据快站内部提供的 APP 模板，选择符合需求的模板进行应用。

（4）在选择好相应的模板之后，可进行站点发布，填写域名、选择所属行业与所属地区，同意相关规定，单击"发布"按钮即可，如图 7-31 所示。

图 7-31　发布站点界面

（5）APP 创建成功，可进入站点列表中，进行 APP 的内容编辑和管理。

二、APP 装修

1．APP 页面装修

（1）页面管理。通常一个 APP 由多个页面组合而成，单击"编辑"选项进行页面管理，可以修改现有模板中页面的名称，或者删除、复制页面，也可单击右上角"+"进行页面添加，可以添加空白页，再通过组件编辑，也可以前往云商店通过快币购买相应的模板，如图 7-32 所示。

（2）内容模块。在搜狐快站中提供了多种类型的内容模块，包括文本、图片、搜索、链接、组图、图集、视频、按钮、标题、文章列表、导航、社区列表、店铺列表等。APP 的页面装修类似于手机淘宝店铺的装修，可以新建一个空白页，将所需的内容模块拖拽到页面当中，再进行相关内容的编辑。

（3）排版组件。在搜狐快站中还提供了 4 种排版组件，包括分隔符、双栏、留空、底板，有了这 4 个组件，网页内容的呈现会更加清晰合理，移动网站的页面看起来也更加美观、清楚。以双栏组件为例，将页面排版成为双栏或多栏的展现形式，使页面变得更加丰富，布局

图 7-32　页面管理

多样化，有利于用户个性化定制页面。具体的操作方式：在"排版"界面里找到"双栏"组件，拖曳到页面里，再拖曳需要的内容模块到双栏里，在图片或者文字插入后根据需求调整间距，在双栏中还可以再嵌套双栏组件，以达到更加美观的效果，如图 7-33 所示。

图 7-33　排版组件

（4）营销组件。在搜狐快站中还提供了 4 种营销组件，包括公众号关注、地图、二维码、分享，例如，可以在 APP 页面的底部添加公众号关注组件，通过上传公众号头像、公众号，引导 APP 上的用户去关注公众号，这几个组件可用于 APP 的营销推广。

（5）第三方组件。在快站中第三方组件提供了微博组件，添加微博组件后，需要添加微博秀的代码（需前往新浪微博中获取微博秀的代码），粘贴获得的嵌入代码。

（6）在模板中已有页面进行编辑，当选取一个模板后，模板本身存在着几个页面，若页面整体的布局符合需求，即可在页面上按照对应的内容进行相关文字、链接、图片的替换即可，最终形成属于自己的 APP 页面。

（7）在完成 APP 的页面内容更新后，单击右上角"更新页面"选项，APP 中的页面内

容会随即更新，并且可以在站点管理中进行页面的内容预览，方便进行修改，如图 7-34 所示。

图 7-34　预览效果

在完成 APP 的页面装修后，搜狐快站还提供了其他的一些功能，创建微商城和开通外卖店铺，直接通过 APP 拓宽产品销售渠道；创建 APP 的社区群，通过一些帖子和活动的发布维护 APP 客户，用于添加到页面中社区列表的内容模块；绑定微信公众号，对于站点微信的浏览量进行数据统计；在快文板块中发表一些属于 APP 的文章，用于内容模块中文章列表的内容编辑。

名宿 PPT

同步阅读

"名宿"旅游 APP 创业成功案例

1．项目简介

某大学团队创业项目"名宿"旅游 APP，即通过搜狐快站创建的 APP，该平台以名人效应为特色，以乌镇、西塘的民宿旅游服务为内容，为旅游者提供名人名餐、名人名饮、名人名宿、名人购物等名人特色旅游消费为一体的旅游服务类 APP 平台。名人名餐，为消费者提供名人在特色民宿中消费过的特色餐馆，如马化腾在"书生羊面馆"吃过的经典羊肉面，李彦宏在"米庭客栈"的定制菜肴；名人名饮，为消费者提供名人在特色民宿中消费过的特色茶饮，如马云在"听水问茶"茶馆喝过的普洱，雷军在"景园茶楼"喝过的红茶；名人民宿，根据用户要求为用户提供线上与线下的名人旅游购物服务，如马云下榻的"镜香客栈"；社区晒照，游客可以在社区分享板块中与其他游客交流旅游心得，体验过景点后，在平台上晒出自己的游后感，通过其他用户的投票选出第一名，平台将给予一定的奖励。

2．平台主要界面

（1）APP 首页。首页提供了多个模块菜单的"名宿"信息，供消费者进行合理地选择，如图 7-35 所示。

（2）名人餐饮推荐浏览。用户对于平台名人餐饮信息感兴趣，即可点入此信息查看详情。

（3）名人民宿推荐浏览。用户对于平台名人民宿信息感兴趣，即可点入此信息查看详情，如图 7-36 所示。

图 7-35　名宿首页

图 7-36　名人民宿详情页

（4）名人购物推荐浏览。用户对于平台名人购物信息感兴趣，即可点入此信息查看详情，如图 7-37 所示。

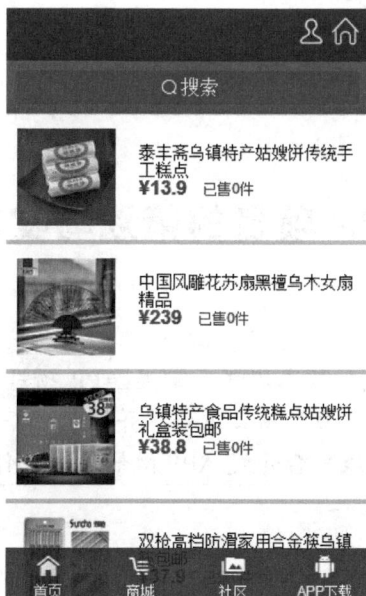

图 7-37　名人购物详情页

三、APP 营销与推广

1．利用自己的微信好友、朋友圈、微信群和微信公众号推广

通过微信朋友圈、微信好友、微信群进行 APP 的推广宣传，多与微信好友互动，在微信群中吸引别人主动加你为好友，也可以为 APP 创建微信公众号，通过公众号推送与 APP 相关的新闻资讯文章吸引客户，达到推广 APP 的目的。

2．利用社区平台推广

百度贴吧，是百度旗下独立品牌，全球最大的中文社区。贴吧是一种基于关键词的主题交流社区，它与搜索紧密结合，准确把握用户需求，为兴趣而生。而这种与搜索紧密结合正是 APP 所需要的推广方式，可以在各种贴吧进行发帖并及时回复用户提出的问题，逐步形成一个良性的互动模式。

3．利用微博、QQ 空间推广

通过微博、QQ 空间进行 APP 推广，微博、QQ 空间不仅是一个传播媒体、一个娱乐工具，还隐藏着巨大的潜能，其商业价值是建立在成功运作的基础上。互动性是微博、QQ 空间持续发展的关键，通过微博与 QQ 空间与粉丝、朋友进行互动，在互动的同时达到营销推广的目的。

4．邮件推广

邮件推广是指把文本、HTML 或多媒体信息发送到用户的电子邮箱，以达到营销的目的。邮件群发也是一种有效的营销方式，事先要准备好大量精准客户的电子邮箱地址，通过电子邮箱推送实用具有价值性的推广文章，吸引用户下载 APP。

5．线下推广

APP 的营销推广除了线上的一些推广方式外，也可以采用线下推广方式，如在线下目标人群集中的区域发起下载 APP，免费赠品礼品的活动吸引目标客户下载 APP，提高 APP 的下载量。

同步实训

APP 项目的策划与实施

实训目的

通过了解 APP 项目策划的基本流程，掌握 APP 项目策划的能力，为创建属于自己的专属个性化创业 APP 提前做好项目准备，并且能根据用户不同的需求，明确设计出 APP 业务功能，为通过在线平台开发 APP 做好基础工作。

实训内容与步骤

（1）思考讨论确定开发何种功能的 APP，完成下列表格。

APP 名称	
主要功能	
适用人群	
SWOT 分析	

（2）从以下 5 个方面撰写 APP 策划大纲。

项目概要	
项目背景	
市场分析	
项目规划	
财务分析	

（3）通过应用公园在线 APP 制作平台完成 APP 的首页设计，在浏览器中输入 http://www.apppark.cn/，单击"注册"按钮，输入电子邮箱地址，通过电子邮箱接收到的邮件设置账户密码。

（4）根据以上策划好的 APP 项目，选择合适的主题模板。

（5）填写应用名称、上传图标及上传启动页的图片，如图 7-38 所示。

图 7-38　填写应用信息

（6）保存好应用信息之后，在系统中选择模板首页，按照模板首页中的布局，对首页内容按照策划好的 APP 项目进行内容更新，完成 APP 的个性化首页设计，截图保存，并生成相应的 APP，如图 7-39 所示。

图 7-39　首页设计

📞 实训提示

在选择 APP 模板之前，必须明确策划好 APP 的主要功能板块及面向的人群，只有在清晰 APP 主要功能的情况下，才能选择合适的模板，制作出内容体现完整的 APP。

🌱 思考与练习

按照以上的步骤完成操作任务，以文字配截图形式记录 APP 首页设计的操作过程，并思考回答下列问题。

（1）在 APP 开发过程中应该考虑哪些方面？

（2）搜狐快站和应用公园各有哪些优缺点？

🔍 项目小结

如今，移动电商发展如此迅猛，移动电商创业平台也越来越多，更新速度非常快，目前主要包括有赞微商城、微店、APP 等主流移动电商创业平台。

有赞微商城是帮助商家在微信上搭建微信商城的平台，有赞旗下包括有赞微商城、有赞收银、有赞供货商、有赞微小店、有赞批发等产品。微店作为移动端的新型产物，任何人通过手机号码即可开通自己的店铺，通过一键分享到 SNS 平台来宣传自己的店铺并促成交易。APP 平台创业主要是利用 APP 在线制作平台有小云世界、应用公园、搜狐快站、叮当创建属于自己的个性化 APP。但无论通过哪个平台创业，店铺装修、营销推广都非常关键，直接关系到店铺的流量及转化。

同步测试

同步测试参考答案

1．单项选择题

（1）微店可通过几种方式上传商品（　　　）。

　　A．1 种　　　　　B．2 种　　　　　　C．3 种　　　　　　D．4 种

（2）通过微店创业，卖家的回款时间需要（　　　）。

　　A．1～2 个工作日　　　　　　　　B．3～4 个工作日

　　C．5 个工作日　　　　　　　　　D．7 个工作日之内

2．多项选择题

（1）有赞微商城店铺认证分成（　　　）。

　　A．主体认证　　　B．店铺认证　　　C．个人认证　　　D．银行卡认证

（2）APP 在线制作平台有（　　　）。

　　A．小云世界　　　B．应用公园　　　C．搜狐快站　　　D．叮当

（3）有赞微商城的支付方式分为（　　　）。

　　A．微信支付　　　B．银行卡支付　　　C．货到付款　　　D．支付宝

3．分析题

（1）如何建立微商的客户关系？

（2）如何吸引粉丝？

项目八

跨境电商平台创业

本项目知识点

跨境电商创业平台选择；店铺的日常运营、管理和优化；国际物流方式的选择。

本项目技能点

掌握跨境电商平台规则与政策；账号注册；选品；产品定价与发布、更新、管理；跨境物流方式选择与运费计算；采购、入库、打包、发货；客户管理；营销推广；跨境支付与财务管理等一系列流程和基本操作。

知识导图

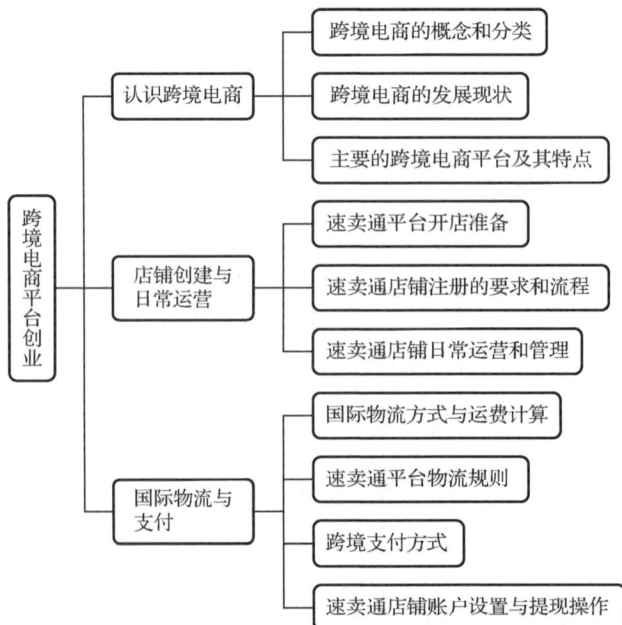

引例

在学校创业孵化园内的右侧第三间屋里，摆放着几张桌椅、几台计算机、一个货架，还有些零星的样品。一群"90后"，他们热情、幽默、有思想、有能力、肯吃苦，有着当下年轻人独有的气质。作为最亲近移动互联网的一代，他们试水"跨境电商"，取得了不小的成绩，他们的团队"一哥"小翁说："2016年'双11'当天就成交了5500单，折合近15万元人民币，是当年日销售的最高纪录。存在隔壁邮政仓库里六七万元人民币的货，完全不够卖，隔天又去补了三四万元人民币的货。"他们当初为什么选择跨境电商创业？跨境电商和国内电商有什么不同？如何在跨境电商平台成功开启自己的店铺，需要做哪些准备工作？做跨境电商有哪些关键点？

引例分析

2015年，尽管全球贸易增速放缓，中国跨境电商却在逆势增长，进出口贸易中的电商渗透率持续提高。跨境电商零售作为互联网时代新的贸易形式正大放异彩，占中国跨境电商市场的比重正在大幅提升。国家连续颁布文件大力扶持跨境电商，在这样的政策背景下，很多网络创业者紧跟时代发展浪潮，积极投身于跨境电商平台创业之中。回到刚才的案例，为什么小翁团队选择速卖通平台创业而不选大热的淘宝呢？小翁回答："淘宝网除了要有产品优势，还要花钱做推广，天猫门槛又太高，没有一定的基础不好做，而速卖通相比淘宝网、天猫的好处是，即使不做宣传推广，也可以靠自然流量出单。其次，找准'小而美'的类目和产品，竞争小、保证金少，比较适合刚创业的学生。"虽然小翁团队目前发展势头良好，但他们在创业之初也不顺利，在经营的前半年也没有什么大的起色。那么，这一章会介绍跨境电商方面的知识，并以速卖通平台为例介绍店铺的相关流程。

任务一　认识跨境电商

一、跨境电商的内涵

1. 跨境电子商务的概念

跨境电子商务（Cross-border Electronic Commerce，简称跨境电商）是互联网发展到一定阶段所产生的一种新型贸易形态。跨境电子商务概念有广义和狭义之分。

广义的跨境电子商务是指分属不同关境的交易主体通过电子商务手段达成交易的跨境进出口贸易活动。从更广的意义上看，跨境电商指电子商务在进出口贸易中的应用，是传统国际贸易商务流程的电子化、数字化和网络化。它涉及许多方面的活动，包括货物的电子贸易、在线数据传递、电子资金划拨、电子货运单证等内容。从这个意义上看，在国际贸易环节中只要涉及电子商务应用都可以纳入这个统计范畴内。

狭义的跨境电子商务特指跨境网络零售，指分属不同关境的交易主体通过电子商务平台达成交易，进行跨境支付结算，通过跨境物流送达商品、完成交易的一种国际贸易新业态。跨境网络零售是互联网发展到一定阶段所产生的新型贸易形态。

2. 跨境电子商务的分类

跨境电商根据不同的划分依据可做以下分类，如表 8-1 所示。

表 8-1　按不同依据划分的跨境电商类型

划 分 依 据	跨境电商类型		
贸易模式	进口	出口	
商业模式	B2B	B2C	C2C
服务类型	信息服务	在线交易	
平台类型	自营型	第三方平台	混合型
行业广度	综合	垂直	
通关方式	货物	快件	邮件

跨境电子商务有以下两种分类方式。

（1）按照服务类型分类，分为信息服务平台和交易服务平台。

① 信息服务平台是指通过第三方跨境电子商务平台进行信息发布或信息搜索完成交易撮合的服务，其主要盈利方式包括会员服务和增值服务。

出口电商第三方注册会员服务，即卖方每年缴纳一定的会员费后享受平台提供的各种服务，会员费成为平台主要的收入来源，但是这种盈利模式市场已经饱和，作为信息服务的第三方平台正在转型，如借助平台已有大量企业信息的优势进行金融服务等一系列与信息相关的延伸服务。

信息服务平台的主要代表企业包括阿里巴巴国际站、环球资源网、中国制造网等。

② 交易服务平台是指在互联网环境下，基于服务器应用方式，实现买卖供需双方之间的网上交易和在线电子支付的一种商业运营模式。交易服务主要包括收取佣金费及展示费用的盈利模式。

佣金制是在不收取会员费的情况下所采取的另一种盈利模式，在成交以后按比例收取一定的佣金，不同行业不同量度。

展示费则是在上传商品时收取的费用，在不区分展位大小的同时，只要展示商品信息便收取费用，直接线上支付展示费用。

交易服务平台的主要代表企业包括敦煌网、阿里巴巴速卖通、大龙网、易唐网等。

（2）按照通关方式分类，分为货物通关、快件通关和邮件通关。

① 货物通关。买卖双方通过在互联网线上进行商品展示和交易，而货物进出口通过线下按一般贸易完成，即货物进出口本质上仍属传统贸易，以货物贸易方式进出境的商品纳入海关贸易统计。以货物方式通关的商品，由于按传统的一般贸易方式完成的货物进出口，在通关商检、结汇及退税等方面运作相对成熟和规范，适用于货值较高、大批量的交易。

② 快件通关是指跨境电商成交的商品通过快件运输的方式进出境。海关总署通过对国内 5 家最大的快件公司进行调查显示，95%以上的快件商品按照进出口货物向海关进行报关，海关纳入货物统计范畴内，仅有不到 5%的比例按照个人自用物品向海关申报，未纳入海关贸易统计。

③ 邮件通关是指通过邮局的邮政渠道，邮寄进出口跨境电子商务成交的商品。这部分主要是消费者所购买的日常消费用品，供自用。按照我国的海关法和国务院颁布的海关统计条例规定，个人自用的商品在自用合理数量范围内的实行建议报关的制度，不纳入海关的统计。

✅ 二、跨境电商的发展现状

1. 我国跨境电子商务发展的政策环境

跨境电商是互联网时代的产物，是"互联网+外贸"的具体体现。虽然电子商务是未来跨境贸易的必然趋势，但是跨境电商与传统进出口贸易的监管规则还有较大的冲突和错位。基于跨境电商的快速发展对平台、物流、支付结算、海关商检等环节提出了新的要求，自 2013 年以来政府密集出台支持发展跨境电商的政策，主要涉及跨境电商出口退税、清关检疫、跨境支付等多个环节，政策具备很强的实操性，积极促进跨境电商行业规范及完善。

我国跨境电商政策概览

跨境电子商务相关法律法规的制定和实施，是跨境电子商务快速发展的基础，对推动跨境电子商务市场的规范，保护商家和消费者权益，推动全行业快速、健康发展起着十分重要的作用。特别是有关部门在《关于实施支持跨境电子商务零售出口有关政策意见的通知》和《关于跨境电子商务零售出口税收政策的通知》两条规定中，首次将跨境电子商务提升到政策扶持的层面，并详细制定了有关跨境电商在进出口税费、海关报关、清关流程、货品检验检疫等环节的具体实施细则，为跨境电商的健康发展提供了法律上的支持和保障。

2. 我国跨境电子商务发展概况

据中国电子商务研究中心监测数据显示，2013 年，中国跨境电商交易额为 3.1 万亿元人民币；2014 年中国跨境电商交易规模为 4 万亿元人民币；2015 年中国跨境电商交易规模为 5.4 万亿元人民币，同比增长 28.6%，其中跨境出口交易规模达 4.49 万亿元人民币，跨境进口交易规模达 9072 亿元人民币；2016 年跨境电商交易额达 6.3 万亿元人民币。据商务部预测，在未来几年跨境电商将继续保持平稳快速发展，2017 年将达到 8 万亿元人民币的市场交易规模。未来几年跨境电商占中国进出口贸易比例将会提高到 20%。由此可见，跨境电商仍有很大的发展潜力，如图 8-1 所示。

按业务模式分，中国跨境电商目前以 B2B 为主，2015 年 B2B 占跨境电商总额的 84.3%，跨境电商零售仅占 15.7%，但跨境电商零售增长强劲，预计 2020 年跨境电商零售占比将超过 30%，如图 8-2 所示。

目前我国跨境电商行业体现出三个特征：跨境电商交易规模持续扩大，在我国进出口贸易中所占比例越来越高；跨境电商以出口业务为主，出口跨境电商有望延续快速发展态势；跨境电商以 B2B 业务为主，B2C 跨境模式逐渐兴起且有扩大的趋势。同时，国家政策对跨境电商的扶持力度大幅提高，

2016—2017 中国跨境电商市场研究报告

体现出其作为发展催化剂的重要作用，这为跨境电商未来的发展提供了必要的内生性动力。

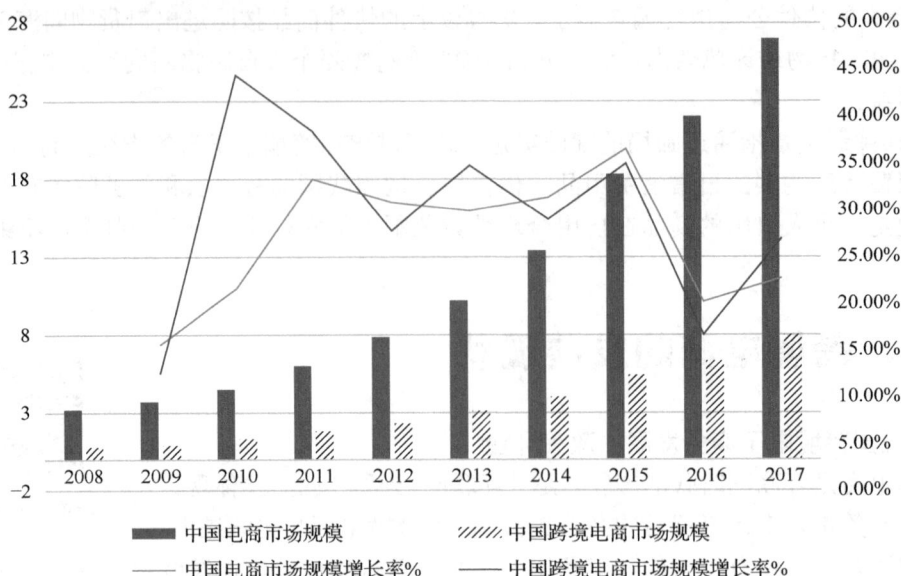

图 8-1　中国跨境电商交易额占比电商总交易额

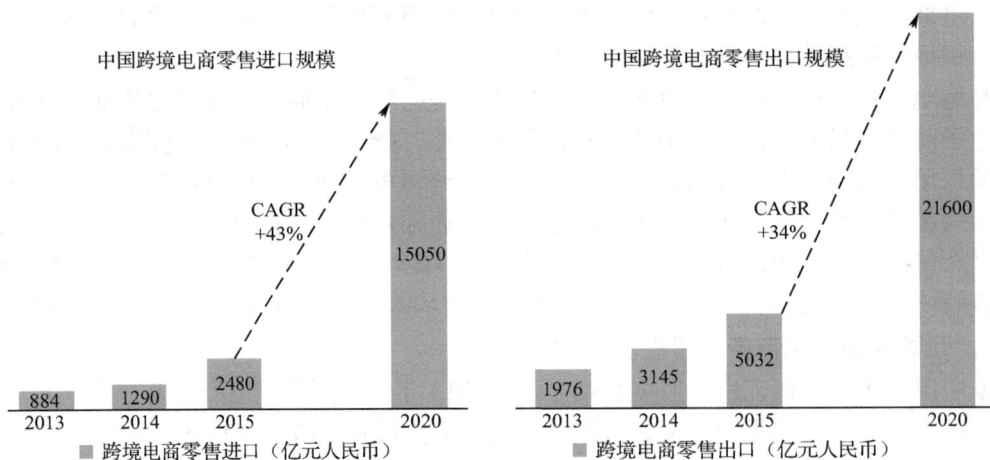

图 8-2　中国跨境电商零售进出口交易规模

三、跨境电商的主要平台

前面学习了跨境电子商务的分类，相对应就有很多跨境电商平台，在此介绍几个适合草根创业的跨境电商平台。

1．阿里巴巴速卖通（AliExpress）

速卖通依托阿里巴巴强大的品牌影响力，在海外有一定影响力，非常适合草根创业者。成立初期完全免费，吸引了很多草根创业者，但是随着平台升级和政策调整，现在门槛逐步提高，开始了 C2C 向 B2C、B2B 方向的转变。速卖通近期的政策调整包括：注册店铺的主体须为有营业执照的公司实体；平台对各类目进行招商，卖家须缴纳保证金；开始走品牌化道路，要求发布商品有自有或授权的品牌。

优势：为消费者提供丰富的商品品类选项，涵盖服装配饰、鞋包、手机及通信工具、美妆及健康、计算机网络、珠宝及手表、家居、玩具、户外用品等；用户流量较大，在部分新兴国家排名位于前列；拥有阿里巴巴、天猫、淘宝的卖家资源。

劣势：产品质量难以保证，物流、售后、退换货等客户体验方面一般，因此对服务要求较高欧美市场中占比下降，新兴国家市场中占比上升。但相信随着平台升级，这一现象会有所改善。

2．亚马逊（Amazon）

亚马逊成立于 1995 年，是最早的电子商务公司之一，开始只经营书籍网络销售业务，现在已涉及范围相当广的其他产品，成为全球商品品种最多的网上零售商和全球第三大互联网企业。亚马逊平台作为跨境电商的代表，具有很强的影响力，近年来为了吸引中国创业者，开启了全球站点的招商活动，同时也放开了个人的开店权限。

优势：品类丰富，可选品种超过 500 万；品牌认同度高，用户流量大，质量较好；对入驻卖家要求较高，品质相对优于其他平台；自建物流中心，在全球有超过 80 个物流中心，除自营商品外，也为第三方卖家提供物流服务，物流体验较好。

劣势：平台要求每个账户只能开一个站点，站点间不能流量共享，这就决定了卖家只能去精耕一个市场或者是同属性国家，不像速卖通可以做全球的生意；亚马逊全球开店，有专业卖家（Professional）和个人卖家（Individual）两大账户类型，供卖家注册时选择，专业卖家具有很多个人卖家不具备的功能和优势，但每月需要缴纳 39.99 美元的租金。虽然个人卖家有不交月租费的优势，但是每销售一件商品将会被收取 0.99 美元；个人卖家销售计划有数量的限制（不超过 40 件商品）；亚马逊扶持有海外仓服务的商家，对于小卖家来说没有这个实力，若从国内发物流的话，客户物流体验大打折扣，因此也对小卖家有一定的劣势。

3．易贝（eBay）

eBay 创立于 1995 年 9 月，起因是创始人 Omidyar 的女朋友酷爱 Pez 糖果盒，却为找不到同道中人交流而苦恼，于是 Omidyar 建立起一个拍卖网站，希望能帮助女友和全美的 Pez 糖果盒爱好者交流。令 Omidyar 没有想到的是，eBay 非常受欢迎，很快网站就被搜集 Pez 糖果盒、芭比娃娃等物品的爱好者挤爆，如今 eBay 已成为全球最大的国际贸易电子商务平台之一。eBay 致力于为中国商家开辟海外网络直销渠道、免费注册，帮助中国卖家直面 3.8 亿个海外买家，零门槛轻松创业。

优势：品牌认同度高，买家资源丰富，在全球范围内拥有近 3.8 亿个用户、1.2 亿个活跃用户，流量大，质量较好；品类丰富；支付系统强大，PayPal 拥有超过 1.32 亿个活跃用户，支持 26 种货币；为吸引中国卖家入驻，成立了专业团队提供一站式外贸解决方案，并提供跨境交易认证、业务咨询、专场培训、洽谈物流优惠等服务。

劣势：对产品掌控能力较弱，售后服务质量一般。

4．Wish

Wish 是一款根据用户喜好，通过精确的算法推荐技术，将商品信息推送给感兴趣用户的移动购物 APP。这种全自动推荐技术，将产品类似于瀑布流的形式推荐给客户，可以给每个商品公平匹配的流量导入，给初创业者新的机会。目前 Wish 旗下有电子产品应用"Geek"、母婴应用"Mama"和美容类垂直应用"Cute"。

优势：Wish 与其他平台不同，拥有"移动端、智能推荐"标签，几乎零广告，方便、省时，买家不用花时间去浏览网站寻找，符合美国人的消费习惯；个性化服务，为客户量身定制精确服务目标群体；通过社交媒体呈网状传播；在一定程度上，价格并不是主导因素，不存在恶劣竞争。

劣势：收费比例有点高，收 15%佣金；各项政策和标准没有形成一个系统体系，不是很健全和成熟；是一个新兴的平台，认知度低；Wish 平台推广的目的性较缺乏，优化产品的标题、属性、详细描述等方面的操作与前几个平台大相径庭，因此需要创业者对规则进行详细研究并加以利用。

四、跨境电商创业目标市场分析

跨境电商与国内电商创业有一个显著不同，跨境电商面对的消费者来自世界各地，创业者应该对全球市场或某个特定国家市场有所了解，分析国际市场信息，包括以下几个方面。

1. 市场环境

（1）宏观/微观经济环境：指一个国家所处的经济发展阶段、人口规模（决定着世界的潜在市场）、人口分布（人口密度越大的地方，对商品的需求量就越大）、人口结构（性别、年龄）、家庭状况、收入、消费、储蓄与信贷。

（2）社会文化环境：文化是人类在社会历史发展过程中所创造的物质财富和精神财富的总和，它包括价值观、伦理道德、宗教、美术、艺术、风尚习俗等。文化渗透于市场活动的各个方面，消费者对商品接受与否均是其文化意识的反应。文化影响到商业习惯、企业经营结构和做生意的方式。

例如，不同的国家对数字有好恶之分，西方国家忌讳数字"13"，日本忌讳数字"4""9"，传统上以"5"为一套等。不同国家的人其喜好的颜色、花卉和图案也不相同，在选品时要考虑这些因素。

（3）社会政治环境：一国的政治环境主要包括政府与政党体制、政府政策、民族主义及政治风险等。市场调查人员要注意了解现政府的构成及其对经营和外商的主要政策。政府是保守的、中立的还是激进的？目前执政党的主张是什么？

（4）自然环境：包括自然资源、气候条件、地理位置和地形地貌等。不同的国家由于其资源种类和数量差异较大，其生产的产品也呈现出很大的差异性，特别是与资源密切相关的产品。此外，由于地理位置不同，不同国家在同一时期气候表现出很大的差异性，如南北半球的季节是截然相反的。因此，在开展跨境市场活动时，应选择销售地缺乏竞争力的商品，对于时令产品销售要特别注意销售国的气候，以提高商品国际营销的成功率。

2. 国际电商市场

跨境电子商务是在全球化背景下国际贸易发展的重要趋势，主要国家和全国重要中心城市都在积极发展跨境电子商务。做跨境电商创业，除了对目标国进行市场分析之外，还要对其电商市场进行分析。跨境电子商务发展较快的国家有美国、英国、德国、日本和俄罗斯。根据跨境电子商务交易流程，

国际营销环境

从贸易环境、电商平台、支付体系、电子通关、跨境物流、信用体系六个方面对这几个典型国家的跨境电子商务市场进行分析，如表 8-2 所示。

表 8-2　欧美亚典型国家跨境电子商务市场分析

	美国	德国	日本	俄罗斯
贸易环境	2008 年 2 月加入 TPP 谈判，在与其他多国签订的自由贸易协定中采取本国保护主义原则	对少数产品实施出口管理，进口实行欧盟统一的配额管理制度；在不违背欧盟法规的前提下可自行决定税收制度	2013 年 3 月以维持重要农产品关税为前提加入 TPP 谈判，但未与美国达成 TPP 基本协议	已减少进口制约，所有的机构及个体均可在无特别限制的情况下进行国际贸易，而大多数商品亦可自由进口。进口签证及其他限制只限于某类货品
电商平台	Amazon、eBay、JpllyCheic、Yahoo、Overstock、groupon	Otto Gruppe、Ibuyshop、Notebooksbilligerd、Conrad、Electronic	Rakuten、Jshoppers	AliExpress、Yandex、eBay、Ulmart、Wildberries
支付体系	主要分为大额支付体系和小额支付体系，其中联邦电子资金划拨系统建立了风险控制系统和风险管理系统	共用联盟成员 15 个国家的即时清算系统。由欧洲中央银行制度机构及互联系统构成，可进行即时全额自动清算系统风险控制	建立了日本银行金融网络系统和外汇日元清算系统两个大额支付清算系统，以及汇票和支票清算系统和全银数据通信系统两个小额支付清算系统	支持本土电子支付系统发展，发行的银行卡品牌"Mir"。俄罗斯规模最大的两家银行（Sberbank 和 VTB）都已经加入了这一全国性的支付系统
电子通关	采用 RFID 识别高危商品，建立公共网上数据库，公布进出口产品安全信息及物流查询	欧盟海关 AEO 制度，获取 AEO 资格，提高通关效率	开发自动化风险管理系统，包括海关自动化通关作业系统和海关信息数据库系统	2015 年 4 月中俄跨境电商通关服务平台开通，通关时限为 15 分钟
跨境物流	物流配送网络体系相当完善，正规。代表企业：UPS、联邦快递	物流配送体系相当完善。代表企业：DHL，在欧盟区相当受欢迎	国内代表企业：YAMATO（大和运输），与 UPS、EMS 合作，建立国际快递网络	物流已成制约对俄电商发展的瓶颈和最大痛点。2016 年 12 月中俄合作共同打造中国电商"卖全球"的示范项目——俄罗斯电商物流转运中心
信用体系	市场主导型，由政府、行业协会、中介机构、信用授予者、消费者五个层面构成，以盈利为目的	政府主导型，政府出资建立的全国数据库网络系统即中央信贷登记系统，隶属中央银行，非营利性	会员制型，以行业协会为主建立信用信息中心，通过个人和企业信用信息交换平台收取成本费	政府主导型，2015 年组建国家信用评级机构，并计划于 2018 至 2019 年进入国际市场

依托良好的贸易市场环境、完善的基础设施和适宜的制度，美国成为跨境电子商务领域的领头羊；日本则借助于政府的大力支持、产业链紧密合作、金融和支付体系的完善来发展跨境电子商务；德国等欧盟国家则通过灵活的贸易政策、统一的金融市场、便利的通关环境、高效的物流运输体系加快跨境电子商务的发展。在跨境出口电商行业，欧美国家已成为卖家纷纷抢占的主战场，竞争进入白热化，而随着中俄两国跨境电商的发展，以及速卖通平台的强势加入，俄罗斯市场成为卖家的"蓝海市场"。2015 年俄国跨境电商规模达 26 亿美元，其中中国占 2/3。

3．跨境电商消费者调查

2017 年 3 月国际邮政公司（IPC）发布了《2016 年跨境电商消费者调查》（第 2 版），调查向分布在 26 个市场的 24000 名消费者发放了问卷，地域涵盖北美、亚太和欧洲。调查显示，亚马逊、eBay 和阿里巴巴在全球跨境电商消费中所占份额达到了 2/3；跨境电商消费者关注的前四大商品品类分别为鞋帽服饰（33%）、消费电子（21%）、图书音乐和媒体（14%）及健康美妆（13%），且大部分通过跨境电商平台购买的商品是质量小、价格低的物品，其中 45% 的重量不到 500 克，16% 的价格不到 10 欧元，有 40% 的价格为 10～49 欧元；大部分跨境电商交易都包含了国际运费（包邮）；超过 7 成的跨境电商消费者都使用了物流跟踪服务，帮助了解送货进度。

2016 年跨境电商消费者调查

任务二　店铺创建与日常运营

在了解了跨境电商的概念、分类、发展现状和主要平台之后，就可以根据自己的实际情况来选择跨境电商平台进行创业了。这里以阿里巴巴速卖通平台为例，介绍店铺创建与日常运营的方法。

一、开店准备

1．公司注册
（略）

2．品牌资质申请——商标注册与授权
1）速卖通平台对商标的要求

（1）英文注册商标。

（2）在 2016 年 12 月 31 日前，仅拥有中文注册商标的商品仍可发布，但在产品"detail"页面中的产品属性"brand name"一栏将无法展示该中文字符。

（3）注册地为中国或海外。

（4）拥有商标注册证（简称 R 标）或商标注册申请受理通知书（简称 TM 标）。

商标注册流程

2）商标注册流程（请扫描二维码进行查看）

（略）

3．平台规则

每个电商平台都有自己的游戏规则。因此，在开店之前，必须先了解平台规则，做到心中有数。速卖通的平台规则有很多，主要包括注册、发布、交易、放款、评价和售后规则等，这里不具体介绍（可以在"速卖通卖家"网站找到"速卖通规则"板块进行学习），如图 8-3 所示。

图 8-3 速卖通规则板块

二、创建店铺与实名认证

1．政策变化

2015 年 12 月 7 日，阿里巴巴旗下跨境出口电商平台速卖通（AliExpress）对外宣布，全面从跨境 C2C 平台转型跨境 B2C 平台。同时公布的还有平台入驻门槛新规，平台将对所有行业整体提升商家入驻门槛。落实到举措上，一方面按照经营大类设置年费，提高准入门槛；另一方面通过"年费返还"等有效激励措施，提振优质国产品牌、中国制造商开拓全球市场的信心。

速卖通规则

2．入驻条件

入驻条件可以总结为：一个国际通用的、可以正常接收邮件的邮箱，一个已经认证过的企业支付宝。

注：从 2016 年 4 月 1 日开始，新卖家在入驻时需要有企业身份、不再允许个人（包括个体工商户）卖家入驻。

3．账号注册及实名认证流程（请扫描二维码进行查看）

（略）

4．在线考试

认证成功后，进入考试阶段。为了让新卖家尽快了解与熟悉速卖通，在进入操作后台进行实际操作之前，会有一个开店考试。

速卖通账号注册及
实名认证流程

考试内容包含对速卖通及操作平台的基本了解、如何发布一个完整产品、对国际物流的了解与操作、速卖通平台如何做营销、如何通过数据了解和提升店铺、速卖通平台规则 6 个模块的内容。每个模块都有针对性的视频教程。

考试规则：考试针对这六个模块的知识点随机抽取 50 题不定项选择，90 分及以上为合格。合格卖家可以进入速卖通操作后台进行实际操作，而不合格的卖家可以选择重新抽

取试题进行考试，如图 8-4 所示。

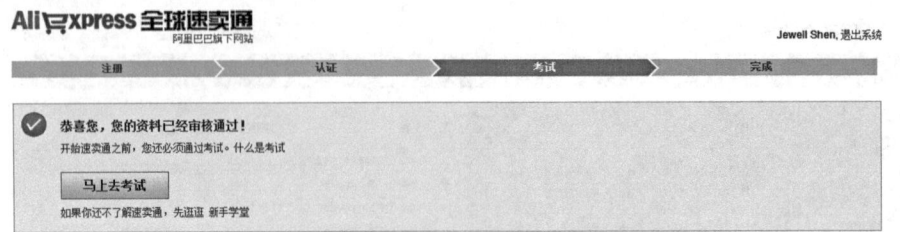

图 8-4　考试入口

5．登录店铺后台

通过考试后，可登录到店铺后台，如图 8-5 所示。

图 8-5　速卖通卖家后台

6．年费缴纳

速卖通自 2016 年开始实行平台招商新政，每年末会在速卖通卖家网站公布下一年度的类目招商及考核标准，如图 8-6 所示。

图 8-6　招商及考核标准公告

需要了解以下信息。

速卖通 2017 年招商及考核标准公告

1）平台入驻要求

根据店铺类型和所经营的类目进行查找，如图 8-7 所示。

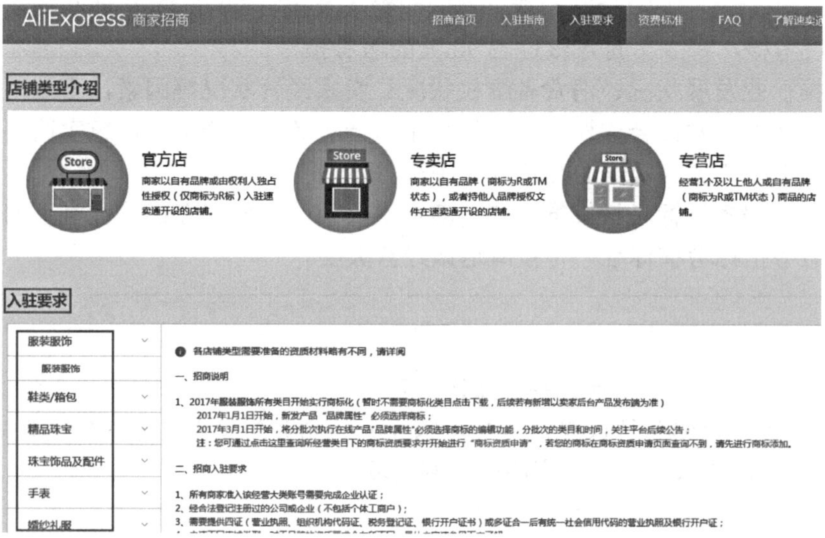

图 8-7 平台入驻要求

2）资费标准

年费金额以经营大类为参照，分为 1 万元人民币或 3 万元人民币两档，各一级类目对应的年费标准详见《速卖通年度各类目技术服务年费一览表》，如图 8-8 所示。

速卖通2017年各类目技术服务费年费及考核一览表

每个速卖通账号只准选取一个经营范围经营，并可在该经营范围下经营一个或多个经营大类。“特殊类（Special Category）”不单独实施招商准入，只要卖家获准加入任一经营大类，即可获得“特殊类（Special Category）”商品发布权限。各经营大类招商要求,详见《速卖通2017年度各经营大类资质要求》。

单店经营范围	经营大类	技术服务费年费（人民币）	类目	返50%年费对应年销售额（美金）	返100%年费对应年销售额（美金）	类目经营过程考核指标
服装服饰	服装服饰	10000	Apparel Accessories（服饰配件）	20000	40000	单击下载
			Women's Clothing（女装/女士精品）			
			Men's Clothing（男装）			
			Novelty & Special Use（新奇特特殊服装）			
			Costumes & Accessories（扮演服饰及配件）			
			World Apparel（世界服饰）			
箱包鞋类	箱包鞋类	10000	Luggage & Bags（箱包皮具/热销女包/男包）	15000	30000	单击下载
			shoes（男女鞋）			
精品珠宝	精品珠宝	10000	Fine Jewelry（精品珠宝）	12500	25000	单击下载
珠宝饰品及配件	珠宝饰品及配件	10000	Fashion Jewelry（流行饰品）	12500	25000	单击下载
			Jewelry Findings & Components（首饰配件和部件）			
			Jewelry Packaging & Display（首饰包装和展示用具）			
			Jewelry Tools & Equipments（首饰工具）			

图 8-8 速卖通 2017 年各类目技术服务年费

3）考核标准

速卖通重视每个商品对买家的消费体验，同时注重卖家在该类目的经营情况，因此会对卖家进行考核，可在《速卖通年度各类目技术服务年费及考核一览表》中单击下载查看。

（1）商品服务指标考核：根据消费者评价、售后维权等情况（重要指标：近 30 天货不对版纠纷率），对影响消费者体验的商品实行预警，同时对严重影响消费者体验的商品实行退回。

（2）类目服务指标考核：分为类目 90 天货不对版纠纷率及类目 90 天 DSR 商品描述平均分考核。周期为季度考核，每 3 个月考核过去 90 天的服务指标。

注：速卖通会根据行业发展状况、消费者维权状况、卖家经营状况等因素，不定期修订各类目服务指标考核标准，并在合理期间内进行公示。当服务指标变更后，速卖通将根据新考核标准，对服务指标变更后卖家的经营行为进行考核。

如果卖家未达到类目服务指标考核标准，将被清退该类目。若卖家在经营大类下的所有下辖类目均未达到服务指标考核标准，将被清退该经营大类。

小知识

什么是"清退"？

清退是指根据速卖通平台相关协议规则，对卖家经营的相关经营大类或下辖类目采取包括但不限于关闭商品发布权限、下架商品等限制措施。

7．开通店铺

在速卖通店铺注册成功后即可上传商品，上传满 10 件产品后过 72 小时可以开通店铺。

三、商品发布与管理

1．商品发布前准备

在商品发布之前要做一些准备工作，包括选品、商品定价和运费模板设置，选品请参照本项目实训 1，商品定价请参照本项目实训 2，运费模板设置请参照任务三中国际物流的内容。另外，在商品发布之前还应准备好产品图片和英文文案，美工的部分可参照专业教材进行学习，本章节不一一细述。下面介绍有关商品价格的知识。

1）商品价格的分类

（1）上架价格（List Price，LP）：即商品在上传时所填的价格，即原价。

（2）销售价格/折后价（Discount Price，DP）：即产品在店铺折扣下显示的价格。如图 8-9 所示，代表该产品打 65 折，折后价为 11.78 美金。

（3）成交价格（Order Price，OP）：用户在最终下单后所支付的单位价格。如图 8-10 所示，该产品的销售价格是 7.29 美金，但订单最终成交金额为 7 美金。

图 8-9　发布价格与销售价格

2）商品价格的关系

销售价格=上架价格×折扣

成交价格=销售价格-营销优惠（满立减、优惠券、卖家手动优惠）

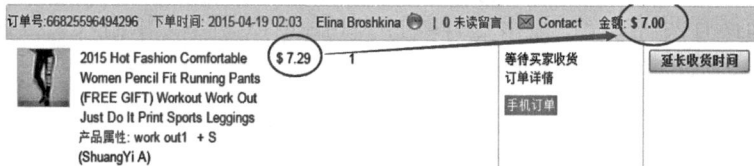

图 8-10　成交价格

3）商品定价因素

商品定价因素如图 8-11 所示。

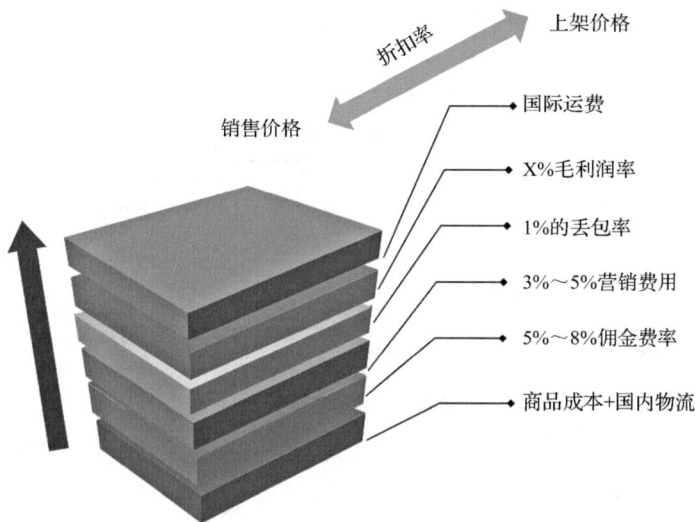

图 8-11　商品定价因素

2．商品发布

速卖通平台商品发布有两种方式：淘代销和一般发布，这里仅介绍一般发布方式。

（1）商品发布有两个入口，一个在"我的速卖通"中的"快速入口"界面；另一个在"商品管理"界面，如图 8-12 所示。

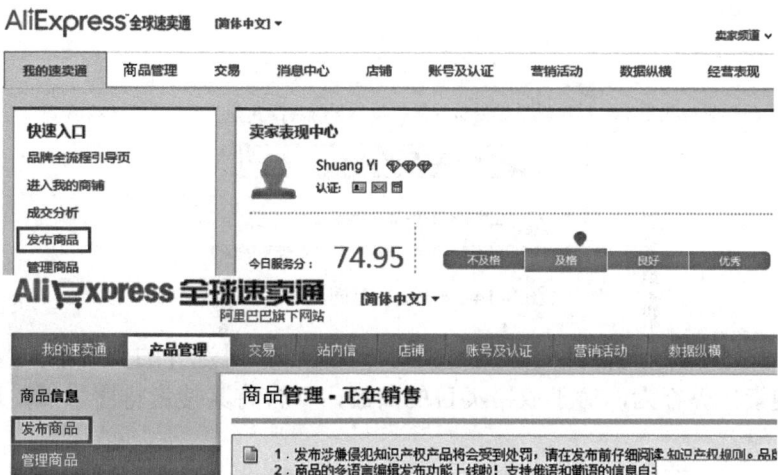

图 8-12　商品发布入口

（2）类目选择有两种方式：逐级选择类目（如图 8-13 所示）和输入关键词选择类目（如图 8-14 所示）。

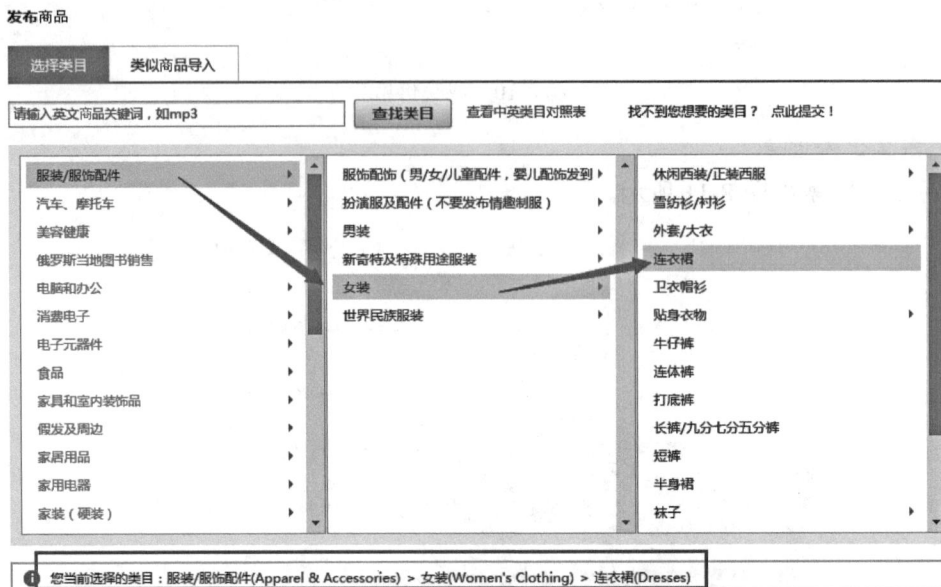

图 8-13　逐级选择类目

图 8-14　输入关键词选择类目

注：根据平台规则，若商品实际所属类别与发布商品时选择的类目不一致，则属于"类目错放"的搜索作弊行为，对于放错类目的商品，平台将其搜索排序靠后，造成曝光少或没有曝光的结果。

（3）属性填写。不同的商品有不同的属性选项，图 8-15 所示。属性填写率是审核商品是否能入选平台活动的重要依据，因此建议属性填写率达到 100%，完整且正确的商品属性有助于提升商品的转化率并减少客服的工作量。

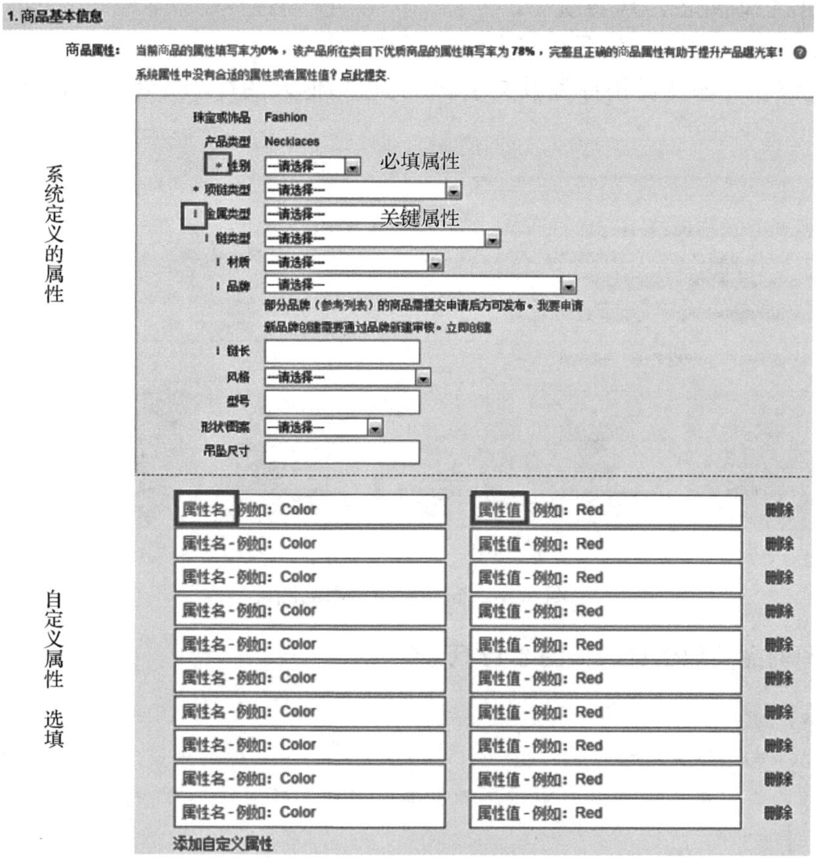

图 8-15　填写商品属性信息

（4）制作商品标题。标题就像是将用户带到产品面前的导航。当用户搜索的关键词可以在商品的标题或系统标准属性的两项信息中匹配时，商品就会进入搜索结果中，因此标题设置非常重要。标题由核心词、属性词、流量词和小词（小语种词）组成，平台给每个产品标题 128 个字符空间。

标题填写方法及注意事项如下。

① 挖掘出商品自身属性词，去系统后台寻找买家搜索词和热搜属性词，在标题中不能出现和实际商品属性无关的词。

② 品类词尽量靠后，最重要的关键词放在品类词前。

③ 标题语法尽量简单，不用符号分隔。

④ 在标题中同个单词只能用 1 次，核心词不超过 3 次。

⑤ 应确保将 128 个字符填满，并且在前 35 个字符里体现出产品。

（5）上传商品主图。平台在搜索结果呈现时，默认展示第一张主图。平台对主图有格式要求和规范如下。

① 图片格式 JPEG，文件容量在 5MB 以内。

② 图片像素建议大于 800×800。

③ 横向和纵向比例建议在 1∶1～1∶1.3 之间。

④ 图片中产品主体占比建议大于 70%。

⑤ 背景白色或纯色，风格统一。

⑥ 如果有 Logo，建议放置在左上角，不宜过大。

注：不建议自行添加促销标签或文字。切勿盗用他人图片，以免受网规处罚，如图 8-16 所示。

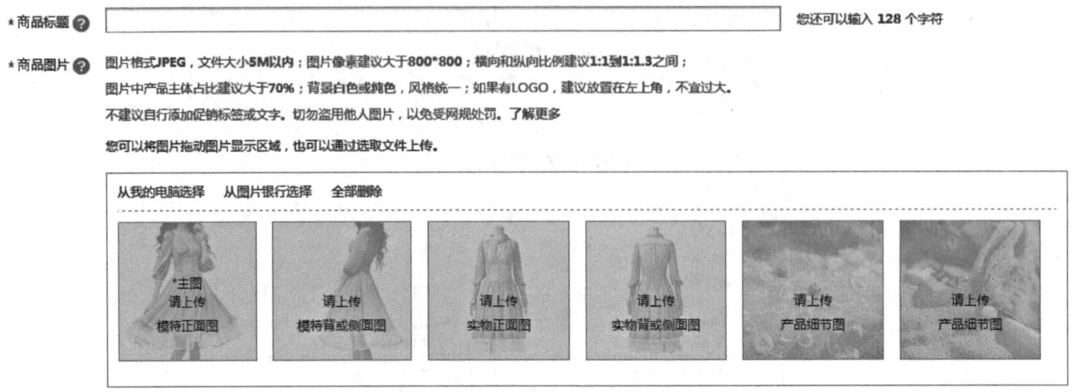

图 8-16　商品标题与产品图片

（6）填写商品其他信息，如图 8-17 所示。

图 8-17　商品其他信息

（7）制作商品详情页和信息模板，如图 8-18 所示。

商品信息模块是一种新的管理商品信息的方式，卖家可以为商品信息中的公共信息（如售后物流政策等）单独创建一个模块，并在商品中引用。如果要修改这些信息，只要修改相应的模块即可。模块除了可以放置公共信息外，还可以放置关联商品（已上线）、限时打折等（开发中），如图 8-19 所示。

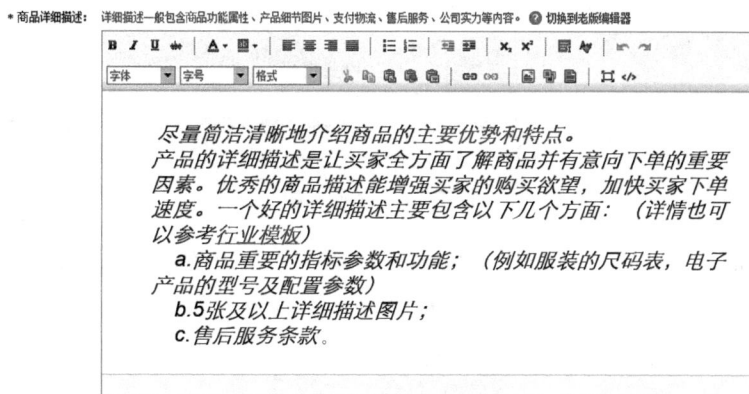

图 8-18　商品详情页

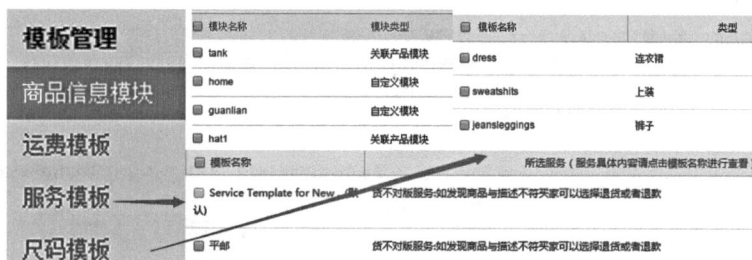

图 8-19　信息模板

（8）填写商品的包装信息。请务必准确填写商品包装后的重量和体积，这会直接影响试算运费价格，如图 8-20 所示。

图 8-20　包装信息

（9）选择运费模板和服务模板。运费模板分为新手运费模板、自定义运费模板；服务模板分为新手服务模板、平邮、自定义服务模板，分别如图 8-21 和图 8-22 所示。

图 8-21　运费模板

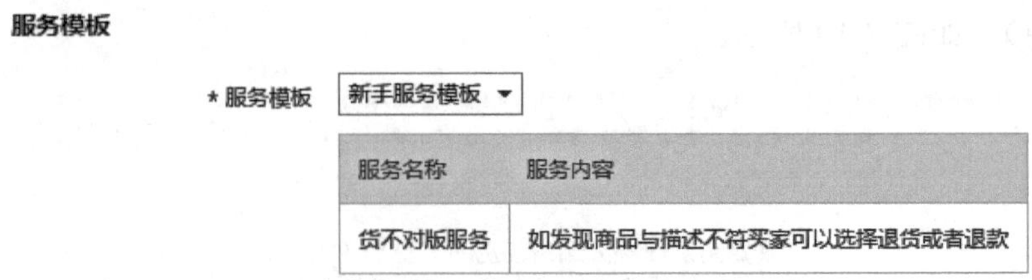

服务模板

图 8-22　服务模板

（10）其他信息。包括产品分组、商品有效期和其他条款，如图 8-23 所示。

图 8-23　其他信息

（11）填写完所有信息可先进行保存，预览页面，确认信息无误即可提交。平台会在 1～3 个工作日对产品进行审核，审核通过的商品才有机会在平台展示，如图 8-24 所示。

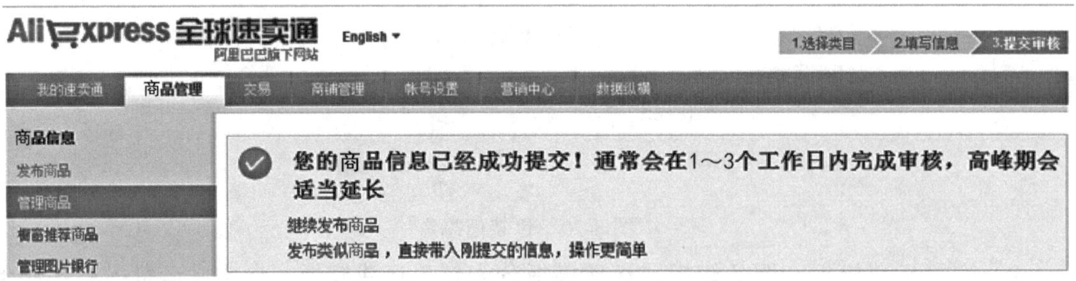

图 8-24　商品提交

3．商品管理

在商品上传后要进行检查，看是否通过审核。对审核不通过的商品进行编辑修改后可再次发布。如果是商品侵权造成的审核不通过，应立即删除商品，以免扣分，如图 8-25 所示。

图 8-25　审核不通过

卖家可在商品管理界面对产品进行编辑、产品分组、分配负责人、下架、一键修改发货期、批量延长有效期等操作，如图 8-26 所示。

图 8-26　商品管理界面

四、营销与推广

一个店铺运营得怎么样，有个重要的指标就是店铺或商品的流量，如何引流非常关键。除了做好选品、优化，还应该拓展流量入口和渠道，做好店铺和产品的营销和推广。速卖通平台的营销推广方式主要有：站内引流的店铺自主营销、速卖通直通车和平台活动、站外引流的联盟营销、SNS（社会化）营销等，如图 8-27 所示。

图 8-27　速卖通营销活动

其中，店铺自主营销有四大营销工具，分别是限时限量折扣、全店铺打折、店铺满立减和店铺优惠券。每个工具每月有一定的活动数量和时长，用完了就没有了，因此要合理使用，如图 8-28 所示。

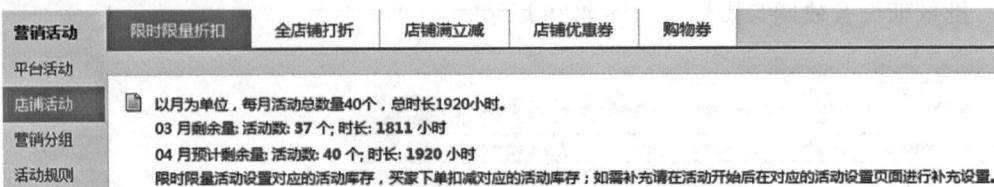

图 8-28　店铺自主营销活动

四大营销工具有各自不同的权限要求、设置规则（设置要求、创建时限和锁定时限）及展示规则（活动优先级、可否叠加使用），如表 8-3 所示。

表 8-3　店铺自主营销活动规则

活动类型	权限要求	设置规则			展示规则
		设置要求	创建时限	锁定时限	
限时限量折扣	有商品	每月活动数：40 个 总时长：1920h	至少提前 12h 创建活动	活动开始前 6h 进入"等待展示"状态，产品只开放部分字段修改，可下架	同一时段一个商品只能设置一个限时限量活动 优先级高于全店铺打折
全店铺打折	有商品	每月活动数：20 个 总时长：720h	至少提前 24h 创建活动	在活动开始前 12h 进入"等待展示"状态，商品只开放部分字段修改，可下架。在活动进行期间商品不能退出活动，可下架	同一时段一个商品只能设置一个全店铺打折活动 优先级最低
店铺满立减	有商品	每月活动数：10 个 总时长：720h	至少提前 24h 创建活动；可提前设置下月活动	在活动开始前 12h 将进入"等待展示"状态，不可继续编辑活动信息，但是可以进行商品信息的编辑修改及下架等操作	可与所有活动叠加使用
店铺优惠券	开通商铺	领取型：每月活动数 10 个 定向发放型：每月活动数量 20 个 金币兑换优惠券，每月活动数 10 个（包括 3 个有限定使用条件的） 秒抢优惠券活动，每月活动总数 30 个 聚人气优惠券活动，每月活动总数量 10 个	领取型优惠券至少提前 1h 创建活动；可提前设置下月活动	在活动开始前可关闭活动，在活动开始后则无法关闭和修改	可与所有活动叠加使用

一个商品可以结合各种营销工具进行引流和促销，如图 8-29 所示。

COLROVIE Womens Dresses New Arrival Slim Pencil Long Maxi Dress Black Oversized Bell Sleeve Floral Lace Dress

★★★★★ 4.9 (13 votes) ∨ | 53 orders

| Price: | US $41.63 / piece |
| Discount Price: | US $24.98 / piece 40% off 2 days left |

限时限量折扣
或
全店铺打折

🔲 Find more deals on the app ▾

Color: ■

Size: XS S M L

Shipping: Free Shipping to Russian Federation via HongKong Post Air Mail ⊡
Estimated Delivery Time: 25-47 days ⓘ

Quantity: − 1 + piece (3960 pieces available)

Total Price: Depends on the product properties you select

Buy Now　　Add to Cart

满立减　　♡ Add to Wish List (762 Adds) ☑　　优惠券

Store Promotion: US $10.00 off per US $180.00 ▾　　Get a US $2.00 coupon ▾

Q Mouse over to zoom in

图 8-29　店铺自主营销活动使用

任务三　国际物流与支付

　　跨境电子商务是指分属不同关境的交易主体,通过电子商务平台达成信息或商品交易的国际商业活动。它与国内电子商务的最大区别,就是面对的交易对象来自不同国家,存在着语言沟通的障碍和远距离运输的问题。本节将着重讲解速卖通平台的跨境物流问题,登录速卖通卖家"网站进入物流服务"界面学习和了解,掌握跨境物流方式及其选择、运费模板设置、物流发货和物流跟踪。网站还会发布最新的物流资讯并提供一些实用的物流工具,如图 8-30 所示。

图 8-30　速卖通的物流服务

✅ 一、国际物流方式

1．五大类跨境物流方式

速卖通平台根据物流方式及其所提供的服务不同，将跨境物流分为经济类物流、简易类物流、标准类物流、快速类物流和海外仓物流五大类。

（1）经济类物流：物流运费成本低，目的国包裹妥投信息不可查询，适合运送货值低、重量轻的商品。经济类物流仅允许使用线上发货。

（2）简易类物流：邮政挂号服务，可查询包含妥投或买家签收在内的关键环节物流追踪信息。

（3）标准类物流：包含邮政挂号服务和专线类服务，全程物流追踪信息可查询。

（4）快速类物流：包含商业快递和邮政提供的快递服务，时效快、全程物流追踪信息可查询，适合高货值商品。

（5）海外仓物流：已备货到海外仓的货物所使用的海外本地物流服务。

其中，速卖通平台线上发货物流方案可查询以下网址 https://sell.aliexpress.com/shipping/online_logistics_list.htm

跨境物流方式列表

✅ 二、速卖通物流规则

卖家必须按照物流政策选择发货的物流方式，如表 8-4 所示。

表 8-4　速卖通物流规则

收货国家	商品类目	订单实际支付金额	物流服务等级							
			经济类物流		简易类物流		标准类物流		快速类物流	
			线下发货	线上发货	线下发货	线上发货	线下发货	线上发货	线下发货	线上发货
俄罗斯	所有类目	≥2 美元	不可用	不可用	不可用	可用	可用	可用	可用	可用
		<2 美元	不可用	可用	不可用	可用	可用	可用	可用	可用
美国	普通类目	≥5 美元	不可用	不可用	—	—	E 邮宝、AliExpress 无忧物流——标准可用，其他不可用		可用	可用
		<5 美元	不可用	可用	—	—	可用	可用	可用	可用
	特殊类目	所有订单	不可用	可用	—	—	可用	可用	可用	可用
西班牙	所有类目	所有订单	不可用	中外语——西邮经济小包可用,其他不可用	—	—	可用	可用	可用	可用
巴西、乌克兰、白俄罗斯	所有类目	所有订单	不可用	不可用	—	—	可用	可用	可用	可用
其他国家	所有类目	所有订单	不可用	可用	—	—	可用	可用	可用	可用

针对不同国家、订单金额，可用的物流方式是有差异的，要根据平台规则来设置相应的物流模板。

三、国际物流运费计算

影响运费的因素通常为货物送达地、货物包装后重量，有时还要考虑货物体积重量。不同的物流方式，目的国运费费率不同，挂号服务费也不同。可下载最新的线上发货和无忧物流报价，如图 8-31 所示。

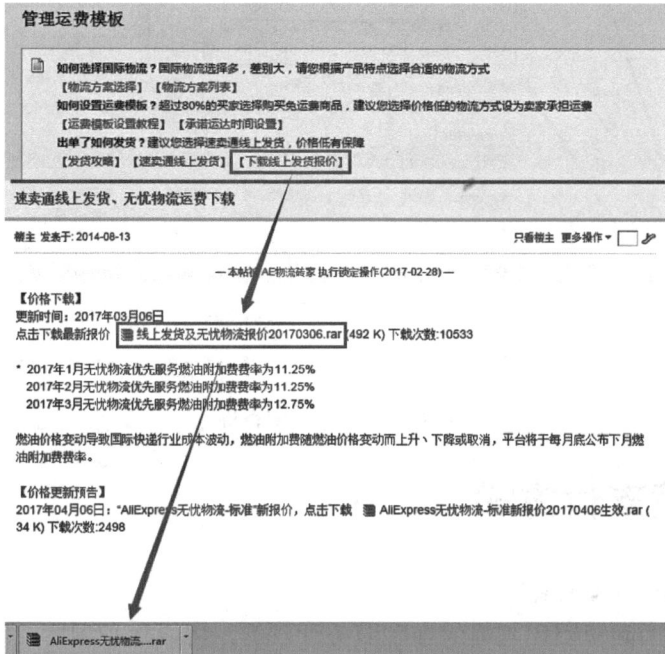

图 8-31　下载无忧物流报价

以克为单位计费的物流方式，运费计算公式为运费=货物包装后重量×运费费率+挂号服务费（运费费率和挂号服务费在报价中查找），如图 8-32 所示。

中国邮政挂号小包（China Post Registered Air Mail）报价单			
上门揽收城市	配送范围/目的地国家	配送服务费 元（RMB）/KG	挂号服务费 元（RMB）/包裹
北京、上海、深圳、广州、佛山、中山、汕头、东莞、杭州、金华、宁波、义乌、温州、南京、苏州、无锡、南通、泰州、福州、厦门、泉州、合肥、南昌、武汉、成都、郑州、长沙、重庆、青岛、天津、晋江、石狮、龙岩、莆田、烟台、威海、江门、保定、葫芦岛、许昌、南宁、昆明、蚌埠、滁州、芜湖、南平、宁德、三明、漳浦、惠州、珠海、郴州、沧州、衡水、石家庄、邢台、洛阳、南阳、咸宁、常德、衡阳、岳阳、株洲、长春、江阴、徐州、扬州、赣州、景德镇、上饶、大连、沈阳、济南、潍坊、西安、南充、襄樊、湖州、嘉兴、丽水、绍兴、台州、贵阳、宿迁、常州、盐城、镇江	全球	见下表详单	见下表详单

国家列表		配送服务费 元（RMB）/KG *每1g计重，限重2KG	挂号服务费 元（RMB）/包裹
Albania	AL	阿尔巴尼亚	142.0	8.0
Algeria	DZ	阿尔及利亚	169.5	8.0
Afghanistan	AF	阿富汗	115.5	8.0
Argentina	AR	阿根廷	106.0	8.0
United Arab Emirates	AE	阿拉伯联合酋长国	115.5	8.0
Aruba	AW	阿鲁巴岛	169.5	8.0
Oman	OM	阿曼	87.5	8.0
Azerbaijan	AZ	阿塞拜疆	87.5	8.0

AliExpress无忧物流-标准　AliExpress无忧物流-优先　4PX新邮经济小包　中国邮政平常小包+　中国邮政挂号小包　中外运-西邮经济小包　中外运-西邮标准小包　中外运-西

图 8-32　运费费率表

此外，在速卖通后台交易界面中的物流方案查询选项下，可以输入发货地及收货地的国家、包裹信息、货物类型等，进行运费的试算，如图 8-33 所示。

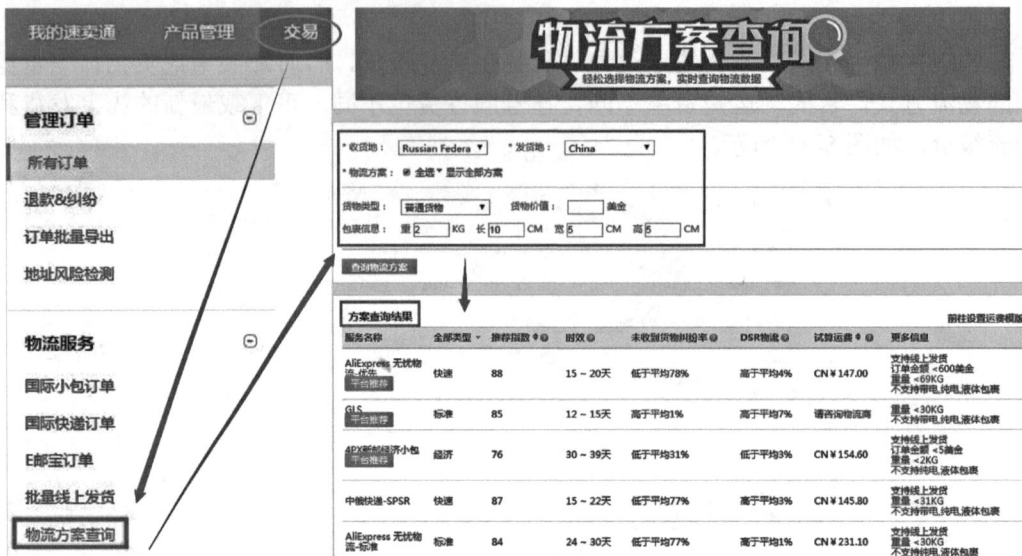

图 8-33　物流方案查询

四、跨境支付方式

1. 国际支付宝（Escrow）

国际支付宝是由阿里巴巴与蚂蚁金融服务开发的，用以保护国际在线交易中买卖双方交易安全所设置的一种服务，全称为 Escrow Service。如果卖家已经拥有国内支付宝账户，只需绑定国内支付宝账户即可，无须再申请国际支付宝（Escrow）账户。目前国际支付宝支持部分产品的小额批发、样品、小单、试单交易，只要产品满足以下两个条件即可通过国际支付宝进行交易。

（1）产品可以通过 EMS、DHL、UPS、FedEx、TNT、SF、邮政航空包裹 7 种运输方式进行发货。

（2）单笔订单金额小于 1 万美元（产品总价加上运费的总额）。

2. 国际支付宝支持的支付方式

买家可通过国际支付宝使用多种方式进行支付，如图 8-34 和图 8-35 所示。

1）信用卡/借记卡

卖家通过人民币通道收到的货款，在放款后直接进入支付宝国际账户的人民币账户中；通过美元通道收到的货款，在放款后直接进入支付宝国际账户的美元账户中。

2）Western Union 西联汇款、T/T 银行汇款支付

Western Union 西联汇款、T/T（Telegraphic Transfer）电汇都是国际贸易主流的支付方式，常用于大额交易。如果买家使用此方式支付，在订单完成后，平台会直接将美元支付给卖家，但银行会收取一定的汇款手续费和提现费用。

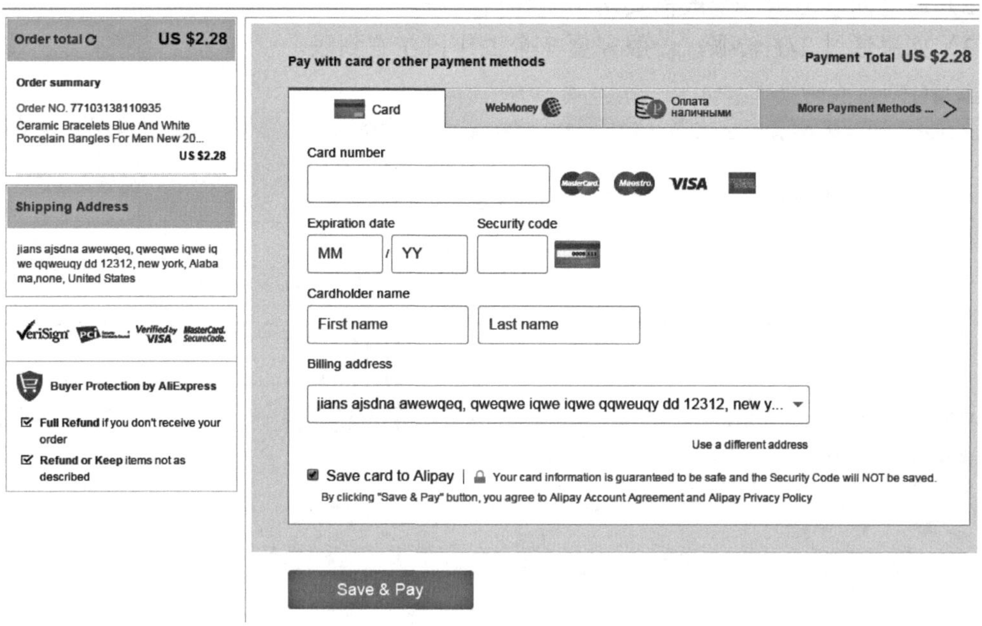

图 8-34 买家付款界面

信用卡   借记卡

图 8-35 信用卡/借记卡

3）Boleto 支付

Boleto 是由多家巴西银行共同支持的一种支付方式，在巴西占据绝对主导地位，客户可以到巴西任何一家银行、ATM 机、彩票网点或使用网上银行授权银行转账。该支付渠道有如下特点。

（1）一旦付款，不会产生拒付和伪冒，保证商家的交易安全。

（2）无须预付交易保证金，降低了门槛。

（3）单笔支付限额为 1～3000 美元，月累计支付不超过 3000 美元。

（4）不是网上实时付款，消费者需在网上打印付款单并通过网上银行、线下银行或其他指定网点进行付款。消费者可以在 1～3 天内付款，各个银行需要 1～3 个工作日完成数据交换，所以每笔交易一般需要 2 天到一周左右的时间才能支付完成。因此，当买家使用 Boleto 支付时，卖家需要等待 5 天才能看到付款成功，不要联系买家催单或修改订单价格，如图 8-36 所示。

4）QIWI 支付

QIWI 是俄罗斯客户主要的支付方式，类似于支付宝。

买家可以根据自己的情况选择合适的付款方式。

（1）通过 QIWI 钱包支付，且通过资金审核（一般 24 小时内）即可到账。

（2）通过西联汇款，一般需要两个工作日到账。

（3）如果通过 T/T 转账，一般需要 7 个工作日左右到账。

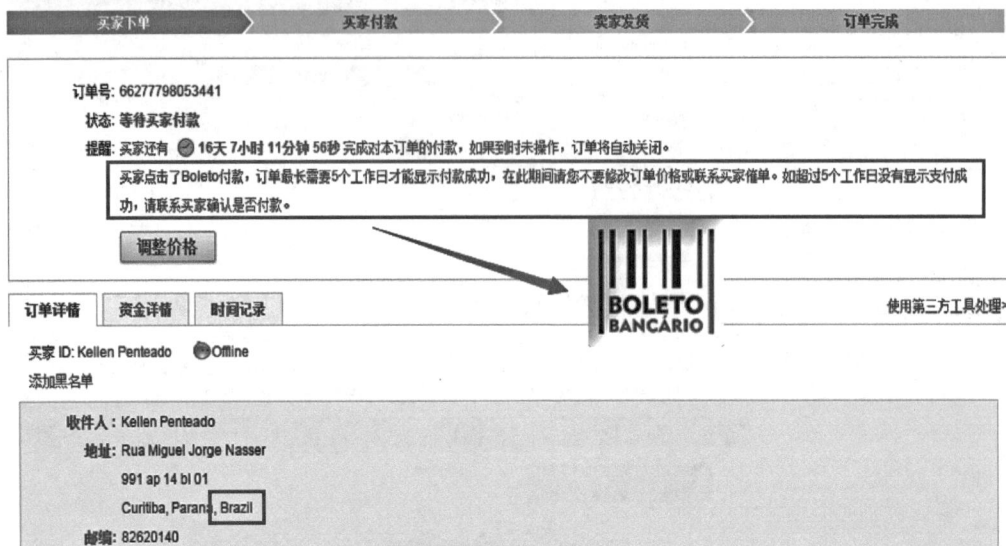

图 8-36　Boleto 付款订单

五、提现账户设置与提现操作

1．支付宝国际账户

支付宝国际账户 Alipay account 是支付宝为从事跨境交易的国内卖家建立的资金账户管理平台，包括对交易的收款、退款、提现等主要功能。卖家通过登录进入"我的速卖通"界面，单击"交易"按钮，选择"支付宝国际账户"选项或进入 My Alibaba 中的"资金账户管理"功能访问 Alipay 系统。支付宝国际账户是多币种账户，包含美元账户和人民币账户。目前只有 AliExpress（速卖通）与阿里巴巴国际站会员才能使用，如图 8-37 所示。

图 8-37　支付宝国际账户

2．提现账户设置

（1）人民币提现账户与国内支付宝账户绑定，将人民币提取到国内支付宝账户。

（2）卖家可以设置 3 个美元账户提现银行账号，需要区分是个人账户还是公司账户。

① 公司账户。

所有信息不能使用中文填写，否则将引起放款失败，从而产生重复的放款手续费损失；设置的公司账户必须是美元账户或是能接收美元的外币账户；在中国大陆地区开设的公司账户必须有进出口权才能接收美元并结汇；使用公司账户收款的订单必须办理正式报关手续，才能顺利结汇。

② 个人账户。

除开户名（中文）外的其他信息都不能使用中文填写，否则将引起放款失败，从而产生重复的放款手续费损失；客户创建的个人账户必须能接收海外银行（新加坡花旗银行）并且是公司对个人的美元打款，开设个人的美元账户的具体信息可咨询相关银行。收汇没有限制，个人账户年提款总额可以超过 5 万美元；但结汇需符合外汇管制条例，每人年结汇限额为 5 万美元。

在选择账户类型后，依次填写（英文）账户名（若为企业账户，请填写企业在银行开户时使用的户名，如 Alibaba Corp；若为个人账户，请填写在银行开户时填写的姓名拼音，如张三，填写 ZHANG SAN）、Swift Code 和银行账号。填写完毕，单击"下一步"按钮，如图 8-38 所示。

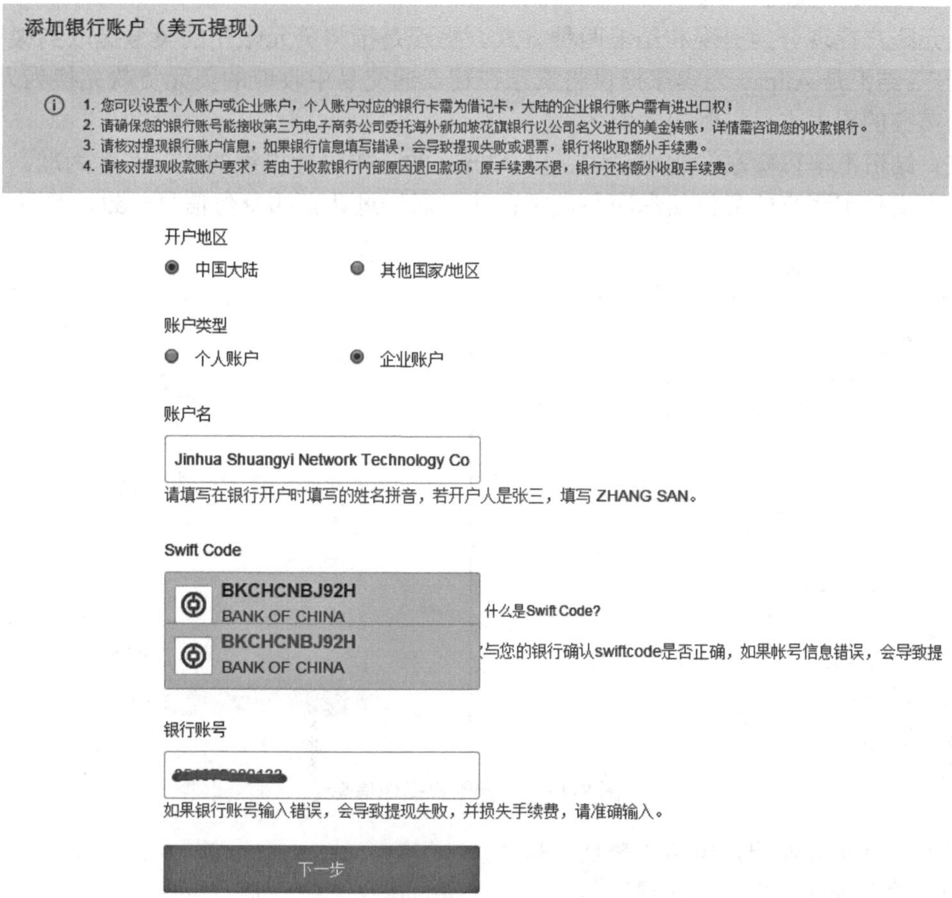

图 8-38　添加美元提现银行账户

3. 提现

1）人民币账户提现

① 选择人民币账户，单击"提现"按钮。

② 输入提现金额，确认提现信息，如图8-39所示。

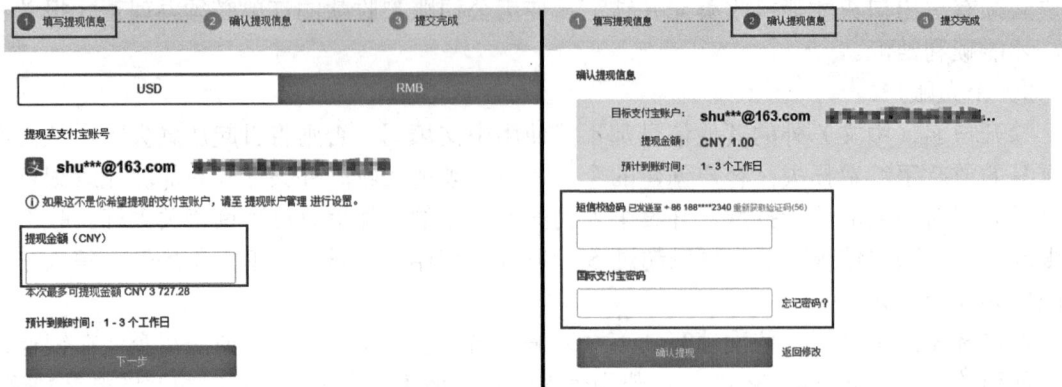

图 8-39　人民币账户提现信息

2）美元账户提现

美元账户提现分为提现和结汇两种方式。提现是指将美元账户的美金提取到银行卡的美元账户；结汇是 Alipay 为卖家提供将卖家在速卖通交易中收取的美元货款兑换为人民币，并汇入卖家的国内支付宝账户的服务。

注：结汇汇率以卖家发起申请时，以 Alipay 的合作银行提供的实时汇率为准。卖家提供的国内支付宝账户的身份信息应与卖家在速卖通经过认证的身份信息一致，如图8-40所示。

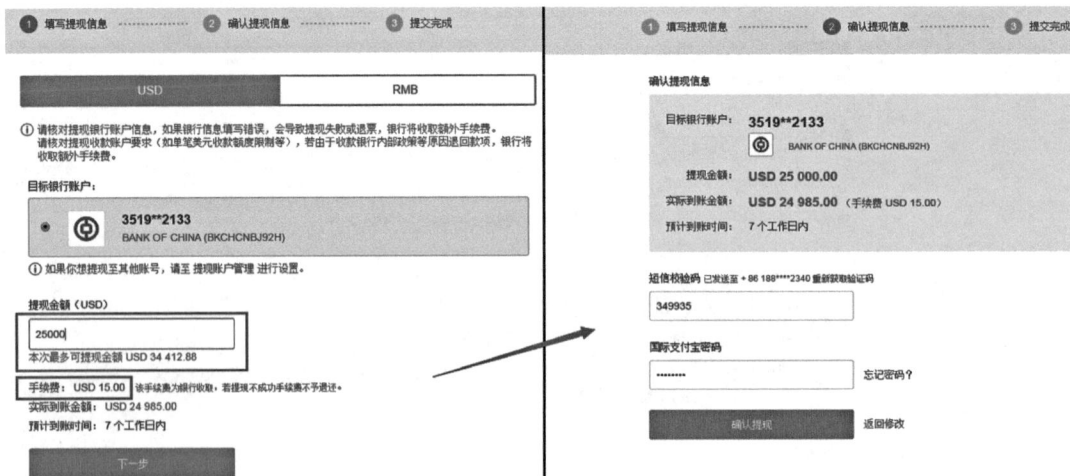

图 8-40　美元账户提现信息

（1）选择美元账户，单击"提现"按钮。

（2）输入提现金额，确认提现信息。

（3）提交完成（美元提现每次会收取15美元的手续费）。

跨境电子商务已成为流行趋势

Pitney Bowes 最近发布了《2016 年全球网络购物报告》，调查发现跨境电子商务已经成为一种流行趋势。消费者经常在国内网购（94%），其中超过 2/3 的消费者（66%）也进行跨境网络购物。新加坡（89%）、澳大利亚（86%）和中国香港地区（85%）是跨境网购消费者数量最多的，而日本（34%）和美国（45%）的跨境网购还在发展之中。

调查发现网络购物已经成为很多消费者的一种生活方式，近 1/3 的消费者每天或者每周网购，而在中国每天或每周都网购的消费者占 2/3。随着国内网络购物的发展，消费者对跨境网络购物也越来越熟悉。58% 的消费者每个月或每年都会进行跨境网络购物。跨境网络购物最受欢迎的国家及地区包括澳大利亚（78%）、新加坡（77%）、加拿大（72%）、墨西哥（71%）和中国香港地区（70%）。

跨境网络购物给零售商和品牌带来巨大的机遇，尤其是韩国、中国和印度跨境网购市场潜力巨大。

约半数消费者表示大部分的网络购物是在一个电子商务网站上进行的，其中日本（70%）、中国（61%）、德国（59%）和印度（55%）的消费者更愿意去同一家电子商务网站网购。约 1/4 的消费者选择零售商直营网站进行跨境网购，如加拿大（35%）、韩国（34%）和澳大利亚（33%）的消费者。

在网购过程中，移动设备越来越重要，约半数的新加坡（51%）、印度（50%）、墨西哥（49%）和中国（47%）消费者喜欢使用移动设备浏览商品；而且超过半数的中国大陆和香港地区、印度、新加坡和韩国消费者使用移动设备追踪订单。虽然只有 33% 的消费者使用移动设备作为完成交易的首选，但是移动设备已经成为网购过程不可或缺的部分。例如，在美国有 1/3 的消费者（33%）用移动设备完成交易，却有 47% 的消费者使用移动设备追踪订单。

Pitney Bowes 还调查了消费者是如何在网上发现商品的。电子商务网站（62%）、搜索引擎（43%）和零售商网站（39%）是发现新商品最受欢迎的工具。约 1/4 的中国香港地区（26%）、澳大利亚（24%）和新加坡（22%）消费者通过电子邮件发现新商品；还有 1/5 的消费者（19%）在社交网站上发现新商品，而社交媒体在中国香港地区（45%）、墨西哥（32%）、印度（30%）和新加坡（30%）最受欢迎。

支付方式方面，不同国家消费者的喜好也有所不同。信用卡是最受跨境购物消费者喜爱的支付方式（45%）；电子钱包也很受跨境网络购物消费者的喜爱（34%）。消费者选择支付方式时，服务费（33%）、交易额（25%）和安全性（25%）是最重要的因素。

调查还发现有 42% 的消费者表示在 2015 年购物季网购时遇到了一些困难。事实上，即使是一些基本的消费体验也面临着挑战，如发送正确的商品、地址准确性、透明的返税制度和关税等。其中中国香港地区（65%）、印度（59%）、韩国（55%）、新加坡（54%）和中国（54%）的消费者在跨境网络购物方面有过糟糕的体验，这给零售商和电子商务服务的改善带来了压力。

（资料来源：199IT.com 编译 Pitney Bowes 发布的《2016 年全球网络购物报告》）

同步实训

实训 1　站内数据选品

实训目的

了解选品的重要性，掌握利用"数据纵横"工具进行数据选品的方法，为产品发布做好准备工作。

实训内容与步骤

（1）了解选品的重要性。选品是解决卖什么的问题，因此就决定了目标客户群、销售渠道、竞争对手、盈利能力和投入产出。选对产品，对于销售乃至店铺的成长至关重要。

（2）进入卖家后台界面，选择"数据纵横"中的"行业情报"选项，如图 8-41 所示。

图 8-41　"数据纵横"工具

（3）在页面左上角可切换页面的展示文字，在"行业概况"界面中可以中英文对照浏览"行业及产品类目"内容，对平台可销售的产品类目有所了解，如图 8-42 和图 8-43 所示。

图 8-42　展示文字切换

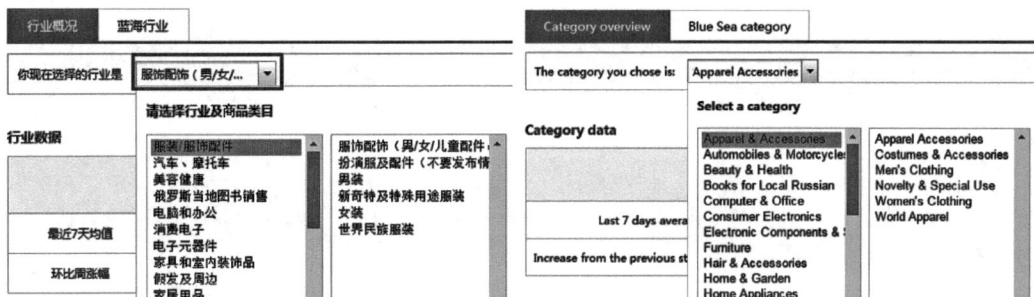

图 8-43　行业及产品类目

（4）选择 3 个不同行业进行对比，分别从访客数占比、浏览量占比、支付金额占比、支付订单数占比和供需指数三方面进行对比分析，找到合适的切入市场，如图 8-44 所示。

注："供需指数"指统计时间段内行业下商品指数/流量指数。供需指数越小，竞争越小。

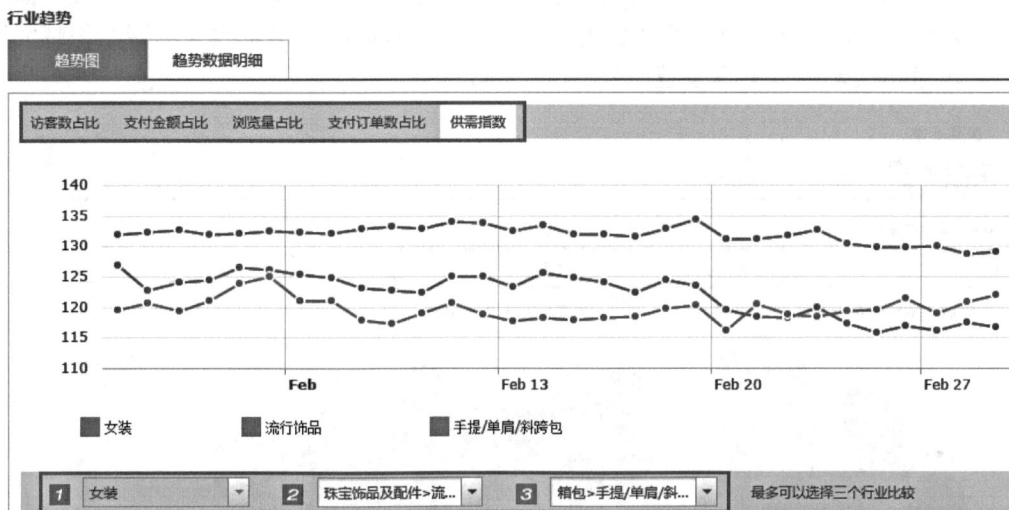

图 8-44　行业对比及数据分析

（5）进入行业情报——蓝海行业。平台推荐了 8 个一级蓝海行业，这些行业是目前平台竞争不大，但又充满买家需求的行业，如图 8-45 所示。

图 8-45　蓝海行业推荐

（6）通过行业对比和蓝海行业分析，确定 2～3 个行业，然后通过"数据纵横"界面中的"选品专家"选项进行产品词分析，如图 8-46 所示。

选品专家有热销、热搜和潮流资讯 3 个板块。"热销"代表卖家的角度，统计的是卖家发布产品的信息；"热搜"代表买家的角度，统计的是买家搜索产品的信息。

图 8-46　选品专家

（7）选择某一级行业，以"服装/服饰配件"为例，确定研究的范围（全球或某一国家）、时间（最近 1 天/7 天/30 天），可直观找到此行业下哪些商品的销量大（圆圈面积越大销量越大）、竞争小（颜色越深竞争越小），如图 8-47 所示。

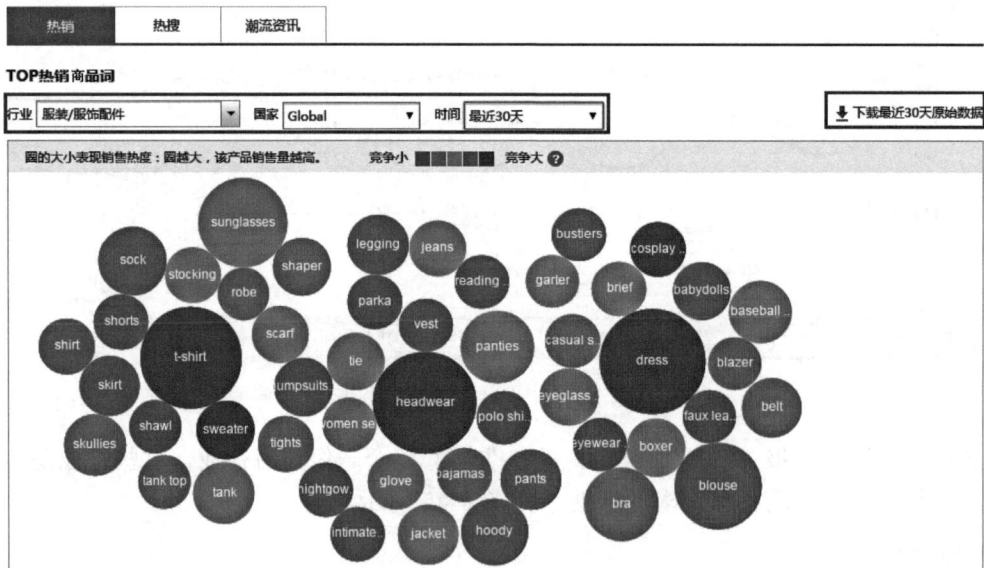

图 8-47　Top 热销商品词

若无法从图中直观看出，还可单击"下载最近 30 天原始数据"选项，得到"Hot-Sale"热销词表，如图 8-48 所示。

对表中的"成交指数、浏览-支付转化率排名、竞争指数"数据进行文本格式转换，转换为数字，如图 8-49 所示。然后对每列数据分别进行排序，标出排名靠前的产品词，再综合考虑将每次排名靠前的产品词找出。有个简便的方法：既然目标是找到一个成交指数大、浏览-支付转化率排名靠前、竞争指数小的产品，因此设置一个选品指数 X：$X=$成交指数÷浏览-支付转化率排名÷竞争指数，再进行降序排列，找出排名靠前的产品词，如图 8-50 所示。

行业	国家	商品关键词	成交指数	浏览-支付转化率排名	竞争指数
服装/服饰配件	Global	babydolls	12777	35	0.87
服装/服饰配件	Global	baseball cap	33248	12	0.5
服装/服饰配件	Global	belt	20384	22	0.49
服装/服饰配件	Global	blazer	4330	46	0.48
服装/服饰配件	Global	blouse	96149	8	0.84
服装/服饰配件	Global	boxer	16859	11	0.59
服装/服饰配件	Global	bra	56208	5	0.45
服装/服饰配件	Global	brief	7911	28	0.55
服装/服饰配件	Global	bustiers	4447	43	0.79
服装/服饰配件	Global	casual shorts	6359	23	0.49

图 8-48　"Hot-Sale"热销词表

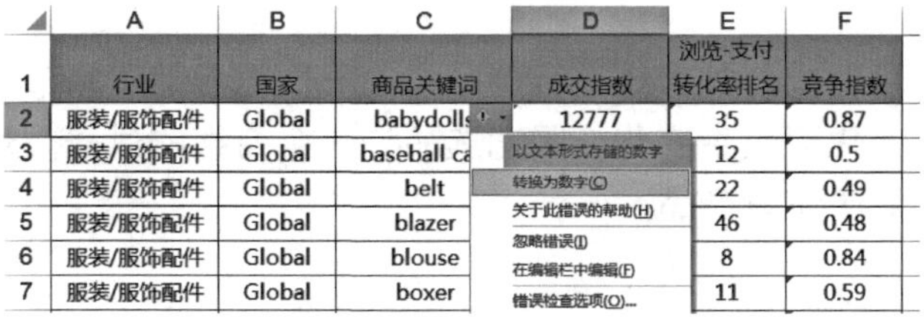

图 8-49　格式转换

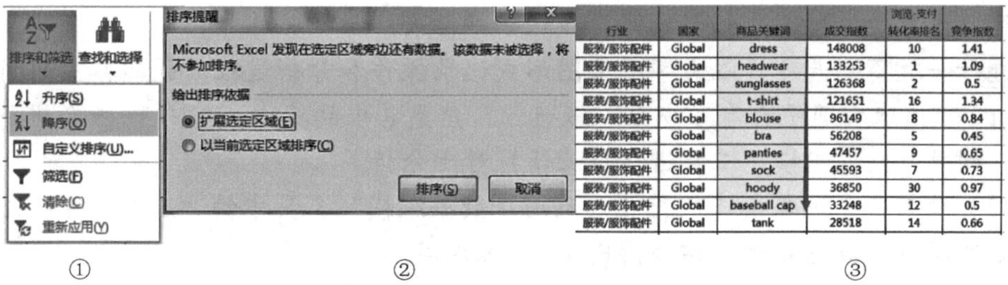

① ② ③

图 8-50　根据单列数据排序

（8）可以用同样的方法处理热搜数据，如图 8-51 所示。最后综合热销和热搜数据，确定 Top 商品词，如图 8-52 所示。

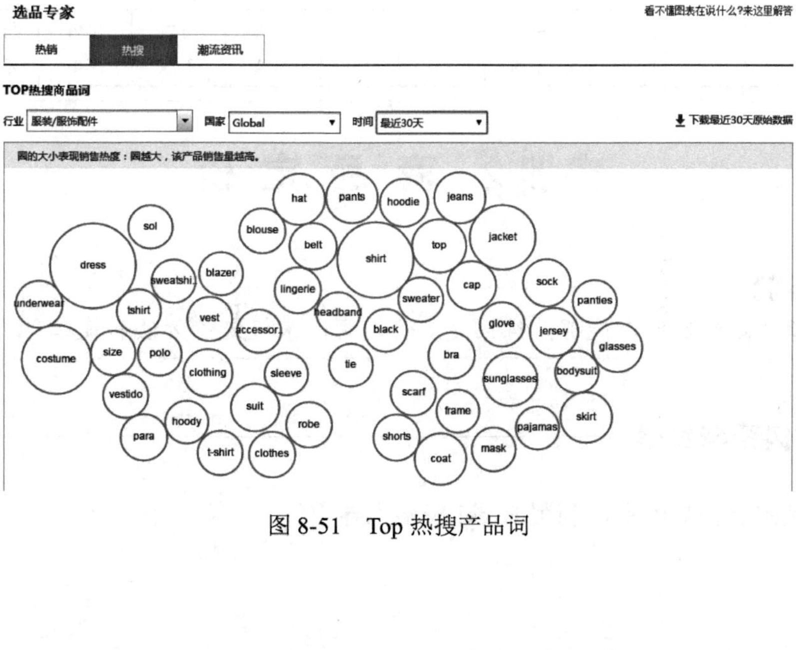

图 8-51　Top 热搜产品词

热 销　　　　　　　　　　　热 搜

商品关键词	成交指数	浏览-支付转化率排名	竞争指数	选品指数	商品关键词	搜索指数	搜索人气	浏览-支付转化率排名	竞争指数	选品指数
sunglasses	126 368	2	0.5	126 368.00	sunglasses	79 591	30 989	2	19.02	2 092.30
headwear	133 253	1	1.09	122 250.46	sock	35 928	15 425	1	53.78	668.06
bra	56 208	5	0.45	24 981.33	dress	229 886	100 374	27	85.08	100.07
blouse	96 149	8	0.84	14 307.89	bra	30 718	13 928	11	45.61	61.23
dress	148 008	10	1.41	10 497.02	glasses	48 090	21 659	13	60.47	61.17
sock	45 593	7	0.73	89 22.31	shirt	182 149	86 902	19	262.08	36.58
intimate accessory	9 527	3	0.36	8 821.30	skirt	52 376	24 124	21	75.2	33.17
panties	47 457	9	0.65	8 112.31	glove	18 174	9 439	14	49.38	26.29
t-shirt	121 651	16	1.34	5 674.02	scarf	22 276	9 523	10	79.38	28.06
baseball cap	33 248	12	0.5	5 541.33	jacket	117 445	59 632	37	135.88	23.36

图 8-52　综合分析 Top 商品词

实训提示

站内选品是利用平台内部的数据进行选品，由于数据会随着季节、产品生命周期、买家需求随卖家供给的变化而发生变化，因此选品是一个持续的过程。想运营好一个店铺，必须持续开发新品，淘汰无效产品。

思考与练习

结合自身具体情况，如实填写自我认识评估表。

进行一次商品选品，以文字配截图形式记录操作和分析过程，并回答下列问题：

（1）当前速卖通平台有多少个一级行业？熟悉其中的英文，选择 3～5 个进行二级类目，利用"数据纵横"工具进行行业情报对比分析。

（2）确定一个一级或二级行业，利用"数据纵横"工具中的"选品专家"进行热销和热搜商品词数据分析，综合得出 10 个商品词。

（3）根据得出的商品词制作 10 个商品表格，如表 8-5 所示。

表 8-5　商品表格

商品图片	主 SKU	开发人	所属类目	标题	采购价格	重量	运费	物流方式	总成本	营销折扣	采购链接
				可暂不填			可暂不填	可暂不填	可暂不填	可暂不填	

实训 2　商品定价

实训目的

通过商品定价实操，能够熟练描述定价因素，掌握定价方法和策略。

实训内容与步骤

学习商品定价影响因素，利用 Excel 表格推导定价。

（1）计算运费，如表 8-6 所示。

国际运费一栏输入公式=（产品质量×运费费率/1000+挂号费）×运费折扣

注：运费单价根据实际物流方式而定，如选择无忧物流，运往俄罗斯 2kg 以内是 80 元人民币/kg，挂号费 7 元人民币/件，运费以包装后实重计量。

（2）计算包邮发布价格，如表 8-7 所示。

根据实际情况填入采购价、国内运费、国际运费（数值取自表 8-6 的计算结果）、成本利润率、美元汇率、佣金和营销费率，则可通过公式算出：

利润（RMB）=（采购价格+国内运费+国际运费）×成本利润率

包邮发布价格（$）=成本+利润=（采购价格+国内运费+国际运费）×（1+成本利润率）/美元汇率/（1-速卖通佣金+营销折扣）

进而可推算出发布价毛利润率=利润/（包邮售价×0.92）。

表 8-6　运费计算表

国际运费计算—中邮小包（国际运费（元人民币））				
运费费率（元人民币/kg）	产品质量（g）	挂号费(元人民币)	运费折扣（%）	国际运费（元人民币）
80	280	7	90.00%	26.46

表 8-7　包邮发布价格计算表

采购价（元人民币）	国内运费（元人民币）	国际运费（元人民币）	成本利润率（%）	人民币对美元汇率（1:X）	速卖通佣金+营销折扣（%）	利润（元人民币）	速卖通发布价格（美元）
38	0.5	26.46	120.00%	6.7	13.00%	77.95	24.52

注：目前速卖通平台佣金为 5～8%[1]，这部分金额平台会直接扣除，因此计算毛利润时要扣除。

（3）计算不同折扣率下的折后价格和折后利润，如表 8-8 所示（速卖通发布价格数值取自表 8-8 的计算结果）。

表 8-8　折后价计算表

速卖通发布价格（美元）	折扣	折后价格（美元）	折后利润（元人民币）
24.52	20.00%	19.616	49.88
24.52	30.00%	17.164	35.59
24.52	40.00%	14.712	21.30
24.52	50.00%	12.26	7.00

📞💬 实训提示

如果不是包邮商品，则商品发布价格不用包含运费，运费另外收取。运费模板决定了有关运费的收取。

---

1. 自美国时间 2016 年 10 月 10 日 0 点开始，速卖通平台将服装、家居、玩具及假发等佣金比例从 5%调整为 8%。

通过 Excel 表格公式做计算时，一定要注意单位统一，通过汇率转换统一为人民币或美金进行计算。

思考与练习

针对实训 1 中完成的商品表格对商品进行定价，并回答下列问题：

（1）描述商品定价要考虑哪些因素；

（2）使用 Excel 表格计算运费、包邮发布价格和各档折后价格。

（3）延续实训 1，完成商品表格，如表 8-9 所示。

表 8-9　商品表格

商品图片	主SKU	开发人	所属类目	标题	采购价格	重量	运费	物流方式	总成本	营销折扣	采购链接

项目小结

广义的跨境电子商务是指分属不同关境的交易主体通过电子商务手段达成交易的跨境进出口贸易活动。狭义的跨境电子商务特指跨境网络零售，指分属不同关境的交易主体通过电子商务平台达成交易，进行跨境支付结算，通过跨境物流送达商品、完成交易的一种国际贸易新业态。跨境电子商务根据贸易模式、商业模式、服务类型、平台类型、行业广度和通关方式分为不同类型。

目前适于跨境电商创业的平台主要有速卖通、Wish、eBay 和亚马逊平台。

以速卖通平台创业为例，做开店准备工作，包括注册公司和商标、掌握平台规则、熟悉创建店铺与实名认证、商品发布与管理、营销与推广、国际物流、支付的流程与操作。

同步测试

1．单项选择题

（1）全球速卖通平台网址是（　　）。

　　A．www.ebay.com　　　　　　　　B．www.aliexpress.com

　　C．wish.merchant.com　　　　　　D．www.amazon.com

（2）发布一个商品最多可以放（　　）张主图。

　　A．4　　　　　　　B．5　　　　　　　C．6　　　　　　　D．7

（3）以下哪个不属于店铺自主营销工具（　　）。

　　A．限时限量折扣　　　　　　　　B．店铺满立减

　　C．店铺满立减　　　　　　　　　D．联盟营销

（4）发布的商品过了有效期就会由"正在销售"转为"已下架"，速卖通平台商品有效

期是（   ）。

    A．7 天、30 天   B．14 天、30 天

    C．7 天、14 天   D．30 天、60 天

（5）可以看到店铺 24 小时数据情况的功能是（   ）。

    A．行业情报   B．商铺概况   C．商品分析   D．实时风暴

2．多项选择题

（1）速卖通商品信息可以有哪几种语言的展示（   ）。

    A．葡萄牙语   B．英语   C．中文   D．俄语

（2）俄罗斯买家在速卖通平台可以使用的支付方式有（   ）。

    A．Webmoney   B．QIWI   C．Master card   D．VISA

（3）产品详细描述需要包含哪些内容（   ）。

    A．产品基本描述   B．物流信息

    C．店铺及产品的相关推荐   D．服务信息

（4）专线物流中包含哪几种物流方式（   ）。

    A．中东专线   B．Special Line-YW

    C．E 邮宝（ePacket）   D．Russian Air

（5）关于限时限量活动的设置哪些是建议操作的（   ）。

    A．设置时间不宜过长，一般一周为宜

    B．提价后打折

    C．结合满立减和优惠券等其他活动，效果更好

    D．在活动开始后可告知老买家

3．分析题

（1）比较跨境电子商务与国内电子商务的异同。

（2）调研各主流跨境电商平台，根据自己的情况选择创业平台。

管理篇

本项目知识点

团队及创业团队的概念；团队的构成要素；优秀创业团队的特征；团队建设的原则；创业团队的组建程序；高效团队建设的方法；团队架构的类型；星状创业团队；网状创业团队；团队的岗位职能；团队沟通；创业团队沟通的原则；创业团队沟通的技巧；激励的定义；激励的类型；团队激励的一般方法；不同类型成员的激励方式。

本项目技能点

掌握创业团队的组建程序；了解团队架构的类型；会使用创业团队沟通的技巧；掌握团队激励的一般方法。

知识导图

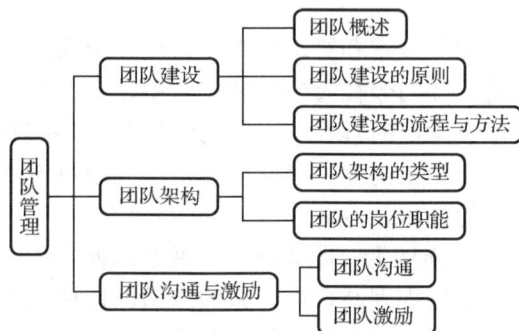

引例

英国科学家做过一个有趣的实验，他们把点燃的蚊香放进一个蚁巢里。蚊香的火光与烟雾使惊恐的蚂蚁乱作一团，但片刻之后，蚁群开始变得镇定起来，开始有蚂蚁向火光冲去，并向燃烧的蚊香喷射蚁酸。随即，越来越多的蚂蚁冲向火光。一只小小蚂蚁的蚁酸是有限的，因此，许多冲锋的"勇士"葬身在火光中，但更多的蚂蚁踏着蚂蚁的尸身冲向了火光。不到 1 分钟，蚊香的火被扑灭了。在这场灾难中存活下来的蚂蚁们立即将献身火海的"战友"尸体转运到附近的空地摆放好，盖上一层薄土，以示安葬和哀悼。

过了一个月，这位科学家又将一支点燃的蜡烛放进了上次实验的那个蚁巢里。面对更大的火情，蚁群并没有慌乱，而是在以自己的方式迅速传递信息，之后开始有条不紊地调兵遣将。大家协同作战，不到 1 分钟烛火即被扑灭，而蚂蚁们几乎无一死亡。科学家对弱小的蚂蚁面临灭顶之灾所创造出的奇迹惊叹不已。

引例分析

蚂蚁的成功就来自于它们的团队精神。对于蚂蚁这样一个弱小的物种来说，任何一个个体面对类似的灾难都是无能为力的。蚂蚁恰恰是一种组织性、秩序性很强的物种，它们依据自己的规则和方式，组成一个战斗力极强的群体，以应对生存过程中的一切事务。这正是蚂蚁这个弱小的物种能在时时存在着各种天灾人祸的环境中得以存在和繁衍的关键。这种有组织、有秩序的群体就是团队。在英国科学家的实验当中，蚂蚁的成功证明了一个优秀的团队是所向无敌的。生存于社会中的人如果想获得成功，也必须将自己置身于一个或多个优秀的团队中。

任务一　团 队 建 设

一、团队概述

1. 团队及创业团队

面对社会分工的日益细化、技术和管理日益复杂化，个人的力量和智慧在完成某个特定目标时显得十分微不足道。在当今社会生产和生活中，合作越来越重要，因此，团队便由此而生。当前，对团队没有固定的解释，不同的管理者有不同的理解，但通常认为，团队是由员工和管理层组成的一个共同体，该共同体合理利用每一个成员的知识和技能协同工作，解决问题，达到共同的目标。

管理学家斯蒂芬·P. 罗宾斯认为，团队就是由两个或两个以上相互作用、相互依赖的个体，为了特定目标而按照一定规则结合在一起的组织。在现代企业当中，许多问题的解决需要多方面的知识与能力，任何个人的力量都是不可能完成的，这就需要具备单方面或几个方面知识与能力的人员共同组成一个团队，将每个人的知识与能力凝结起来，形成一个具有综合知识、能力的集体。这个集体的综合知识与能力是超越于每一个个体之上的，这个综合的集体才是承担每一个个体不能够完成的艰巨任务的主体。也就是说，要以团队的力量去解决个体力量不能解决的问题。一个优秀的团队并不是简单的"人的集合体"，而是通过团队的规则与精神，将每一个团队成员的优势与能力充分而合理地凝聚在一起，形成远远超越个体力量简单相加的效果。

创业导师李开复谈创业时曾说过创业最重要的不是创业的点子，而是对时机的把握和拥有良好的创业团队。既然创业团队对创业的成功与否是如此关键，那到底什么是创业团队呢？创业团队是指由两个或两个以上具有一定利益关系、彼此间通过分享认知和合作行动以共同承担创建新企业责任而形成的有效工作群体。该共同体合理利用每一个成员的知识和技能协同工作，解决问题，达到共同的目标。

2．团队的构成要素

团队有 5 个重要的构成要素，总结为 5P。

1）目标（Purpose）

团队应该有一个既定的目标，为团队成员导航，知道要向何处去，没有目标的团队就没有存在的价值。团队的目标必须跟组织的目标一致，此外还可以把大目标分成小目标，具体分到各个团队成员身上，大家合力实现这个共同的目标。同时，目标还应该有效地向大众传播，让团队内外的成员都知道这些目标，甚至可以把目标贴在团队成员的办公桌上、会议室里，以此激励所有的人为这个目标去工作。

【案例 9-1】 心理学家做了这样一个实验：让 3 组人分别向 10 公里以外的 3 个村子进发。第一组的人既不知道村庄的名字，也不知道路程有多远，只告诉他们跟着向导走就行了。刚走出两三公里，就开始有人叫苦，走到一半的时候，有人抱怨为什么要走这么远，有人甚至坐在路边不愿走了，越往后，他们的情绪就越低落。第二组的人知道村庄的名字和路程有多远，只能凭经验来估计行程的时间和距离。过了些时候，比较有经验的人估计说："大概走了一半的路程。"于是，大家又簇拥着继续往前走。当走到全程的 3/4 的时候，大家的情绪开始低落，觉得疲惫不堪，而路程似乎还有很长，当有人说："快到了！""快到了！"大家有振作起来，加快了行进的步伐。第三组人不仅知道村子的名字、路程，而且公路旁每一公里都有一块里程碑，人们边走边看里程碑，每缩短一公里大家便有一小阵的快乐。行进中他们用歌声和笑声来消除疲劳，情绪一直很高，所以很快就到达了目的地。心理学家得出了这样的结论：当人们有了明确目标的时候，并能把行动与目标不断地加以对照，进而清楚地知道自己的行进速度与目标之间的距离，人们行动的动机就会得到维持和加强，就会自觉地克服一切困难，努力到达目标。

2）人（People）

人是构成团队最核心的力量，两个或两个以上的人就可以构成团队。目标是通过人具体实现的，所以人的选择是团队中非常重要的一个部分。在一个团队中需要有人出主意、有人订计划、有人实施、有人协调不同的人一起去工作、还有人去监督团队工作的进展、评价团队最终的贡献。不同的人通过分工来共同完成团队的目标，在人员选择方面要考虑人员的能力如何、技能是否互补、人员的经验如何。

3）定位（Place）

团队的定位：团队在企业中处于什么位置，由谁选择和决定团队的成员，团队最终应对谁负责，团队采取什么方式激励下属。个体的定位：作为成员在团队中扮演什么角色，是订计划还是具体实施或评估。

4）权限（Power）

在团队中领导人的权力大小与团队的发展阶段相关，一般来说，团队越成熟领导者所拥有的权力越小，在团队发展的初期领导权是相对比较集中的。团队权限关系的两个方面如下。

（1）整个团队在组织中拥有什么样的决定权，如财务决定权、人事决定权、信息决定权。

（2）组织的基本特征，如组织的规模多大，团队的数量是否足够多，组织对团队的授权有多大，它的业务是什么类型的。

5）计划（Plan）

团队的计划有以下两个层面的含义。

（1）目标最终的实现，需要一系列具体的行动方案，可以把计划理解成目标的具体工作程序；

（2）按计划进行可以保证团队的顺利进度。只有在计划的操作下团队才会一步一步地贴近目标，从而最终实现目标，如图 9-1 所示。

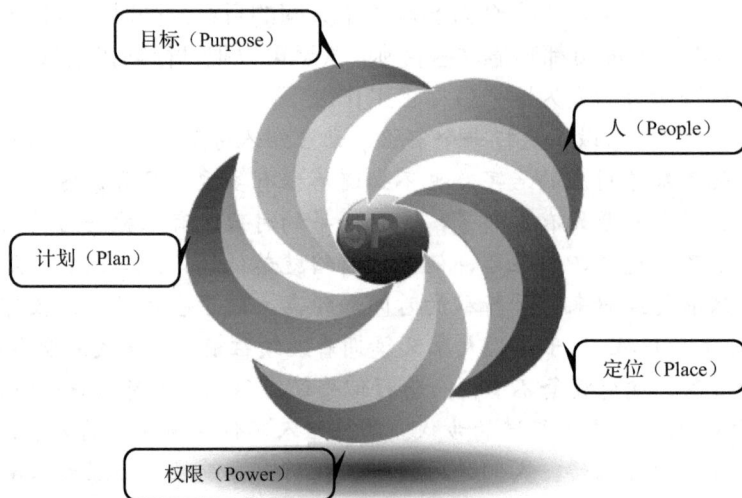

图 9-1 团队的 5P 要素

3．优秀创业团队的特征

团队关系到一个企业的成败与否，团结协作的力量决定着一个企业的发展壮大，优秀的团队更是一个企业的核心力量，那怎样才算是优秀的团队呢？它们具有什么样的特征呢？往往一个好的团队是以功能结合、以精神取胜的。优秀团队一般应具备以下基本特征。

泽亚企业管理咨询视野：
团队管理五要素

1）明确的团队目标

团队目标是构成团队、维系团队成员的基础条件。团队的每个成员可以有不同的目的、不同的个性，但作为一个整体，必须为了团队目标而奋斗。当人们基于一个共同目标而奋斗时，才会对彼此的优势予以认可，对彼此的缺点相互包容，凝聚力也因此而生。团队目标是个人与团队利益的纽带，有了明确的团队目标，每个成员对目标达成共识，过程中也许有不一样的声音，但最后总能朝向共同的目标前进。团队目标还激励着团队成员把个人目标升华到群体目标，让团队成员清楚地知道怎样共同工作并实现目标。

2）清晰的角色

高效团队的特点就是团队成员必须在清楚的组织架构中有清晰的角色定位和分工，团

队成员也清楚地了解自己的定位与责任，从而扮演好自己特定的角色，角色的互补才会形成好的团队。

3）拥有相关的技能

高效的团队是由一群有能力的成员组成的。团队成员具有实现共同目标所必备的基本技能，而且相互之间有良好合作的个人品质，从而能出色地完成任务，高效团队的成员则要兼而有之。在团队成员共同努力下，企业能创造别人无法创造的东西，给企业带来巨大的财富，成为企业的核心竞争力。

4）相互信任

相互信任是一个成功团队最显著的特征。每个成员对其他人的品行和能力都确信不疑。团队成员在相互信任的气氛下工作，公开表达自己的想法、意见和问题，每个成员都努力了解别人的看法与观点。团队成员尽管由于价值观、信仰、态度及行为方式的不同而存在着差异，但大家在相互信任的环境下工作，从而形成一个高效信任的合作团队。

5）良好的沟通与协调

沟通就是在团队内通过人与人相互传递思想、交换信息从而达到认识的一致，协调就是取得行动上的一致，良好的沟通与协调能力是团队成熟程度的重要标志。沟通的效果与团队工作的成败有密切的关系，应注意消除障碍、提高效率，选择有效的途径和方式进行沟通。在团队成员间拥有畅通的信息交流，才会使成员的情感得到交流，才能协调成员的行为，使团队形成凝聚力和战斗力。

6）合适的领导

团队的领导往往起到教练或后盾作用，他们对团队提供指导和支持，而不是企图控制下属。伟大的团队都有一位公认的领袖，他的职能就是面对外界批评的避雷针及保护整个部门承受攻击的防弹衣。他推动项目获取资源，消除障碍，并且让管理层和其他所有人都对他放心。当前很多管理者已开始发现这种新型的权力共享方式的好处，或通过领导培训逐渐意识到它的益处。

7）注重学习

当今时代是急剧变革的时代，科技发展日新月异，信息量、知识量快速增长。适应这种快速变化的环境的唯一方法就是不断补充新知识，学习新的观念和思维模式。一个团队只有通过不断学习，加强和外界信息交流的深度和广度，才能立于不败之地。学习是变革的原动力，适应未来发展的团队应是"学习型组织"。每一个人都充满活力，愿意为目标全力以赴，觉得工作非常有意义，渴望学习成长，希望不断进步。

8）归属感

要使团队成员尽心尽力地工作，首要的一点就是对每一位员工给予"人性的尊重"。管理者要时时刻刻提醒自己，应尽量满足员工对工作的期待，尊重每一个人的职责范围；以尊重人性的方式批评和表扬员工；应邀请员工共同参与制订计划，要让员工知道他所承担的工作是重要的，团队为他的存在而感到自豪。当一个人受到尊重，被充分肯定、被赏识、被信任时，他会尽最大努力去完成自己的那份责任，无限忠诚地对待事业。管理者以一种尊重、关心、爱护甚至是感激之情对待员工，才会创造出和谐的团队，员工对团队的忠诚感、使命感与归属感也由此而生了。当团队成员对团队产生归属感，就会自觉地维护这个团队，愿意为团队做很多事情，不愿意离开团队。

9）谈判的技能

以个体为基础进行工作设计时，员工的角色由工作说明、工作纪律、工作程序及其他一些正式或非正式文件明确规定。但对高效的团队来说，其成员角色具有灵活多变性，总在不断进行调整，团队的问题和关系也会时常变换，成员必须能面对和应付这种情况，这就要求团队成员具有充分的谈判技能。

任何团队都不能依靠天才，因为天才毕竟是少数。只有设法调动每个人的积极性和高度的参与热情，才能使每个人发挥出比他个人才能大得多的能力，也可以使每个人的弱点减到最少。当全体成员都能为团队的发展毫无保留地奉献力量，整合自己的技能并充分发挥出来时，一种和谐的团队文化便产生了。从目前中国市场来看，团队创业的企业比个人创业的企业要多，特别是高科技行业，它所要求的能力远超过个人所拥有的。因此创业要想成功，有一个优秀的创业团队是非常关键的。

【案例9-2】 优秀的团队是黄埔军校。

小天鹅火锅在2001年刚进入云南和贵州的市场时并不是很强势，从顾客份额和忠诚度来看都比不上同样是全国餐饮百强的云南大滇园火锅。但是在核心团队成员的领导下，小天鹅火锅在短短两年的时间内就发展成为云贵餐饮市场的中坚力量，并一跃成为全国市场营业状况最好的样板市场。深入这个团队会发现优秀团队的种种优良品质，由于团队的向心力高度集中，在市场初期生意惨淡的日子里，员工们自发地AA制消费自家餐厅的火锅；在员工生病、生活困难时，其他员工自发地积极捐助；在团队的培训上，公司每年都花15万元人民币作为员工学习深造的固定投资；在以顾客为核心价值的经营理念中，他们将每位在册的顾客终身价值精准地评估为57万元人民币；在市场危机来临时，一套科学的危机报警系统和管理系统能紧急预测、发现、处理和管理危机；倒金字塔的管理文化体系"老板→总经理→经理→服务员→顾客"，最高层成为团队最前端的服务部门；在团结高效的团队努力下，他们成功了。2004年，小天鹅云贵公司改组为云南新龙门实业公司，并投资2000万元巨资打造了云南餐饮业最具品位的新龙门大酒楼，被誉为云南人的会客厅，这个黄埔军校式的团队成为了餐饮市场的榜样。

二、团队建设的原则

创业团队建设关系到创业企业的成败。团队是人力资源管理的核心，而人力资源是企业的根本，一个企业如果不能拥有自己优势的核心人力资源，其成功的可能性几乎为零。通常团队建设需要遵循以下原则：合伙人原则、激情原则、团队原则、互补原则、目标明确合理原则、精简高效原则、动态开放原则。

1. 合伙人原则

一般企业都是招员工，而员工都是在做"工作"。但创业团队需要招的是"合伙人"，因为合伙人做的是事业，一个人只有把工作当作事业才有成功的可能，一个企业只有把员工当作"合伙人"才有机会迅速成长，所以，创业团队要去找自己的"合伙人"。

2. 激情原则

激情是衡量一个人是否能够成功的基础标准。创业初期整个团队可能需要每天长时间不停地工作，并要求在高负荷的压力下仍能保持创业的激情。任何人，不管其有无专业水平，如果对事业的信心不足，将无法适应创业的需求，创业团队一定要选择对项目有高度热情的人加入，并且使所有人在企业初创期就有每天长时间工作的准备。

3．团队原则

团队是企业凝聚力的基础，成败是整体而非个人。成员能够同甘共苦，经营成果能够公开且合理地分享，团队就会形成坚强的凝聚力与一体感。团队中每一位成员的价值表现为其对团队整体价值的贡献。在团队原则的指导下，团队成员明白个人利益是建立在团队利益基础上的，因而愿意牺牲短期利益来换取长期的成功果实。

4．互补原则

建立优势互补的团队是创业成功的关键。创业者寻找团队成员，要弥补当前资源能力上的不足，要针对创业目标与当前能力的差距寻找所需要的配套成员。好的创业团队，成员间的能力通常都能形成良好的互补，而这种能力互补也有助于强化团队成员间彼此的合作。创业者之所以寻求团队合作，其目的就在于弥补创业目标与自身能力间的差距。只有当团队成员相互间在知识、技能、经验等方面实现互补时，才有可能通过相互协作发挥出"1+1>2"的协同效应。有这样一则寓言故事：猴子和大象都想吃河对岸树上的果子。猴子无法过河，大象无法上树，在双方协商后，大象驮猴子过河，猴子上树摘果，它们都吃到了果子。这就是彼此取长补短，密切合作所取得的效益。

5．目标明确合理原则

目标必须明确，这样才能使团队成员清楚地认识到共同的奋斗方向是什么。与此同时，目标也必须是合理的、切实可行的，这样才能真正达到激励的目的。

6．精简高效原则

为了降低创业期的运作成本、最大比例地分享成果，创业团队人员构成应在保证企业能高效运作的前提下尽量精简。

7．动态开放原则

创业过程是一个充满了不确定性的过程，在团队中可能因为能力、观念等多种因素，会不断有人离开，同时也会有人要求加入。因此，在组建创业团队时，应注意保持团队的动态性和开放性，使真正完美匹配的人员能被吸纳到创业团队中来。

此外，创业团队还要注意个人的性格与看问题的角度，团队里必须有总能提出建设性意见和不断地发现团队问题的成员，一个都喜欢说好话的组织绝对不可能成为一个优秀的团队。既要有明确的分工，更要有互相协作；只有互相协作的团队才能高效率地完成工作；在竞争中合作，在合作中竞争，充分激发个人潜能；只有合作的团队才是成功、双赢的团队。

三、团队建设的流程与方法

1．创业团队的组建程序

创业团队的组建是一个比较复杂的过程，对于不同的创业者来说，组建创业团队的方法不一样，创业道路也不完全相同，但创业团队的组建程序都会包含以下 6 个步骤：明确创业目标、制订创业计划、寻求合作伙伴、职权划分、构建创业团队制度体系、团队调整融合。

1）明确创业目标

创业团队的总目标就是通过完成创业阶段的技术、市场、规划、组织、管理等各项工作实现企业从无到有、从起步到成熟。

2）制订创业计划

在确定了每个阶段性子目标及总目标之后，紧接着就要研究如何实现这些目标，这就需要制订周密的创业计划。

3）寻求合作伙伴

招募合适的人员是创业团队组建最关键的一步。关于创业团队成员的招募，主要应考虑互补性和适度规模两个方面。互补性是指考虑其能否与其他成员在能力或技术上形成互补；适度的团队规模是保证团队高效运转的重要条件。一般认为，创业团队的规模控制在2～12人之间最佳。

4）职权划分

为了保证团队成员执行创业计划、顺利开展各项工作，必须预先在团队内部进行职权划分。创业团队的职权划分就是根据执行创业计划的需要，具体确定每个团队成员所要担负的职责及所享有的相应权限。团队成员职权的划分必须明确，既要避免职权的重叠和交叉，也要避免无人承担而造成工作的疏漏。此外，由于还处于创业过程中，面临的创业环境又是动态复杂的，会不断出现新的问题，团队成员可能不断出现更换，因此创业团队成员的职权也应根据需要不断地进行调整。

5）构建创业团队制度体系

创业团队制度体系体现了创业团队对成员的控制和激励能力，主要包括了团队的各种约束制度和各种激励制度。一方面，创业团队通过各种约束制度，指导其成员避免做出不利于团队发展的行为，对其行为进行有效的约束，保证团队的稳定秩序。另一方面，创业团队实现高效运作要制订有效的激励机制，使团队成员能看到随着创业目标的实现，其自身利益将会得到怎样的改变，从而达到充分调动成员的积极性、最大限度发挥团队成员作用的目的。需要注意的是，创业团队的制度体系应以规范化的书面形式确定下来，以免带来不必要的混乱。

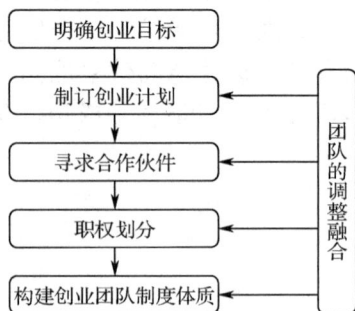

图 9-2　创业团队的组建程序

6）团队的调整融合

创业团队的组建程序如图 9-2 所示。完美组合的创业团队并非创业一开始就能建立起来，通常是在企业创立一定时间后随着企业发展逐步形成的。随着团队的运作，在团队组建时，人员匹配、制度设计、职权划分等方面的不合理之处会逐渐暴露出来，这时就需要对团队进行调整融合。由于问题的暴露需要一个过程，因此团队调整融合也应是一个动态持续的过程。

2. 高效团队的建设方法

领导者整天开会强调合作、责任、团队管理，可是各个人员之间还是各忙各的。出问题了互相推诿，谁真的做好了自己的本职工作呢？那么如何才能建立高效的团队呢？

1）团队的目标达成一致

每名成员都必须清楚团队的目标，团队管理才能有效发挥作用。例如，一家地区医院，当明确他们的任务是让自己的研究项目实现商业化并走向全球时，他们发现推动创新会带来更多的风险。假如他们选择继续做一家地区医院，那么只要维持现状就行了。合适的团队动态取决于团队的任务。

2）让团队专注于核心优先事项

这也是团队存在的真正原因，从而由外向内形成统一。可以让团队就关键趋势展开头脑风暴练习，如社交媒体的崛起可以为组织带来哪些机遇和挑战？这个行业的监管法规是否会有变化？哪些技术变革影响着所在的行业？接下来，讨论战略，团队如何融入到这个瞬息万变的世界？分析师对团队和团队的竞争对手有何评论？CEO最重要的优先事项有哪些？因此，必须了解组织要实现的目标，才能知道团队管理的工作如何配合这一目标。

3）制订任务明细

这份明细不应该是团队成员目标的汇总，而应该是一份简短的清单，描述团队管理需要合作完成哪些任务。它将帮助团队成员保持专注，帮助整个团队与组织沟通，协商优先事项和资源。

4）列紧要事项清单

团队任务明确之后，就要开列紧要事项清单——确定团队必须完成的工作和团队成员实现核心目标所必需的互动方式。

5）界定参与规则

利用团队的任务和紧要事项清单来界定参与规则。针对团队具体工作量身打造的清单会更具实用性。

作为团队的成员，要和团队有共同的目标，也就是在做着自己喜欢做的事情，就会尽可能地投入精力和余力，为完成自己的目标而努力。那么这个团队就是最好的，也是最富有激情的，也是最可能成功的，因为拥有同一个梦想，都是在为实现自己的目标而努力。

任务二　团 队 架 构

一、团队架构的类型

团队架构是指企业、组织或团队的整体结构形式，具体则是指企业、组织或团队在管理要求、管控定位、管理模式及业务需求等多因素的影响下，根据内部资源、业务流程等而形成的智能部门。创业团队要想长久地发展，在激烈的竞争中站稳脚跟，必须有一个与团队发展相符的组织架构。创业团队并非一模一样，依据创业团队的地位平等性和成员间依赖性的强弱，创业团队大体上可以分为4种类型：风铃形创业团队、环形创业团队、星形创业团队、散点状创业团队。

1. 风铃形创业团队

如图 9-3 所示，风铃形创业团队是指存在一个"领袖"式的主导人物、成员相互间独立性较强的团队。团队中的"领袖"往往是掌握了较强的技术或较好的创意之后，寻找合伙人加入该创业团队的人。在选择合伙人的时候，"领袖"会根据自己的判断选择适合的人作为自己的"支持者"。风铃形创业团队的优点有：做决策速度较快；在"领袖"和"支持者"的意见不统一时，"支持者"较为被动；如果"支持者"离开团队，这种冲突对团队的影响相对较小；不易形成权力重叠；寻找团队目标的速度较快；团队的执行力非常强。

2. 环形创业团队

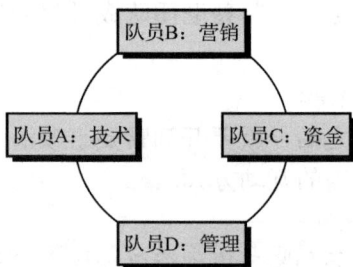

如图 9-4 所示，环形创业团队是由拥有共同目标且相互依赖的成员组成的团队。这种创业团队没有一个明确的领导，它常常是经过成员的共同协商后，将创业理念厘清，最终组合在一起形成的。对于初创企业而言，每一个"伙伴"都要找准自己在团队中的定位，并尽到自己作为"协作者"的职责。环形创业团队的优点是：在做决策的时候，往往大家相互讨论，因而做出错误决策的可能性较小；团队的执行力较强。

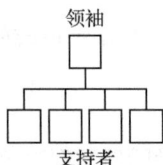

图 9-3 风铃形创业团队　　　图 9-4 环形创业团队

3. 星形创业团队

如图 9-5 所示，一般在星形创业团队中有一个核心主导人物（Core leader），充当领军的角色。这种团队在形成之前，一般是核心主导人物有了创业的想法，然后根据自己的设想进行创业团队的组织。因此，在团队形成之前，核心主导人物已经就团队组成进行过仔细思考，根据自己的想法选择相应人物加入团队，这些加入创业团队的成员也许是其以前熟悉的人，也有可能是不熟悉的人，但其他团队成员在企业中更多为支持者角色（Supporter）。星形创业团队的优点是：组织结构紧密，向心力强；决策程序相对简单，组织效率较高；由于核心人物的存在，团队做决策的速度较快，决策失误的可能性较小；不易形成权力重叠；寻找团队目标的速度比较快；团队的执行力非常强。

4. 散点状创业团队

散点状创业团队的成员在创业之前多有密切的关系，如同学、亲友、同事、朋友等。一般都是在交往过程中，共同认可某一创业想法，并就创业达成了共识以后，开始共同进行创业。如图 9-6 所示，在散点状创业团队组成时，没有明确的核心人物，大家根据各自的特点进行自发的组织角色定位。因此，在企业初创时期，各位成员扮演的是协作者或者伙伴角色（Partner）。

散点状创业团队的典型案例：微软的比尔盖茨和童年玩伴保罗艾伦、HP 的戴维·帕卡德和他在斯坦福大学的同学比尔体利特等多家知名企业的创建，多是先由于关系而结识后，基于一些互动激发出创业的点子，然后合伙创业。

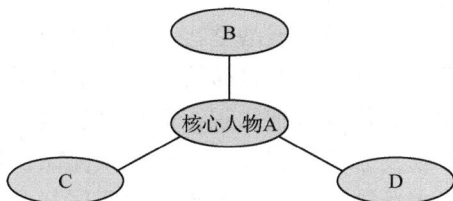

图 9-5　星形创业团队　　　　　　图 9-6　散点状创业团队

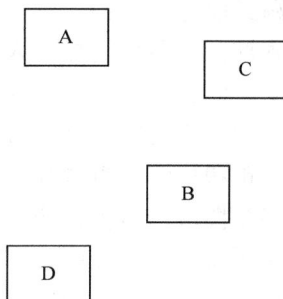

团队架构 4 种类型的比较如表 9-1 所示。

表 9-1　团队架构 4 种类型的比较

类型 影响因素	风 铃 形	环 形	星 形	散 点 状
话语权	"领袖"较大	平等，无特定"领袖"	核心人物的话语权很大	较为平等
决策速度	较快	较慢	较快	较慢
错误决策可能性	可能性增加	可能性较小	可能性较小	可能性较小
成员离开对团队的影响	影响相对较小	影响很大	影响相对较小	影响相对较小
权力重叠	不易形成	容易形成	不易形成	有可能形成
寻找目标的速度	较快	速度较慢	较快	速度较慢
团队的执行力	非常强	较强	非常强	较弱

二、团队的岗位职能

1. 团队成员岗位职责

组建一个团队，首先要有一个领导者，其次是各个部门的管理者，各部门各司其职，做好自己的分内管理，各部门内部人员还要有团队协作精神，有协同作战的能力和默契。

（1）领导者：负责统筹各部工作，做重要的战略决策，各部门向领导者定期汇报工作总结。各部门管理者统筹安排部门内员工的工作安排，做战略计划，员工定期向管理者汇报工作总结。公司事务逐级向上层层汇报处理。

（2）财务部：主要职能是在本机构一定的整体目标下，负责资产的购置、资本的融通、经营中现金流量、利润分配的管理。一般由首席财务官、总会计师、财务总监、资金总监、财务部经理、审计主管、会计、助理会计、出纳员、收银员等组成。

（3）行政部：主要职能是负责公司后勤、政治决策等工作。人事负责公司人员招聘调动、晋升等工作；财务负责公司预算方面的工作；销售负责将产品推广出去，做客户联系和客户维护的相关工作。

（4）人力资源部：主要负责公司的内外部招聘；负责制订公司的内外部招聘计划；负责制订、完善面试组织程序及应聘者考核办法与标准；负责公司人力资源的培训与开发；制订长期和短期培训计划；负责制订员工职业生涯发展规划；负责组织实施新员工培训；

完成人力资源其他各项任务。

（5）技术部：主要负责配合人力资源部进行专业交易技术培训与讲解；负责每日行情分析研究与交易信息发布；负责客户技术性维护与指导。

（6）业务部：部门经理负责协助决策层制订公司发展战略，负责其功能领域内短期及长期的公司决策和战略；负责开拓市场业务，进行相关的宣传推广，建立公司市场销售运作体制；熟练掌握市场销售技巧；熟练掌握所属行业基础知识；简单掌握基本交易技术。业务人员服从所属部门领导所安排的工作事物及公司销售任务；独立或团队协作开拓市场业务，进行相关业务宣传与推广；熟练掌握市场销售技巧；熟练掌握所属行业基础知识及简单交易技术。

2．团队成员角色划分

管理学家贝尔宾博士和同事们经过多年的研究与实践，提出了著名的团队角色理论。他指出，高效的团队工作有赖于默契协作，一支结构合理的团队应由九种角色组成，合理、完备的角色搭配可以提高战斗力，鼓舞士气，激励创新。不同的团队角色组合在一起，会产生不同的效果，如表9-2所示。

表9-2　9种团队角色

	角　色	优　势	可容忍的缺点
行动类	推进者	充满活动，目标导向性强，拥有克服障碍的勇气	可能会冒犯他人
	实干者	严于律己，值得信赖，谨慎稳重，采取实际步骤和行动	可能缺乏弹性，面对新机会时反应慢
	完美主义者	渴求工作质量完美，对工作的准确性要求高，会多做一点，让工作更好或更正确，其经手的事情经得起多次推敲	过于强调细节，可能会挫伤队友，而且由于不太信任他人的执行质量而很少将工作分配给他人
社交类	协调者	成熟、自信，能够澄清目标，凝聚众人，促进团队沟通	可能被他人视为推卸责任
	凝聚者	精诚合作、态度温和、感觉敏锐、待人圆滑，聆听及采纳意见，避免摩擦	在紧迫情况下，可能会优柔寡断
	信息者	热诚，善于沟通，能够探索新机会，开拓对外联系	过分乐观，一旦初期的热忱减退，可能会失去兴趣
思考类	创新者	富有创意、充满想象力，善于提出新颖的想法和以非传统的方式解决问题	可能会忽略琐事，过分沉迷于自我思维而未能有效表达
	监督者	公平而有逻辑性的观察者，识辨力强，客观评价团队的选择	过于严苛，挫伤大家对无逻辑基础事情的积极性
	专家	专心致志、主动自觉、全情投入，能够提供不易掌握的专门知识和技能	只能在有限范围内做出贡献，沉迷于个人的专业、兴趣

每个人的性格和特质都不一样，在创业团队组建的时候，成员的权限和定位应该根据其自身的优势和劣势来分配，从而让团队成员都能充分发挥其优势，使团队能够发挥高效的协作优势。

综上所述，在团队建设中，首先必须有一个能定目标、有愿景、有必备技能、能发号施令，像唐僧这样的团队领袖；在团队中还要有技能强、执行力强、能解决问题的孙悟空；还要有沟通协调、辅佐管理的猪八戒；最后，还必须有任劳任怨、充当坚强后盾的沙和尚。

这样一支唐僧团队，每个人都有优缺点，但组合起来，却是一支能战斗的高绩效团队。

【案例 9-3】 《西游记》故事家喻户晓，主要讲述唐僧师徒 4 人历经九九八十一难，去西天取得真经的故事。这个唐僧团队可谓是一个优秀的团队，从团队的建设方面是值得学习和借鉴的。

唐僧 优点：目标坚定，有梦想愿景；品德高尚，令人尊敬；会紧箍咒。缺点：无降妖技能，唯一本领是用来对付孙悟空的紧箍咒。评价：是一个优秀的团队领袖，有追求，对目标执着，并有必备技能，有较强的个人影响力，使团队成员愿意追随他。

孙悟空 优点：个人能力很强、敬业、重感情，遇到困难不屈服，勇于挑战。缺点：不遵守制度，自我约束力不强，天性顽皮，爱显功劳，不够谦让。评价：是一个优秀的职业经理人，执行力强，能为团队发现问题、解决问题，是团队中不可缺少的优秀人才。

猪八戒 优点：在大是大非上立场比较坚定；不争不抢，容易满足；积极乐观，是孙悟空的出气筒；尊敬领导、维护尊严，有一定的沟通、协调和管理能力。缺点：目标不够坚定，常说散伙走人；爱打小报告；好吃懒做；粗心大意。评价：是团队中的智者，团队氛围的调和者，能辅佐领导管理团队，起到团队领导无法起到的作用。

沙和尚 优点：任劳任怨；忠心耿耿；细心周全。缺点：技能有限；不善沟通；死板。评价：是团队中的好后勤，没人干的事他干，没人管的事他管，是团队中不可或缺的后勤保障。

任务三 团队沟通与激励

✅ 一、团队沟通

1. 团队沟通概述

现代企业都非常注重沟通，既重视外部的沟通，更重视与内部员工的沟通，沟通才有凝聚力。对于企业管理者来说，要尽可能地与员工进行交流，使员工能够及时了解管理者的所思所想，使管理者及时掌握员工的所思所想，明确责权赏罚；平级之间、下属与上级之间的沟通便于消除彼此之间的误解，或者了解彼此心中的真实意图，使团队在工作中发挥出更大的效能。沟通是每天都在做的事情，但不是每个人都能做到有效的沟通。有效沟通就是探寻问题及问题的解决办法，是在建立一种双方的联系和信任。

【案例 9-4】 在狮子和老虎之间爆发了一场激烈的战争，到最后，两败俱伤。狮子快要断气的时候对老虎说："如果不是你非要抢我的地盘，我们也不会弄成现在这样。"老虎吃惊地说："我从未想过要抢你的地盘，我一直以为是你要侵略我！"

相互沟通是维系同事、老板之间的一个关键要素。有什么话不要憋在肚子里，多跟同事、员工交流，也让同事、员工多了解自己，这样可以避免许多无谓的误会和矛盾。

团队沟通是指按照一定的目的，在两个或两个以上的雇员组成的团队中发生的所有形式的沟通。团队成员之间和谐的关系有利于团队任务的完成，良好的沟通有利于和谐关系的建立和维持。团队沟通是创建企业精神和企业文化、完成共同愿景的主要途径和工具。企业精神和企业文化的培育，其实质是团队的思想、观点、情感和灵魂的水乳交融，是团队沟通的精华所在。没有团队沟通，就没有对企业精神和企业文化的理解与共识，更不可能认同企业共同的使命。团队沟通是团队管理的核心、实质和灵魂。

团队沟通可以使领导与员工互动，使员工能够及时了解管理者的所思所想，领会上级意图，明确责权赏罚。通过沟通使员工对团队、对领导了解加深，从而更加关心团队，会更愿意为团队付出。在互联网时代，团队成员之间沟通的手段更加丰富，如电子邮件。但它也有缺点，首先是信息超载，难以把重要的信息同垃圾信息区分开来；另外，它也缺乏情绪内容，虽然有一些表情标识符号，但往往也是冷冰冰的和非个性化的。虽然在当今时代，尽管有各种各样的沟通方式，当需要传递更为丰富的信息时（如手势、表情、体态），还应选用面对面的沟通方式，或者视频会议。

网络创业团队在沟通过程中，信息的传递一般不存在问题，但在信息的理解上则容易产生歧义。一旦信息被恶意散发或错误理解，造成的危害会很大，所以应该加强沟通的管理。

【案例 9-5】A 为了完成任务需要某一模块的支持工作，于是向 B 提出需求任务，他们沟通后，认为没什么问题，B 也就接受了，同意 1 周后完成。为了不至于等待，A 继续其他任务的工作。1 周后，A 向 B 询问任务的进展，B 回答："为了要完成这个任务还需 C 的工作，需求时任务也提给 C 了，他也正在开发中。""那什么时候能完成？"A 有点着急。"C 一完成，我马上就能给你"，B 说。时间又过了一周，A 又去问 B 进展。B 回答："C 好像碰到点技术难题，一直没完成，具体什么原因你去问问 C 吧？我这儿正忙着其他工作。"A 无奈找到了 C，C 告诉他说："的确碰到点技术问题，需要重新修改原本的设计。"两人一商量敲定了方案，约定就这么做，一周后完成。A 心想这回总算好了，心满意足地回去了。但一周过去了还是没动静，A 又去问 C 进展，C 说："约定方案时没叫上 B，现在对接到 B 那边又出了问题。"A："……"最终什么时间解决的也不得而知，A 由于心力交瘁，再也不想管这档子事儿了。

上述案例显然是团队沟通出了问题，因为团队沟通的失败，一个小模块的任务都没法完成。有效的团队沟通可以让每个团队成员了解团队的现存问题、工作业务的进展情况等，也就是信息共享，是让员工最大限度地干好本职工作的重要动力和途径，是与员工沟通和联络感情的核心。

2. 创业团队沟通技巧

沟通是一种把团队或组织成员联系在一起以实现共同目标的手段。有关研究表明，在团队管理中 70%的错误是由于不善于沟通造成的。因为团队的工作总是需要大家一起来配合才能完成的，只有良好的沟通，才能统一思路和方向。以下是团队沟通的几个可行性技巧。

1）目标法则

沟通是一种有目标的行为，特别是那些向上传达和向下传达的沟通。例如一个项目的负责人因为项目的进展需要与总经理沟通，在推开总经理办公室的门前，他必须明确自己的目的，是仅汇报项目的当前进展，还是讨论项目未来的策略；是简单地汇报工作，还是寻求新的指示；是为了申请更多的支持资源，还是直接提出要求；是沟通项目本身，还是借此机会谈谈其他问题。

对于团队管理来说，沟通的目标也具有多层次、多样化的特点，因此具体的、局部的、琐碎的工作也应该具有明确的沟通目标，并对沟通做出清晰的计划，如确定团队沟通的种类和方法、负责沟通的人员、沟通的对象及沟通的频率，使每个成员都非常清楚地知道每一次沟通的目标，并知道怎样去准备。

2）文化筑巢法则

团队的沟通总是在一定环境下进行的，沟通的环境是影响团队沟通的一个重要因素，这种环境包括团队的整体结构、团队中人际关系的和谐程度、团队文化氛围和民主气氛、领导者的行为风格等。

例如，一个紧张的团队氛围容易让团队内部成员在沟通中发生冲突；一个管理非常松散的团队，则容易导致团队成员在沟通中过于放任而浪费宝贵的时间。实践证明，良好的团队沟通由良好的团队结构和文化所决定，要使团队沟通取得好的效果，需要文化来筑巢。

3）因地制宜法则

沟通分为正式沟通与非正式沟通两种，按照沟通方式不同又可以分为会议沟通、书面沟通、E-mail 沟通、电话沟通等。团队的有效沟通既依赖于畅通的正式沟通渠道，又依赖于合理的非正式沟通渠道，两者缺一不可。目前，大多数企业的团队沟通还仅仅停留在指示、汇报和会议这些传统的沟通方式上，不能顺应团队成员心理结构及需求层次的变化。有效的沟通应该根据沟通的内容，综合各种沟通方式的优缺点来确定，采用因人制宜、因时制宜的有效沟通方式。

4）换位思考法则

在团队中，很多成员都会对自己所负责的工作给予足够的关注，但是对于需要协调其他团队配合或跨部门的工作，就容易出现以自我为中心的情况，这个时候，沟通就容易出现僵局。

因此，每个团队成员都需要学会在沟通中尝试换位思考，把自己放在对方的角度，学会积极倾听，努力去理解对方想要表达的含义，不要动不动就从自己的立场来判断或揣测别人，也不要轻易打断别人，要从沟通对象的角度来逐渐调整自己的感受，这样可以进一步保证对信息本意的理解。现在很多企业在团队管理中出现沟通不畅，很多都是由于没有换位思考造成的。

【案例 9-6】 小羊请小狗吃饭，它准备了一桌鲜嫩的青草，结果小狗勉强吃了两口就再也吃不下去了。过了几天，小狗请小羊吃饭，小狗想：我不能像小羊那样小气，我一定要用最丰盛的宴席来招待它。于是小狗准备了一桌上好的排骨，结果小羊一口也吃不下去。启示：有时候，己之所欲，也勿施于人。凡事不要把自己的想法强加给同事，遇到问题的时候多进行换位思考，站在对方的角度想想，这样，就会更好地理解同事、员工。

5）知识共享法则

知识和信息是团队有效运作的基础，团队成员只有在掌握了必要的知识和团队内外的信息后，才能充分挖掘自己的潜力，发挥自己的聪明才智。因此，建立知识和信息共享的沟通渠道，是团队管理的重要工作。

首先，团队可以通过培训、学习转变思想观念，让团队中的每个成员都对团队之间的沟通进行重新认识，这是团队良好沟通的预热和基础；其次，团队可以找出一些工作中的积极分子或表现突出的员工，跟大家分享经验，用示范作用来促进知识和信息的沟通。经过对这些工作的重复，整个团队知识和信息的沟通习惯就形成了。

6）倾听法则

有专家指出，团队的成员在沟通中应该花 65%的时间去倾听，可见倾听对于沟通的重要性。然而，在很多人的脑海里，"沟通"似乎就是一种"动态"的过程，而"倾听"这一"静态"过程就被忽视了。

实际上，倾听却是沟通行为中的核心过程。因为倾听能激发对方的谈话欲，促发更深层次的沟通，同时可以了解对方的心理及思维，从而达到沟通的目的。所以，一名优秀的团队成员必定是一位优秀的倾听者。

7）80/20 法则

帕累托 80/20 法则显示，一个企业内部 80%的沟通发生在 20%的人员之间。

例如，各部门的主管、总经理秘书、助理等就是公司内部沟通的关键人员，他们承载着大量的沟通传递工作。调查显示，这些在团队沟通中起到桥梁作用的团队成员，也非常容易成为信息流失或变质的地方。对于一个团队来说，和这些沟通中的重要角色建立良好的联系，并培养建立正确的信息传递的方式和行为，对于沟通渠道畅通起着非常关键的作用。

8）双赢法则

在团队成员的沟通中，很多人为了坚持自己的观点，都会一开口就是"不行""不能""绝对不可以""那可不成"等语言，这往往会让沟通难以达到预期的效果，并会在一个问题上纠缠很久。团队要达成共识，每个人都要懂得让步的艺术，要用"双赢"的沟通方式去求同存异，达到良好的沟通目的。

【案例 9-7】 从前，有两个饥饿的人得到一位长者的恩赐——一根鱼竿和一篓鲜活硕大的鱼。其中一个人要了鱼竿，另一个人要了一篓鱼，他们得到各自想要的东西后，分道扬镳。其中一个马上把鱼烧起来吃了，结果死在了空空的鱼篓边。另一个向海边走去，因为他知道海里有鱼，当他看到海洋的蔚蓝，用尽最后的力气向海边跑去，结果他死在了海边。

另外，同样有两个饥饿的人，他们也得到了同样的一根鱼竿和一篓鲜活硕大的鱼。所不同的是，他们没有分开。而是一起每餐煮一条鱼，然后向遥远的海边走去。从此他们过着以捕鱼为生的日子，几年后，他们盖上了自己的房子，后来又各自娶妻生子，过着幸福美满的生活。

故事前后两种截然不同的结果是因为，前者缺少合作精神，后者通过合作相互帮助。

在沟通中，既要能积极地向别人推销自己的主张，不轻易地屈从和迁就，也要能认真地倾听别人所提出的与自己不同的意见和主张，既能维护自己的尊严和利益，又决不忽视对方的利益和尊严，这正是取得"双赢"结局的保证。

二、团队激励

1．激励概述

1）激励的定义

激励是指创设各种满足组织成员需要的条件，激发组织成员的正确动机，使其产生实现组织目标特定行为的过程。激励的概念用于管理，是指激发员工的工作动机，也就是说用各种有效的方法去调动员工的积极性和创造性，使员工努力去完成组织的任务，实现组织的目标。有效的激励会点燃员工的激情，促使工作动机更加强烈，产生超越自我和他人的欲望，并将潜在的巨大的内驱力释放出来，为企业的远景目标奉献自己的热情。激励的目标是使组织中的成员充分发挥出其潜在的能力。激励是"需要→行为→满意"的一个连锁过程。

美国管理学家贝雷尔森（Berelson）和斯坦尼尔（Steiner）给激励下了如下定义："一切内心要争取的条件、希望、愿望、动力都构成了对人的激励。它是人类活动的一种内心状态。"人的一切行动都是由某种动机引起的，动机是一种精神状态，它对人的行动起激发、推动、加强的作用。

2）团队激励的理论基础

激励理论的基本思路是针对人的需要来采取相应的管理措施，以激发动机、鼓励行为、形成动力。关于激励有两个经典的理论：马斯洛的需求层次理论和双因素理论。

（1）马斯洛的需求层次理论。

马斯洛的需求层次理论主要讲述了人类需求从低到高要不断地上升：包括生理需求、安全需求、社会需求、尊重需求和自我实现需求，如图 9-7 所示。只有低层的需求满足了之后才能涉及更高层次的需求。

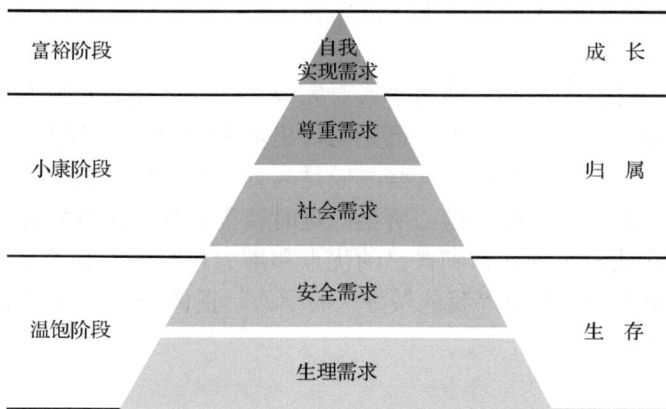

图 9-7　马斯洛的需求层次理论

当一种需求得到满足后，另一种更高层次的需求就会占据主导地位。从激励的角度看，没有一种需求会得到完全满足，但只要其得到部分满足，个体就会转向追求其他方面的需求了。按照马斯洛的观点，如果希望激励某人，就必须了解此人所处的需要层次，然后着重满足这一层次或在此层次之上的需要。例如一个饥肠辘辘的人，他更渴望得到几个馒头或面包，而不是赞赏他如何英俊潇洒或出类拔萃。

（2）双因素理论。

赫茨伯格的双因素理论重点在于试图说服员工重视某些与工作绩效有关的原因。首先，这个理论强调一些工作因素能导致满意感，而另外一些则只能防止产生不满意感；其次，对工作的满意感和不满意感并非存在于单一的连续体中。双因素理论主要阐述两个方面：激励因素和保健因素。激励因素包括工作本身、认可、成就和责任；保健因素包括公司政策和管理、技术监督、薪水、工作条件以及人际关系等。

2．团队激励的一般方法

关于如何进行激励，众多的心理学家、管理学家进行了深入的研究，提出了多种系统的激励理论和方法。以下是激励的基本方法。

1）形象激励

这里所说的形象包括组织中领导者、模范人物的个人形象与优秀团队的集体形象等。无论哪一种形象，都能激发员工的荣誉感、成就感和自豪感，达到激励人的作用。为此，企业的领导者应把自己的学识水平、品德修养、工作能力、个性风格贯穿于日常工作之中，以自己良好的个人形象对被领导者的思想和行为进行激励。同时，对于在工作中表现突出，具有代表性的新人、优秀员工、劳动模范及工作团队等，采用照片、事迹公布、开会表彰发放荣誉证书、在电视或互联网上宣传等精神奖励方式，深入宣传和展现其良好的形象，号召和引导员工模仿学习。

2）感情激励

感情是人们相互联系的纽带，是激励人们奋发向上的强大动力和精神支柱。工作在一个相互关爱、尊重、平等、没有歧视的组织里，能够享受到彼此之间的关怀和理解，会使员工产生兴奋、愉悦的心理感受。因此，企业应营造一个富有人情味的组织氛围，使上下级之间、员工之间相互交融为一个亲密无间的整体，满足员工被尊重的需要和强烈的自尊心。情感激励方式主要包括关心、尊重、信任和沟通。

3）信心激励

一个人在工作中受到的激励程度与个人对完成工作的主观评价以及工作报酬对自己的吸引力等有很大关系。当一个人认为自己无论付出多大的努力都不能完成工作时，其工作的积极性肯定很低。出现这种情况，有些时候是因为工作确实超出了个人的能力范围，但更多的时候是由于个人对自己缺乏信心所至。这时就需要管理者在相信员工的基础上，及时进行心理疏导，让他们充分认识到自己的优点和潜力，给予充分的鼓励，让他们看到未来的机会和希望，帮助他们树立"我能做好"的信心。正像一句广告词说的那样："只要有激情，一切皆有可能。"

4）目标激励

确立适当的目标，使员工的个人目标与企业目标协调一致，不仅使员工的行为有方向，而且增强了集体责任感。员工的希望和梦想都被融入到组织的目标之中，员工贡献智慧投身于这个目标，既使自己发展，又使团体获得成功，这能使其创造力、自我实现的奉献精神处于最佳状态。例如，微软公司的人力资源部制定有"职业阶梯"文件，详细列出了员工从进入公司开始，向上发展的所有可选择职务以及不同职务需具备的能力和经验，使员工对日后职业发展非常清楚。

5）绩效薪金激励

这是一种最基本的激励方法，其要点就是将绩效与报酬相结合，完全根据个人绩效、部门绩效和组织绩效来决定各种工资、奖金、利润分成和利润分红等的发放。实行绩效薪金制能够减少管理者的工作量，使员工自发地努力工作，不需要管理者的监督。现在许多企业对上至总经理下至普通员工的薪金报酬，都采用了底薪（月薪或年薪）加提成的方式，其结果既增加了营业额，也增加了个人收入，充分体现了绩效薪金制的优越性。

6）升迁激励

升迁激励的本质是通过自我价值的实现来激发人的能动性。员工进入企业，最初的动机大多是获得短期内稳定的工作，但工作稳定后，就会考虑个人的发展机会和前途问题。每个人都自觉或不自觉地有自己的职业发展计划，如职位的提升、工作知识及专业技能的提高、自身价值的实现等。作为企业员工，其职业发展的途径，通常是从低级的岗位或职务向高级的岗位或职务升迁，从简单工作向复杂工作过度等。如果员工发现在企业无法实现其职业计划目标，就可能跳槽到更适合自己发展的单位去。因此，企业应制定一整套提拔新员工的标准，为其建立职业生涯规划，帮助其成长。

7）工作丰富化

工作丰富化的具体方式包括：让员工完成一件完整的、更有意义的工作；让员工在工作方法、工作程序、工作时间和工作进度等方面拥有更大的灵活性和自主性；赋予员工一些原本属于上级管理者的职责和控制权，促进其成就感和责任感；及时评价与反馈，让员工对工作进行必要的调整；组建自主性工作团队，独立自主地完成重大的、复杂的工作任务。企业在解决了员工的温饱问题后，员工更为关注的是工作本身是否具有乐趣、意义、挑战性、创新性和成就感，是否能够实现自我价值等。

8）参与管理

参与管理就是让下级员工在一定的层次和程度上分享上级的决策权，以激发员工的主人翁精神，形成员工对企业的归属感、认同感，进一步满足员工自尊和自我实现的需要。参与管理的具体方式，如在面对重大决策时，必须听取来自下级、基层和第一线的意见和建议；组建各层次代表参加的质量监督小组，定期检查和讨论质量方面的难题，查找原因，提出解决方案，监督实施修正计划；授予下级、基层和第一线员工更大的现场决策权，让其有权迅速处理各种突发问题。

9）教育培训

在知识经济时代，知识更新速度不断加快，社会对企业和员工提出了更高的要求，企业和员工必须不断学习才能跟上时代的步伐。教育培训作为一种重要的学习方式，不仅能提高员工的知识水平，适应企业的发展需要，更能使员工以最大的热情奉献企业，实现员工个人的全面发展。教育培训既要抓员工的思想教育，以树立员工崇高的理想和职业道德；又要抓专业教育，以提高员工的工作能力。通过多种方式不断提高员工的思想品德素质、科学文化素质、社会活动素质、审美素质和身心素质，使其适应时代对人才的要求。

实际上，激励方法远不止文中介绍的这些，但有一点是肯定的，无论什么激励方法，都不是最有效的或最无效的。必须充分考虑员工的个体差异，结合不同时间和地点的具体条件和具体情况，随机制宜地进行激励。

3．不同类型成员的激励方式

员工的激情和高效是企业不断成功的关键。都有这样的问题，如何让自己的员工和团队充满激情，有很高的生产效率呢？这是很多企业管理者都面临的问题。在创业团队中有几种不同类型的成员，在激励的时候可以借鉴以下不同的方式进行激励。

1）征服型

征服型成员喜欢不断给自己制订更高的目标并努力达到，从而使自身能力不断提高。如果能布置一些紧张、刺激并需要战胜很多挑战才能完成的工作，征服型员工会感到非常乐意。可以利用他们想达到目标的动力以及打破常规的愿望，让他们尝试一些能够提高才干、增强或增加技能的工作。可以通过分配具有挑战性的新任务来激励成员，使他们能够向着更高的目标努力，以创造良好的业绩和个人成长记录，一个宏伟蓝图比一个导向命令更有意义。

2）关系型

关系型成员喜欢和同事建立起和谐、友善的关系。应当确保他们有大量的机会在非正式场合与大家认识，比如企业的聚餐会和正常工作日的其他郊外活动等。对于这些成员而言，工作的社会性是其最有意义的方面。所以，应该使他们感到自己是这个大团体中不可缺少的一员。例如，在能使他们畅所欲言的地方组织会议，而非正襟危坐地聆听演讲或正式性的发言。这样，在满足了他们进行社交需要同时，他们的回报将是更加地努力工作。

3）独立型

独立型成员最注重的是独立，自由地完成任务，以及具有某种程度上的自主性。不要试图对他们的一举一动都加以控制，那样将扼杀他们的创造性。在团队工作中，如果是一群独立型的成员，那么这些自由寻求者的激励点就是需要巧妙地安排他们的工作，使他们觉得自己的工作是自己安排的。注意不要过分表明自己的偏好，而尽量给以自由，让成员自己安排时间，自己做出选择，自己决定为了完成工作应当采取的步骤。

4）权力型

权力型成员热衷于对别人施加影响和对别人进行控制。他们喜欢被人关注和由关注而产生的那种以为自己很重要的感觉。对待这样的成员应容忍他们不请自来的帮忙，并要像对待内部专家一样，不时地要求他们发表一下自己的建议想法。这样，可以不断地了解到什么时候可以激励他们工作，而他们也一定会好好珍惜这样的机会来发表自己的观点并观察领导者是否严肃认真地对待他们的建议。这样的成员也是培养领导者的选择对象。

5）公平型

在公平型成员眼中，公平是最重要的原则。他们通过比较领导者如何管理成员的时间、工作权限、责任范围、报酬和福利等，来确保没有不公平的现象存在。要想激励这样的成员，只要像律师一样考虑问题就行了，并向他们证明您是领导者公正的、可以平等相处的。例如，分发全行业范围的工资调查表，以向他们表明是如何得出现在的工资水平的，并解释奖金是如何与工作表现挂钩的。鼓励他们如果观察到任何不公平的现象一定要及时反映，以便加以纠正。

6）尊重型

尊重型成员在团队中想获得大家的尊重。避免忽略他们或在工作中将他们排除在外。假如能做到认真聆听并积极反馈他们的讲话，他们会感到受到莫大鼓舞。当他们讲话时，应当点头和保持眼神的接触。不要他们一开口说话就打断他们或者摇头表示不同意。应该多向他们表达对他们工作的认同，多给他们关于业绩的反馈情况，特别是表扬。尽管对于所有成员都应当表示尊重，但是对于这些成员，上述行为就显得尤其重要了。

尽管有以上团队激励的一些规律性，但每个人都是不同的，所以对每一个成员进行激励时都应当采取特定的、符合其类型与特点的有效方法。当然，除了正确的激励以外，作为领导者，还必须做到公平、公正。管理是一门实践性科学，激励方法也在实践中不断演变，克服激励的误区，采用正确的激励方法是团队提高竞争力和管理的良好途径。

哈佛团队激励与组织凝聚之激励与约束经典案例——通用电气公司的组织管理

雷军：小米管理扁平化，七个创始人外别人都没职位

1. 花 80%时间找人

小米团队是小米成功的核心原因。和聪明人一起共事，为了挖到聪明人不惜一切代价。如果一个同事不够优秀，不但不能有效帮助整个团队，反而有可能影响到整个团队的工作效率。所以当初我决定组建超强的团队，前半年花了至少 80%时间找人，幸运地找到了 7 个牛人合伙，全是技术背景，平均年龄 42 岁，经验极其丰富。3 个本地人加 5 个"海归"，分别来自金山、谷歌、摩托罗拉、微软等，土洋结合，理念一致，大都管过超过几百人的团队，充满创业热情。

2. 少做事，管理扁平化

扁平化是基于小米相信优秀的人本身就有很强的驱动力和自我管理的能力。设定管理的方式是信任的方式，我们的员工都有想做最好的东西的冲动，公司有这样的产品信仰，管理就变得简单了。当然，这一切都源于一个前提，成长速度。速度是最好的管理。少做事，管理扁平化，才能把事情做到极致，才能快速。小米的组织架构没有层级，基本上是三级，而且不会让团队太大，稍微大一点就拆分成小团队。

3. 强调责任感，不设 KPI

小米强调，你要把别人的事当成第一件事，强调责任感。其他公司对工程师强调的是把技术做好，在小米不一样，它要求工程师把这个事情做好，工程师必须要对用户价值负责。

4. 透明的利益分享机制

小米公司有一个理念，就是要和员工一起分享利益，尽可能多地分享利益。小米公司刚成立的时候，就推行了全员持股、全员投资的计划。

案例分析：

在小米取得一系列成就的同时，人们也思考小米公司成功的原因。其中管理创新给小米高速发展提供了充沛的助力。

小米公司牢牢抓住手机等少数几个"自营"业务，其他业务都"打包"给生态链，不管触及多少个生态链行业，自己也只有一个生态链部门。一方面可以发挥小团队的效率优势，另一方面也能保持和激发创业者作用，甚至也能更好的独立使用股权激励招到更好的人才。小米在组织管理中能做到极致，主要在于其扁平化管理。小米的成功，更是给创业者们做了一个完美的演示，相信他们的管理方式，他们的正能量，会给当代青年以很大的启示。

（资料来源：雷军自述管理《除 7 个创始人外，其他人都没有职位》
http://www.iceo.com.cn/guanli2013/150/2013/0922/271117.shtml）

团队沟通

实训目的

本实验通过游戏方式，了解团队的种类，了解团队沟通的要素，识别成功团队的特征。

实训内容与步骤

1. 器材与人数：1套不同颜色的七巧板共7块；每小组6人。
2. 实验图形，如图9-8所示。

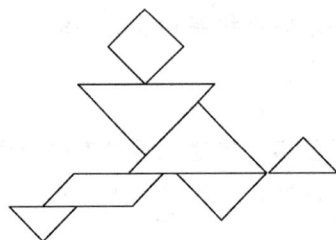

图一

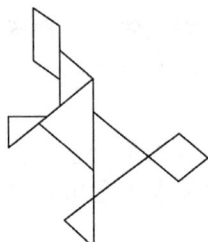

图二

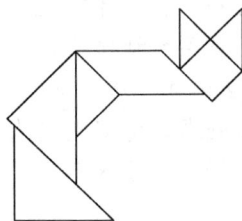

图三

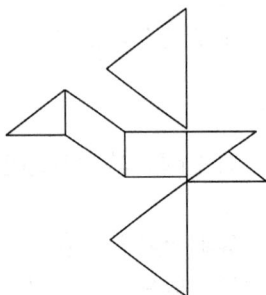

图四

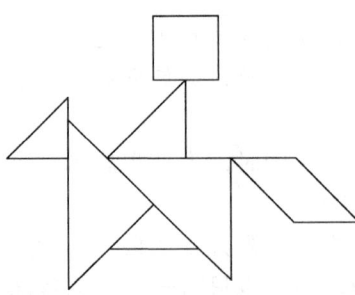

图五

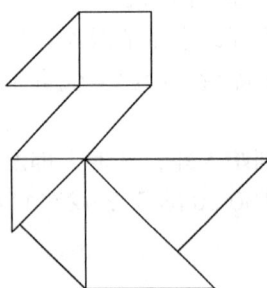

图六

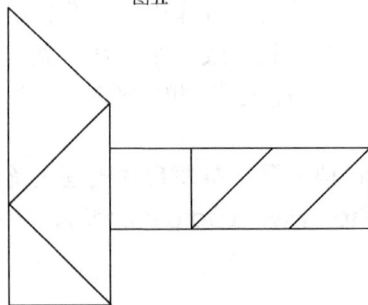

图七

图9-8 实验图形

实训任务

（1）用同种颜色的图形分别组成图一～图六，每完成一个图案将得到 10 分。

（2）用 5 种颜色的图形组成图七，在完成后，将得到 20 分。

（3）用 3 种颜色的 7 块图形组成一个长方形，在完成后，将得到 30 分。

（4）每完成一个图案请通知负责人，在确认后登记分数。

注意事项

（1）每个学员不能站立或离开位置。

（2）积木、任务单和图形只能手递手传递，严禁抛接。

（3）每小组面对面围坐。

（4）在操作中注意学员的表现并做记录。

实训提示

（1）要重视合作共赢的重要性，不能只顾自己的任务。

（2）要重视沟通的力量，如果首先和其他小组沟通，发现每个组任务的关联性，就可以很好地合作。

（3）中间组应该起到协调的作用，作为信息传递的纽带。

（4）应该突出领导在整个团队中的作用，有成功的领导，才能有成功的团队。

实训结果

把实训结果填入表 9-3 中。

表 9-3　实验原始记录及其处理（数据、图表、计算等）

	图一	图二	图三	图四	图五	图六	图七	长方形	正方形	合计
一组										
二组										
三组										
四组										
五组										
六组										
七组										

项目小结

　　创业团队是指由两个或两个以上具有一定利益关系、彼此间通过分享认知和合作行动以共同承担创建新企业责任而形成的有效工作群体。团队包含 5 个构成要素：目标、人、定位、权限、计划。一支优秀团队一般应具备明确的团队目标、清晰的角色、拥有相关的技能、相互信任、良好的沟通与协调、合适的领导、注重学习、归属感、谈判的技能等基本特征。团队建设需要遵循以下原则：合伙人原则、激情原则、团队原则、互补原则、目标明确合理原则、精简高效原则、动态开放原则。创业团队的组建程序：明确创业目标、制定出创业计划、寻求合作伙伴、职权划分、构建创业团队制度体系、团队的调整融合。

　　团队架构是指企业、组织或团队的整体结构形式。创业团队可以分为四种类型：风铃形创业团队、环形创业团队、星形创业团队、散点状创业团队。创业团队沟通的技巧：目标法则、文化筑巢法、因地制宜法则、换位思考法则、知识共享法则、倾听法则、80/20 法则、双赢法则。激励是用各种有效的方法调动员工的积极性和创造性，使员工努力完成组织的任务，实现组织的目标。不同类型成员的激励方式不同。

同步测试

1．单项选择题

（1）团队之所以叫一个团队是（　　　）。

　　A．因为有一个共同的利益和相类似的工作

　　B．因为有一个共同的工作和相类似的环境

　　C．因为有一个共同的环境和相类似的工作经历

　　D．因为有一个共同的追求和相类似的价值观

（2）关于马斯洛的需求层次理论，下列说法正确的是（　　　）。

　　A．人类需求从高到低要不断地变化

　　B．需要会得到完全满足

　　C．需要得到完全满足，个体才会转向追求其他方面的需要

　　D．希望激励某人，就必须了解此人所处的需要层次

（3）在激励中起关键性作用的一些因素，不包括（　　　）。

　　A．时机　　　　　　B．频率　　　　　　C．手段　　　　　　D．程度

2．多项选择题

（1）团队的基本要素是（　　　）。

　　A．共同目标　　　B．互相依赖　　　　C．归宿感　　　　　D．责任心

（2）团队建设的原则有（　　　）。

　　A．互补原则　　　　　　　　　　B．利润最大化原则

　　C．动态开放原则　　　　　　　　D．目标合理原则

（3）团队成员的构成是（　　　）。

    A．团队领导者   B．团队成员

    C．3 个或 3 个以上人员   D．规划者

（4）健康团队的活动表现是（　　　）。

    A．共同参与   B．目标明确   C．分头行动   D．权责明确

（5）激励的类型包括（　　　）。

    A．物质激励与精神激励   B．正激励与负激励

    C．内激励与外激励   D．形象激励与物资激励

3．问答题

（1）创建团队的步骤是什么？

（2）创业团队沟通的技巧有哪些？

（3）团队激励的方法有哪些？

项目十

客户管理

本项目知识点

客户资料包含的内容；搜集客户资料的渠道；客户信息档案的建立；客户信息档案建立的要求；客户信息档案建立的重要性；客户的分类；客户信息分析的重要指标；客户忠诚度的内涵；客户忠诚度和满意度的关系；客户忠诚度的衡量指标；客户投诉的定义；客户投诉的类型；客户投诉产生的原因；客户投诉的处理方法。

本项目技能点

基于 RFM 模型对客户进行分类；掌握客户投诉处理的方法。

知识导图

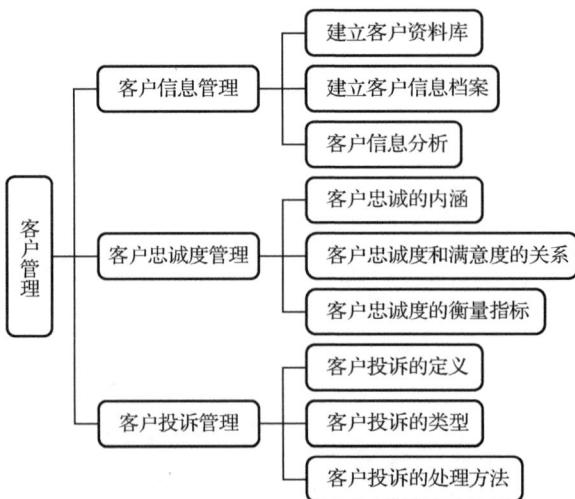

引例

这是来自一个顾客的亲身感受，他说："十年前，我和香港丽晶饭店的总经理一起共餐时，他问我最喜欢喝什么饮料，我说最喜欢喝胡萝卜汁。大约 6 个月后，我再次住进香港丽晶饭店，在房间的冰箱里，意外地发现了一大杯胡萝卜汁。以后，不管我什么时候住进香港丽晶饭店，他们都会为我备有胡萝卜汁。在最近的一次旅行中，飞机还没在香港启德机场降落，我就想到饭店里为我准备好的那杯胡萝卜汁，顿时满嘴口水。在十年间，尽管饭店的房价涨了 3 倍多，我还是住这个饭店，就是因为他们为我准备了胡萝卜汁。"仅一杯胡萝卜汁便留住了这位顾客，使其成为香港丽晶饭店的"忠诚客户"。

引例分析

这就是客户管理的最高境界"让客户舍不得离开你"。香港丽晶饭店之所以能够培养出这样的忠诚客户，重要的原因之一就是它详细掌握了客户的信息，将客户的喜好等信息进行搜集和存储。香港丽晶饭店建立了一个足够大的客户信息数据库，包含客户的姓名、生日、家人情况、工作单位、喜爱的食物、喜欢的环境，每次住的房间类型等。基于以上客户的信息，香港丽晶饭店争取为客户提供更优质的服务，使得客户满意。在如今竞争如此大的环境中，对于企业来说，拥有客户相当于拥有市场，拥有客户是企业获得利润的前提，所以企业必须加大投入关注客户，注重客户管理。

任务一　客户信息管理

一、建立客户资料库

拥有每一位客户的详细资料对企业来说相当重要。可以这样认为，没有理想的客户资料就不可能实现客户管理，这就意味着，网络创业者对于客户的资料要进行深入细致的调查和了解，建立属于企业自己的客户资料库，并通过客户资料与每一位客户保持良好的关系，尽企业最大的努力为每一位客户提供优质的服务。对于企业而言，客户的资料可是最为宝贵的财富，网络创业者一旦掌握了客户的信息就找到了销售的门道，客户资料越多，销售的渠道也越多，所以在客户管理中对顾客资料的维护也是相当重要的。

企业只有搜集到全面的客户资料，特别是一些与企业交易相关的资料，才能够充分了解自己的客户，才能知道每个客户对于企业的价值，才能够很好地识别哪些是优质客户，哪些是一般客户，对企业贡献值越大的客户要越重视，要针对不同等级的客户提供不一样的服务。

例如，中原油田销售公司特意设计了一套统一的客户基本资料登记表发给各个加油站，内容包含车主的姓名、性别、身份证号码、出生年月、联系电话、家庭住址、单位、个人爱好、车型、车号、燃油号、加油记录。通过这些资料的搜集，中原油田销售公司建立了客户资料库，通过发送生日祝福、赠送生日礼物等，维护加油站与客户之间的关系。

企业只有掌握了充足的客户资料，才能对客户实行针对性的营销。可以针对每个客户不同的特点，实施相应的营销方式，如打电话、发邮件等，从而降低企业的营销成本，大大提高成功率。

1．客户的资料

客户资料的应包含以下几个方面的内容。

（1）基本信息：姓名、性别、户籍、出生年月、身份证号码、单位、家庭住址、联系方式、电子邮箱、QQ 账号、微信账号、微博账号、身高、体重等。

（2）教育信息：最高学历、所学专业、感兴趣领域等。

（3）家庭情况：婚姻状况、结婚纪念日、配偶姓名、生日、单位、教育情况、有无子女、子女的姓名、年龄、生日、教育情况、学校等。

（4）事业情况：工作经历、单位名称、地点、年收入、职务、在目前公司的地位如何、对目前的事业是否满意、事业的短期、中期、长期目标等。

（5）消费情况：消费能力、消费习惯、消费侧重、消费周期、消费次数、消费金额、消费频率、最近一次消费的时间、购买渠道、购买方式的偏好、客单价等。

（6）生活情况：健康状况、有无病史、平时爱好、穿衣风格、喜欢的食物、平时的习惯、喜欢的运动、是否喜欢旅游、如何安排休闲时间、平时浏览的网站。

（7）个性情况：脾气、性格、参加什么社团、喜欢看什么类型的书、有无宗教信仰等。

（8）人际情况：最要好的朋友、人际关系如何、亲戚情况、与亲戚相处的情况、周围朋友的情况、对人际关系的看法等。

了解以上客户的资料相当重要，例如，可以通过客户的 QQ、微博、微信给客户发送生日祝福；可以在特殊的纪念日根据客户的喜好为客户送上礼物；可以利用客户的业余爱好，与客户沟通，也可以通过客户发展其身边的朋友成为企业的客户，从而达到在维护老客户的同时发展新客户的目标。

2．搜集客户资料的渠道

搜集客户资料要从日常点滴累积做起，利用客户与企业接触的一切机会搜集客户的资料，例如，通过客户的购买信息、市场调查、客户回访等途径来获取客户信息，具体来说，搜集客户资料的渠道有以下几种。

中国移动通信重要客户
信息资料收集模板

1）通过网站注册获取客户资料

企业可以通过一些 B2B、B2C、C2C 电子商务平台、企业网店、官方网站、移动端店铺、APP 店铺让客户进行访问注册，并进行直接的网上贸易，通过这种方式更能直接地锁定客户群，搜集客户相关资料。

2）在客服与客户的沟通过程中获取资料

网络创业企业通常是通过在线客服与客户进行沟通，例如，某服装淘宝网店通过在线客服进行产品销售、售后服务。在与客户沟通的过程中，可以搜集客户的相关资料，比如客户的喜好等。

3）在调查过程中获取客户资料

即企业通过在线调查问卷、面谈、电话等方式得到客户的第一手资料，也可以通过观察记录客户的行为获取客户资料。

例如，美国尼尔逊公司就曾通过计算机系统，在全国各地 1250 个家庭的电视机装上了电子监视器，每 90 秒扫描一次电视机，只要收看 3 分钟以上的节目，就会被监视器记录下来。这样该公司就可以得到个人或者家庭的收视偏好等相关资料。

4）通过营销活动获取客户资料

企业通过启动各种类型的营销方案，如实行会员制度、成立会员俱乐部等，搜集到有效的客户资料。

5）通过售后服务获取用户资料

对客户的售后服务过程，也是企业深入了解客户、搜集客户信息的最佳时机。在售后服务过程中，客户通常能够直接阐述自己对于产品的看法及对于企业的要求，以及客户身边有无其他意愿客户，企业从中搜集到的客户信息资料是非常巨大的。另外，客户投诉也是企业了解客户资料的重要渠道，企业将客户的投诉意见进行分析整理，从而为企业改进服务，开发升级产品提供依据。

6）各种传统媒介

一般指通过一些公开信息获取或者购买客户资料。例如，一些互联网站、电视台、报纸、杂志，这些往往也会涉及一些客户资料。

7）社交网站

在互联网如此发达的环境下，企业可以通过观察浏览客户的微信、微博账号来获取分析客户的其他资料。例如，企业可以通过分析某客户的微博内容，分析获取该客户平时的喜好、上网浏览习惯、关注的人群、关注的领域等资料。特别是电商企业，其用户群里大部分是平时喜欢上网的人群，这部分人群又非常喜欢上一些社交网站，通过微博、朋友圈等来发布自己的生活动态，从这些信息中，往往可以搜集到很多对于企业有用的客户信息。

✓ 二、建立客户信息档案

1. 客户信息档案的建立

企业将搜集到的客户资料进行分析，建立完整的客户信息档案，根据客户资料的完整性将客户资料划分成以下 5 个等级。

客户最基本信息：客户的姓名、网站账号、手机、电话、家庭地址、工作单位等信息。

客户的高级信息：客户的 QQ 号、微信号、微博账号、年龄等信息。

比较有价值的信息：客户的生日、结婚纪念日、购买商品的次数等信息。

高价值的信息：客户的消费金额、消费单价、消费频率、购买的次数、消费的习惯、购买的途径及偏好等信息。

关注信息：客户的购买行为分析等信息。

目前，大部分的电商企业都可以通过 CRM 系统进行客户信息的管理，建立客户信息档案，方便客户信息的管理、及时更新及后续客户的维护。

2. 客户信息档案建立的要求

1）客户信息尽可能的记录详细

对于企业而言，客户的资料可是最为宝贵的财富，一旦掌握了客户的信息就找到了销售的门道，客户资料越多，客服可销售的渠道也就越多，所以对客户资料的维护是相当重要的。

CRM 系统

2）保留完整的客户信息

既然客户的信息如此重要，网络创业者在日常工作中要将保留完整的客户信息作为工作中一项重要内容完成。企业可以通过一些客户信息管理软件，例如，CRM 系统，在客户基础信息中记录客户的相关信息，包括姓名、电话、住址、购买次数、购买频率、客单价、消费习惯、消费能力等。

3）客户信息要注意及时更新

客户信息档案的管理不是一劳永逸的，客户信息会发生更改，如单位、住址、电话等，企业客服要在客户每一次购买后核对信息，及时更新联系方式。

3. 客户信息档案建立的重要性

1）有效节约成本

通过建立客户信息档案，维护老客户可以节约企业的运营成本，如图 10-1 所示。

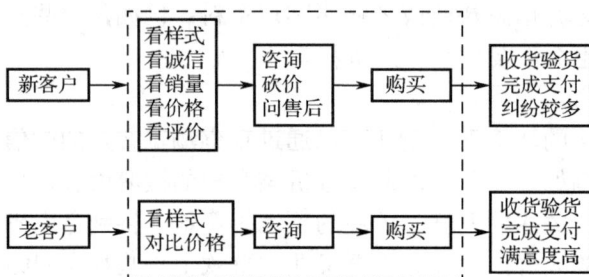

图 10-1　老客户与新客户的网络交易过程

2）获得更多的客户份额

客户份额是指一家网店的商品或服务在一个客户的该类消费中所占的比例。例如，某客户的 15 件衣服里 10 件都是在一家网店购买的，那么这家网店就获取了该客户的极高份额，越多的客户份额越会让客户对店铺产生强烈的依赖感。所以建立客户信息档案，实行一对一的针对性营销非常有必要。

3）使网店的竞争优势长久

留住客户、争取客户是企业唯一的竞争招式，比质量、拼速度、低价格都是为了留住客户而采取的办法。所以客户资源的优劣、多少就成为了网上企业竞争最为长久的优势。

4）有利于发展新客户

客户都愿意相信和自己同样"地位"的客户说的话，所以当网上企业通过客户信息档案将客户的关系维护好了，他们自然会成为广告的传播者，对网络企业发展新客户有明显的效果。

✔ 三、客户信息分析

分析客户信息是与客户建立长期合作关系的基础，也是企业获取利润的根本保障。根据客户关系管理的实现目标，对客户信息的组织、分析、分类，便于更好地接触、了解和管理客户，提高企业的管理效率。例如，在平时，网店为了提高客户服务效率，将客户分为售前客户、售中客户和售后客户，并对应地设置专门的客服岗位提供服务；但在促销活动中，为了提高客户的付款比例，将客户分为已付款客户和拍下未付款客户，客服提供相对应的服务。

1. 客户的分类

在建立好客户的信息档案之后，可以对客户进行分类，但是分类的标准多种多样，企业可以根据不同的方式将客户分成不同的类型。

根据客户与企业的关系的划分标准，可以将客户划分成非客户、潜在客户、目标客户、现有客户和流失客户。

根据客户来源的环节，可以划分成中间环节客户、终端客户。

根据客户所处的地域，可以划分成本地区客户和外地区客户。

根据与客户结算的方式，可以划分成现金客户、预付款客户和赊款客户。

根据客户对企业的价值，可以划分成重要价值客户、一般价值客户、潜力客户、潜在客户。

当然客户的分类方式有很多，企业可以根据自身的特点以及搜集到的客户信息进行相应的客户管理及分类。例如某淘宝网店即根据客户的特征划分客户的类型，采取相对应的营销手段，如表 10-1 所示。

表 10-1　某淘宝网店的客户划分体系

客 户 等 级	客 户 特 征	客服可以做的事情
沉睡客户	在网店至少有过一次购买经历，但由于一些原因不再光顾或选择暂时性的沉睡	通过优惠券的发送、上新提醒等，制造机会，唤起顾客对店铺的记忆，争取再次赢得购买
潜在客户	这类顾客访问过店铺或咨询过客服，但还没有产生实质性的购买交易	激起顾客的购买兴趣，产生购买欲望，成为店铺的新客户
新客户	第一次在店铺购买消费的顾客，是网店成长的新生力量	重点介绍自己的店铺和商品，对商品给予一定的优惠，促成顾客的第二次、第三次购买
老客户	在店铺中有多次购买经历	巩固这类顾客对店铺的信任感，并及时让他们知晓店铺动态，以便使其形成一种固有的消费习惯
大客户	购买的次数不算太多，但每次购买的数量和消费的金额都是巨大的	深度了解顾客的需求，改变一定的服务方式，尽可能节约顾客的时间成本
忠诚客户	很清楚店铺的上新时间、商品性能，与客服人员非常熟悉	用心维护与这类客户的关系，倾注更多的私人情感

2. 客户信息分析的几个重要指标

1）最近一次消费

最近一次消费是指上一次购买的时间，这是一个维系客户关系的重要指标，该指标反映出客户的忠诚度。

一般来说，最近一次购买的时间越近是越理想的，因为最近才购买过本企业的产品或者服务的客户，是最容易维护客户关系的，再次购买的概率也会大很多，要吸引一位一个月前购买本企业产品的客户再次购买要比吸引一年前购买的客户容易得多。

如果最近一次的消费时间是很久之前，那就反馈出该客户已经长时间没有消费，就要安排人员进行调查该客户是否已经流失，流失的主要原因是什么，还有没有回归的可能性。如果一个企业最近消费的客户人数增加，则表示企业发展较为稳定；如果最近消费的客户人数减少，则表明企业的业绩可能有所下滑。

2）消费频率

消费频率是顾客在限定的期间内在本企业购买产品或者服务的次数。可以说最常购买的顾客，也是满意度最高的顾客。如果从企业忠诚度的角度出发，最常购买的消费者，忠诚度也就最高。增加顾客购买的次数意味着提高市场占有率。

3）消费金额

消费金额是指客户购买本企业产品或服务金额的多少。

通过比较客户在一定时期内购买本企业产品的金额，来判断客户的忠诚度是否产生变化。

将最近一次消费时间、消费频率结合起来分析，可判断客户下一次交易的时间。将消费频率、消费金额结合起来分析，可估算出该客户为企业创造的价值。企业在管理客户时需重点关注和分析这几个维度。

3．RFM 模型

RFM 模型是一种基于客户消费行为的细分方法。客户消费记录中有 3 项要素，这 3 个要素构成了客户细分的最好指标。R：最近一次消费（Recency）、F：消费频率（Frequency）、M：消费金额（Monetary）。根据该模型最近一次消费的时间、消费频率的高低以及消费金额的大小并与企业所有客户这 3 项指标的均值进行对比，即可以判断出客户对于企业的价值并针对不同的客户类型采取相对应的维护手段。

同步实训

邮政发行服务的客户开发与维护

搜集并分析网店客户资料

实训目的

能够搜集客户资料并挖掘客户价值；掌握企业客户管理的方法与手段；掌握客户数据搜索、分析，以及如何针对不同客户开展客户管理；搜集客户基本信息；建立客户 RFM 模型；通过模型建立店铺营销策略；为企业制定客户管理方案。

实训内容与步骤

（1）利用调查问卷搜集客户信息，如表 10-2 所示。

表 10-2　客户管理调查问卷

淘宝网客户管理调查问卷
尊敬的先生/女士： 　　感谢您参与客户管理的调查，您所提供的资料将被用于客户管理发展的研究，我们将对您的信息进行保密。感谢您在百忙之中抽出宝贵的时间来完成这份问卷，再次表示衷心的感谢！
① 您的年龄？
② 您的性别？
③ 您的月收入？ A. 1000～3000 元人民币　　B. 3000～5000 元人民币　　C. 5000～8000 元人民币　　D. 8000 元人民币以上
④ 请问您最近一次在淘宝上消费是什么时候？
⑤ 请问您平均每个月在淘宝网上消费几次？
⑥ 请问您平均每个月在淘宝网上消费多少钱？

（2）从淘宝网客户管理调查问卷中随机抽取 10 名客户的调查结果，将 3 个重要指标填入表 10-3 中。

表 10-3　问卷结果

客 户 编 号	最近一次消费	消 费 频 率	消 费 金 额
1			
2			
3			
4			
5			
6			
7			
8			
9			
10			
平均值			

（3）比较各客户的均值，如果客户的单个指标大于或等于单个指标的平均值，则标记"↑"，否则标记"↓"，比较结果，如 ↑ ↑ ↓，填写完成表 10-4。

表 10-4　客户均值比较

客 户 编 号	比 较 结 果
1	

续表

客 户 编 号	比 较 结 果
2	
3	
4	
5	
6	
7	
8	
9	
10	

（4）制作完成表 10-4 的过程，就是建立客户细分 RFM 模型的过程，下面要对客户交易行为进行深入分析，根据 RFM 模型细分客户级别，如表 10-5 所示。

表 10-5　细分客户级别

客 户 编 号	客 户 级 别
1	
2	
3	
4	
5	
6	
7	
8	
9	
10	

基于 RFM 模型相关资料的客户分类如下。

类型一（R↓F↑M↑）：这类客户与企业交易频繁，交易量大且最近一次交易时间间隔较短，客户实际贡献的价格很高，具有很高的潜在价值，是企业的优质客户群。因此可视为企业的重要维护客户，继续维护与这类客户的关系是企业利润的重要保障。

类型二（R↓F↓M↑）：这类客户最近一次交易时间间隔较短，购买金额大。购买频率较低，对企业的利润贡献不及"R↓F↑M↑"型客户；但是这类客户具有很高的潜在价值，如果企业能够分析、了解、满足他们的需求，采用有针对性的营销手段吸引他们，提高他们的购买频率，将会给企业带来更高的利润，因此这类客户可视为企业重要发展客户。

类型三（R↓F↑M↓）：这类客户最近一次交易时间间隔短，购买频率高，属于活跃客户，但是累计购买交易额少，企业利润也少。这类客户有可能购买力有限，也有可能购买力强，但对企业的一些产品不感兴趣。加大对这类客户的营销投入存在一定的风险，但适当维持于这类客户的关系又能使企业获得一定的利润。因此，这类客户属于企业的一般重要客户。

类型四（R↑F↑M↑）：这类客户与企业的接触频率很高，购买量也很大，但长时间没有与企业交易，存在流失风险。对这类客户，企业应尽量挽留，通过营销手段提高客户的忠诚度。因此，可视其为企业的重要挽留客户，是企业利润的潜在来源之一。

类型五（R↑F↑M↓）：这类客户购买频率较高，但长时间没有与企业交易，而且购买量很低，企业已很难从他们身上获取更多利润，因此只能看成企业的一般客户。

类型六（R↑F↓M↓）：从购买频率、购买量以及购买间隔三方面分析，这类客户都属于"劣质"客户，企业没有必要维持与他们的关系，因此其属于企业的无价值客户。

类型七（R↑F↓M↑）：这样的客户虽然购买量较大，但从购买频率和购买进度分析，不是企业的忠诚客户，他们与企业的交易存在偶然性，可视为企业的一般客户。

类型八（R↑F↓M↑）：这类客户最近一次交易时间间隔短，但购买频率和购买量的相对水平都较低，无法立即给企业带来丰厚利润。如果他们属于新客户，那么是企业扩大客户量和市场份额的重要客户源，属于重要发展客户；如果属于老客户，则是无价值客户。

（5）针对不同的客户类型制订相应的营销策略，以期望达到维护客户关系以及提升客户价值的目的，如表10-6所示。

表10-6　制订营销策略

客 户 级 别	营 销 策 略
重要维护客户	
重要发展客户	
一般重要客户	
重要挽留客户	
一般客户	
无价值客户	

📞💬 实训提示

在投放在线调查问卷时，可以尽量选择不同平台、不同人群进行投放。尽量搜集较多问卷样本，选取其中10个填写完整的样本进行数据分析。

（1）搜集客户信息有哪些渠道？
（2）客户信息的重要性体现在哪些方面？

任务二 客户忠诚度管理

这些年，随着中国经济的发展，航空运输业有了飞跃式的发展。客户出行选择飞机的增多，民航运输业的服务也开始遭遇客户越来越多的抱怨甚至投诉。在这样一个高速成长的市场中，很多航空企业会把高收益放在首位，但中国国际航空公司市场部副总经理靳英杰并不这么认为。中国国际航空股份有限公司于 1988 年在北京正式成立，如今国航的常旅客已经超过了 2700 万，可以说这是国航的一笔宝贵的财富，靳英杰认为如何让这一批客户成为国航持续赢利的资本才是最重要的事情，并非有了这些客户的资源，就能保证这些客户会优先选择国航。培养客户对于国航忠诚度的核心问题是如何让客户与企业产生黏性。而对于客户忠诚度的建立，通过长期的观察，靳英杰认为主要是缘于与客户的沟通，也只有沟通才能建立与客户的内心交流。企业与客户沟通的渠道有很多，如果没有对与客户沟通渠道的管理，企业是很难把握住客户忠诚度的信息。另一方面国航通过 CRM 系统来管理客户信息，比如在值机柜台、售票柜台或者在网上，乘务员通过移动终端，实时更新客户资料。只要客户通过互联网订票，航空公司就可以分析旅客的购票和自助值机行为，方便了企业后期针对性的服务推送，通过为客户提供针对性的服务来提高客户的忠诚度。可见，培养客户忠诚度对于一个企业来说非常重要。

一、客户忠诚度的内涵

客户忠诚度是指客户对某个企业的品牌、服务、产品经过一段时间产生认同和依赖，是基于客户对企业的品牌、产品或者服务满意的结果。客户对一个企业的忠诚度越高，则该客户在该企业重复购买产品或者服务的可能性就会越大。

Oliver 认为客户忠诚度就是对偏爱产品和服务的深度承诺，在未来一贯地重复购买并因此而产生的对同一品牌或同一品牌系列产品或服务的重复购买行为，而不会因市场情景的变化和竞争性营销力量的营销产生转移行为。

在市场竞争如此激烈的环境中，想要成功地进行网上创业，就必须抢占市场份额，而市场份额的大小其中最主要的就是看客户数量，企业在推广争取新客户的同时，也要做好老客户的维护，努力培养客户对于企业的忠诚度，节省开发客户的成本，有资料显示，一个网店维护一个老客户的成本仅仅是开发新客户成本的六分之一。可见培养客户对于企业的品牌、产品、服务的忠诚度对于企业发展是多么的重要。

一般来说，客户忠诚度可以分成几个阶段：冲动购买阶段、意识倾向购买阶段、偏好喜爱阶段、重复购买阶段。

1．冲动购买阶段

处于冲动购买阶段的客户，一般是由于某些外在因素的刺激，比如说促销信息或者其他外在因素刺激而产生的购买行为。往往这类客户在购买之后产生的退还率相对比较高。

2．意识倾向购买阶段

意识倾向购买阶段的客户，在该企业有过购买经历之后，对于企业的产品或者服务感到满意。也是客户对于企业忠诚的最低层次。

3．偏好喜爱阶段

偏好喜爱阶段的客户，对于企业的产品或者服务产生了偏好情绪。在与其竞争对手之间进行选择时，客户必然会放弃竞争对手。这是基于客户在多次良好的购物体验之后产生的，这个层次的忠诚已经是客户对企业产生一定的依赖性了。

4．重复购买阶段

重复购买阶段的客户，是与企业维持了长时间的关系，并且客户对企业的产品或者服务进行长时间的重复购买，这是客户忠诚的最高阶段。客户对企业已经产生了强烈的依赖，甚至已经离不开该企业的产品或者服务了，此时的客户一般有几个特点：长时间有规律地购买企业的多种产品或者服务；会向他人推荐该企业的产品；对企业竞争对手的产品具有免疫力。

例如，一个网购客户由于"双 11 网购狂欢节"大力度促销的刺激，在某家网店下了订单，此时基本处于冲动型忠诚阶段；待客户购买之后对产品或者服务感到非常满意时，进入到意识型忠诚；经过一段时间之后，该客户在购买同产品时，会选择放弃竞争对手，则是情感型忠诚阶段；经常长时间的购买关系最后到达行为型忠诚，此时该客户已经离不开该网店的产品了。

对于网络创业者来说，培养客户对于企业的忠诚度非常重要，如果客户只有意识忠诚和情感忠诚是远远不够的，此时的客户随时都可能离开企业而选择其竞争对手，只有达到行为忠诚的客户才能不断地给企业带来价值。作为一个创业者就需要仔细地思考在开发新客户的同时如何培养客户的忠诚度。

二、客户忠诚度和客户满意度的关系

客户满意度和客户忠诚度是相互关联的两个概念。客户满意度是客户忠诚度衡量的一个重要指标。客户的满意度越高，则客户的忠诚度越高；客户的满意度越低，客户的忠诚度越低。但客户满意度与客户忠诚度之间的关系并非如此简单，还会受到许多其他因素的影响。

客户满意度是指客户对企业或者企业产品服务的满意程度，这是一种主观感受，是在客户消费之后表现出的一种态度。由于这种主观感受的刺激客户更愿意进行下一次或者重复购买该企业产品或服务的行为。在竞争如此激烈的环境下，许多企业都把提升客户满意度作为衡量员工日常工作的一个重要指标。通过提升客户满意度来刺激客户的下一次消费，提升客户口碑，通过口碑营销扩大企业的客户群体。但是需要思考的一个问题是，满意的客户是否就会成为企业的忠实客户呢？在客户对于某次购买行为表示满意之后是否就会有下一次购买行为呢？其实不然，客户满意并不代表客户就会有持续的购买行为，即满意的客户未必会转化成企业的忠实客户群体。

但是客户忠诚度又是基于客户满意度之上的，一个客户对企业忠诚是在客户满意后对某种产品品牌或公司产生了依赖并持续有购买行为的一种倾向。这是一个持续性的过程。而客户满意只是一种心理感受，所以两者的关系密不可分却又存在着区别。

1. 客户满意并不等于客户忠诚

客户满意是一种心理体验的满足，而客户忠诚是一种持续购买的行为。正如上文所提到的，很多企业将客户满意度作为考核员工的一项重要指标，但经过一段时间，发现虽然客户满意度很高，但企业的利润增长却是相当有限。究其缘由，客户在购买行为之后对产品或服务感到满意，未必所有客户都会进行二次甚至多次的消费，而是在一次购买之后就没有后续的购买行为。这类客户虽然满意，但却不忠诚，要想让这类客户成为企业的忠诚客户，还受到其他许多方面的因素影响，如竞争对手，所以企业在关注客户满意度的同时也要关注客户忠诚度，客户满意是实现客户忠诚的基础。

2. 客户忠诚不代表客户满意

客户对企业忠诚是指长时间与企业保持关系并对企业的产品或服务已经产生了依赖。但是客户忠诚并不代表客户满意，客户忠诚受到诸多因素的影响，比如垄断行业，客户找不到替代品，但是客户又存在着大量需求，这是一种客户忠诚但不满意的情况。还有一种情况，客户选择竞争对手付出的代价过大即转换成本过高，客户一般会放弃而选择继续忠诚。所以客户忠诚并不代表着客户满意。

3. 客户忠诚是客户满意的价值体现

企业如果仅仅追求客户满意度，在某种程度上并不能解决企业的根本问题，满意的客户并不代表其就是忠诚的客户，所以企业要在关注客户满意度的同时提升客户的忠诚度，将客户的满意度最终转化成客户忠诚度，这才能真正体现客户满意的价值。客户忠诚和客户满意两个概念容易混淆，这一点往往会被企业忽视。

三、客户忠诚度的衡量指标

客户忠诚度可以反映出客户对于企业产品或者服务的满意程度及客户的重复购买行为。客户忠诚度受到很多因素的影响，可以通过以下指标来衡量。

1. 客户的满意度

虽然客户满意度与客户忠诚度有一定的区别，但两者密不可分。客户对企业忠诚是基于客户满意的基础之上，通过长时间客户满意度的累积来培养客户的忠诚度，所以往往满意度越高的客户其忠诚度也越高。

2. 客户重复购买的次数

客户重复购买的次数是指某一段时期内，客户重复购买该企业的产品或服务的次数，客户对于该企业的产品或服务重复购买的次数越高则说明对于该企业的忠诚度越高。通常企业可以通过某一段时间内的购买次数分析出该客户的购买频率，购买频率越来越高则同样可以说明客户的忠诚度越高。

3．客户购买产品的种类

客户购买产品的种类是指客户在某段时间内购买的产品种类。若通过一段时间的比较发现某一位客户在购买该企业的产品种类有所增加，则表明该客户的忠诚度越高。例如，当在线销售人员向客户推荐企业的新产品时，客户能够接受并表示愿意购买，并且后续又有持续购买行为，则反映出该客户的忠诚度较高。

4．客户购买金额的大小

若客户在企业购买某类产品的总金额相较于购买同类产品的金额高时，也可以反馈出客户的忠诚度越高，若相较于购买同类产品金额低时，则忠诚度越低。

5．客户对于价格变化的敏感程度

价格是客户在购买产品时重点考虑的因素，客户对于产品或服务价格的敏感程度越低，即对价格变化（特别是价格上涨的情况）的承受能力越强，则说明客户的忠诚度越高。客户对于产品或服务价格的敏感程度越高，即对价格变化的承受能力越低，则说明客户的忠诚度越低。

6．客户购买时间的长短

客户在购买产品时，通常要经过在线咨询、产品的挑选、价格的对比等环节，通过客户购买的时间长短可以反馈出客户的忠诚度。忠诚度越高的客户往往购买时间越短，其对企业的信任程度越高。

7．客户对于竞争对手的态度

客户对于竞争对手企业提供的产品或者服务的抵抗力越强，则客户的忠诚度越高；若客户在挑选商品时在企业与竞争对手之间犹豫不决，则说明客户的忠诚度越低。

8．客户与企业维持关系的时间

从客户与企业业务往来时间的长短，可以衡量出客户的忠诚度，时间越长的客户，说明其对企业的满意度也越高，忠诚度也就越高。这类客户原本普通购买者的身份，会通过长时间的关系来往，慢慢向企业的拥护者甚至合作伙伴转化。

9．客户对于企业的容忍度

企业在销售产品或者服务时难免会出现一些问题，例如产品的质量、客服的沟通、产品运输过程中出现的问题等。客户的忠诚度较高，则在企业出现此类问题时，客户能够持有宽容的态度，并能与企业积极协商解决。若客户反应非常激烈并表现出强烈的不满，则客户的忠诚度较低。

10．客户向他人推荐的程度

客户在购买企业的产品或者服务时同时向身边的同事、家人、朋友推荐的程度与客户的忠诚度呈现正相关系，这也是衡量客户忠诚度的一个重要指标。

想一想

影响客户满意的因素有哪些？

福建省卷烟零售客户满意度调查报告

任务三 客户投诉管理

一、认识客户投诉

所谓客户投诉，是指客户对企业在产品质量或服务的不满意，而提出异议索赔和要求解决问题等行为。每个企业在运营的过程中很难做到让所有客户百分之百满意，再优秀的企业也会存在不满意的客户，也会接到客户的投诉，如何正确地看待和有效的处理客户投诉是每个企业需要思考的问题。

1. 客户投诉对企业的价值

客户投诉是客户对企业所提供的产品或者服务不满的表达方式，很多企业不愿意听到客户投诉。其实，客户投诉正是企业与客户之间沟通的良好渠道，客户通过投诉表达出对企业某个环节的不满，让企业能够及时认识到企业产品或服务的缺陷与不足，从而得到改进，提高企业的产品或服务的质量，提升客户满意度。因此企业要正确地对待客户投诉，甚至要感谢这些投诉的客户，使企业得到了一些有效的客户反馈，这是客户投诉带给企业的价值。

2. 投诉可以提供重要信息

松下公司在创业初期，创始人松下幸之助偶然听到几个客户抱怨电源都是单孔的，使用起来非常不方便。松下幸之助听到后得到启发，马上组织公司力量进行研发，很快就推出了"三通"插座，可以同时插几个电器，投放市场后取得了巨大的成功，也为松下公司的进一步发展积累了大量的资金。对此，松下幸之助总结说："客户的批评意见应该视为神圣的语言，任何批评意见都应该乐于接受。"由此案例可以看出客户是企业产品最直接的使用者，他们的感受都是通过亲身体会得到的，在他们的投诉中往往揭示了企业产品或者服务存在的各种缺陷，使客户的需求无法得到满足，所以客户的投诉可以为企业提供重要的线索，同时还蕴藏着巨大的商机，为企业开发新产品提供了灵感。许多企业新产品的开发都得益于客户的投诉。比如海尔公司发明的可以洗地瓜、洗土豆的洗衣机，正是由于一位四川农民投诉自家的洗衣机排水管经常被堵。作为一名创业者，要学会倾听客户的声音，积极妥善地处理好客户投诉，在倾听客户投诉的同时也可以发现市场商机。

二、客户投诉的类型

1. 客户投诉的类型

客户的投诉可以划分成以下几种类型。

1）无理投诉型

在对顾客的服务中有一句话："顾客永远是对的，就算真理掌握在你手里，你也绝不能和顾客争执，如果你辩赢了对方，那么你将永远地失去他，这种争执是毫无意义、得不偿失的，你不要指望你的顾客会对你心悦诚服。"客户自然是企业的上帝，但在企业的经营过程当中也往往会遇到一些无理的客户投诉。投诉的理由相当牵强或者错根本不在企业而在客户自身，但客户仍旧不依不饶进行多次投诉，此类客户往往抱着能通过投诉获取一些利益的目的。

2）理性投诉型

这类客户明确自己投诉的目的性，一般会根据对企业的不满或由于企业的原因导致客户的损失而提出相应的要求，此类客户投诉意在希望企业能够妥善、快速解决客户的问题。

3）情绪化投诉型

此类投诉一般发生在交易过程当中，由于某些突然事件导致的，比如由于服务人员的态度问题引发与客户的争吵。此类投诉的客户当时的情绪往往比较激动，所以需要先做好客户的情绪安抚。

2. 客户投诉产生的原因

根据对客户投诉内容的分析，可以将客户投诉原因分成以下几种。

1）产品因素

由于客户对产品不满导致的投诉，这种情况在企业当中比较普遍，包括由产品价格、产品质量、产品库存引起的投诉。

产品价格不实引发的投诉，客户在购买产品后发现产品价格过高，与市场价格完全不符，因企业产品价格虚高而引起的投诉。或者由于产品价格短期内波动较大也会引起客户投诉，例如，客户在某购物平台的一家店铺以某价格购买了一件产品，第三天该店铺由于某种原因产品价格下调了50%，当该客户发现这种情况之后引发客户不满导致客户投诉。客户对产品质量的投诉包括产品的质量缺陷、外观缺陷、功能性能等方面。由于企业前期给客户承诺，但在承诺期内企业由于某些原因产品缺货而未能及时将产品提供给客户，这类投诉就是由于产品库存、产品缺货导致的投诉。

2）服务因素

因服务人员态度问题引起的客户投诉，无人理睬、态度冷漠、言语伤人、不尊重客户、不礼貌、缺乏耐心、对客户的提问和要求表示不满、态度不真诚、没有准确及时处理客户的问题。因服务人员的工作效率问题引起的客户投诉，服务人员的工作效率过慢或者客户在做线上咨询时答非所问浪费客户的时间。因服务人员的服务内容问题引发的客户投诉，不及时处理客户的问题，在向客户介绍产品或服务时存在夸大虚假现象，给客户无法兑现的承诺。

3）物流运输因素

客户对物流运输的投诉，在产品运输的过程中发生产品破损、缺失、丢失以及物流配送人员对于包裹的不当处理而造成的损失。

4）其他因素

部分投诉事件其原因是由于某些突发事件的发生或者客户碰到一些意外情况没有得到很好的解决。

✓ 三、客户投诉的处理方法

1. 认真倾听，接受投诉

处理客户投诉第一步叫做"认真倾听，接受投诉"，必须要迅速受理客户投诉，绝不能拖延。坚决要避免对客户说"麻烦您等一下"，要认真倾听客户的不满，通过倾听了解客户的问题，接受客户的投诉。处理投诉目的不仅仅是避免给企业带来的麻烦，更重要的是希望通过有效处理投诉，能够挽回客户对企业的信任，使企业的形象得到良好的维护，有更多的"回头客"，提高客户的满意度和忠诚度。

2. 认同并安抚客户

客户在投诉时往往带着强烈不满的感情色彩，难免会出现愤怒、失望的语气。客户此时可能把你当成了发泄自己不满情绪的出气筒，但同时又渴望得到你的理解。需要给客户一个宣泄不满和委屈的机会，来分散心里积压的不满情绪，此时你可以通过"是的，我也这么认为""您的心情我非常理解"等肯定语句来对客户的不满表示认同，并且在此同时安抚好客户的情绪，让客户在理智的状态下分析解决问题。

3. 提供合理的解决方案

针对客户的投诉，企业进行了解之后需提供相应的解决方案。第一步应该先了解客户想要的解决方案，企业客户服务人员主动提出"您觉得这件事情怎么处理比较好"，然后第二步，才是提出你的解决方案，迅速对客户投诉的问题进行有效解决。这样一来，不管客户心里是否已有解决方案，企业在解决问题时都会居于主动地位。同时应该注意提供多种方案供客户选择，避免提供解决方案的唯一性。根据实际情况以及客户的要求，提出具体的解决方案如退货、换货、维修、赔偿、找第三方索赔，如果客户对你所提供的方案都不是很满意，则可再次询问客户的意见，一旦双方达成一致之后，企业抓紧实施解决方案，尽快处理完投诉，让客户感觉被重视。

4. 感谢客户

感谢客户也是较关键的一步，这一步是维护客户的一个重要手段。客户服务人员通过感谢的话语再次为给客户带来的不便表达歉意，并同时感谢客户对于企业的信任和惠顾；发现问题知道存在的不足，最后向客户表决心，让客户了解到会努力改进相关工作上的不足。

5. 做好跟踪服务工作

在处理完客户投诉之后，还需要对处理后的情况进行进一步的跟踪，可以通过电话短信等方式进行，调查客户对投诉处理方案的满意程度以及表示企业后续的改进情况。跟踪服务体现了企业对客户的诚意，会让客户感觉企业真正把客户作为上帝，有助于提升企业在客户心中的形象，从而提升客户的忠诚度。

总之，在处理客户投诉时，客服人员切记要把客户放在第一位，在维护公司形象的前提下，积极、耐心、迅速、有效地为企业解决客户投诉。

客户投诉处理流程

见证"德士高"的奇迹

创立于英国伦敦北部的德士高（Tesco）公司是目前全球第三、英国最大的零售企业。对于德士高制胜的原因，现任首席执行官特里·莱希说："过去我们只是抄袭对手的招数，虽然可以赚钱，但不会成为市场第一。于是，有一天，我们决定停下来，放弃跟随市场，开始追随我们的顾客。"特里·莱希所谓的追随顾客，最主要的行动就是，从 1995 年起，开始实施忠诚计划——俱乐部卡（Clubcard），并且根据俱乐部卡得到的信息数据细分顾客，设立德士高 13 个"利基俱乐部"，通过俱乐部提高客户对公司的忠诚度，帮助公司将市场份额从 1995 年的 16%上升到了 2003 年的 27%，成为英国最大的连锁超市集团。

德士高俱乐部卡绝对不是第一个超市忠诚计划，但它是最用心、做得最成功的。德士高也没有发明零售业忠诚营销的概念，它所做的是把这种思路带到了一个商业谋略和效益的全新高度。

俱乐部卡本身并不产生忠诚——它是让德士高按获得积分的比例，对顾客的忠诚说"谢谢你"的一个媒介。德士高清醒地意识到，产生忠诚的是顾客体验，而非促销。因此要与顾客建立一种情感上的沟通，赋予顾客被尊重的优越感，这样才能为企业创造更多的价值。

季度邮件是德士高向忠诚计划的每个会员说"谢谢你"的一个主要途径。德士高把数百万顾客获得的奖励回报储存起来，一年四次连同目标优惠券和信息一起直接发送到顾客家中，鼓励他们回到商店并消费他们的奖励。这种方式，顾客可以预期得到一份定期的"谢谢你"礼包，很多顾客甚至认为，定期收到大公司的沟通信件，让他们有提高了社会地位的感觉。

特里·莱希说："俱乐部卡的优势在于，我们有一个非常简单的优惠方式，非常简明易懂。"在设计俱乐部卡时，德士高的营销人员注意到，很多积分计划章程非常烦琐、积分规则很复杂，顾客往往花很长时间也不明白具体积分方法。俱乐部卡的积分规则十分简单易懂，顾客可以从他们在德士高消费的数额中得到 1%的奖励，每隔一段时间，德士高就会将顾客累积到的奖金换成消费代金券，邮寄到顾客家中。这种方便实惠的积分卡吸引了很多家庭的兴趣，据德士高自己的统计，俱乐部卡推出的头 6 个月，在没有任何广告宣传的情况下，就取得了 17%左右的"顾客自发使用率"。

在德士高之前，回报的机制也在世界其他地方实行过。但德士高与众不同的地方是它对数据分析的深度，"比任何人更了解顾客"是德士高一以贯之的目标。通过顾客在付款时出示俱乐部卡，德士高掌握了大量翔实的顾客购买习惯数据，了解每个顾客每次采购的总量，主要偏爱哪类产品、产品使用的频率等。德士高将这些顾客划分成了十多个不同的利基俱乐部（Niche-Club），比如单身男人的"足球俱乐部"、年轻母亲的"妈妈俱乐部"等。俱乐部卡的营销人员为这十几个分类俱乐部制作了不同版本的俱乐部卡杂志，刊登最吸引他们的促销信息和其他一些他们关注的话题，甚至还在当地为不同俱乐部的成员组织各种活动。此外，顾客的分门别类，还给德士高提供了有针对性地给那些真正需要的人，发放购物券和优惠券的机会。

德士高从俱乐部卡数据里得到一个简单但当时不被人所知的统计数字，即一小部分顾客构成了其利润的一大部分——80：20原则。通过俱乐部卡提供的客户资料，德士高分析得到公司有价值的顾客，并且通过利基俱乐部来管理巩固这些有价值的顾客，不但降低了用在无效或者低效顾客上的费用，也使得公司的服务具有明显的针对性。

为对公司最佳顾客表示感谢，德士高在各主要连锁店举办各种凭邀请参加的俱乐部卡活动。邀请活动由连锁店经理主持——欢迎俱乐部卡持卡人在正常营业时间以外享受专为某个特定主题而举行的晚会。在那里，连锁店经理将对头等顾客进行自我介绍，与最忠诚顾客加强联系的这个尝试在营销上获得了胜利，邀请的响应率达到40%。

今天，德士高要维持一个拥有1000万会员的俱乐部，而且是以现金返还为主要奖励方法，还要为不同的利基俱乐部成员提供量身定做的促销活动，这其中的日常管理和营销沟通非常庞大。为控制成本，确保能长期将俱乐部卡计划进行下去，德士高推出了以下举措：

第一，转变宣传方式，提高顾客的忠诚度降低不必要的成本（电视宣传），通过直接寄信这种低成本的方式保持已有顾客；第二，通过利基俱乐部有针对性的活动，特别是忠诚顾客的推荐介绍等，获得新的核心顾客；第三，通过和供应商联手促销把维系忠诚计划的成本转移到供应商身上；第四，通过业务延伸，增加公司的利润点。由于提供了更多服务，使得顾客得到的价值更高，同时转移成本也更高。

德士高明白，要不断在竞争激烈的市场上取得发展，只有创新才能保持自己的地位，这也是它与其他零售商区别的主要特征。德士高不仅对原有的俱乐部卡进行改善提高，以保持公众的兴趣和顾客的参与，还不断拓展新的业务，先后推出了增值俱乐部卡、婴儿俱乐部、网上购物等相关服务。它继续在新闻界创造兴奋点和辩论，以战术为基础提高了销售额。

在德士高的不懈努力下，俱乐部卡被很多海外商业媒体评价为"最善于使用顾客数据库的忠诚计划"和"最健康、最有价值的忠诚计划"，德士高也赢得了"忠诚教父"的美誉。自从全面推出俱乐部卡计划以来，德士高已经成功地把大多数的普通顾客召集到俱乐部卡中——在德士高消费的每五英镑中大约有四英镑可以确认是俱乐部卡持卡人的消费。

（资料来源：中国企业报道.2013）

同步实训

客户投诉类型的分析与处理

实训目的

根据以下客户投诉案例，分析客户投诉产生的原因，提供相对应的解决方法，提升解决客户投诉的能力。

实训内容

针对下列4个情景中的客户投诉，思考并分析客户投诉产生的原因，将能圆满解决客户投诉的方案及步骤填入表格当中，如表 10-7 所示。

表 10-7　客户投诉解决方案

情　　景	投 诉 原 因	解决步骤及方案
情景 1		
情景 2		
情景 3		
情景 4		

情景 1

王女士在某家电专卖店购买冰箱时，导购员向她推荐了一款冰箱。导购员说："这款冰箱采用了新技术，静音且省电。"可是用了一个星期之后，王女士感觉冰箱的制冷效果不太好，主要是制冷速度慢。于是，王女士找到商家要求换货。商家不同意，说："又想马儿好，又想马儿不吃草怎么可能呢。这就如同鱼和熊掌不能兼得一样，既然省电环保，当然不能速效制冷。"但是，王女士认为，导购员在她选购冰箱时存在故意突出冰箱优点，隐藏冰箱不足的误导。因为导购员当时除了向王女士大力宣传节能环保，并没有如实提醒她制冷效果较慢等不足之处。现在王女士知道了这一不足，认为这款冰箱不适合他们家使用，要求商家给她换一款其他制冷速度快、制冷效果好的冰箱。可是商家不同意，认为王女士既然选择了这款冰箱，而冰箱又不存在质量问题，就没有理由要求换货，双方争执不休。最后，王女士一气之下，提出"现在我不想换了，要求退货"，商家更不愿意退货了。于是，王女士向消费者协会和工商部门进行了投诉，并咨询了律师，表示如果商家不能满足其要求，她就准备向当地法院起诉。

情景 2

陈小姐在某网店购买了一款浇花水壶，3 天后还没收到快递，咨询店内在线客服人员，客服人员帮陈小姐查询了物流信息，显示快递已经签收，但陈小姐表示并未收到快递，客服人员答应陈小姐于第二天电话联系快递客服再次核实，但因快递查询电话一直无人接听，客服人员未及时给到陈小姐答复。陈小姐再次咨询客服，客服人员表示既然陈小姐没收到产品，愿意将货款直接返还给陈小姐，但陈小姐并不满意，觉得客服人员工作效率过慢向店长进行了投诉。

情景 3

某老人到一家超市购物。当天因下雨地面潮湿，超市的地板砖很滑，她一不小心闪了腰，不过还好没什么大问题，只是虚惊一场。但是，该老人考虑到如果地面还是那么湿滑，其他人有可能被滑倒。于是，她向客户服务中心建议，超市能否下雨天在地板上撒一些防滑粉末等。可是，客服人员爱理不理地扔出一句话："这件事情我没有权力决定。"受到如此冷落之后，该老人一气之下，向客户经理进行了投诉：因为超市地板很滑，导致她闪了腰，要求超市赔偿或支付检查费。

情景 4

张先生是这家酒店的常客，每次入住，酒店的公关部经理都会亲自前去问候他，张先生是个好面子的人，喜欢当着朋友的面批评酒店，来显示自己的身份尊贵。某次，当酒店公关经理拜访时，张先生和他的几位朋友正在房间内聊天，张先生一见公关部经理就说：

"早就说过了，我不喜欢房间里放什么鲜花之类的东西，可这次又放上了。还有，我已经是第 10 次住你们酒店了，前台居然还不让我在房间里办理入住。你们现在生意好了，是不是有没有我这个穷客人都无所谓了。"为此，张先生向酒店经理进行了投诉。

实训提示

在阅读以上客户投诉案例时，需仔细分析客户投诉的原因，提供解决方案时需考虑全面选择最佳的解决方案。

思考与练习

（1）为什么要重视客户投诉？

（2）如何提高处理客户投诉的质量？

项目小结

网络创业者对于客户的资料要进行深入细致的调查和了解，通过多种渠道搜集客户资料，平时注意完善客户的各项资料，建立属于企业自己的客户资料库，并通过客户资料与每一位客户保持良好的关系，尽企业最大的努力为每一位客户提供优质的服务。

管理客户的同时还需提高客户对于企业的忠诚度，客户忠诚度是指客户对某个企业的品牌、服务、产品经过一段时间产生认同和依赖，是基于客户对企业的品牌、产品或者服务满意的结果。客户对一个企业的忠诚度越高，则该客户在该企业重复购买产品或者服务的概率就会越大。

客户管理中还有一项重要的工作就是处理客户投诉，所谓客户投诉，是指客户对企业产品质量或服务的不满意，而提出异议索赔和要求解决问题等行为。企业如何正确看待和有效处理客户的投诉，在企业运营过程中是非常关键的。

同步测试

同步测试参考答案

1．单项选择题

（1）（　　）是指客户对某一特定产品或服务产生了好感，形成了偏好，进而重复购买的一种趋势。

　　　A．客户满意度　　　B．客户价值　　　C．客户忠诚度　　　D．客户利润率

（2）在客户关系管理里，以下哪种情况不是客户忠诚的表现（　　）。

　　　A．对企业的品牌产生情感和依赖

　　　B．重复购买

　　　C．即便遇到对企业产品的不满意，也不会向企业投诉

　　　D．有向身边的朋友推荐企业产品的意愿

（3）在管理客户时，可以根据客户与企业关系的划分标准，以下哪个客户类型不是根

据客户与企业关系划分的（　　）。

  A．潜在客户   B．现有客户 C．流失客户   D．终端客户

（4）以下哪个观点不正确（　　）。

  A．客户满意度等于客户忠诚度

  B．客户满意度与客户忠诚度既有联系也有区别

  C．客户忠诚度是客户满意度价值的体现

  D．客户满意不代表客户忠诚

2．多项选择题

（1）以下哪些是客户投诉的主要原因（　　）。

  A．产品质量   B．售后服务 C．产品价格   D．服务态度

（2）客户投诉的类型（　　）。

  A．无理性投诉   B．情绪化投诉

  C．理性投诉   D．有目的性投诉

3．分析题

（1）影响客户满意的因素有哪些？

（2）企业是否应该鼓励客户投诉？为什么？

（3）客户忠诚对企业有何意义？

项目十一

财务管理

本项目知识点

股权的概念；股权的基本类型；股权激励的概述；股权分配的注意事项；股权转让的概述；融资的概述；融资的主要途径；融资的技巧；融资的注意事项；财务管理的概念；财务管理的环节；财务报表的概述；财务报表的分析。

本项目技能点

初创公司设置股权激励方案的策略与意义；撰写初创公司的股权激励方案；能在互联网络平台上发起网络众筹，熟知平台申请与注册的流程；掌握发起网络众筹项目的流程；能区分众筹与传统融资渠道；能对企业的财务报表有基本的认识，会运用财务数据进行简单的财务分析。

知识导图

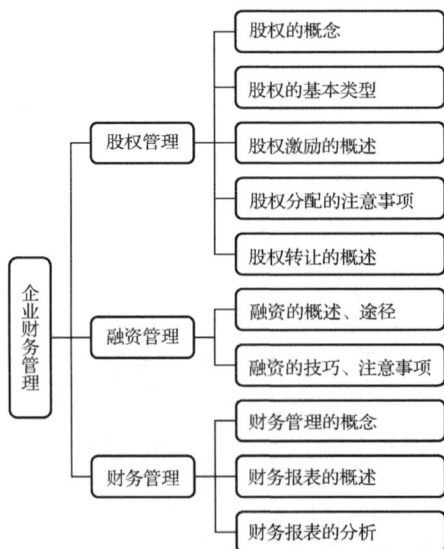

2013 年 5 月 17 日，青春励志电影《中国合伙人》首映当日即获 2400 万票房，周六更劲收票房 4300 万，两天累计票房 6700 万。电影《中国合伙人》是以新东方的创业故事为主线，以俞敏洪、徐小平和王强三个人在新东方的共同奋斗、兄弟情谊为蓝本。在电影中，佟大为出演的王阳说："不要和丈母娘打麻将，不要和想法比自己多的女人上床，不要和最好的朋友合伙开公司。"孟晓俊的原型——徐小平认为：在创业初期，你只能找到那些愿意跟你一起冒创业风险的人。无论与谁合伙创业，创业者们都希望能一起走得更高更远。

引例分析

目前，国际经济市场不容乐观，我国就业形势十分严峻，高校毕业生就业压力加大。中央提出：各地区、各有关部门要把高校毕业生就业摆在当前就业工作的首位，采取切实有效措施，拓宽就业门路；各地政府应当出台更多的优惠政策鼓励高校毕业大学生自主创业。地方政府针对高校毕业大学生自主创业所涉及的优惠政策，包括融资、开业、税收、创业培训、创业指导等诸多方面。

合伙创业是初期创业者选择的最优创业方式，因为在初次创业时没有太多的资金周转，或者没有太多的技术与经验，找一个人合伙创业对初期创业者有很大的推动作用。目前，有越来越多的高校大学毕业生选择自主创业，在合伙创业的新时代，将不可避免地遇到如何开展合伙创业、何为股权、股权如何分配与转让、股权激励怎样进行等问题。在这一章将学习一些关于股权、融资和钱有关的知识。

任务一 股权管理

一、股权的含义

股权，指的是投资人由于向公民合伙和向企业法人投资而享有的权利。公司股东依法享有资产收益、参与重大决策和选择管理者等权利。股权在本质上是股东对公司及其事务的控制权或者支配权，是股东基于出资而享有的法律地位和权利的总称，具体包括收益权、表决权、知情权以及其他权利。

中华人民共和国合同法

向合伙组织投资，股东承担的是无限责任；向法人投资，股东承担的是有限责任。所以二者虽然都是股权，但两者之间仍有区别。

向法人投资的股权：股东只以投资额为限承担民事责任的权利；股东有参与制订和修改法人章程的权利；股东有自己出任法人管理者或决定法人管理者人选的权利；有参与股

东大会，决定法人重大事宜的权利；有从企业法人那里分取红利的权利；股东有依法转让股权的权利；有在法人终止后收回剩余财产等权利。而这些权利都是源于股东向法人投资而享有的权利。

向合伙组织投资的股权，除不享有向法人投资者股权中的股东只以投资额为限承担民事责任的权利外，其他相应的权利完全相同。

二、股权的基本类型

1. 自益权和共益权

根据股权先例目的的不同可以将股权分为自益权和共益权。自益权是专为该股东自己的利益而行使的权利，如股息和红利的分配请求权、剩余财产分配请求权、新股优先认购权等；共益权是为股东的利益并兼为公司的利益而行使的权利，如表决权、请求召集股东会的权利，请求判决股东会决议无效的权利、账簿查阅请求权等。

2. 单独股东权和少数股东权

根据股权的行使是否达到一定的股份数额为标准，可以将股权分为单独股东权和少数股东权。单独股东权是股东一人即可行使的权利，一般的股东权利都属于这种权利；少数股东权是不达到一定的股份数额就不能行使的权利，如按《公司法》第 104 条的规定，请求召开临时股东会的权利，必须由持有公司股份 10% 以上的股东方可行使。少数股东权是公司法为救济多数议决原则的滥用而设定的一种制度，即尽量防止少数股东因多数股东怠于行使或滥用权利而受到侵害，有助于对少数股东的保护。

3. 普通股东权和特别股东权

根据股权主体有无特殊性，可以将股权分为普通股东权和特别股东权。前者是一般股东所享有的权利；后者是特别股股东所享有的权利，如优先股股东所享有的权利。《中华人民共和国公司法》第七十二条规定：有限责任公司的股东之间可以相互转让其全部或者部分股权。

中华人民共和国公司法

三、股权激励

在 19 世纪末的美国，企业家为了激发员工的工作动力开始探索实施股权激励；后续美国政府看到股权激励对劳动者的激励作用，就推出了一系列措施刺激企业采用股权激励。中国类似的股权激励措施起源于清朝山西的票号银庄，在今天的国内企业也在广泛地采用这种方法来激励员工。

在初创的企业里，面临的最大是资金压力，万事开头难，哪里都需要钱。如何把有限的资金使用在公司业务拓展上，这个时候就可以采取股权激励的方式。股权激励有助于公司留住人才、约束管理人才、吸引聚集人才、提升业绩，特别适合初创的电商企业。

1. 股权激励的概念

激励就是激发和奖励：当你提出实施方案的时候，可以激发大家超越自我，实现业绩目标，最后获得奖励。激励包括股权激励、薪酬激励、福利激励、企业文化激励等。

股权激励就是关于"股散人聚，股聚人散"的艺术与学问，是通过给予管理层及骨干以公司股权的形式，使其在较长的时间里，因持有股权而与公司发展的权益一致。股权激励的核心就是使核心员工真正成为公司的主人，获得股权的员工不再是雇佣劳动者，而是公司的股东，企业事业的主人，但是股权激励不是员工福利，而是专门针对公司事业打拼的奋斗者。

2．股权激励的策略

股权激励主要针对企业的管理层和骨干展开，股权激励对象包括公司董事、高级管理人员、部分中层管理人员及管理业务骨干、核心技术人员、优秀销售骨干人员、其他公司董事会认定的对公司有突出贡献或重要作用的人员，因为他们具备不可替代性、稀缺性，一旦公司挂牌或上市，这些股权就具备很高的回报性。确定的原则就是：根据对象对企业的重要性、工作年限、业绩表现和工作岗位综合确定，坚持公平公正、不可替代性、未来贡献的原则。

（1）股权激励的期限通常在 1～7 年，如果时间太长，会钝化员工的积极性。

（2）明确了激励的对象和时限，接下来要确定股权激励涉及的股权总量及单个激励对象可获得的上限。如果拿出 10%，对于原股东没有什么影响，而且这 10% 也不建议一次性分出去，建议一点点切出去，因为公司在发展阶段是日新月异的，后面会引进更多的管理和技术人才。

（3）明确股权激励标的价格，可以考虑注册资本金、净资产值、前两者的折扣价、市场估值等。

（4）在做股权激励的时候，约束和激励应当并存。

3．股权激励的意义

初创企业如何设计
员工股权激励方案

1）有利于培养员工的参与意识

股权激励的实施可以让老板有独立的人格，也让员工有独立的人格，通过把股份分给员工，员工的身份就从员工转为股东，这种身份的转变会让他们对企业有更强的参与意识。通过培养员工的参与意识，可以使企业快速地培养起优秀的管理团队。

2）有利于企业稳定和吸引优秀的人才

企业实施股权激励机制，一方面可以让员工分享企业成长所带来的收益，增强员工的归属感和认同感，激发员工的积极性和创造性；另一方面，当员工离开企业或有不利于企业的行为时，将会失去这部分的收益，这就提高了员工离开公司或"犯错误"的成本。因此，实施股权激励计划有利于企业留住人才、稳定人才。

3）有利于企业的长远发展

股权激励作为一种长期激励机制，不仅能使经营者在任期内得到适当的奖励，并且部分奖励是在卸任后延期实现的，这就要求经营者不仅关心如何在任期内提高业绩，而且还必须关注企业的长远发展，以保证获得自己的延期收入，由此可以进一步弱化经营者的短期化行为，更有利于提高企业在未来创造价值的能力和长远竞争能力。

✅ 四、股权分配

1．股权分配的定义

股权分配是指企业让渡部分企业股份给企业家。

股权分配是合伙创业的首要问题，不仅关系创始人利益分配和对公司的控制权，更会决定创业能够走多远。这个问题没有科学精准的公式，市场实践证明，什么样的股权分配都有成功的案例。只要是创业合伙人真心认为公平合理的股权分配方案，就是最好的方案。

2．股权分配的基本类型

股权分配主要有两种基本类型：基本股分配和预留股分配。

1）基本股分配

根据员工工作岗位、职务等级及贡献大小，将公司所有员工划分为不同的级别，并据此对员工基本股进行分配，如表 11-1 所示。

表 11-1　××公司员工基本股分配

职务级别	人数	配股额度（万股/人）	占基本股比例（%）
董事长、总经理级	4	5.5	14.7%
总经理助理、部门经理级	8	4	21.3%
经营人才、技术骨干级	12	3	24%
普通员工级	40	1.5	40%

2）预留股分配

预留股用于公司员工薪酬激励制度中期股计划的期股来源，公司每年对于部门经理级以上经营管理人员进行行业绩评定后给予期股奖励。

3．股权分配的注意事项

创业者在设置股权分配时，可以从以下几个方面考虑。

1）考虑因素

股权比例应当反映合伙人对项目的综合贡献和价值，考虑因素包括创业想法的来源、经验和资历、领导能力、市场（用户）开拓能力、产品和技术能力、融资能力、时间精力和其他资源的投入等，创始人可以针对创业的领域选择决定性因素和权重，开诚布公、严肃认真地讨论商定，直到各方都真心认为股权分配方案是公平合理的为止。

2）灵活调整

从法律上讲，出资比例决定股权比例。但实质上，为了保持创业公司的生命力，股权比例应当取决于创始人的贡献或价值大小，所以创始人应当预留股权调整的空间，定期讨论审查调整股权比例，出资比例和股权比例的对应关系尽可以交给律师去做。

3）坦然面对利益分配

合伙人应当避免中国文化中羞于直面利益分配的习惯，否则利益分配问题在公司"钱"景明朗时，就会成为公司头顶的利剑，所以一定要坦然面对，而且越早越好。由简法帮推荐的解决办法是：在创设公司之前，将合伙人困在酒店房间中，直到谈成完全一致的方案才能离开，并且应当定期（例如每年）讨论一次股权比例，如有必要及时调整。

✅ 五、股权转让

股权转让，是公司股东依法将自己的股东权益有偿转让给他人，使他人取得股权的民事法律行为。随着中国市场经济体制的建立，国有企业改革及公司法的实施，股权转让成为企业募集资本、产权流动重组、资源优化配置的重要形式。股权转让是现代公司制度最为成功的表现之一，也是股东行使股权的普遍方式，《中华人民共和国公司法》规定股东有权通过法定方式转让其全部出资或者部分出资。

股权转让是一种物权变动行为，是股东（转让方）与他人（受让方）双方当事人意思表示一致而发生的股权转移。在股权转让后，股东基于股东地位而对公司所发生的权利义务关系全部同时移转于受让人，受让人因此成为公司的股东，取得股东权。由于股权转让必须是转让方、受让方的意思一致才能发生，故股权转让应为契约行为，须以协议的形式加以表现。根据《中华人民共和国合同法》第四十四条第一款的规定，股权转让合同自成立时生效。

但股权转让合同的生效并不等同于股权转让生效。股权转让合同的生效是指对合同当事人产生法律约束力的问题，股权转让的生效是指股权何时发生转移，即受让方何时取得股东身份的问题，所以，必须关注股权转让协议签订后的适当履行问题。

同步实训

用明天的钱激励今天的员工

实训目的

利用已学的股权管理知识来分析小 A 创业公司的案例，能够熟练掌握股权激励的概念；理解股权激励的意义；熟悉股权激励的途径；加深对股权激励设置的感性认识，提高分析问题的能力。

实训内容与步骤

小 A 是一家创业公司的 CEO，他说，公司在初创的时候员工们都有一致的价值观，工作也都很努力，愿意领着比同行业低 20%的工资跟他打拼。加班时，小 A 总是走得最晚的那个，工资也领的最少甚至没有，但员工却非常相信他，也愿意跟着他一起努力。但随着时间的推进，公司慢慢稳定了，业务也蒸蒸日上了，在行业中已经处于领先位置，他也给了员工高于同行 30%的工资作为补偿和激励。但他却发现员工不像最初那么努力了，很多老员工觉得自己工资只比同行高了一点，而小 A 却已经是身价上亿元人民币，而其他人并没有享受到企业的价值增长，心里有很大的落差，影响了公司士气。于是小 A 想请专家帮他解决公司的困境。

专家告诉他：今天，很少有人不知道马云的。马云是个具有很强人格魅力的人，他的演讲几乎可以让所有人动容，包括他的员工：蔡崇信。当年，蔡崇信放下 70 万美元年薪的投资公司工作，千里迢迢来投奔马云，每月只拿 500 元人民币的薪水，帮马云去注册公司。蔡崇信挥着汗水对着白板和第一批员工讲股份讲权益，将十八份完全符合国际惯例的英文合同，叫马云和十八罗汉签字画押。阿里巴巴的成功从来不是一个人的成功，而是所有参与者的成功。

根据阿里巴巴网络的招股资料，他们授予员工及管理层的股权报酬，包括受限制股份单位计划、购股权计划和股份奖励计划三种。阿里巴巴的员工每年都可以得到至少一份受限制股份单位奖励，每一份奖励的具体数量则可能因职位、贡献的不同而存在差异。在创业的时候团队不光要能够共患难，也要通过良好的股权激励制度实现同富贵，这是每一位 CEO 都必须面对的问题。

小 A 要解决公司的困境，必须要想清楚以下几个问题。

（1）股权激励的目的？

（2）股权激励该给谁？

（3）股权激励有哪些方式？

（4）股权激励是不是只有好处？

实训提示

请按照每班同学 4～6 人一组，自由组成团队，搜集资料帮助小 A 搞清楚以上问题。

思考与练习

（1）在帮助小 A 解决以上问题的基础上，请为下面的初创公司完成如何设置股权激励的方案。（公司的注册资金 500 万元人民币，有两个优秀的人愿意加入，公司要对他们实行股权激励，应该怎么设置？怎么实施？）

（2）每班同学按 4～6 人一组，自由组成团队开展讨论：京东如果没有股权激励，结果只有刘强东上了福布斯排行榜，还娶了奶茶妹，京东的几万员工会怎么想？

任务二　融资管理

2016 年 10 月 27 日，一部非常火热的大型创业真人秀《我是创始人》强势播出，这个节目可以让创业者们接触到一些大名鼎鼎的投资人，例如，"话题女王"格力集团董事长董明珠，"极客总裁"搜狗公司 CEO 王小川，"VC 圈公孙策"Star VC 联合创始人任泉，"酿酒大师"泸州老窖集团董事长张良，"400 万帝"凯叔讲故事创始人王凯等，创业者们在这些投资人面前大展拳脚，两代创始人进行 PK，新一代创始人希望从老一代创始人身上学习经验并得到投资。

如果你是节目中的创业者，你会怎样吸引投资人？在解决这个问题前，先来了解一些关于融资方面的知识。

一、融资概述

1．融资的含义

融资也叫金融，就是货币资金的融通，当事人通过各种方式到金融市场上筹措或贷放资金的行为。

融资，就是指一个企业（小微电商企业）的资金筹集的行为与过程，也就是说企业根据自身的生产经营状况、资金拥有的状况，以及公司未来经营发展的需要，通过科学的预测和决策，采用一定的方式，从一定的渠道向企业的投资者和债权人去筹集资金，组织资金的供应，以保证企业的正常生产与运营。企业筹集资金的目的就是为了扩张、还债以及混合动机（扩张与还债混合在一起的动机）。

2．融资的类型

根据投资人是否需要承担企业的经营风险，融资主要分为两种类型：股权融资和债务融资。

股权融资就是指合作者出钱购买你的股权，获得对企业的管理权和分红权。当然这种融资对你的公司管理会有影响，但影响程度要看你和合作者的股权比例，如果你的股权多，当然公司还是你说了算。你获得资金得到企业更快的成长，利润总额更大，虽然不是所有的利润都归你。

债务融资就是银行贷款、融资租赁之类的固定付息类融资。

债务融资与股权融资最大的区别在于不管企业是否盈利，都需要在约定的期限内支付利息，而不承担公司的经营风险；而股权融资是在公司盈利后参与分红，而不需支付利息，所以合作者是与你共同承担风险。

在实践中，企业往往会根据行业和自身发展阶段来选择采用股权融资或是债务融资。债务融资一般要求有固定资产抵押或担保，适合企业发展到一定规模后使用，而且根据企业资金用途可选择不同债务融资方式，如缺乏流动资金可选择一般的抵押贷款，如购买设备可选择融资租赁，债务融资的合法对象主要是银行、信用社、信托公司。股权融资适合高科技或新兴行业的创业型企业，一般要求公司产品或服务有良好的市场前景，融资前一般要求制作商业计划书，融资主要对象是证券公司、基金、私人等。

二、融资的主要途径

传统的企业的融资渠道主要有银行、小贷公司、民间借贷等，但小微电商企业常常因为资质不达标、利率过高等原因望而却步，新兴的渠道主要有网贷平台、电商平台等。

近几年来，国内经济环境不佳，市场银根紧缩，营业利润逐渐降低，而借贷成本却不断攀升。在这种情况下，电商平台提供的融资渠道成为网络创业的一个机会。对于小微电商企业来说，资金短缺是经常出现的问题，当出现资金问题时，可以考虑的融资途径主要有：

1月电商融资超120亿元人民币，哪些领域最受关注

1. 银行贷款

银行传统信用贷款要求的资质条件与小微电商企业的实际相矛盾，多数电商难以符合。对于银行的抵押、质押、担保、联保等融资模式，轻资产的电商也同样难以满足。此外，电商的借贷频率高、资金周转快，而银行贷款多是单笔授信，单笔使用，不可循环，并且审批时间长，下款速度慢。整体来说，银行传统信贷模式已不能适应电商的经营需要。同时，银行考虑到资金安全问题，贷款主要投放给大中型企业，小企业仅占 20%左右，微型企业更加困难。

2. 小额贷款公司

国内现有的小额贷款公司的贷款规模远远不能满足小微电商企业的融资需求，并且受政策所限，除浙江等少部分地区外，大多数小额贷款公司的融资比例仍为 50%，制约了小贷公司的业务发展，相应的对小微电商企业的资金支持也受到限制。另外，小额贷款公司考虑到自身的业务风险，对贷款条件也有一定的要求，而且贷款利息不低，以上海地区为例，一般如汽车抵押、红本抵押等有抵押品的贷款，月费率在 1.5%以上，纯信用贷款月息超过 2%，并且对客户要求高，条件严，获贷客户少之又少，部分贷款利息已达到高利贷的下限。小额贷款公司的贷款，多数还是需要依靠抵押、担保的，对小微电商而言，作为临时周转资金尚可，长期使用难以负担。并且多数电商，无实力背景，缺乏必要的抵押品和担保人。

3. 民间借贷

当小微电商企业缺乏资金时，企业主往往通过向亲朋好友借款来支撑企业的正常运作，一般民间借贷是不需要抵押品的，但有可能需要中间人担保。年化利息在 20%～30%之间，短期借款甚至高达年化 80%以上。在沿海地区，如浙江、福建等地，一度出现 30%的月利率借款，比高利贷还高。以如此高额成本的资金运营，几乎没有盈利空间。如非确实必要，电商企业主还是不借为宜。

4. 网贷平台

这几年，兴起了 P2P 网贷平台，通过互联网，为不少人和企业解决了资金问题。作为贷款人的电商，要注意三点：第一，P2P 行业鱼龙混杂是事实，但选择优质的 P2P 平台，不仅能够快速地获得贷款，也有利于信用等级的积累，借款额度的提升。第二，要严格测算利息，目前多数 P2P 平台年化利息高达 20%～30%，是大多数小微电商企业不能够承受的。第三，注重信用，及时还贷。在网贷平台上，投资人和贷款人之间并不认识，投资人难以判断贷款人的资信，投资人放贷给贷款人，除了考虑此项贷款业务是否经过平台担保本金外，也会关注贷款人在平台上的信用记录。信用等级越高，即使利息相对较低，也能够获得足够的投资人信任。

5. 电商融资

电商平台贷款模式主要有与银行、网贷公司等的合作模式，如慧聪、生意宝、敦煌网等，以担保公司为平台内的客户贷款进行担保。另外，还有以自有资金成立小贷公司直接对平台内客户放贷，如阿里巴巴。既解决了客户融资问题，又盘活了闲置资金。从多数电商平台融资案例来看，基本体现以下四个特质：①申贷人必须是电商平台内的客户；②授信以客户在平台上的信用资质和交易记录为基础；③对小微电商企业客户，会进行财务资料搜集以及必要的贷前调查，甚至现场调查；④从贷款利息的角度来看，相较同类银行贷款产品，有所上浮。还有申贷、审批、下款、支用、还贷等业务流程，基本都能够在互联网上完成，省时省力，快捷高效。

对比银行、小额贷款公司、民间借贷、P2P 网贷平台和电商贷款的优劣，如表 11-2 所示。

表 11-2　电商企业采用不同融资渠道的优劣

类　　别	传 统 银 行	小 贷 公 司	民 间 借 贷	网 贷 平 台	电 商 贷 款
放贷主体	银行	小贷公司	放贷人	投资人	银行、电商平台
授信模式	纯信用、抵押、质押、担保等	纯信用、抵押等	信用、抵押，中间人担保	信用、抵押；平台担保	纯信用、供应链融资
贷款额度（元人民币）	300 万～500 万	100 万以下	1 万～50 万	30 万以下	100 万以下
综合费率	基准利率上浮	年化 18%～30%	年化 20%以上	年化 15%～20%	年化 15%～20%
时长周期	单笔使用，不可循环	单笔使用，不可循环	单笔使用，不可循环	单笔使用，不可循环	循环使用，随机随还
下款速度	7～30 天	3～20 天	1～3 天	1～20 天	3～20 天
操作渠道	实地	实地	实地	互联网	互联网

由于小微电商企业的规模、资质、信用等方面的问题，电商融资，为广大网商们提供了一条新的资金渠道。但无论是纯信用贷款还是供应链融资，都要求这些电商能保持良好的信用资质和交易记录，这是风险控制的基础，是所有融资业务的核心。同时，随着金融市场的逐渐开放和利率市场化的推进，相信在未来，电商平台能够越来越多地与非银行金融机构合作，创新融资模式，获取更多更低成本的资金，为小微电商们提供融资服务，从而促进整个电子商务行业的发展。

三、融资的技巧

在稳健经营的中小电商企业主产生融资需求之后，可到各银行网点、政府机构或其他商业渠道咨询，获取相关贷款信息。对照银行开列的资料清单，企业应提早准备各项材料，并根据实际情况提出合理的贷款需求。这个准备阶段并不单纯是银行索取资料，也是企业重新审视项目可行性、决定是否进行投资的一个决策过程。通过充分准备，相信中小企业一定能够较为顺利地从银行获得贷款。万事开头难，中小电商企业在银行有过良好信用记录之后，其后续贷款将更为方便。

创业致富投资的获得除了需要好的企业项目和良好的企业家素质外，还需一定的融资技巧。在和投资人正式讨论投资计划之前，企业家要做好以下 4 个方面的心理准备。

1．准备应对各种提问

一些小企业通常会认为自己对所从事的投资项目和内容非常清楚，但是还要给予高度重视和充分准备，不仅要自己想，更重要的是让别人问。创业者可以请一些外界的专业顾问和敢于讲话的行家来模拟这种提问过程，从而使自己思得更全、想得更细、答得更好。

2．准备应对投资人对管理的查验

也许你为自己多年来取得的成就而自豪，但是投资人依然会对你的投资管理能力表示怀疑，并会问道：你凭什么可以将投资项目做到设想的目标？大多数人可能对此反应过敏，但是在面对投资人时，这样的怀疑却是会经常碰到的，这已构成了投资人对创业企业进行检验的一部分，因此企业家需要正确对待。

3．准备放弃部分业务

在某些情况下，投资人可能会要求创业者放弃一部分原有的业务，以使其投资目标得以实现。放弃部分业务对那些业务分散的企业来说，既很现实又确有必要，在投入资本有限的情况下，企业只有集中资源才能在竞争中立于不败之地。

4．准备做出妥协

从一开始，创业者就应该明白，自己的目标和创业投资人的目标不可能完全相同。因此，在正式谈判之前，创业者要做的一项最重要的决策就是：为了满足投资人的要求，创业者自身能做出多大的妥协。一般来讲，由于创业资本不愁找不到项目来投资，寄望于投资人来做出种种妥协是不大现实的，所以创业者做出一定的妥协也是确有必要的。

四、融资的主要事项

（1）写一份大型商业计划书。但是最重要的是参加制作商业计划的过程而不是结果，事情往往改变太快，计划很有可能落空。但是参与制订计划书的过程会让你更清楚自己在做什么、需要什么、项目存在什么问题等。

（2）吸引力源于执行力。创意虽好，最终起作用的还是执行力，没有执行力，再好的创意都是浪费，如果执行力够好，就能产生更多的创意及更强的执行力。当风险投资家看到了你的执行力，他们才有可能投资你，执行力构筑信任。

（3）制作视频。视频制作很重要，有视频解析的项目获得的融资是没有视频的项目所获资金的 2 倍之多，这点至关重要。

（4）让项目处于经常露面、经常更新的状态。例如，在众筹平台上，那些更新 31 次或者以上的项目往往融资要比那些不经常更新的项目多 4 倍。经常更新还有一个好处：当你要更新的时候，你就会强迫自己进步，如果没有进步，谁会接着投呢？

（5）最后期限孕育新生。想象最后期限将至，你该怎么做？放下包袱，敢于失败，往往那些敢于失败并且能做出迅速调整的公司与项目都注定不会失败。

（6）在投资人转身之前，说出你必须说的内容。网上变化太快，如果你不迅速抓住眼球，那么就会与幸运失之交臂，众筹如此，风险投资也一样。

同步实训

众筹知识

发起一个×××众筹项目

实训目的

通过发起一个网络平台众筹项目，掌握新兴的创业融资渠道——众筹，明确企业的融资渠道有哪些，能够比较分析不同融资渠道的优缺点，根据创业者的需求制定相应的融资策略。

实训内容与步骤

伟大的商业创意未必能获得融资，创业初期，投资人最缺就是资金，下面通过众筹式平台发起一个众筹项目，来解决创业初期面临的资金问题。

（1）使用众筹网账号或合作账号登录众筹网 www.zhongchou.com，如无账号应先注册，进入众筹平台，在网页上方的菜单栏中单击"发起众筹"按钮，如图 11-1 所示。

图 11-1　众筹网首页

（2）在打开的页面中，选择众筹的类型：奖励众筹、朋友众筹。这里以奖励众筹为例，单击"奖励众筹"选项下的"发起众筹"按钮，如图 11-2 所示。

请选择你的众筹类型

奖励众筹
需设置截止日期，并向支持者发放回报。

✈ 电脑端发起　　　　　　　🗓 筹资天数10～59天
📎 通过审核后在平台展示　　⏱ 按7:3分两次结算
💡 一定时间内达到目标金额才算成功　🔄 项目成功结束后按承诺时间发货

朋友众筹
通过朋友和社交网络筹钱，无时间限制无回报。

✈ 电脑端&微信端&APP端发起　🗓 无筹资天数的限制
📎 个人众筹，本平台不公开展示　⏱ 余额提现
💡 无筹资目标限制　　　🔄 无回报，无需发货

图 11-2　选择众筹类型

（3）进入信息发布页面，填写基本信息：身份类型、要创建的项目类型、上传相关材料、平台渠道费。完成后，单击"下一步"按钮，如图 11-3 所示。

图 11-3　基本信息发布界面

（4）进入项目信息发布页面，设置项目标题、筹款目的、项目地点、筹资金额、筹集天数、自定义标签、封面（设置封面只需要单击"上传封面"按钮，即可选择电脑中的图片，图片大小不要超过 5M）。完成后，单击"下一步"按钮，如图 11-4 所示。

| ✓ 基本信息 | ✓ 项目信息 | ✓ 详细描述 | ✓ 回报设置 | 预览 |

创建你的项目信息

设置封面：

建议尺寸大小640*480，图片大小不要超过5M！

* 请上传项目封面

项目标题： 给自己的项目取个响亮的名字吧！注意不要超过40个汉字哦~

* 请填写项目标题　　　　　　　　　　　　　　　　　　　40/40

筹款目的： 一句话简单介绍下你的项目吧！

* 请填写筹款目的　　　　　　　　　　　　　　　　　　　75/75

项目地点： 请选择 ▼　　　　请选择 ▼

筹资金额： 输入你需要筹资的金额，最低500元！　　　　　　　元

* 请填写筹资金额

筹资天数： 输入你要筹资时间周期，10~90天！　　　　　　　　天

* 请填写筹资天数

自定义标签：

给你的项目设置一些个性标签，让用户更容易搜索到；标签之间用空格隔开！

上一步　　　　　下一步

图 11-4　项目信息发布界面

（5）在"筹款目的"文本框中输入项目简介文本，字数不能超过 75 个字，可以用最简单的文字表达出项目的主要内容。一般包括"要做什么、资金用途、发布者情况"等。

（6）进入详细描述页面，设置项目详情：宣传视频、项目故事等，编辑项目详情，如图 11-5 所示。

（7）如果有图片展示，则在上图所示的工具栏中单击"➕"按钮，在打开的对话框中单击"浏览"按钮。

（8）在打开的窗口中找到图片所在的保存路径，选中要上传的图片，单击"打开"按钮。

（9）在返回的对话框中单击"确定"，即可看到该图片已经上传到了"项目详情"选项组中，可以为该图片设置不同的描述文字或效果。

图 11-5　详细描述界面

（10）在完成项目详情的编辑后，单击"下一步"按钮，进入回报设置页面，如图 11-6所示。

图 11-6　回报设置界面

（11）选择回报类型，设置相应回报信息。

（12）如果是虚拟回报，一般不需要设置限定名额与运费，回报时间可以任意设定，选中"虚拟回报"单选按钮，单击"保存"按钮即可。

（13）如果是实物回报，一般需要设置人数上限与回报时间，运费是由项目发起者决定由谁支付，同时实物回报最好上传回报的图片。选中"实物回报"单选按钮，单击"保存"按钮即可，如图 11-7 所示。

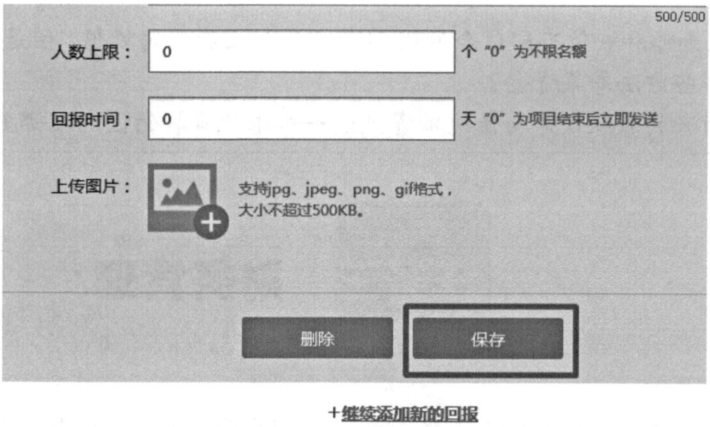

图 11-7 实物回报的设置

（14）在完成后，单击下方的"提交审核"按钮，即可完成所有的项目发起操作内容。此时，项目并没有发布到平台，而是进入了众筹平台的审核程序，一般审核的时间为 3～5 工作日，如图 11-8 所示。

图 11-8 提交审核

（15）单击"预览"按钮，即可查看此次众筹项目，如图 11-9 所示。

图 11-9 众筹项目预览

实训提示

项目图片与视频展示要求

项目封面就是展示在栏目首页的图片、名称及众筹目标，其图片必须与项目内容相关，可以是产品图片，也可以是相关的风景、人物。

视频展示的限制比较多，各平台也有不同的约定，如在众筹网平台规定只能使用优酷网的视频链接。

（1）假如你和一位志同道合的同学有一个自主创业的梦想，但是你们又缺乏资金，你能想到哪些方法筹集资金？

（2）新兴的股权众筹与传统融资渠道——银行贷款的区别在哪里？

任务三　财务管理

创业初期大部分团队都没有财务方面人才的配额，但不可回避的存在很多财务方面琐碎的工作，需要人去做，一般创业者都是产品或者技术出身，对于财务方面知识欠缺也没经验。合伙创业就是为了盈利，如果财务都不清不楚，那么最终也一定是失败的。

对于财务管理的问题，有些朋友说刚创业的团队财务岗位并不是可有可无的，财务不是简单地记账应付税务，合格的财务应为公司开源节流，还应为公司发展匹配相应的投融资规划，有一定的战略视野，从而助力公司发展。如果创业团队中没有专业财务人员，应当在前期选择最经济的代理记账方式，请兼职的会计人员来协助团队处理财务问题，过渡一段时间条件允许后可以逐步培养团队中的财务人员，要尽快拥有自己的财务管理人员来健全相应的财务管理制度。

但也有些朋友说，刚开始创业公司规模比较小，还请不起会计出纳，那就自己做账。许多创业团队不重视财务环节，在创业过程中常被财务问题所困扰，创业成员之间因财务不明晰而产生相互间不信任，成本失控。创业者头脑中没有清晰的收支账，甚至出现被税务查出问题。创业者疲于应付而使创业进程受阻，失去创业信心的也不在少数，因为钱是最易伤感情的问题，也是最重要的问题。

当然，创业者应具备一定的财务管理能力。在这一章里，了解创业者必须要掌握的最基本财务知识，读懂基本财务报表，通过真实报表判断出成本分布、现金流等公司基本财务情况。

财务知识

✓ 一、财务管理的概念

财务管理是企业组织资金运动（资金的投入、运用和退出）、处理财务关系的一系列经济管理活动的总称，是企业经营管理活动的一项重要内容。在创业过程中，创业者必须通过各种不同的渠道，以最低的代价，筹集一定数量的资金，用于各种必要的投资和生产经营的各个方面，谋求最大限度的资金运用效果，并对现实的利润进行合理的分配，以保证资金的积累和股东收益。因此，在创业过程中的财务管理活动主要包括资金筹集、资金投入、资金运用、收益分配和财务分析。

创业者进行财务管理的目的就在于评价财务活动是否合理，通过企业财务的合理经营，充分考虑资金的时间价值、风险与报酬的关系，以求企业整体价值达到最大。创业者运用合理的财务管理有利于企业的股东与员工在内的所有人的利益，有利于调动员工的积极性，有利于保持员工队伍的稳定。

要做好企业财务管理工作，实现财务管理的目标和任务，必须要掌握财务管理的基本环节，主要包括财务预测、财务决策、财务计划、财务控制和财务分析这五个环节。

创业公司如何做好财
务预测和财务分析

✅ 二、财务报表概述

创业者应具备一定的财务管理能力，但很多创业者看到财务报表就头痛，面对成堆的数字不知从何入手，更看不出里面反映出来的重要企业信息。这一章将学习财务报表相关知识，读懂财务报表中的数字，并从中快速解读出最有用的会计信息，即时了解企业的财务状况。

财务报表是一个企业、公司经营业绩的集中反映，也是投资人、债权人和潜在的投资人了解和决策的有效手段。

企业的财务报表多种多样，但最基本的财务报表有 3 张：资产负债表、损益表、现金流量表，如图 11-10 反映了 3 张财务报表具体内容。要想从财务报表中解读出会计信息，了解企业的财务状况，必须了解这 3 张表的内容、结构、相关分析，如图 11-11 反映了 3 张财务报表数据之间的关系。

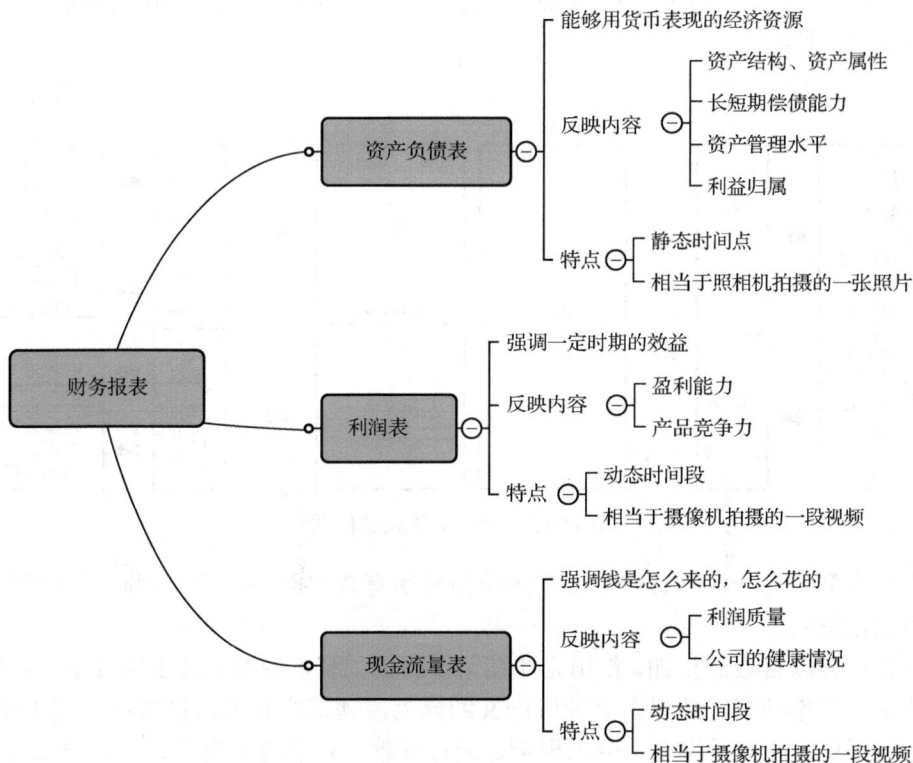

图 11-10　财务报表反映的具体内容

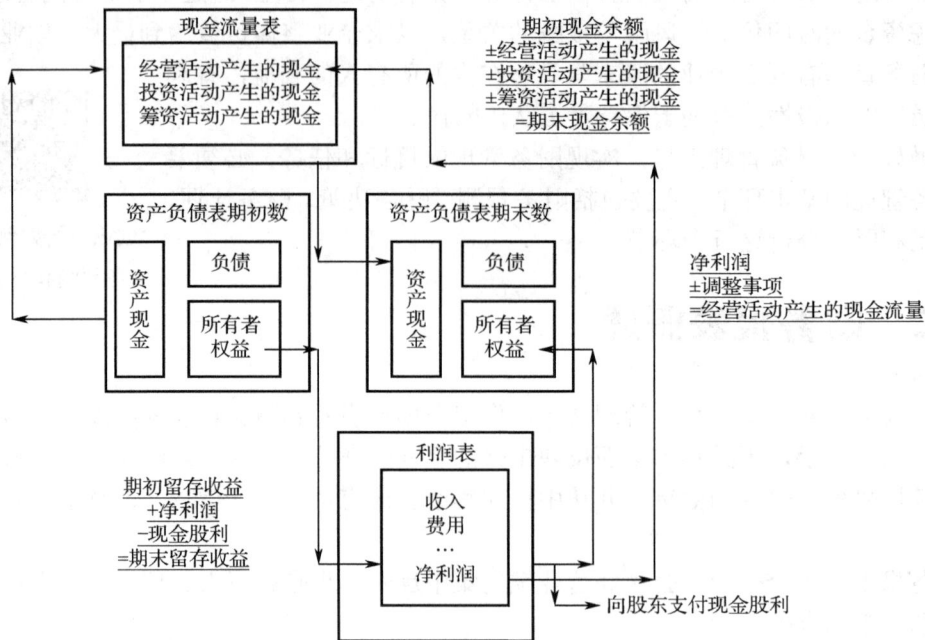

图 11-11　财务报表数据关系图

1）资产负债表

资产负债表基于"资产=负债+所有者权益"这一恒等式编制，反映企业某一特定日期（如年末、季末或月末）所拥有或控制的经济资源、承担的现有义务和所有者对资产的要求权，如图 11-12 所示。

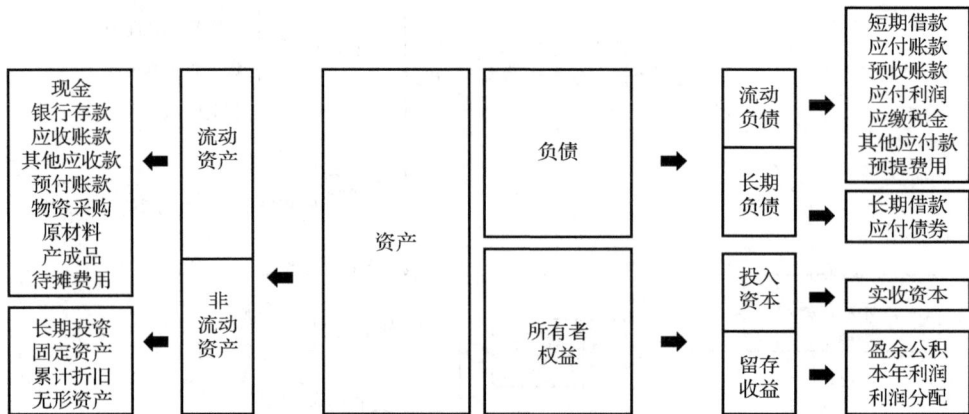

图 11-12　资产负债表结构图

报表左方列示资产各项目，右方列示负债和所有者权益各项目，同时还提供年初数和期末数的比较资料。

左方资产各项目数额相加，得出企业在某一日期的资产总量，列于报表左方最后一栏，反映企业某一日期的资产总量。企业资产又细分为流动资产和非流动资产，其中流动资产再细分为货币资金（货币资金又分为现金、银行存款、其他货币资金）、应收账款、其他应收款、预付账款、物资采购、原材料、产成品、待摊费用、其他流动资产等。非流动资产再细分为长期投资、固定资产、累计折旧、无形资产。

因此，要了解企业总共应有多少资产，只要看资产负债表最后一列合计数，了解它的资产构成，只要看看报表左方列示的各项即可。

但是，企业的资产中究竟有多少属于所有者呢？看看资产负债表的右方就清楚了。

资产负债表右方上半部分是负债，分为流动负债与非流动负债（又称长期负债）。流动负债又细分为短期借款、应付账款、预收账款、应付利润、应缴税金、其他应付款、预提费用、其他流动负债等；非流动负债细分为长期借款、应付债券、其他长期应付款等。右方下半部分是所有者权益，细分为实收资本、资本公积、盈余公积、本年利润、利润分配等。

资产负债表样表

资产负债表，可以从以下几个方面来审读。

（1）审读总量，也就是资产是多少，负债是多少，股东权益又是多少？

（2）审读增长率，例如，要看资产的增长速度和负债的增长速度之间的对比等，资产增加多少？资产增加了，增加的是什么资产？同时现金有没有减少？

（3）审读结构，例如，在资产中的现金占比多少、存货占比多少、负债的构成等。

（4）审读比率，例如，分析资产负债率、结合利润表看存货周转率等。

2）利润表

利润表又称损益表，是把一定期间的营业收入与同一会计期间相关营业成本、营业费用进行配比，从而计算出企业一定时期的净利润（或净亏损），反映企业一定期间生产经营成果。在我国，企业一般采用多步式损益表格式。第一步计算营业利润：由营业收入减去为取得营业收入而发生的营业成本、营业税金及附加，以及同一期间的销售费用、管理费用和财务费用，再加上投资收益后得出；第二步计算利润总额：由营业利润加上营业外收入，减去营业外支出后得出；第三步计算净利润，将应纳税所得额乘以适应的所得税率得出所得税费用，用利润总额减去所得税费用后得出净利润。注意：应纳税所得额是按照税法规定计算的，与利润总额并非完全一致。

利润表样表

3）现金流量表

现金流量表是以现金为基础编制的财务状况变动表，反映企业一定时期内现金的流入和流出，表明企业获得现金的能力。这里指的现金包括企业库存现金、可随时用于支付的存款以及有价证券等现金等价物。

现金流量表通常按照企业经营业务发生的性质将企业一定期间内产生的现金流归为以下3类。

（1）经营活动产生的现金流量。经营活动是指企业投资活动和筹资活动以外的所有交易和事项，包括销售商品、提供劳务、经营性租赁、购买货物、接受劳务、制造产品、广告宣传、推销产品、交纳税款等。经营活动产生的现金流从本质上代表了企业自身创造现金的能力，尽管企业可以通过对外筹资等途径取得现金流，但企业债务的偿还主要依靠经营活动取得的净现金流。

（2）投资活动产生的现金流量。投资活动是指企业长期资产的购建和除现金等价物以外的投资及其处置活动。

（3）筹资活动产生的现金流量。筹资活动是指导致企业资本及债务规模和构成发生变化的活动。包括吸收投资、发行股票、分配利润等。

现金流量表可以清晰地反映出企业各类业务活动现金流量的流入数、流出数以及现金流的净额。

综上所述，通过资产负债表、损益表和现金流量表，可以从不同方面了解企业的财务状况、经营成果和现金流。

现金流量表样表

✓ 三、财务报表分析

财务报表能够全面反映企业的财务状况、经营成果和现金流量情况。但是单纯从财务报表上的数据还不能直接或全面说明企业的财务状况，特别是不能说明企业经营状况的好坏和经营成果的高低，只有将企业的财务报表的相关指标与有关的数据进行比较，才能说明企业财务状况所处的地位，可以进一步了解企业的偿债能力、营运能力、盈利能力、发展能力等。

财务报表分析又称财务分析，是通过搜集、整理企业财务会计报告中的有关数据，并结合其他有关补充信息，对企业的财务状况、经营成果和现金流量情况进行综合比较和评价，为财务会计报告使用者提供管理决策和控制依据的一项管理工作。

财务报表分析的基本内容，主要包括以下 3 个方面。

（1）分析企业的偿债能力，分析企业权益的结构，估量对债务资金的利用程度。

（2）评价企业资产的营运能力，分析企业资产的分布情况和周转使用情况。

（3）评价企业的盈利能力，分析企业利润目标的完成情况和不同年度盈利水平的变动情况。

以上 3 个方面的分析内容互相联系、互相补充，可以综合地描述出企业生产经营的财务状况、经营成果和现金流量情况，以满足不同使用者对会计信息的基本需要。其中偿债能力是企业财务目标实现的稳健保证，而营运能力是企业财务目标实现的物质基础，盈利能力则是前两者共同作用的结果，同时也对前两者的增强起推动作用。

比率分析是解读财务报表最基本最常用的方法，下面就结合财务报表的数据分析企业的财务状况、经营成果和现金流量情况。

财务比率数字本身并不是关键，也就是说某些指标并不是越高越好或者越低越好，而是应该结合公司经营状况，找到有意义的标杆进行分析比较，找到数据背后的原因；或者把一系列的内在有关联的数据和事实结合起来看，才能得到有效的分析结果。

1．偿债能力分析

1）流动比率

公式：流动比率=流动资产合计/流动负债合计

通常情况下，企业设置的标准值为 2∶1，流动比率体现的是企业的偿还短期债务的能力。流动资产越多，短期债务越少，则流动比率越大，企业的短期偿债能力越强。

如果流动比率低于正常值，则企业的短期偿债风险较大。一般情况下，营业周期、流动资产中的应收账款数额和存货的周转速度是影响流动比率的主要因素。

2）速动比率

公式：速动比率=（流动资产合计-存货）/流动负债合计

保守速动比率=0.8（货币资金+短期投资+应收票据+应收账款净额）/流动负债

通常情况下，企业设置的标准值为 1，速动比率比流动比率更能体现企业的偿还短期债务的能力。因为在流动资产中，尚包括变现速度较慢且可能已贬值的存货，因此将流动资产扣除存货再与流动负债对比，以衡量企业的短期偿债能力。

如果速动比率低于 1 的速动比率通常被认为是短期偿债能力偏低。影响速动比率可信性的重要因素是应收账款的变现能力，在账面上的应收账款不一定都能变现，也不一定非常可靠。

负债比率是反映债务和资产、净资产关系的比率。它反映企业偿付到期长期债务的能力。

3）资产负债比率

公式：资产负债率=（负债总额/资产总额）×100%

通常情况下，企业设置的标准值为 0.7，反映债权人提供的资本占全部资本的比例。该指标也被称为举债经营比率。

负债比率越大，企业面临的财务风险越大，获取利润的能力也越强。如果企业资金不足，依靠欠债维持，导致资产负债率特别高，偿债风险就应该特别注意了。资产负债率在 60%～70%，比较合理、稳健；达到 85%及以上，应视为发出预警信号，企业应引起足够的注意。

4）产权比率

公式：产权比率=（负债总额/股东权益）×100%

在通常情况下，企业设置的标准值为 1.2，反映债权人与股东提供的资本的相对比例，反映企业的资本结构是否合理、稳定，同时也表明债权人投入资本受到股东权益的保障程度。

一般说来，产权比率高是高风险、高报酬的财务结构，产权比率低，是低风险、低报酬的财务结构。从股东来说，在通货膨胀时期，企业举债，可以将损失和风险转移给债权人；在经济繁荣时期，举债经营可以获得额外的利润；在经济萎缩时期，少借债可以减少利息负担和财务风险。

5）有形净值债务率

公式：有形净值债务率=[负债总额/（股东权益-无形资产净值）] ×100%

在通常情况下，企业设置的标准值为 1.5，产权比率指标的延伸，更为谨慎、保守地反映在企业清算时债权人投入的资本受到股东权益的保障程度。不考虑无形资产包括商誉、商标、专利权以及非专利技术等的价值，它们不一定能用来还债，为谨慎起见，一律视为不能偿债。

从长期偿债能力看，较低的比率说明企业有良好的偿债能力，举债规模正常。

6）已获利息倍数

公式：已获利息倍数=息税前利润/利息费用

=（利润总额+财务费用）/（财务费用中的利息支出+资本化利息）

通常也可用近似公式：

已获利息倍数=（利润总额+财务费用）/财务费用

在通常情况下，企业设置的标准值为 2.5，企业经营业务收益与利息费用的比率，用以衡量企业偿付借款利息的能力，也叫利息保障倍数。只要已获利息倍数足够大，企业就有充足的能力偿付利息。企业要有足够大的息税前利润，才能保证负担得起资本化利息。该指标越高，说明企业的债务利息压力越小。

2．营运能力分析

营运能力是指企业通过内部人力资源和生产资料的配置组合而对财务目标所产生作用的大小，主要衡量指标有营业周期、存货周转率、应收账款周转率、流动资产周转率和总资产周转率。

1）存货周转率

存货周转率有以下两种计算方式。

（1）以成本为基础的存货周转率，即存货周转率是企业一定时期的主营业务成本与存货平均净额的比率，主要用于流动性分析。

公式：存货周转率=产品销售成本/ [（期初存货+期末存货）/2]

（2）以收入为基础的存货周转率，即存货周转率是企业一定时期的主营业务收入与存货平均净额之比，主要用于盈利性分析

公式：存货周转率=主营业务收入/ [（期初存货+期末存货）/2]

在通常情况下，存货周转率用以测定企业存货的变现速度，企业设置的标准值为 3，存货的周转率是存货周转速度的主要指标。提高存货周转率，缩短营业周期，可以提高企业的变现能力。

如果存货周转速度反映存货管理水平，则存货周转率越高，存货的占用水平越低，流动性越强，存货转换为现金或应收账款的速度越快。它不仅影响企业的短期偿债能力，也是整个企业管理的重要内容。

2）存货周转天数

公式：存货周转天数=360/存货周转率=[360×（期初存货+期末存货）/2]/产品销售成本

在通常情况下，企业设置的标准值为 120，企业购入存货、投入生产到销售出去所需要的天数。提高存货周转率，缩短营业周期，可以提高企业的变现能力。

如果存货周转速度反映存货管理水平，则存货周转速度越快，存货的占用水平越低，流动性越强，存货转换为现金或应收账款的速度越快。它不仅影响企业的短期偿债能力，也是整个企业管理的重要内容。

3）应收账款周转率

定义：在指定的分析期间内应收账款转为现金的平均次数。

公式：应收账款周转率=销售收入/ [（期初应收账款+期末应收账款）/2]

在通常情况下，企业设置的标准值为 3，应收账款周转率越高，说明其收回越快。反之，说明营运资金过多呆滞在应收账款上，影响正常资金周转及偿债能力。

应收账款周转率，往往要与企业的经营方式结合考虑。以下四种情况使用该指标不能反映实际情况：第一，季节性经营的企业；第二，大量使用分期收款结算方式；第三，大量使用现金结算的销售；第四，年末大量销售或年末销售大幅度下降。

4）应收账款周转天数

定义：表示企业从取得应收账款的权利到收回款项、转换为现金所需要的时间。

公式：应收账款周转天数=360 / 应收账款周转率
= （期初应收账款+期末应收账款）/2] / 产品销售收入

在通常情况下，企业设置的标准值为 100，如果应收账款周转率越高，说明其收回越快。反之，说明营运资金过多呆滞在应收账款上，影响正常资金周转及偿债能力。

5）营业周期

公式：营业周期=存货周转天数+应收账款周转天数

=｛[（期初存货+期末存货）/2]×360｝/产品销售成本+｛[（期初应收账款+期末应收账款）/2]×360｝/产品销售收入

在通常情况下，企业设置的标准值为200，营业周期是从取得存货开始到销售存货并收回现金为止的时间。一般情况下，营业周期短，说明资金周转速度快；营业周期长，说明资金周转速度慢。

营业周期，一般应结合存货周转情况和应收账款周转情况一并分析。营业周期的长短，不仅体现企业的资产管理水平，还会影响企业的偿债能力和盈利能力。

6）流动资产周转率

公式：流动资产周转率=销售收入/[（期初流动资产+期末流动资产）/2]

在通常情况下，企业设置的标准值为1，流动资产周转率反映流动资产的周转速度，周转速度越快，会相对节约流动资产，相当于扩大资产的投入，增强企业的盈利能力；而延缓周转速度，需补充流动资产参加周转，形成资产的浪费，降低企业的盈利能力。

流动资产周转率要结合存货、应收账款一并进行分析，和反映盈利能力的指标结合在一起使用，可全面评价企业的盈利能力。

7）总资产周转率

公式：总资产周转率=销售收入/[（期初资产总额+期末资产总额）/2]

在通常情况下，企业设置的标准值为0.8，该项指标反映总资产的周转速度，周转越快，说明销售能力越强。企业可以采用薄利多销的方法，加速资金周转，带来利润绝对额的增加。

总资产周转指标用于衡量企业运用资产赚取利润的能力，经常和反映盈利能力的指标一起使用，全面评价企业的盈利能力。

3. 盈利能力分析

盈利能力就是企业赚取利润的能力。不论是投资人还是债务人，都非常关心这个项目。在分析盈利能力时，应当排除证券买卖等非正常项目、已经或将要停止的营业项目、重大事故或法律更改等特别项目、会计政策和财务制度变更带来的累积影响数等因素。

1）销售净利率

公式：销售净利率=净利润/销售收入×100%

在通常情况下，企业设置的标准值为0.1，该指标反映每一元销售收入带来的净利润是多少，表示销售收入的收益水平。

2）销售毛利率

公式：销售毛利率=[（销售收入-销售成本）/销售收入]×100%

在通常情况下，企业设置的标准值为0.15，表示每一元销售收入扣除销售成本后，有多少钱可以用于各项期间费用和形成盈利。

3）资产净利率（总资产报酬率）

公式：资产净利率=净利润/[（期初资产总额+期末资产总额）/2]×100%

资产净利率的标准值，通常根据实际情况而定。

企业一定期间的净利润与企业的资产相比较，表明企业资产的综合利用效果。指标越高，表明资产的利用效率越高，说明企业在增加收入和节约资金等方面取得了良好的效果，否则相反。

资产净利率是一个综合指标。净利的多少与企业资产的多少、资产的结构、经营管理水平有着密切的关系。影响资产净利率高低的原因有：产品的价格、单位产品成本的高低、产品的产量和销售的数量、资金占用量的大小。可以结合杜邦财务分析体系来分析经营中存在的问题。

4）净资产收益率（权益报酬率）

公式：净资产收益率=净利润/ [（期初所有者权益合计+期末所有者权益合计）/2] ×100%

在通常情况下，企业设置的标准值为 0.08，净资产收益率反映公司所有者权益的投资报酬率，也叫净值报酬率或权益报酬率，具有很强的综合性，是最重要的财务比率。

5）每股收益

公式：归属于普通股股东的当期净利润/当期发行在外普通股的加权平均数

基本每股收益越高，说明公司的获利能力越强。而稀释每股收益是在考虑潜在普通股稀释性影响的基础上，对基本每股收益的分子、分母进行调整后再计算的每股收益。稀释性潜在普通股主要包括可转换债券、认股权和股票期权。

当然，这一比率不能完全说明问题，还需要结合其他的比率进行分析。而且在不同企业间进行比较时，需注意不同会计政策导致的差别。

6）市盈率

公式：市盈率=普通股每股市价/普通股每股收益

市盈率表明投资者为取得一股收益所需要进行的投资。投资者最关心的是企业的盈利能力，力图将投入的资金与能获取的回报比较、权衡。市盈率评判的标准不是越高越好，也不是越低越好，而是以证券市场平均的市盈率为依据。一般而言，一个成熟、健全的金融市场，市盈率为 10～20 倍。

项目小结

财务管理是企业组织资金运动、处理财务关系一系列经济管理活动的总称，是企业经营管理活动的一项重要内容。在创业过程中，创业者必须通过各种不同的渠道，以最低的代价，筹集一定数量的资金，用于各种必要的投资和生产经营的各个方面，谋求最大限度的资金运用效果，并对现实的利润进行合理的分配，以保证资金的积累和股东收益。因此，在创业过程中财务管理活动主要包括资金筹集、资金投入、资金运用、收益分配和财务分析。

企业可以通过会计报表（资产负债表、损益表和现金流量表）从不同方面了解企业的财务状况、经营成果和现金流，并通过相关财务比率的计算分析，进一步了解企业的偿债能力、营运能力、盈利能力、发展能力等。

对于小微电商企业来说，当出现资金问题时可以考虑的融资途径主要有：银行贷款、小额贷贷款公司、民间借贷、网贷平台、电商融资。近年来，国内经济环境不佳，市场银根紧缩，营业利润逐渐降低，而借贷成本却不断攀升。对于中小电商企业来说，缺乏资金是经常出现的问题。在这种情况下，电商平台提供的融资渠道成为网络创业的一个机会。

在合伙创业的新时代，对于合伙创业要如何开展，何为股权，股权要如何分配、转让，怎样进行股权激励等问题就应运而生了。

同步测试

同步测试参考答案

1．单项选择题

（1）根据股权主体有无特殊性，可以将股权分为（　　　）。

    A．自益权和共益权　　　　　　　　B．无限权和有限权

    C．普通股东权和特别股东权　　　　D．单独股东权和少数股东权

（2）股权激励的期限通常考虑在（　　　）年期间，如果时间太长，会钝化员工的积极性。

    A．1～7　　　　B．1～2　　　　C．10～15　　　　D．10～20

（3）债务融资与股权融资对比，最大的特点在于（　　　）。

    A．不管企业是否盈利，都需要在约定的期限内支付利息

    B．需要承担公司的经营风险

    C．不需支付利息

    D．与合作者是共同承担风险

（4）企业赚取利润的能力是指（　　　）。

    A．营运能力　　　B．盈利能力　　　C．偿债能力　　　D．变现能力

（5）在下列会计报表中反映企业一定日期财务信息的是（　　　）。

    A．资产负债表　　B．利润表　　C．单位报表　　　D．现金流量表

2．多项选择题

（1）对于小微电商企业来说，资金短缺是经常出现的问题，当出现资金问题时可以考虑的融资途径主要有（　　　）。

    A．银行　　　　　　　　　　　　B．小额贷款公司

    C．民间借贷　　　　　　　　　　D．网贷平台

（2）根据投资人是否需要承担企业的经营风险，融资主要分为（　　　）。

    A．典当融资　　　B．股权融资　　　C．抵押融资　　　D．债务融资

（3）股权激励对象包括公司董事、高级管理人员、部分中层管理人员及（　　　），因为他们具备不可替代性、稀缺性，一旦公司挂牌或上市，这些股权就具备很高的回报性。

    A．核心技术人员　　　　　　　　B．优秀销售骨干人员

    C．管理业务骨干　　　　　　　　D．有突出贡献或重要作用的人员

（4）财务管理活动主要包括（　　　）等内容。

    A．资金筹集　　B．资金投入　　C．资金退出　　　D．资金运用

（5）企业的财务报表多种多样，但最基本的财务报表有三张（　　　）。

    A．资产负债表　　　　　　　　　B．所有者权益表

    C．损益表　　　　　　　　　　　D．现金流量表

3．分析题

根据 2016 年度 A 公司的财务报表，提取 A 公司的财务数据：资产总额 4 500 000 元人民币，流动资产占 30%，其中货币资金有 250 000 元人民币，其余为应收账款和存货。所有者权益项目共计 2 800 000 元人民币，本年实现毛利 900 000 元人民币。年末流动比率 1.5，产权比率 0.6，收入基础的存货周转率 10 次，成本基础的存货周转率 8 次。

请问 A 公司的应收账款、存货、长期负债、流动负债、流动资产各为多少？

参 考 文 献

[1] 叶琼伟，孙细明，罗裕梅. 互联网+电子商务创新与案例研究[M]. 北京：化学工业出版社，2017.

[2] 王杜春. 大学生创业基础[M]. 北京：化学工业出版社，2013.

[3] 国务院办公厅政府信息与政务公开办公室. 国务院大众创业万众创新政策选编[M]. 北京：人民出版社，2016.

[4] 刘俊斌. 网络创业[M]. 北京：中国人民大学出版社，2015.

[5] 沈凤池. 网络创业[M]. 北京：高等教育出版社，2015.

[6] 时启亮，王莹. 网络营销调研技术[M]. 北京：中国人民大学出版社，2006.

[7] 洛柯[美]，等. 如何撰写研究计划书[M]. 朱光明，李英武，译. 重庆：重庆大学出版社，2009.

[8] 杨光瑶. 快速打动投资人：优质商业计划书精彩集锦[M]. 北京：中国铁道出版社，2017.

[9] 杨小丽. 一看就懂的新公司开办全图解[M]. 北京：中国铁道出版社，2016.

[10] 速卖通大学. 跨境电商：阿里巴巴速卖通宝典[M]. 2版. 北京：电子工业出版社，2016.

[11] 速卖通大学. 跨境电商营销：阿里巴巴速卖通宝典[M]. 北京：电子工业出版社，2016.

[12] 速卖通大学. 跨境电商数据化管理：阿里巴巴速卖通宝典[M]. 北京：电子工业出版社，2016.

[13] 孙朦. 麦肯锡的团队管理[M]. 沈阳：辽海出版社，2016.

[14] 王胜会. 高绩效团队管理实务全案[M]. 北京：化学工业出版社，2014.

[15] 苗青. 团队管理：成就卓越的基石[M]. 杭州：浙江大学出版社，2014.

[16] 约翰. 巴尔多尼[美]. 卓越领导者的激励技巧[M]. 冯蕾，张爱荣，高晓燕，译. 北京：电子工业出版社，2014.

[17] 陈志红，赵曙明. 基于团队断裂带研究视角的团队沟通研究评述和展望[J]. 管理学家（学术版），2012.

[18] 吴媚. 论无障碍的团队沟通[J]. 科技创业月刊，2011.

[19] 王富民，孙立莎. 团队沟通存在的问题及对策研究[J]. 中国市场，2015.

[20] 王亚楠. 高科技企业高管团队激励[J]. 经营管理者，2015.

[21] 姚为. 团队激励的价值与应用对策研究[J]. 经营管理者，2015.

[22] 三虎. 淘宝开店从入门到精通[M]. 北京：人民邮电出版社，2015.

[23] 刘涛. 深度解析淘宝运营[M]. 北京：电子工业出版社，2015.

[24] 刘珂. 微店安装、推广、经营、管理一本通[M]. 北京：中华工商联合出版社，2015.

[25] 潘兴华. 崔慧勇. 从零开始打造赚钱微店[M]. 北京：中国铁道出版社，2015.

[26] 周洁如. 现代客户关系管理[M]. 2版. 上海：上海交通大学出版社，2014.

[27] 苏朝晖. 客户关系管理:客户关系的建立与维护[M]. 3 版. 北京:清华大学出版社,2014.

[28] 吴凌娇,宋卫. 网上创业[M]. 北京:高等教育出版社,2013.

[29] 张东霞,苗新,刘丽平,张焰,刘科研. 智能电网大数据技术发展研究[J]. 中国电机工程学报,2015.

[30] 郑世保. 域名纠纷在线解决机制研究[J]. 政法论丛,2014.

[31] 赵廷婕. 对域名与商标纠纷若干问题的探讨[D]. 上海:华东政法大学,2013.

[32] 任卫东. 网络域名纠纷案件的分析及相关的解决方法[D]. 兰州:兰州大学,2012.

[33] 周珊珊. 我国网络实名制发展状况研究[D]. 武汉:华中科技大学,2011.

[34] 陈建新. 谈中小企业电子商务网站的建设——以江阴市华荣家具公司的网站建设为例[J]. 软件导刊,2010.

[35] 韩海雯. 基于实例探析中小企业电子商务网站建设解决方案[D]. 武汉:武汉大学,2010.

[36] 高田甜. 独一无二的法律适用规则[D]. 上海:华东政法大学,2007.

[37] 陈琦,古辉. 中小企业电子商务网站推广研究[J]. 商场现代化,2007.

[38] 李勇. 基于品牌定位的企业网站形象设计与推广[D]. 长春:东北师范大学,2006.

[39] 杜启顺. 论域名及其纠纷解决[D]. 开封:河南大学,2006.

[40] 唐永忠,邵培樟. 域名抢注纠纷解决机制及其完善[J]. 法学杂志,2004,(03):70-72.

[41] 张红曼. 论我国的域名纠纷解决机制[D]. 上海:华东政法学院,2003.

[42] 石桢. 中小企业电子商务平台融资问题研究[D]. 长春:吉林大学,2015.

[43] 韦学源. 差异化税收政策待遇下股权转让税收征管的探索[J]. 传承,2014.

[44] 王洋. 股权激励在我国企业中的应用研究[D]. 保定:河北大学,2014.

[45] 张康潜. 高速集团融资创新方式研究[D]. 南昌:南昌大学,2014.

[46] 赵德勇. 基于法律行为的股东资格变动研究[D]. 成都:西南财经大学,2013.

[47] 李召生. 我国上市公司股权结构对现金股利政策影响研究[D]. 长春:吉林财经大学,2012.

[48] 傅赞. 电子商务发展与融资模式创新探讨——以义乌为例[J]. 浙江金融,2011.

[49] 黄慧欣. 我国中小企业财务管理模式研究[D]. 广州:广东工业大学,2008.

[50] 周明. 创业融资的 4 点技巧[J]. 企业科技与发展,2007.

[51] 杨增雄. 企业家人力资本股权化制度研究[D]. 上海:复旦大学,2006.

[52] 李杏菊. 财务报表分析的作用及局限性[D]. 北京:对外经济贸易大学,2006.

[53] 许义生. 关于财务管理理论体系构建方法的探讨[J]. 南方经济,2005.

[54] 韩丹. 基于电子商务的财务管理研究[D]. 西安:西安科技大学,2005.

[55] 齐元胜. 基于设计知识重用的集成产品快速开发技术的理论与实践[D]. 武汉:武汉理工大学,2003.

[56] 沈国军. 论财务管理理论体系的构建[J]. 河南财政税务高等专科学校学报,2001.

[57] 隋彭生. 中华人民共和国合同法 [M]. 北京:中国人民大学出版社,2009.

[58] 叶康涛. 中国大学生创业报告 2016 [M]. 北京:中国人民大学出版社,2017.

[59] 麦可思研究院. 就业蓝皮书:2016 年中国大学生就业报告[R]. 北京:社会科学文献出版社,2016.

[60] 叶康涛. 中国大学生创业报告 2016 [M]. 北京:中国人民大学出版社,2017.

[61] 李竞明,尹柳营. 客户流失的原因分析和防范[J]. 江苏商论,2005（5）.